庄子详解

宁志荣　注译

山西出版传媒集团 · 三晋出版社

自 序

在两千多年前的战国时期，诞生了一个杰出人物庄子。庄子（约公元前 369—286），姓庄，名周，字子休（一说子沐），宋国蒙城（今河南省商丘市）人，先祖是宋国君主宋戴公。庄子是东周战国中期著名的思想家、哲学家和文学家，战国时期道家学派的代表人物，他的思想万世不衰，影响着一代又一代人。庄子虽然家境贫寒，曾经向监河侯借粟度日，但是，当周威王派人重金礼聘庄子出仕时，庄子却断然拒绝了："子亟去，无污我。我宁游戏于污渎之中自快，无为有国者所羁，终身不仕，以快吾志焉。"（《史记·老子韩非列传》）庄子一生只担任过宋国地方的漆园吏，以此谋生而已，在历史上称为"漆园傲吏"。

在战国时期列国争雄，硝烟弥漫，百家争鸣，礼崩乐坏的年代，庄子超然拔俗，潇洒出尘，满足于过一种与世无争的平淡生活。他不屑奔走于列国诸侯之间争宠受禄，不愿汲汲于达官贵人之中锦衣玉食，也不愿与当世百家争名夺利，他如鲲鹏扶摇而上九万里，傲视蜩与学鸠在榆枋间的讥笑；他是智慧超群的思想者，垂钓于濠水之上，谈笑鱼之乐和己之乐；他是思维超凡想象奇特的智者，梦见了翩翩起舞的蝴蝶，感叹不已，随之而有"不知周之梦为蝴蝶与，蝴蝶之梦为周与"的感悟；他是忧国忧民关心天下苍生福祉的仁人，痛斥列国战争，生灵涂炭，给百姓带来的水深火热的艰难生活;他是博学多才,学富五车,精通百科知识的学者,站在当时历史的制高点,统揽百家学说,指点江山,激扬文字,自成一家学说。司马迁《史记》评价道:"其学无所不窥,然其要本归于老子之言。故其著书十余万言,大抵率寓言也。善属书离辞,指事类情,用剽剥儒、墨,虽当世宿学不能自解免也。"

庄子是伟大的哲学家和思想家。首先,他丰富和完善了老子的道的思想,认为道无形无色,无声无味,贯穿于天地万物之中,也存在于人类社会的发展过程中,他说:"何谓道?有天道,有人道。无为而尊者,天道也;有为而累者,人道也。主者,天道也;臣者,人道也。天道之与人道也,相去远矣,不可不察也。"(《庄子·在宥》)其次,他提出了"同一"思想,宇宙之初是混沌、芴漠、空无的,万物皆来源于一。他主张齐物我、齐是非、齐生死、齐贵贱,指出:"天地与我并生,万物与我为一。"(《庄子·齐物论》)他又道:"以指喻指之非指,不若以非指喻指之非指也;以马喻马之非马,不若以非马喻马之非马也。天地一指也,万物一马也。"(《齐物论》)。第三,他提出了无为而治的思想,他说:"无为也,则用天下而有余;有为也,则为天下用而不足。"(《庄子·天道》)又道:"天地虽大,其化均也;万物虽多,其治一也;人卒虽众,其主君也。君原于德而成于天,故曰,玄古之君天下,无为也,天德而已矣。"(《庄子·天地》)第四,他提出了内圣外王的思想:"是故内圣外王之道,暗而不明,郁而不发,天下之人,各为其所欲焉,以自为方。"(《庄子·天下》)第五,他关注人性,呼唤人性,呼唤真正的人,指斥仁义礼仪对于人性的束缚和压制,他道:"故纯朴不残,孰为牺尊!白玉不毁,孰为珪璋!道德不废,安取仁义!性情不离,安用礼乐!五色不乱,孰为文采!五声不乱,孰应六律!"(《庄子·外篇·马蹄》)庄子的思想对于后世的魏晋玄学、宋明理学、禅宗思想,都有着重要的贡献,对于他之后的历代许多思想家、文学家、政治家都有不同程度的影响。

庄子是伟大的文学家,具有浪漫主义和乐观主义的情怀。李白作《大鹏赋》赞庄子道："南华老仙，发天机于漆园。吐峥嵘之高论，开浩荡之奇言，徵至怪于齐谐。"并赋诗曰："万古高风一子休，南华妙道几时修？谁能造入公墙里，如上江边望月楼。"庄子的文章想象丰富诡谲，思维独特出奇，语言奇崛突兀，构思异想天开；庄子的文笔汪洋恣肆，气势波澜壮阔，寓真实于荒诞，寄哲理于玄奥；庄子思接千载，心游万仞，妙笔生花，下笔如神，善于运用夸张、比拟、寓言、对比等手法，用文字构筑了一个令人神往的世界，将我们带进了无比美妙的境域，譬如他描述的鲲鹏展翅、扶摇直上九万里的故事(《庄子·逍遥游》)；他通过寓言故事揭示了生活的真谛："井蛙不可以语于海，夏虫不可以语于冰。"(《庄子·秋水》)比如他与惠子在濠水旁探讨鱼之乐和我之乐的故事；他描写的庖丁解牛时从心所欲、游刃有余的故事(《庄子·养生主》)；他讲述的养猴人和猴子之间的朝三暮四的故事(《庄子·齐物论》)。他离开世界时，弟子们提出厚葬他，他说："吾以天地为棺椁，以日月为连璧，星辰为珠玑，万物为赍送。吾葬具岂不备邪？"(《庄子·列御寇》)等等，庄子创作的寓言和塑造的人物形象，妇孺皆知，耳熟能详，成为文学经典，丰富了汉民族语言文化的宝库，对于汉语发展具有重要的贡献。

庄子是一个伟大的养生家，他的著作里有关养生的论述对后世颇有影响。庄子的思想中包含了古老的东方智慧和中医养生思想。庄子道："缘督以为经，可以保身，可以全生，可以养亲，可以尽年。"(《庄子·养生主》)王夫之从道家养生呼吸吐纳的角度对庄子的思想进行解释，其《庄子解》道："身前之中脉曰任，身后之中脉曰督，督者居静，而不倚于左右，有脉之位，而无形质也。"因此，"缘督以为经"指的是行气，是人们通过修炼而达到的打通任督二脉的养生目的。庄子道："吹响呼吸，吐故纳新，熊经鸟申，为寿而已矣。此道引之士，养形之人，彭祖寿考者之所好也。"(《庄子·刻意》)意思是通过调整呼吸，吐故纳新，并且像熊攀爬在树上，将身体悬挂起来；又如鸟在天空飞翔时伸展双脚，就可以起到健身的目的。郭沫若对此解释道："那种的工夫，在古时候人是称为熊经鸟申，直译出来是说老熊吊颈，鸡公司晨，意译出来就是深呼吸。”相传，汉末的名医华佗在庄子的“熊经鸟伸”的基础上创编了“五禽戏”。《后汉书·方术列传·华佗传》记载：“吾有一术，名五禽之戏：一曰虎，二曰鹿，三曰熊，四曰猿，五曰鸟。”庄子又道：“且夫失性有五：一曰五色乱目，使目不明；二曰五声乱，耳使耳不聪；三曰五臭薰鼻，困傻中颗；四曰五味浊口，使口厉爽；五曰趣舍滑心，使性飞扬。此五者，皆生之害也。”(《庄子·天地》)这对于后世养生学中的内观、禅静、冥想、健身等，具有莫大的启迪作用。总而言之，庄子的养生理论对于古代的中医和养生学都有巨大贡献。

庄子在中国文化史上占有重要地位，受到古代政治家和历代文人的推崇。唐玄宗诏封庄子为南华真人，将《庄子》一书命名为《南华真经》；宋代徽宗皇帝钦封庄子为微妙玄通真君。白居易赞庄子道：“庄生齐物同归一，我道同中有不同。遂性逍遥中一致，鸾凤终较胜蛇虫。”(《读(庄子)》)王安石赞庄子道：“清燕新诗得自蒙，行吟如到此堂中。吏无田甲当时气，民有庄周后世风。庭下早知闲木索，坐间遥想御丝桐。飘然一往何时得，俯仰尘沙欲作翁。”(《题蒙城清燕堂》)明代学者徐渭赞庄子道：“庄周轻生死，旷达古无比。何为数论量，死生反大事？乃知无言者，莫得窥其际。身没名不传，此中有高士。”(《读(庄子)》)闻一多认为：“寓言成为一种文艺，是从庄子开始的。”郭沫若道：“秦汉以来的每一部中国文学史，差不多大半是在他的影响之下发展的，以思想家而兼文章家的人，在中国古代哲人中，实在是绝无仅有。”(《鲁迅与庄子》)庄子在中国历史上的地位和影响可见一斑。

人生如白驹过隙，生也有涯，知也无涯。人生在世，当惜寸阴，思齐贤，读好书。我推崇国学，尤好孔孟老庄之书。书海一舟，江湖一叶，飘零多年，感触良多。每读庄子及与其有关的图书，对于前人和今人的书籍，时有一得之见。于是，披阅资料，遍览诸家，抉幽探微，推敲斟酌，以成此书。

庄子的著作成书于战国中期,是继老子之后,道家学派的巅峰之作。可惜的是,由于战乱和人为因素,后世保留下来的庄子的著作并不完整。《汉书·艺文志》记载,庄子的著作有五十二篇,我们今天仅能看到三十三篇,这是西晋时期的玄学家郭象的注解本。郭象,字子玄,洛阳(今河南洛阳)人,官至黄门侍郎、太傅主簿。少有才理,好《老》《庄》,能清言。太尉王衍每云:“听象语,如悬河泻水,注而不竭。”据说郭象注解《庄子》三十三篇,删减其余十九篇。隋唐时期,注疏庄子的书籍有二十余种,陆德明的《庄子音义》和成玄英的《庄子注疏》影响较大。清代学界对于经学和训诂学研究比较深入,有突破和发明之功。清代训诂学家、经学家王先谦先生,是著名的湘绅领袖、学界泰斗,曾任国子监祭酒、江苏学政,湖南岳麓书院、城南书院院长。他博览古今图籍,重视考据校勘,著有《庄子集解》《荀子集解》《续古文辞类纂》等书,对于庄子的校勘研究,占有丰富资料,阐述解读独辟蹊径,颇有心得。清代训诂学家郭庆藩先生致力研究庄子思想,著有《庄子集释》十卷、《庄子注释》一卷,《读庄子札记内外篇》等,其中《庄子集释》是清代《庄子》研究的集大成之作,也是当今最流行的《庄子》读本之一。20世纪以来尤其是21世纪初,研究庄子的专家学者较多,出版了百余种《庄子》的研究读本,发表了大量学术论文。

本书以郭庆藩先生的《庄子集释》为底本,主要参阅王先谦的《庄子集解》及现当代学者的著述,对《庄子》一书进行题解、注释和翻译。作《庄子》题解时,归纳了庄子每篇文章的主旨,作以简明扼要的概括,使读者对于该篇的思想有一个总体的把握,发掘庄子的思想价值,使读者能够通过笔者的解读,较好地把握庄子的思想;注释时对生僻的字词尽量予以注音注释,以方便读者阅读,于书中涉及的历史人物、传说人物、寓言人物,作详略得当的介绍,使读者可以通过他们理解庄子的思想;翻译白话文时,参阅了多种资料,同时进行比较分析,避免对于庄子的误读,力求做到准确翔实,体现庄子原义。通过题解、注释、翻译三个方面的工作，期望读者能够对于《庄子》一书有一个完整的了解，如能一窥庄子思想的精髓，更是所期望之处。

通过解读庄子，使我对庄子的思想有了一个新的认识。人们总是把庄子和老子的思想联系在一起，其实，庄子的思想博大精深，谬悠荒唐，恣纵无涯，芴漠无形，真可谓“独与天地精神往来”，具有庞大的体系和驳杂毕罗的大境界，远非老子的思想能够遮掩的。虽然庄子要逍遥游，要望洋兴叹，要鲲鹏展翅，要万物与我同存，但是，他并不是一个洒脱的人，不是一个超然出尘的人，不是一个甘心遁迹山林的人，他关心天下苍生，心系国家大事，研究先秦各家学说，看似贬低儒家思想实则推崇儒家精神，尤其是书中多次提到孔子和他的弟子，他应当是融道家和儒家思想为一体的伟大的思想家。鲁迅对于庄子评价道：“其文则汪洋捭阖，仪态万方，晚周诸子之作，莫能先也。”(《汉文学史纲要》)庄子不愧为战国时期重要的思想大家。

庄子的思想博大精深，汪洋恣肆，涉及了许多门类的知识。《庄子·天下》总结庄子思想道：“其书虽瑰玮，而连犿无伤也。其辞虽参差，而諔诡可观。彼其充实，不可以已。上与造物者游，而下与外死生、无终始者为友。其于本也，宏大而辟，深闳而肆；其于宗也，可谓稠适而上遂矣。虽然，其应于化而解于物也，其理不竭，其来不蜕，芒乎昧乎，未之尽者。”尽管笔者力图理解和解读庄子思想，由于资料有限，能力浅陋，书中可能有舛误之处，请读者不吝赐教。笔者在解读时参阅了前人和今人的研究成果，一并表示谢意。

作者

二〇一六年十二月二十六日夜

目 录

杂篇

内　篇

第一　逍遥游

【题解】

庄子的这篇文章，充满着无限和有限、大与小的辩证法，引领人们进入神奇的精神世界，追求一种超越时空限制的人生理想，可谓是“乘天地之正，御六气之辩，以游无穷者”。这正是庄子哲学思想的伟大之所在。刘熙载《艺概》道：“寓真于诞，寓实于玄。”通篇构思宏伟，气势磅礴，笔墨恣肆，洋洋洒洒，妙语连珠，繁复奇特，令人应接不暇，回味无穷，富有伟大的浪漫主义色彩。

［原文］

北冥有鱼①，其名为鲲②。鲲之大，不知其几千里也。化而为鸟，其名为鹏③。鹏之背，不知其几千里也。怒而飞④，其翼若垂天之云。是鸟也，海运则将徙于南冥。南冥者，天池也⑤。

《齐谐》者⑥，志怪者也。《谐》之言曰：“鹏之徙于南冥也，水击三千里，抟扶摇而上者九万里⑦，去以六月息者也⑧。”野马也⑨，尘埃也，生物之以息相吹也。天之苍苍，其正色邪？其远而无所至极邪？其视下也，亦若是则已矣。

［注释］

①冥：又作溟，指大海。海水深黑为溟。东方朔《十洲记》云：“溟海无风而洪波百

丈。”

②鲲(kūn):传说中的一种大鱼。

③鹏:古“凤”字,大鸟。《说文》曰:“凤飞,群鸟从以万数。”

④怒:奋起。

⑤天池:天然的大池。

⑥齐谐:齐国记载怪异诙谐的书。

⑦抟(tuán):盘旋而上。扶摇:又名飙,由地面急剧盘旋而上的暴风。

⑧息:气息。

⑨野马:大气浮动在天地之间,如野马般奔腾。

[译文]

北方的大海里有一种鱼,叫作鲲,鲲的巨大,不知道有几千里。它变为鸟之后,叫作鹏。鹏的背部,也不知道有几千里。它奋起飞翔,展开的翅膀如垂在天边的云彩。这种鸟,当大海发生变化时,将要迁徙到南方的大海。南方的大海是天然的池泊。

《齐谐》是齐国记载怪异的图书。它上边说,鹏向南海飞翔的时候,翅膀在水面上拍击,激起了三千里的波浪,盘旋而飞上九万里的高空,离开北海六个月的时间才休息。如野马奔腾般飞扬的雾气,飘荡的尘埃,这是万物的气息吹动的结果。天空如此湛蓝,这是它本来的颜色吗?还是因为过于遥远难以接近它的终极而无法判断呢?大鹏从上边往下看,也许是如此而已吧。

[原文]

且夫水之积也不厚,则其负大舟也无力。覆杯水于坳堂之上[①],则芥为之舟[②]。置杯焉则胶[③],水浅而舟大也。风之积也不厚,则其负大翼也无力。故九万里,则风斯在下矣,而后乃今培风[④];背负青天而莫之夭阏者[⑤],而后乃今将图南。

蜩与学鸠笑之曰[⑥]:"我决起而飞,抢榆枋[⑦],时则不至,而控于地而已矣,奚以之九万里而南为?"适莽苍者,三餐而反,腹犹果然;适百里者,宿舂粮[⑧];适千里者,三月聚粮。之二虫又何知!

[注释]

①坳堂:厅堂上低洼的地方。坳,低凹。

②芥:小草。

③胶:黏合。

④培风:乘风。

⑤夭阏:阻拦。

⑥蜩:蝉。学鸠:小鸟。

⑦榆枋:榆树和檀树。枋,檀树。

⑧舂:把东西放在石臼或钵里捣掉皮壳或捣碎。

[译文]

况且积水不深,那么就无力载负大船。把一杯水倒在厅堂的低洼处,那么小草可以当作舟了。把杯子放在上边就粘住不动了,因为水浅船大的缘故。风如果不大,那么就无力托负巨大的翅膀。因此,大鹏高飞九万里时,风就在它的身下,而后能够乘风飞翔。大鹏背负青天而没有什么力量可以阻止,而后图谋向南方飞翔。

蝉与小鸟嘲笑道:"我们迅速飞起,落到榆树和枋树之上,飞不上去就停在地上,为何飞到九万里的高空而向南方远行呢?飞到莽莽的旷野上,带上三餐就可以返回,腹中还是饱饱的。去百里远的地方,需要一晚上准备粮食;去千里远的地方,提前三个月准备粮食。这两个小鸟还能懂得什么?

［原文］

小知不及大知[①]，小年不及大年[②]。奚以知其然也？朝菌不知晦朔[③]，蟪蛄不知春秋[④]，此小年也。楚之南有冥灵者[⑤]，以五百岁为春，五百岁为秋；上古有大椿者，以八千岁为春，八千岁为秋。而彭祖乃今以久特闻[⑥]，众人匹之，不亦悲乎！

汤之问棘也是已[⑦]：穷发之北，有冥海者，天池也。有鱼焉，其广数千里，未有知其修者，其名为鲲。有鸟焉，其名为鹏，背若泰山，翼若垂天之云，抟扶摇羊角而上者九万里[⑧]，绝云气[⑨]，负青天，然后图南，且适南冥也。斥鴳笑之曰[⑩]："彼且奚适也[⑪]？我腾跃而上，不过数仞而下[⑫]，翱翔蓬蒿之间，此亦飞之至也，而彼且奚适也？"此小大之辩也。

故夫知效一官，行比一乡，德合一君，而徵一国者[⑬]，其自视也，亦若此矣。而宋荣子犹然笑之[⑭]。且举世而誉之而不加劝，举世而非之而不加沮，定乎内外之分，辩乎荣辱之境，斯已矣。彼其于世，未数数然也[⑮]。虽然，犹有未树也。

［注释］

①知：同"智"，智慧。

②年：寿命。小年、大年：短寿、长寿。

③朝菌：早晨生活的一种细菌。《列子·汤问》："朽壤之上，有菌芝者，生于朝，死于晦。"晦朔：晦是农历每月末的一天，朔是农历月初的一天；这里指早晨和晚上。

④蟪蛄(huì gū)：即蝉。古代认为它春生夏死，夏生秋死。

⑤冥灵：灵龟，一说树名。

⑥彭祖：古代传说中长寿的人，善于养生之术。

⑦汤：商汤，商朝开国君主。棘：棘子，商汤时的贤大夫。

⑧羊角：旋风，风旋转而上如同羊角。

⑨绝：穿越，到达。

⑩斥鴳：小鸟。"斥"通"尺"。

⑪奚：何，哪里。适：到。

⑫仞：古代计量单位，七尺或八尺为一仞。

⑬徵：通“征”，验证，征引。

⑭宋荣子：宋钘，宋国宋城（今河南省商丘市睢阳区）人。宋尹学派创始人，曾游稷下，继承老子思想，提倡“接万物以别宥为始”，主张“崇俭”、“非斗”，提出“情欲寡”、“见侮不辱”说，反对诸侯间的兼并战争。

⑮数数然：刻意追求的样子。

［译文］

小智慧比不上大智慧，短寿比不上长寿。怎么知道这样呢？朝生暮死的菌类不明白什么是晦朔，蝉不明白什么是春天和夏天。这是短寿的原因。楚国的南方有一种大树叫作冥灵，以五百年为春天，五百年为秋天；上古时期，有一种树木叫作大椿，以八千年为春天，以八千年为秋天。彭祖以长寿特别闻名于世，众人想要与他媲美，不是可悲吗！

商汤是这样问他的臣子棘的，在草木不生长的北方，有个深黑色的大海，这是天池。这里有一种鱼，它的长度有数千里，没有人知道它具体的长度，它叫作鲲。有一种鸟，它叫作鹏，脊背如泰山，翅膀像垂在天边的云。它展翅凭风盘旋而上冲向九万里的高空，超越云霄，背负青天，而后向南飞翔，要达到南海。小鸟嘲笑它道：“你将要飞到哪里去呢？我跳跃而飞，不过数仞而已，翱翔在蓬蒿之中，这也是我飞翔的极致了。而它要飞到哪里呢？”这是小与大的分别。

因此，才智能够胜任一种官职，行为可以得到一乡百姓的认可，德行能够合乎君主的要求，能力能够得到一国的证明，他看待自己，也是这样子啊。宋荣子如此讥笑这些人。世上所有的人赞誉他，他不会变得更加努力；世上所有的人攻击他，他也不会沮丧。他确认自身和外物的分别，明辨荣耀和屈辱的境界，如此而已。他对于这个世界，不会那样刻意地追求什么。即使这样，他还有不完善的地方。

[原文]

夫列子御风而行①,泠然善也②,旬有五日而后反。彼于致福者,未数数然也。此虽免乎行,犹有所待者也。

若夫乘天地之正③,而御六气之辩④,以游无穷者,彼且恶乎待哉!故曰:至人无己,神人无功,圣人无名。

尧让天下于许由⑤,曰:"日月出矣,而爝火不息⑥,其于光也,不亦难乎!时雨降矣,而犹浸灌,其于泽也,不亦劳乎!夫子立而天下治,而我犹尸之⑦,吾自视缺然⑧。请致天下⑨。"许由曰:"子治天下,天下既已治也,而我犹代子,吾将为名乎?名者,实之宾也⑩,吾将为宾乎?鹪鹩巢于深林⑪,不过一枝;偃鼠饮河⑫,不过满腹。归休乎君,予无所用天下为!庖人虽不治庖⑬,尸祝不越樽俎而代之矣⑭。"

[注释]

①列子:名寇,又名御寇,郑国莆田(今河南郑州)人,主张清静无为,战国前期思想家,道家思想代表人物。

②泠然:轻飘飘的样子。泠,清凉,引申为轻妙。

③若夫:至于。乘:顺应。正:指自然界的正常规律。

④六气之辩:六种气体的变化。六气:阴、阳、风、雨、晦、明。辩:同"变"。

⑤尧:姓伊祁,名放勋,古唐国人,中国上古时期部落联盟首领,制定历法,授民农时,设置谏鼓,树立谤木,被后世儒家奉为圣明君主。许由:上古传说中的高士。尧让天下给他,辞而逃隐箕山,农耕而食。尧又召他为九州长,他不欲闻,洗耳于颍水之滨,为人高洁,淡泊终生。

⑥爝(jué)火:火炬,火把。

⑦尸:庙中享祭的神主,引申为无其实而空居名位的人,指徒有虚名。

⑧缺然:不足的样子。

⑨致:送给,给予。

⑩实之宾:实体的附属物。宾:宾属,附属。

⑪鹪鹩(jiāo liáo):一种善于筑巢的小鸟,喜欢栖息在树林里。

⑫偃鼠:鼹鼠,穴居于农田中,好饮水。

⑬庖人:厨师。

⑭尸祝:主持和管理祭祀的人,樽:酒器。俎:盛肉的器物。

[译文]

列子凭风而行,那么轻妙美好,十五天后返回。他对于致力求福,显得不那么着急慌张。这虽然免除了行为的劳苦,还是有所期待啊。

至于依仗天地的正道,驾驭阴、阳、风、雨、晦、明六气的变化,从而遨游于无穷的世界之中,他还要依靠什么呢!所以说,修养至高的人可以达到忘我的境界,达到神妙境界的人可以超然物外,通晓世间真理的人无意于功名。

唐尧计划把天下让给许由,道:“太阳和月亮出来了,可是,火炬还在燃烧不息,火炬的光芒与太阳、月亮不是难以比较吗?及时雨降落了,却还要浇灌农田,这对于农田来说不是徒劳吗?你成为国君,天下一定会得到治理,而我白白占着国君的位置,我自认为存在许多缺失,请你来治理天下吧。”许由回答道:“你担任国君,天下得到了治理,而我还要代替你,我是为了名声吗?名声只不过是事物的宾属,我将为了那宾属吗?鹪鹩这种小鸟栖息在深林里,不过占据了一根树枝;偃鼠饮用河水,不过喝饱了肚子而已。你还是回去吧,天下对我有什么用呢?厨师即使不准备酒食,主持祭祀的人也不会做厨师该做的事情。

[原文]

肩吾问于连叔曰[①]:“吾闻言于接舆[②],大而无当,往而不返。吾惊怖其言,犹河汉而无极也,大有径庭[③],不近人情焉。”连叔曰:“其言谓何哉?”曰:“‘藐姑射之山[④],有神人居焉。肌肤若冰雪,淖约若处子[⑤];不食五谷,吸风饮露;乘云气,御飞龙,而游乎四海之外;其神凝,使物不疵疠而年谷熟[⑥]。’吾以是狂而不信也。”连叔曰:“然,瞽者无以与乎文章之观⑦，聋者无以与乎钟鼓之声。岂唯形骸有聋盲哉？夫知亦有之。是其言也，犹时女也。之人也，之德也，将旁礴万物以为一⑧，世蕲乎乱⑨，孰弊弊焉以天下为事⑩！之人也，物莫之伤，大浸稽天而不溺⑪，大旱金石流、土山焦而不热。是其尘垢粃糠，将犹陶铸尧舜者也⑫，孰肯以物为事！”

宋人资章甫而适诸越⑬，越人断发文身⑭，无所用之。尧治天下之民，平海内之政。往见四子藐姑射之山⑮，汾水之阳，窅然丧其天下焉⑯。

［注释］

①肩无、连叔：古代两个有道之人。

②接舆：春秋时期楚国的隐士，姓陆名通，接舆为字。

③径庭：比喻相差很远，大不相同。径：小路；庭：院子。

④姑射（yè）：传说中的仙山。

⑤淖约：体态轻盈飘逸的样子；淖，同“绰”；处子：处女。

⑥疵疠（cī lì）：疾病。

⑦瞽者：盲人。文章：文采。

⑧旁礴：广大无边，混同充塞。一：一体。

⑨蕲（qí）：求，同“祈”。乱：治理。

⑩弊弊焉：匆匆忙忙、疲惫不堪的样子。

⑪大浸：大水。稽：至。溺：沉溺。

⑫陶铸：烧制陶器和熔炼金属的模具，培育、造就之意。

⑬章甫：古时人们戴的帽子。适越：到越国；适，到。

⑭断发：不留长发。文身：身上刺刻图案。

⑮四子：相传指王倪、啮缺、被衣、许由，当时得道隐居的人。

⑯窅然：渺远的样子。郭庆藩道：“世以乱故求我，我无心也。”

［译文］

肩吾问连叔道：“我听接舆的谈话，夸大其词，不着边际，无法回到谈话的主题。我惊讶害怕,他的言语如同星汉浩渺无极,大相径庭,确实不符合人情。”连叔道:“他说了什么呢?”肩吾道:“他说,在很远的姑射山上居住着一个神人,肌肤洁白如冰雪,体态轻盈如处女。不吃五谷,吸清风,饮甘露,乘坐云气,驾驭飞龙,遨游于四海之外。当他凝神静气的时候,可以使万物不生疾病,五谷丰登。我认为这是狂言不可信。”连叔道:“是啊,盲人无法欣赏美丽的文采,聋人无法听到钟鼓的击打声。岂止人们的身体有聋和瞎之说呢?从知识上来说也有聋和瞎的现象。这些话就是针对你而说的,这个神人,他的道德广大无边,混同充塞,与天下万物合为一体,世人希望天下得到治理,他怎么会忙忙碌碌、疲惫不堪地把治理天下当作一回事!这个神人,天下万物无法伤害,洪水滔天无法淹没。天下遭遇大旱,金石熔化,土山烧焦,他却不感到炎热。利用他的尘埃污垢和瘪谷糟糠,将会造就尧舜这样的贤人,他怎么会以世俗之物作为自己的事业呢?”

宋国人到越国贩卖帽子,越国人不留长发,身上刺着文身,这些帽子对于他们是没有什么用处的。唐尧治理天下的人民,四海之内政治太平。他来到了汾水之北的姑射山,见到了王倪、啮缺、被衣、许由等四位隐士,心思邈远,对于所拥有的天下怅然若失。

[原文]

惠子谓庄子曰①:“魏王贻我大瓠之种②,我树之成而实五石③。以盛水浆,其坚不能自举也。剖之以为瓢,则瓠落无所容。非不呺然大也④,吾为其无用而掊之⑤。”庄子曰:“夫子固拙于用大矣。宋人有善为不龟手之药者⑥,世世以洴澼絖为事⑦。客闻之,请买其方百金。聚族而谋之曰:‘我世世为洴澼絖,不过数金。今一朝而鬻技百金⑧,请与之。’客得之,以说吴王。越有难,吴王使之将。冬,与越人水战,大败越人,裂地而封之。能不龟手,一也;或以封,或不免于洴澼絖,则所用之异也。今子有五石之瓠,何不虑以为大樽而浮乎江湖⑨,而忧其瓠落无所容?则夫子犹有蓬之心也夫[10]！”

惠子谓庄子曰：“吾有大树，人谓之樗[11]。其大本擁肿而不中绳墨[12]，其小枝卷曲而不中规矩[13]。立之涂，匠者不顾。今子之言，大而无用，众所同去也。”庄子曰：“子独不见狸狌乎[14]？卑身而伏，以候敖者[15]；东西跳梁[16]，不避高下；中于机辟[17]，死于罔罟[18]。今夫斄牛[19]，其大若垂天之云。此能为大矣，而不能执鼠。今子有大树，患其无用，何不树之于无何有之乡[20]，广莫之野，彷徨乎无为其侧，逍遥乎寝卧其下。不夭斤斧，物无害者，无所可用，安所困苦哉！

［注释］

①惠子：惠施，梁国宰相，战国中期宋国商丘（今河南商丘）人，名家学派的开山鼻祖和主要代表人物，庄子好友。

②瓠（hù）：葫芦；一年生草本植物，果实长圆形。

③实：果实。

④呺（xiāo）然：虚大不实的样子。

⑤掊（pǒu）：打破。

⑥龟（jūn）：同“皲”，皮肤冻裂。

⑦洴澼（píng pì）：漂洗。絖（kuàng）：古同“纩”，八十缕为一絖，这里指丝绵。

⑧鬻（yù）：出售，出卖。

⑨樽：腰舟，缚在身上，浮于江湖。

⑩蓬之心：蓬蒿那么小的心；蓬，蓬蒿。

⑪樗：（chū）：臭椿树，树干高大，木质粗劣，喻无用之材。

⑫拥：通“臃”。绳墨：木工画直线的墨线。

⑬卷：同“蜷”。中：合乎。规矩：木工用来画圆与方的工具。

⑭狸：同“貍”，野猫。狌（shēng）：黄鼠狼。

⑮敖：通“遨”，遨游。

⑯跳梁：同“跳踉”，跳跃，窜越。

⑰机辟：捕猎的机关和陷阱。机：弩机。辟：陷阱。

⑱罔:网。罟(gǔ):网的总称。

⑲斄(lí)牛:牦牛。

⑳无何有之乡:没有任何事物的地方。

[译文]

惠子对庄子说:"魏王赠送给我大葫芦的种子,种植后结出的果实能够容纳五石的东西。用它盛水,可是它的强度不够无法提举。把它打破后用来做瓢,却过于庞大无处可放。它不是不庞大,而是因为没有什么用处砸烂了它。"庄子说:"你本来不善于使用大的东西,宋国有个人善于制作冻伤手的药物,世代以漂洗丝绵为职业,有客人知道后要花费百金购买这个药方。宋国人召集全族的人商议道:'我家世代以漂洗丝绵为职业,每年不过获利数金。现在一旦卖掉这个药方就可以获利百金,请大家同意卖掉它。'客人得到这个治疗皲裂的药方后,以此游说吴王。正逢越国有难,吴王任命他为将军。冬日,吴国与越国进行水战,大败越军,吴王用封地奖赏了这个人。同样的治疗手指冻裂的药方,有的人用它得到裂地封赏,有的人不过是用来漂洗丝绵为业,这是用途不同而造成的。现在你有能容纳五石东西那样的大葫芦,为什么不考虑制作成一个大腰舟而浮游于江湖之中呢?却忧虑葫芦太大而无所容纳呢?你的心胸如蓬蒿之小啊!"

惠子对庄子说:"我有一棵大树,人们叫作臭椿树。树干上长满了疙瘩,不合乎木匠用绳墨画线的要求,树枝蜷曲不合乎木匠画圆画方的规矩。这颗树长在大路上,木匠不会回头看一眼。照你说的话,这棵树大而无用,众人都不会重视它的。"庄子说:"你独独没有见过野猫和黄鼠狼吗?弯身匍匐,以等待出游的动物;它东跳西跳,或高或下。却中了猎人设置的机关陷阱,死于猎网中。还有牦牛,身体庞大如垂挂在天上的云朵。它可以说很大了,却不能捕捉老鼠。现在你有大树,却担心没有用处,为什么不把它种在什么都没有的地方,广漠的旷野上,悠闲地徘徊在它的旁边，逍遥自在地休息在它的下边。这棵树不会遭到斧头的砍伐，也没有人伤害，无所可用，这哪里会有困苦啊！”

第二 齐物论

【题解】

庄子的内心世界是无比丰富的，遨游于天地宇宙之中。该文“汪洋博大，堂皇迷离”。宇宙万物看起来是千差万别，充满着不平等的，可是，在庄子看来宇宙万物在本质上又是同一的、平等的。当人把自己投放在天地之中时，自然有了大的格局。庄子在这篇文章中告诉我们，如何看待千差万别的事物，摆脱身外之物的束缚，开阔眼界，遨游于无穷世界之中，达到自由自在的人生境界。这篇文章还提出了认识论方面的许多问题，具有深刻的辩证法思想，值得我们品鉴。

[原文]

南郭子綦隐机而坐①，仰天而嘘，荅焉似丧其耦②。颜成子游立侍乎前③，曰：“何居乎？形固可使如槁木④，而心固可使如死灰乎⑤？今之隐机者，非昔之隐机者也？”子綦曰：“偃，不亦善乎⑥，而问之也！今者吾丧我⑦，汝知之乎？女闻人籁而未闻地籁⑧，女闻地籁而不闻天籁夫！”

子游曰：“敢问其方⑨。”子綦曰：“夫大块噫气⑩，其名为风。是唯无作，作则万窍怒呺⑪。而独不闻之翏翏乎⑫？山林之畏佳⑬，大木百围之窍穴，似鼻，似口，似耳，似枅⑭，似圈⑮，似臼⑯，似洼者，似污者。激者，謞者⑰，叱者，吸者，叫者，譹者，宎者⑱，咬者，前者唱於而随者唱喁⑲，泠风则小和，飘风则大和⑳，厉风济则众窍为虚㉑。而独不见之调调、之刁刁乎㉒？”

子游曰："地籁则众窍是已，人籁则比竹是已，敢问天籁。"子綦曰："夫吹万不同，而使其自已也。咸其自取，怒者其谁邪？"

［注释］

①南郭子綦（qí）：楚人，字子綦，居住南郭，称作南郭子綦。隐机：依靠着案几坐着；隐：凭倚；机：案几。

②荅焉：浑然忘我的样子。丧其耦：丧失了躯体；耦，匹配，这里指身体。

③颜成子游：名偃，子游为字。南郭子綦的学生。

④槁木：干枯的木头。

⑤死灰：灰烬。

⑥不亦善乎：不是也很好吗；善，好。

⑦丧：失去。

⑧人籁：人吹竹管的声音。地籁：自然界的声音。籁：泛指从孔穴中发出的声音。

⑨敢：敬词。方：道理，方法。

⑩大块：大地。噫气：呼气。

⑪呺（xiāo）：同"号"，大叫，吼叫。

⑫翏翏：风吹的声音，拟声词。

⑬畏佳（cuī）：即"巍崔"，山林高峻的样子。

⑭枅（jī）：横木上的方孔。

⑮圈：围起来的栅栏。

⑯臼：舂米的器具，用石头或木头制成，中间凹下。

⑰謞者：箭射出后发出的声音。

⑱宎（yǎo）者：深谷之中的声音，深沉而浑厚。

⑲於、喁：风吹动时相合的声音。

⑳飘风：旋风，暴风。

㉑厉风济：迅猛的暴风停止了；济，停止。

㉒调调、刁刁：风吹时树摇动的样子。

[译文]

南郭子綦靠在案几上坐着，昂首向天发出一阵长啸，他的样子好像忽然失去形体超然物外。颜成子游站立在他身旁，说："你怎么了？形体固然可以做到如同干枯的木头，心可以如燃烧后的灰烬吗？你现在靠着案几而坐，不是以前的你吗？"南郭子綦说："颜成子游，你问的这个问题很好！现在我失去了自己，你知道吗？你只听过人吹竹管时发出的声音，没有听过风吹孔穴发出的声音，你听过风吹孔穴发出的声音，没有听到过天地万物的声音。"

颜成子游问道："我冒昧地问其中的道理是什么？"南郭子綦说："大地呼气时发出的声音叫作风。它不发作则已，一旦发作，大地上所有的孔穴都发出吼叫。你唯独没有听到过飕飕的声音吗？高大的山林之上，百围粗的树木上各种孔穴发出的声音，有的像鼻子，有的像嘴唇，有的像耳朵，有的像横木上的方孔，有的像环绕的栅栏，有的像舂米的石臼，有的像低洼的土地，有的像池塘。这些声音像激荡的流水，像飞逝的箭镞声，像叱责声，像急促的呼吸，像大声的叫喊，像嚎叫，像深谷里的回声，像咬物声，前面发出声音而后边紧紧唱和，轻风吹起时和声小，暴风吹起时和声大，迅疾的飓风停止时，万物的孔穴就悄然无声。你独独没有听到起风时树木摇摇摆摆、晃来晃去的声音吗？"颜成子游说："地籁是从许多孔穴里发出的声音，人籁是从竹管里发出的声音，那么请问什么是天籁呢？"南郭子綦说："天籁虽然变化万千，但都是自然界发出的声音。它来源于自身，谁会主使呢？"

[原文]

大知闲闲①，小知间间②。大言炎炎③，小言詹詹④。其寐也魂交，其觉也形开⑤。与接为构，日以心斗。缦者，窖者，密者⑥。小恐惴惴⑦，大恐缦缦⑧。其发若机栝⑨，其司是非之谓也；其留如诅盟⑩，其守胜之谓也；其杀若秋冬，以言其日消也；其溺之所为之⑪，不可使复之也；其厌也如缄⑫，以言其老洫也[13];近死之心,莫使复阳也[14]。喜怒哀乐,虑叹变慹[15],姚佚启态[16]。乐出虚,蒸成菌[17]。日夜相代乎前,而莫知其所萌[18]。已乎,已乎!旦暮得此[19],其所由以生乎!

非彼无我,非我无所取。是亦近矣,而不知其所为使。若有真宰[20],而特不得其眹[21]。可行已信,而不见其形,有情而无形。百骸、九窍[22]、六藏,赅而存焉[23],吾谁与为亲?汝皆说之乎?其有私焉?如是皆有为臣妾乎?其臣妾不足以相治乎?其递相为君臣乎[24]?其有真君存焉!如求得其情与不得,无益损乎其真。一受其成形,不亡以待尽。与物相刃相靡,其行尽如驰而莫之能止,不亦悲乎!终身役役而不见其成功,苶然疲役而不知其所归[25],可不哀乎!人谓之不死,奚益!其形化,其心与之然,可不谓大哀乎?人之生也,固若是芒乎[26]?其我独芒,而人亦有不芒者乎?

[注释]

①闲闲:知识广博。

②间间:细致谨慎。

③炎炎:气势逼人。

④詹詹(zhān):琐碎,啰嗦。

⑤形开:身体不安。

⑥密:缜密。

⑦惴惴:恐惧不安。

⑧缦缦(màn):迟缓呆滞。

⑨机栝(guā):弩机上发射箭的机关。

⑩诅盟:结盟发誓。

⑪溺:沉溺。

⑫缄:扎束器物的绳索,引申为束缚的意思。

⑬洫:败坏。

⑭复阳:恢复生命。

⑮慹(zhé):通“慑”,恐惧。

⑯姚:轻浮。佚:奢靡。启:放纵。态:做作。

⑰蒸成菌:闷热的气候下空气蒸腾生成的菌类。

⑱萌:萌生。

⑲旦暮:早晚。

⑳真宰:万物的主宰。

㉑眹(zhèn):眼珠,瞳仁,引申为征兆、迹象。

㉒九窍:人体的九个与外界相通的孔穴,指双眼、双耳、双鼻、口、生殖器、肛门。

㉓赅(gāi):完备。

㉔递相:互相,轮流。

㉕苶(nié):疲倦劳碌,精神不振。

㉖芒:通"茫",茫然。

[译文]

大智慧的人显得学问广博,小聪明的人细致谨慎。宏大的言论气势如火焰逼人,小智慧的言论琐碎啰嗦。入睡后魂魄相交,醒来后形体不安。人们每天与外界接触,勾心斗角。有的反应缓慢,有的含蓄深沉,有的心思缜密。小的恐惧让人惴惴不安,大的恐惧迟缓呆滞。说话时如弩机发出的箭镞,是产生是非的缘由。人们保留时如同遵守盟誓,这是坚守胜利之道。肃杀时如同秋冬之际万木凋零,言语使人感到了消亡。当人们沉溺在事务之中,不可能使他们恢复到原来的本性。当人们厌恶某件事,如同用绳索束缚一样,这是用来形容衰老败坏的样子。近死之心,难以恢复生机。欢喜、愤怒、哀伤、快乐,忧虑、感叹、反复、害怕,奢靡、放纵、轻佻、做作,这种情感产生出来,如同湿热的气候下菌类蒸腾。日日夜夜情绪起伏,却不知道从何处萌生。休止吧,休止吧!早晚面对这种情况,就会领悟其中道理。

没有外在事物,也就没有自我,否定了自我,外在事物就不会有可取之处。这就接近了天道,却不知道它由什么所主使。如果万物有主宰,却找不到它的征兆。可以从实践中得到确信,却找不到它的形迹,有真实的事情却无法寻觅它的形迹。人们的身体有百骸、九窍、六脏,完整齐备地存在于形体内。我与哪种脏器最亲近,对它们都喜欢吗?还是内心有所偏私呢?如果都是有用的话,它们是附属的臣妾吗?身体的附属臣妾之间不足以互相配合吗?还是交替轮流担任君臣呢?它们果真主宰存在啊!无论探求到其中的原因或者无法得到,都是难以增加和损坏它们的本真。人们一旦禀天地之气拥有了形体,一直就等待着终尽的那一天。与事物互相对立,互相消耗,人们的行为如奔驰的骏马,没有人能使它停下来,这不是也很可悲吗!终其一生劳劳碌碌而不能成功,疲惫不堪,精神不振,不知道人生的归宿,岂不是很哀伤啊!这样活着不死,又有什么益处呢!等到形体变化消失,人们的精神也一同消失,这不是最大的悲哀吗!人的生命,本来就是那么茫然啊,难道是独独我茫然,而有人不茫然吗?

[原文]

夫随其成心而师之[①],谁独且无师乎?奚必知代而自取者有之?愚者与有焉。未成乎心而有是非,是今日适越而昔至也[②]。是以无有为有。无有为有,虽有神禹且不能知[③],吾独且奈何哉!

夫言非吹也,言者有言,其所言者特未定也。果有言邪?其未尝有言邪?其以为异于鷇音[④]。亦有辩乎?其无辩乎?道恶乎隐而有真伪[⑤]?言恶乎隐而有是非?道恶乎往而不存[⑥]?言恶乎存而不可?道隐于小成[⑦],言隐于荣华。故有儒墨之是非[⑧],以是其所非而非其所是。欲是其所非而非其所是,则莫若以明。

物无非彼,物无非是。自彼则不见,自知则知之。故曰:彼出于是,是亦因彼。彼是方生之说也。虽然,方生方死,方死方生;方可方不可,方不可方可;因是因非,因非因是。是以圣人不由而照之于天,亦因是也。是亦彼也,彼亦是也。彼亦一是非,此亦一是非,果且有彼是乎哉?果且无彼是乎哉?彼是莫得其偶,谓之道枢[⑨]。枢始得其环中[⑩],以应无穷。是亦一无穷，非亦一无穷也，故曰：莫若以明。

以指喻指之非指[11]，不若以非指喻指之非指也；以马喻马之非马[12]，不若以非马喻马之非马也。天地一指也，万物一马也。

［注释］

①成心：自我之成见。师：师法。

②适：往，到。

③禹：夏禹。

④鷇（kòu）音：雏鸟的叫声。

⑤恶乎：疑问代词，犹言何所。隐：隐藏。

⑥往：前往，运行。

⑦小成：细微的、片面的成功。

⑧儒墨：儒家，以孔子为代表，主张仁义，维护周礼；墨家，以墨翟为代表，主张兼爱和非攻。战国时期的两大主要思想流派，对后世影响颇大。

⑨道枢：天道的关键；枢，门的转轴或承轴，引申指事物中心或重要的部分。

⑩环中：控制道枢的中心。

⑪指：比喻认识事物的媒介和事物本身。公孙龙《指物论》道："物莫非指，而指非指。"

⑫马：古代逻辑命题，比喻事物的共性与个性之间的关系。见公孙龙《白马论》和《坚白论》。

［译文］

如果追随心中的成见并以成见为师，谁能没有老师呢？何必要知晓事物的更替变化之道而从心以求呢？愚昧的人也一样有老师啊。还没有形成成熟的意见，就有是非观念，这如同今天要去越国而昨天就已经到达了一样荒唐。这是把没有作为有。把没有当作有，即使神圣的夏禹也不能认识其中的道理，我独独能怎么样呢！

人们说话不是刮风，说者所发表的言论，所说的话语没有定论。果然说话了吗？还是未曾说话呢？人们认为自己的言论不同于小鸟的鸣叫。也许是有区别吧，还是没有区别呢？天道为什么隐藏而有真假之别？人们的言论为什么隐藏而产生是非呢？天道为什么运行而似乎不存在？言论为什么存在而不被认可？因为天道隐藏于小的成功之中，言论隐藏于华丽的辞藻之内。所以会出现儒家和墨家之间的是非观，肯定对方所反对的，反对对方所肯定的。想要肯定对方所否定的，攻击对方所肯定的，那么，不如明察事物的本质所在。事物是相互依存的，此物无非彼物，彼物无非此物。从彼物看不见的东西，从此物则可以明白。所以说：彼物出自此物，此物也是彼物。事物之间是相互依赖存在的。即使这样，刚出生即是死亡，刚死亡即是出生；刚刚肯定马上否定，刚刚否定马上肯定；有理由说是对的，也有理由说是错的，有理由说是错的，也有理由说是对的。因此，圣人不被事物的表面现象所迷惑，而是根据天道来说明一切，这就是遵循天道啊。此物是彼物，彼物也是此物。彼物存在一个是非，此物也存在一个是非，事物果然存在彼此两个方面吗？果然不存在彼此两个方面吗？事物彼此形成统一体，这就是天道的枢纽。天道居于万物的枢纽之位，顺应着无穷的变化。是无穷的，非也是无穷的，所以说：不如用天道明察万物。

用手指说明手指不是所指称的事物，不如用手指之外的事物说明手指不是所指称的事物；用马说明马不是马，不如用非马说明马不是马。天地是一个指称，万物可以说具有马的属性。

［原文］

可乎可，不可乎不可。道行之而成，物谓之而然①。恶乎然②？然于然。恶乎不然？不然于不然。物固有所然，物固有所可。无物不然，无物不可。故为是举莛与楹③，厉与西施④，恢恑憰怪⑤，道通为一。

其分也⑥，成也⑦；其成也，毁也。凡物无成与毁，复通为一。唯达者知通为一，为是不用而寓诸庸。庸也者，用也；用也者，通也；通也者，得也。

适得而几矣。因是已,已而不知其然,谓之道。劳神明为一而不知其同也,谓之“朝三”。何谓“朝三”?狙公赋芧[8],曰:“朝三而暮四。”众狙皆怒。曰:“然则朝四而暮三。”众狙皆悦。名实未亏而喜怒为用,亦因是也。是以圣人和之以是非而休乎天钧[9],是之谓两行。

[注释]

①物谓之而然:事物的称呼是人们命名而形成的;然,这样。

②恶乎然:为什么这样说。

③莛(tíng):草本植物的茎。楹:堂屋前边的柱子。

④厉:同“疠”,这里指丑人。西施:春秋时代越国的美女。

⑤恢:恢宏。佹:诡秘。憰:诡诈。怪:怪异。

⑥分:分离,化解。

⑦成:形成,产生。

⑧狙(jū)公:养猴子的人。芧(xù):橡子。

⑨天钧:自然平衡的情形。

[译文]

肯定有肯定的道理,否定有否定的道理。道路是人们行走而成的,事物的称呼是人们命名的。为什么说是这样的,这样的就是这样的。为什么说不是这样的,不是这样的就不是这样的。事物本来有所肯定的一面,也有所认可的一面。没有任何事物不符合这种情况,没有任何事物不能这样认可。因此,细小的草茎和厅堂的柱子,丑陋的女人和美丽的西施,其中恢宏、诡秘、巧诈、怪异,从道来看来都是同一的。

事物的分解,就是新事物的形成。新事物的形成,也是旧事物的毁灭。大凡万物无所谓存在和灭亡,从本质上是相通而同一的。唯有通达的人明白万物其实是一体的,为此不必寄寓平常的事物来解释。庸常,就是日常所使用的;事物的用处是相通的。相通的意思,就可以获得其中的道理。这就几乎接近天道了。因此,遵循事物的各种状态,还是没有没有明白其中的原因，这就是道。花费心思辛劳思考，明白事物的同一性，却不知其中的同一的道理，这就叫作“朝三”。什么是“朝三”呢？养猴人分给猴子橡子，对它们说：“早上三升，晚上四升。”猴子都很愤怒。养猴人又说：“那么改为早上四升，晚上三升吧。”猴子们都很高兴。名与实没有改变，却使猴子出现了喜怒的变化，也就是这样的道理。因此，圣人把是非看作是混合同一的，听凭于天道的均衡变化，这就叫作并行发展。

［原文］

古之人，其知有所至矣①。恶乎至？有以为未始有物者，至矣，尽矣，不可以加矣！其次以为有物矣，而未始有封也②。其次以为有封焉，而未始有是非也。是非之彰也③，道之所以亏也④。道之所以亏，爱之所以成。果且有成与亏乎哉？果且无成与亏乎哉？有成与亏，故昭氏之鼓琴也⑤；无成与亏，故昭氏之不鼓琴也。昭文之鼓琴也，师旷之枝策也⑥，惠子之据梧也⑦，三子之知几乎⑧，皆其盛者也，故载之末年。唯其好之也⑨，以异于彼，其好之也欲以明之⑩。彼非所明而明之，故以坚白之昧终⑪。而其子又以文之纶终，终身无成。若是而可谓成乎，虽我亦成也；若是而不可谓成乎，物与我无成也。是故滑疑之耀⑫，圣人之所鄙也。为是不用而寓诸庸⑬，此之谓“以明⑭”。

今且有言于此，不知其与是类乎⑮？其与是不类乎？类与不类，相与为类，则与彼无以异矣。虽然，请尝言之：有始也者，有未始有始也者，有未始有夫未始有始也者；有有也者，有无也者，有未始有无也者，有未始有夫未始有无也者。俄而有无矣⑯，而未知有无之果孰有孰无也。今我则已有谓矣，而未知吾所谓之其果有谓乎？其果无谓乎？

［注释］

①至：至极，极致。

②封：边界，界限。

③彰：明显，显著。

④亏：亏损，亏缺。

⑤昭氏：昭文，善于弹琴，著名的琴师。

⑥师旷：字子野，冀州南和人，春秋时著名乐师、道家。枝策：配合节奏敲击。

⑦惠子：惠施，战国中期宋国商丘（今河南商丘）人，名家学派的开山鼻祖和主要代表人物，庄子好友。据梧：靠着梧桐树。

⑧三子：三人。

⑨好：喜欢，爱好。

⑩明：说明，明白。

⑪坚白：古代哲学命题，认为坚硬、洁白不能同时存在于石头中。昧：愚昧，困惑。

⑫滑（gǔ）疑：纷乱诡异。

⑬诸：之于。

⑭以明：使自己明白。

⑮类：类似。

⑯俄而：突然。

［译文］

古代的人，他们的智慧达到了极致。怎么达到极致的呢？有人认为宇宙之始不存在任何事物，这种观点达到了极致，达到了终尽，无以复加了。其次，有人认为宇宙之始存在万物，事物之间却没有界限。再其次，认为事物之间有界限，却没有是非之分。是非彰明了，天道就亏损了。当天道亏损时，偏爱就占据了成功的位置。果真有成功和亏损吗？果真没有成功和亏损吗？有成功和亏损，所以昭文善于弹琴；无成功和亏损，所以昭文不弹琴了。昭文弹琴的时候，师旷击杖配合着音乐节奏，惠施靠着梧桐树下高谈阔论，这三人的知识可以说具有很高的盛名，所以他们的事迹得以记载下来。唯有他们的爱好有异于他人，他们希望自己的爱好使人们明白。用自己明白的知识来使不明白的人明白，因此陷于石头坚白的愚昧之争而终了。而昭文的儿子又继承了父亲的技艺，终生没有什么成就。像这样可以叫作成功吗,即使我也可以说成功了。如果这不能叫成功,万物与我都没有成功,因此,那些纷乱诡异学说的炫耀,是圣人所鄙视的。为此,不用作为,寄寓在各种庸常的事物之中,这叫作用无为的态度来明察事物的本质。

现在有人在这里说,不知道这些话与别人的话类似吗?还是不类似?其实,类似的言论和不类似的言论,都是一个类别,那么就不会有什么差异了。即使如此,请听我予以阐述:宇宙之初有开始的事物,也有未开始的事物,还有没有开始的即将开始的事物;宇宙之初有存在的事物,也有不存在的事物,还有没有开始的不存在的事物。忽然,出现了有和无的事物,却不知道有和无果真是有是无。我现在已经说了这些观点,而不知道我所说的果真是有吗? 果真是无吗?

[原文]

天下莫大于秋豪之末[①],而大山为小[②];莫寿乎殇子[③],而彭祖为夭。天地与我并生,而万物与我为一[④]。既已为一矣,且得有言乎? 既已谓之一矣,且得无言乎? 一与言为二,二与一为三。自此以往,巧历不能得[⑤],而况其凡乎! 故自无适有[⑥],以至于三,而况自有适有乎! 无适焉,因是已!

夫道未始有封,言未始有常,为是而有畛也[⑦]。请言其畛:有左,有右,有伦[⑧],有义,有分,有辩,有竞,有争,此之谓八德[⑨]。六合之外[⑩],圣人存而不论;六合之内,圣人论而不议;《春秋》经世先王之志,圣人议而不辩。

故分也者,有不分也;辩也者,有不辩也。曰:“何也?”“圣人怀之,众人辩之以相示也。故曰:辩也者,有不见也。”夫大道不称,大辩不言[⑪],大仁不仁,大廉不嗛[⑫],大勇不忮[⑬]。道昭而不道[⑭],言辩而不及,仁常而不成,廉清而不信,勇忮而不成。五者圆而几向方矣! 故知止其所不知,至矣。孰知不言之辩,不道之道?若有能知,此之谓天府。注焉而不满,酌焉而不竭[15],而不知其所由来,此之谓葆光[16]。

［注释］

①秋豪:秋天鸟兽身上新长出的细毛,比喻细微的事物;豪:通“毫”,毫毛。

②大山:即泰山。

③殇子:夭折的小孩。

④一:同一,一体。

⑤巧历:巧妙的计算;历,计算。

⑥适:到,追求。

⑦畛(zhěn):田间小路,此指界限,疆域。

⑧伦:条理,顺序。

⑨八德:八类,这里指八类现象。

⑩六合:上、下,东、南、西、北四方,泛指天地宇宙。

⑪大辩:伟大的辩论。

⑫嗛(qiān):通“谦”,谦逊。

⑬忮(zhì):违逆;刚愎。

⑭昭:彰明,显著。

⑮酌:舀取。

⑯葆(bǎo)光:隐藏光芒;葆:隐藏,保持。

［译文］

天下没有什么比秋毫的末端更大,而泰山是小的。没有比夭折的小孩更长寿的,而彭祖是短寿的。天地与我同时存在,万物与我化为一体。既然我与万物是一体的,那么还有话说吗?既然我与万物为一体,能没有话说吗?万物的存在加上我的观点就是二,二加上一就是三。由此往下类推,即使巧妙计算也无法得到答案,何况凡人呢!所以从“无”到“有”,以至于推算到三,何况从“有”推算“有”呢?没有必要继续下去了,遵循事物的规律罢了。

天道是没有分界的，言语是没有定论的，为了得到肯定才有了分界。那么，请我阐述它的边界，有左有右，有条理有议论，有区分有辩论，有竞赛有争论，这是八类情况。天地四方之外，圣人保留自己的看法不去议论，天地四方之内，圣人阐述自己的观点不争议。《春秋》记载的先王治理社会的历史，圣人有所争议而不辩解。

所以说有所分别，又有所不分别；有所争辩，又有所不争辩。有人问："这是为什么呢？"回答道："圣人胸怀万物，众人却通过争辩来显示自己的存在。所以说：进行辩论的时候，总有看不见的一面。"大道不必要称颂，大辩沉默无语，大仁似乎不仁，大廉不必要谦虚，大勇不会刚愎自负。天道昭彰则不是天道，争辩就会有所不及，时常实行仁爱就难以真正仁爱，过于廉洁清白难以取信于人，勇敢而刚愎自负不叫勇敢。这五种道理圆融贯通就接近正确的方向了！因此，知道停止于所不知道的知识，就达到了可以达到的极致。谁能知道无言的辩解、不用称道的天道呢？如果有人能够明白这些道理，这叫作天然的城府。无论注入多少东西都不会溢满，无论拿走多少东西都不会枯竭，人们不知道这些东西从哪里来，这叫作隐藏光芒。

[原文]

故昔者尧问于舜曰①："我欲伐宗、脍、胥敖②，南面而不释然③。其故何也？"舜曰："夫三子者，犹存乎蓬艾之间④。若不释然，何哉！昔者十日并出，万物皆照，而况德之进乎日者乎⑤！"

啮缺问乎王倪曰⑥："子知物之所同是乎？"曰："吾恶乎知之！""子知子之所不知邪？"曰："吾恶乎知之！""然则物无知邪？"曰："吾恶乎知之！虽然，尝试言之：庸讵知吾所谓知之非不知邪⑦？庸讵知吾所谓不知之非知邪？且吾尝试问乎女：民湿寝则腰疾偏死，鳅然乎哉⑧？木处则惴栗恂⑨惧，猨猴然乎哉？三者孰知正处？民食刍豢⑩，麋鹿食荐⑪，蝍蛆甘带⑫，鸱鸦耆鼠⑬，四者孰知正味？猿猵狙以为雌⑭，麋与鹿交，鳅与鱼游。毛嫱丽姬，人之所美也，鱼见之深入，鸟见之高飞，麋鹿见之决骤[15]，四者孰知天下之正色哉？自我观之，仁义之端，是非之涂，樊然殽乱[16]，吾恶能知其辩！”啮缺曰：“子不知利害，则至人固不知利害乎？”王倪曰：“至人神矣！大泽焚而不能热，河汉沍而不能寒[17]，疾雷破山、飘风振海而不能惊[18]。若然者，乘云气，骑日月，而游乎四海之外，死生无变于己，而况利害之端乎！”

［注释］

①尧：姓伊祁，号放勋，中国上古时期部落联盟首领、“五帝”之一。尧十三岁封于陶，十五岁辅佐兄长帝挚而改封于唐地，号为陶唐氏。舜：姓姚，又姓妫，名重华，字都君，中国上古时代部落的贤明君王，被后世尊为帝，列入“五帝”。

②伐宗、脍、胥敖：三个小国名。

③南面：古代君王临朝时坐北朝南，故称南面。释然：轻松的样子。

④蓬艾之间：蓬蒿和艾草，喻偏远落后的小国家。

⑤进乎：超越。

⑥啮(niè)缺、王倪：远古时期的古代贤人。

⑦庸讵知：怎么知道。

⑧鳅(qiū)：泥鳅。

⑨木处：处在树上。惴：不安；栗：发抖；恂(xún)：恐惧。

⑩刍豢(chú huàn)：用草料饲养的家禽和牲畜。

⑪荐：美草。

⑫蝍蛆(jí qū)：蜈蚣。甘带：美味的小蛇；带，小蛇。

⑬鸱(chī)鸦：猫头鹰和乌鸦。

⑭猵狙(biān jū)：猕猴。

⑮骤：快跑。

⑯樊然淆(xiáo)乱：纷杂混乱。

⑰沍(hù)：河水冻结。

⑱飘风：大风，狂风。

［译文］

从前尧帝曾经问舜帝道："我想征讨宗、脍、胥敖三个小国，每当上朝时想起这件事心里总是放不下。原因是什么呢？"舜帝说："这三个国家，犹如生存于蓬蒿艾草之中。你放不下是什么原因呢？从前十个太阳一同出现，万物都在照耀之下，何况你德行超过太阳呢？"

啮缺问王倪道："你知道万物之间的同一性吗？"王倪说："我怎么能知道呢！"啮缺又问："你知道你所不知道的事物吗？"王倪说："我怎么知道！"啮缺说："那么说万物无法知道吗？"王倪说："我怎么会知道呢？即使这样，我试着告诉你：你这么知道我所谓的知道不是不知道呢？怎么知道我所谓的的不知道是不知道呢？我且问一问你，人们睡在潮湿的地方会使腰部患病，以至于导致半身不遂，泥鳅会这样吗？住在树上就会惴惴不安，战栗恐惧，猿猴会这样吗？三者谁知道是正确的住处呢？人们吃豢养的家禽牲畜，麋鹿吃的是美味的青草，蜈蚣喜欢吃小蛇，猫头鹰和乌鸦喜欢吃老鼠，四者谁知道什么是真正的口味？猿猴与猵狙交配，麋与鹿交欢，泥鳅与鱼游在水中。毛嫱和丽姬是人们赞美的女人，可是，鱼看到她们就沉到水里，鸟看到她们就高飞到天空，麋鹿看到她们就很快逃跑了，四者知道什么是真正的美色吗？在我看来，仁义的开端，正是是非的途径，纷杂混乱，我怎么能辨别呢？"啮缺说："你不知道分辨利害，难道具有智慧的至人也不知道分辨利害吗？"王倪说："至人是很神奇的，林泽焚烧不会感到灼热，河水结冰不会感到寒冷，迅疾的惊雷劈开大山、飞旋的狂风震动大海不会害怕。他这样的人，乘着云气，驾着日月，遨游于四海之外，死生无法改变自己，何况人世间的利害纷争呢？"

［原文］

瞿鹊子问乎长梧子曰[①]："吾闻诸夫子：圣人不从事于务，不就利，不违害，不喜求，不缘道，无谓有谓，有谓无谓，而游乎尘垢之外。夫子以为孟浪之言[②]，而我以为妙道之行也。吾子以为奚若[③]？"

长梧子曰:“是黄帝之所听荧也[4],而丘也何足以知之!且女亦大早计,见卵而求时夜[5],见弹而求鸮炙[6]。予尝为女妄言之[7],女以妄听之。奚旁日月,挟宇宙,为其吻合,置其滑涽[8],以隶相尊[9]?众人役役,圣人愚芚[10],参万岁而一成纯。万物尽然,而以是相蕴。予恶乎知说生之非惑邪!予恶乎知恶死之非弱丧而不知归者邪!

“丽之姬,艾封人之子也。晋国之始得之也,涕泣沾襟。及其至于王所,与王同筐床[11],食刍豢,而后悔其泣也。予恶乎知夫死者不悔其始之蕲生乎[12]?梦饮酒者,旦而哭泣;梦哭泣者,旦而田猎。方其梦也,不知其梦也。梦之中又占其梦焉,觉而后知其梦也。且有大觉而后知此其大梦也,而愚者自以为觉,窃窃然知之[13]。君乎[14]!牧乎[15]!固哉!丘也与女皆梦也,予谓女梦亦梦也。是其言也,其名为吊诡[16]。万世之后而一遇大圣知其解者,是旦暮遇之也。”

[注释]

①瞿鹊子、长梧子:孔门弟子。

②夫子:指孔子。孟浪:轻率荒诞。

③奚若:怎么样。

④听荧:疑惑不明。

⑤卵:鸡蛋。时夜:报晓的公鸡。

⑥弹:弹弓。鸮(xiāo):斑鸠。

⑦妄言:随便说话。

⑧滑涽(gǔ hūn):纷繁暗昧。

⑨以隶相尊:把卑贱与尊贵等同起来;隶:奴隶,引申为卑贱。

⑩愚芚(chūn):愚昧混沌;芚,通“沌”。

⑪筐(kuāng)床:方形的床。

⑫蕲(qí):祈求,恳求。

⑬窃窃然:明察的样子。

⑭君:国君。

⑮牧：牧人，指卑贱之人。

⑯吊诡：诡异，怪异。

［译文］

瞿鹊子问长梧子："我听孔子说，圣人不沉溺于世俗的事务，不追求私利，不畏惧祸患，不喜欢贪求，不追求世道，无言就是有言，有言就是无言，自在地遨游于尘世之外。孔子认为这都是虚妄轻浮的言语，而我认为这是追求美妙的天道的行为。你认为怎么样呢？"

长梧子说："这些话就算是黄帝也是疑惑不明的，而孔子怎么能够明白呢！况且你计划过早了，看到鸡蛋就想得到打鸣的公鸡，见到弹弓就想得到烤熟的斑鸠。我尝试为你随便说说，你也就随便听听。为何不依傍日月，胸怀宇宙，与万物亲密结合，抛开纷繁暗昧，平等看待尊卑？众人劳碌不止，圣人昏昧不明，将古今万物融为一体。万物都是如此，而因此相互蕴藏在一起。我怎么知道喜欢活着不是困惑呢？我怎么知道厌恶死亡不是幼年失去归宿而不知道回家呢！

"骊姬是艾地守卫边疆将官的女儿。晋国得到骊姬时，骊姬哭泣不止，泪水沾湿衣裳。等到她进入了王宫，与国君一同住在宽大的方床上时，吃着美味的食物，后悔当初哭哭啼啼。我怎么知道死者不会后悔当初祈求活着的行为呢？睡觉时梦见喝酒，天亮后却哭泣痛苦；睡觉时梦到哭泣，天亮后却高兴地打猎。当人们做梦时，不知道是在做梦。做梦时占卜询问梦的吉凶，醒来后才知道是梦。况且有了大的觉醒，而后明白睡觉时做的是大梦，而愚昧的人自以为清醒，好像什么都知道。君王啊，臣民啊，纠缠这些是多么浅薄啊。孔子与你都是梦中人，我说你们在做梦，这也是梦话。这些话，可以说诡异难解。等到万世之后，遇上一位真正的圣人知道其中的答案，这也是早晚的事。"

[原文]

“既使我与若辩矣[1]，若胜我，我不若胜，若果是也？我果非也邪？我胜若，若不吾胜，我果是也？而果非也邪？其或是也？其或非也邪？其俱是也？其俱非也邪？我与若不能相知也。则人固受其黮闇[2]，吾谁使正之[3]？使同乎若者正之，既与若同矣，恶能正之？使同乎我者正之，既同乎我矣，恶能正之？使异乎我与若者正之，既异乎我与若矣，恶能正之？使同乎我与若者正之，既同乎我与若矣，恶能正之？然则我与若与人俱不能相知也，而待彼也邪[4]？化声之相待，若其不相待，和之以天倪[5]，因之以曼衍[6]，所以穷年也。何谓和之以天倪？曰：是不是，然不然。是若果是也，则是之异乎不是也亦无辩；然若果然也，则然之异乎不然也亦无辩。忘年忘义，振于无竟，故寓诸无竟[7]。”

[注释]

①若：你。

②黮(dǎn)闇：昏暗不明。

③正：判断。

④彼：谁。

⑤天倪(ní)：自然的分界；倪，边际，端倪。

⑥曼衍：蔓延变化

⑦无竟：没有穷尽和边际。

[译文]

“如果我和你辩论，你战胜了我，我输给了你，你果真对吗？我果真错了吗？我战胜了你，你输给了我，我果真对吗？你果真错了吗？谁是对的呢？谁是错的呢？难道说都是对的吗？都是错的吗？这是我和你都不会知道的。那么人们本来昏暗不明，找谁来做出判断呢？找与你观点相同的人判断，既然与你的观点相同，怎么能做判断呢？找与我观点相同的人判断，既然与我的观点相同，怎么能做出作判断呢？那么，就找与你我观点不同的人来作判断，既然与你我的观点不同，怎么能做出判断？找与你我观点相同的人来判断，既然与你我的观点相同，怎么能做出判断呢？那么，我与你以及别人都不能知道对错，还要等到其他人判断吗？辩论时互相对立，如果不对立，就要用无穷无尽的自然分际来中和，遵循顺应蔓延变化的道理，以此度过漫长的岁月。什么叫作用自然分际来中和？答曰：对与不对等同，这样与那样一样。对的果真是对的，那么对的不同于不对的，也就没有必要辩解；假如真是这样的，那么这样不同于那样，也就没有必要辩解了。忘记时间，忘记是非，沉浸在无穷的自然之境，寄托于无穷的意境中。”

［原文］

罔两问景曰[①]：“曩子行[②]，今子止；曩子坐，今子起。何其无特操与[③]？”景曰：“吾有待而然者邪？吾所待又有待而然者邪？吾待蛇蚹蜩翼邪[④]？恶识所以然？恶识所以不然？”

昔者庄周梦为胡蝶，栩栩然胡蝶也。自喻适志与[⑤]！不知周也。俄然觉[⑥]，则蘧蘧然周也[⑦]。不知周之梦为胡蝶与？胡蝶之梦为周与？周与胡蝶则必有分矣。此之谓物化。

［注释］

①罔两：影子之外的暗影。景：影子。

②曩：从前。

③特操：独特的操守。

④蛇蚹(fù)：蛇依靠腹部的鳞片爬行；蚹，蛇腹的鳞片。蜩(tiáo)翼：蝉凭借翅膀飞翔。

⑤适志：符合心志。

⑥俄然：突然。

⑦蘧(qú)蘧然:惊惶的样子。

[译文]

影子之外的暗影问影子说:“从前你行走,现在你停止;从前你坐着,现在你站起来,为什么没有独特的操守呢?”影子答道:“我是有所依仗才这样的吗?我所依仗的又有所依仗才这样的吗?我所依仗的如同蛇依靠腹部的鳞片爬行、蝉依靠翅膀飞翔吗?我怎么知道为什么这样呢?为什么不这样呢?”

从前庄周梦见自己化为蝴蝶,多么自在怡然的蝴蝶啊。自认为符合自己的心志,不知道庄周是谁。突然醒来了,惊恐地发现自己是庄周啊。不知道是庄周做梦变作蝴蝶呢?还是蝴蝶做梦变作庄周呢?庄周和蝴蝶必定是有分别的。这就叫作物我的转化。

第三 养生主

【题解】

这是庄子谈论修身养性，顺应自然的文章，也寓含着深刻的处世之道，昭示人们顺从自然，遵循天理，不为世俗的看法所束缚，从而超然物外，安时处顺，与天道为一。该文至少给汉语言贡献了四个成语：庖丁解牛、游刃有余、安时处顺、薪火相传。

［原文］

吾生也有涯[①]，而知也无涯。以有涯随无涯，殆已[②]！已而为知者，殆而已矣！为善无近名，为恶无近刑[③]。缘督以为经[④]，可以保身，可以全生，可以养亲，可以尽年。

庖丁为文惠君解牛[⑤]，手之所触，肩之所倚，足之所履，膝之所踦[⑥]，砉然向然[⑦]，奏刀騞然[⑧]，莫不中音，合于《桑林》之舞[⑨]，乃中《经首》之会[⑩]。

文惠君曰："嘻！善哉！技盖至此乎[⑪]？"庖丁释刀对曰："臣之所好者道也，进乎技矣[⑫]。始臣之解牛之时，所见无非牛者。三年之后，未尝见全牛也。方今之时，臣以神遇而不以目视，官知止而神欲行。依乎天理，批大郤[⑬]，导大窾[⑭]，因其固然。技经肯綮之未尝[⑮]，而况大軱乎[⑯]？良庖岁更刀，割也；族庖月更刀[⑰]，折也。今臣之刀十九年矣，所解数千牛矣，而刀刃若新发于硎。彼节者有间，而刀刃者无厚。以无厚入有间，恢恢乎其于游刃必有余地矣[⑱]，是以十九年而刀刃若新发于硎[⑲]。虽然，每至于族，吾见其难为，怵然为戒，视为止，行为迟，动刀甚微，謋然已解[⑳]，如土委地，提刀而立，为之四顾，为之踌躇满志，善刀而藏之。”文惠君曰：“善哉！吾闻庖丁之言，得养生焉。”

［注释］

①涯：边际，限度。

②殆：危险，引申为疲惫不堪。

③刑：刑罚，伤害。

④缘：顺着，沿着。督：督脉，人体奇经八脉之一，起于小腹内胞宫，下出会阴部，向后行于腰背正中至尾骶部，沿脊柱上行，经颈后部至风府穴，进入脑内，沿头部正中线，上行至百会穴，经前额下行过人中，至上齿正中的龈交穴，它总督一身之阳经，六条阳经都与督脉交会于大椎，督脉有调节阳经气血的作用，故称为“阳脉之海”。

⑤解牛：宰牛。

⑥踦(yǐ)：用力抵住。

⑦砉(huā)：皮肉分离声。

⑧騞(huō)然：刀划过的声音。

⑨桑林：传说中商汤王的乐曲名。

⑩经首：传说中尧乐曲《咸池》中的一章。会：节奏。

⑪盖：同“盍”。

⑫进：超越。乎：于，比。

⑬郤：同“隙”，缝隙。

⑭窾(kuǎn)：骨头和肌肉的缝隙处。

⑮技经：支脉和经脉；技，同“支”。肯：依附在骨头上的肉。綮(qìng)：筋骨结合之处。

⑯大軱(gū)：大骨头。

⑰族庖：一般的庖丁。

⑱恢恢乎：宽大的样子。

⑲硎：磨刀石。

⑳謋(huò)然：牛身分解的声音。

[译文]

人生是有限的,知识是无限的。用有限的生命追求无限的知识,这是很疲惫的。因此,这样追求知识是很危险的啊!做好事不追求名声,做坏事不至于遭受惩罚。遵照沿着督脉行气的自然之理,可以强身健体,可以保全生命,可以颐养父母,可以享受自然的寿命。

有个厨师为文惠君宰牛时,手接触牛的身体,肩膀有所依靠,脚有所踩踏,膝盖紧紧抵住牛,他宰牛时发出了砉砉的声音,运刀时发出了騞騞的声调,无不符合音乐的节奏,合乎商汤王时期《桑林》的舞曲,合乎尧帝时期《经首》的音节。

文惠君说:“嘻,好啊!你的技术达到了如此高的成就?”厨师放下刀对文惠君说:“我所爱好的是事物的规律,超过了所谓的技艺。我当初宰牛时,眼睛所看到的都是活生生的牛。三年后,我未尝看到一头完整的牛。现在我用心神接触牛而不需要用眼睛看了,眼睛停止看而心神在牛身上运行。依照牛的身体结构,劈开牛身肌肉的缝隙,刀在骨头和肌肉的中间滑行,遵循着牛的身体的本来之理。我的刀未曾碰过支脉、经脉交错的部位和骨头筋肉结合的地方,何况大骨头呢?好的厨师一年换一把刀,他用来割牛;一般的厨师一月换一把刀,他是用来砍牛。现在,我的牛刀用了十九年了,宰杀过数千头牛,刀刃还像刚刚从磨刀石上磨过一样。牛的身体各部位之间是有空隙的,刀刃是很薄的,以薄薄的刀刃进入牛的身体的空隙之处,多么宽绰啊,在其中运刀真是游刃有余,因此我的刀使用了十九年,刀刃还像从磨刀石上刚刚磨过一样。即使这样,每当遇到牛的骨头和经脉、筋肉结合的地方,我看到难以下刀,十分警惕,目光专注,行动谨慎,运刀轻微,牛身謋謋就解开了,像泥土堆放在地上。我提到站着,为此环顾四周,踌躇满志,把刀擦拭好以后收起来。”文惠君听了之后说:“好啊,我听了你的一番话,得到了养生的道理。”

[原文]

公文轩见右师而惊曰①:“是何人也?恶乎介也②?天与,其人与?”曰:“天也,非人也。天之生是使独也,人之貌有与也。以是知其天也,非人也。”

泽雉十步一啄③,百步一饮,不蕲畜乎樊中④。神虽王,不善也。

老聃死⑤,秦失吊之⑥,三号而出。弟子曰:“非夫子之友邪?”曰:“然”。“然则吊焉若此,可乎?”曰:“然。始也吾以为其人也,而今非也。向吾入而吊焉,有老者哭之,如哭其子;少者哭之,如哭其母。彼其所以会之,必有不蕲言而言,不蕲哭而哭者。是遁天倍情⑦,忘其所受,古者谓之遁天之刑⑧。适来⑨,夫子时也;适去,夫子顺也。安时而处顺,哀乐不能入也,古者谓是帝之县解⑩。”

指穷于为薪,火传也,不知其尽也。

[注释]

①公文轩:相传为宋国人,复姓公文,名轩。右师:官名,这里指担任右师官职的人。

②恶乎:为什么。介:独,一只脚。

③泽雉(zhì):水泽里的野鸡。

④蕲(qí):祈求,希望。畜:饲养。樊:笼子。

⑤老聃:姓李,名耳,字聃,约生活于公元前571年至公元前471年间。存世有《道德经》,是我国古代哲学家和思想家、道家学派创始人。主张无为而治,其学说对中国哲学发展具有深刻影响,与后世的庄子并称老庄。

⑥秦失:老子的好友。

⑦遁天:违背自然。倍情:违背人情;倍,通“背”。

⑧刑:刑罚。

⑨适:偶然。

⑩帝之县解:自然的束缚解除了;帝,自然;县,通“悬”,悬挂,引申为束缚。

［译文］

公文轩见到右师后，惊讶地问道："你是什么人呢？怎么只有一只脚呢？是天生的一只脚，还是人为的原因造成的？"右师说："是天生的，不是人为的。我天生下来只有一只脚，人的长相是上天赋予的。因此知道这是天生的，不是人为的。

沼泽里的野鸡走十步吃一口食物，走百步喝一次水，不希求饲养在笼子里。精神虽然旺盛，却并非好事。"

老聃去世后，他的好友秦失去吊唁，哭了几声离开了。老聃的弟子问道："你不是我们老师的好友吗？"秦失说："是啊。"老聃的弟子说："然而这样吊唁，可以吗？"秦失说："对啊。我开始以为你们是超凡脱俗的人，现在看来不是。刚才我进取吊唁，有老人哭泣，如同哭自己的孩子；年轻人哭泣，如同哭自己的母亲。他们之所以会聚在这里，必然有不想说而说，不想哭而哭的原因。这是逃避自然，违背人情，忘记了人是秉受自然而生的。古代人把这叫作逃避自然的刑罚。老聃偶然来到世上，正当其时；偶然离开世界，是顺从了自然之理。安于时命，顺从自然，哀乐不能干扰内心，古人把这叫作自然的安排。"

用油脂作为薪火，油脂燃烧尽了，火种可以继续传下去，不知它什么时候可以穷尽。

第四　人间世

【题解】

如何推行自己的人生主张呢？庄子主张人们首先要注重保护自己，在此前提下推行政治主张。人世间的是是非非，命运颠簸，有许多原因，其实，最根本的原因就是对于名利的追逐。因此，求道行道的首要准则，必须勘破名利，看淡名利，不要被名缰利锁束缚了自己。

［原文］

颜回见仲尼[①]，请行。曰："奚之[②]？"曰："将之卫。"曰："奚为焉？"曰："回闻卫君[③]，其年壮，其行独，轻用其国，而不见其过，轻用民死，死者以国量乎。泽若蕉[④]，民其无如矣。回尝闻之夫子曰：治国去之，乱国就之，医门多疾。愿以所闻思其则，庶几其国有瘳乎[⑤]！"

仲尼曰："嘻，若殆往而刑耳。夫道不欲杂，杂则多，多则扰，扰则忧，忧而不救。古之至人，先存诸己，而后存诸人。所存于己者未定，何暇至于暴人之所行[⑥]！且若亦知夫德之所荡[⑦]，而知之所为出乎哉？德荡乎名，知出乎争。名也者，相轧也[⑧]；知也者，争之器也。二者凶器，非所以尽行也。且德厚信矼[⑨]，未达人气；名闻不争，未达人心。而强以仁义绳墨之言术暴人之前者，是以人恶有其美也，命之曰菑人[⑩]。菑人者，人必反菑之，若殆为人菑夫。

"且苟为悦贤而恶不肖[⑪]，恶用而求有以异？若唯无诏，王公必将乘人而斗其捷，而目将荧[⑫]之，而色将平之，口将营之，容将形之，心且成之,是以火救火,以水救水,名之曰益多。顺始无穷,若殆以不信厚言,必死于暴人之前矣。

“且昔者桀杀关龙逄⑬,纣杀王子比干⑭,是皆修其身,以下伛拊人之民⑮,以下拂其上者也⑯。故其君因其修以挤之,是好名者也。昔者尧攻丛枝、胥敖⑰,禹攻有扈⑱。国为虚厉⑲,身为刑戮,其用兵不止,其求实无已,是皆求名实者也。而独不闻之乎?名实者,圣人之所不能胜也,而况若乎?虽然,若必有以也,尝以语我来。”

[注释]

①颜回:姓颜,名回,字子渊,鲁国人。十四岁拜孔子为师,终生师事之,是孔子最得意的门生。孔子对颜回称赞最多,赞其好学、仁人。仲尼:孔子,仲尼为字。

②奚之:去哪里。

③卫君:卫国的国君。

④蕉:生麻。

⑤庶几:也许可以。瘳(chōu):病愈,使国家得到治理。

⑥何暇:哪里有时间。

⑦荡:行为不检。

⑧相轧:相互倾轧。

⑨矼(qiāng):坚实,笃厚

⑩菑(zāi):灾,异体字。

⑪不肖:子不像父,指不成才。

⑫荧:眩,迷惑。

⑬桀:姒姓,名癸,一名履癸,谥号桀,史称夏桀,帝发之子,夏朝最后一位君主,是历史上有名的暴君。关龙逄:中国历史上第一位名相,因直言劝谏而被夏桀杀害。

⑭比干:商纣王的庶出叔叔,官少师,从政四十多年,主张发展农牧业生产,提倡冶炼铸造,因直言敢谏被纣王杀害。

⑮伛拊(yǔ fǔ):怜爱抚育。

⑯拂:违背。

⑰丛枝、胥敖:帝尧时代的两个部落小国。

⑱有扈:古国名。

⑲虚:同“墟”。厉:人死无后代。

［译文］

颜回拜见孔子,请求出行。孔子说:“你去哪里呢?”颜回说:“我将要去卫国。”孔子说:“去卫国干什么呢?”颜回说:“我听说卫国的国君,正当壮年,行事独特,轻率地治理国家,却看不到自己的过失,随意役使百姓,导致百姓死亡,死者遍布全国,如同大泽中的乱麻,百姓没有归宿。我曾经听你说:离开治理好的国家,去治理混乱的国家,正如医生门前大多是患病的人。我希望以自己的学问思考治理卫国的办法,也许可以使卫国的乱政得到治理。”

孔子说:“嘻,你去了卫国恐怕会受到刑罚。大道是不能混杂的,混杂了就会滋生事端,事端多了就会扰乱大道,扰乱大道就会引起忧患,忧患多了就难以救治。古代的至人,总是先保存充实自己,而后推己及人。如果没有把握保存自己,哪里有时间纠正残暴的国君的行为!况且你也知道德行会引起行为不检,智慧外露引起纷争吧?德行不检在于名声,智慧外露在于纷争。名声,是人们相互倾轧的原因,智慧是纷争的武器,这二者其实是凶器,不能将他们推行于世。况且德行仁厚,信义笃实,未必能得到别人的认可;不争名利,未必能够得到别人的理解。而且勉强地讲仁义道德的准则,告诉残暴的卫国国君,这是用别人的丑恶衬托自己的美德,这种人叫作害人。害人的人,人们必定要谋害他,你恐怕要被人谋害。

“况且如果卫国国君喜欢贤人厌恶不肖之徒,何必等待你来提出不同的治国观点呢?你不表达你的观点也罢,否则卫国国君一定会抓住你的漏洞,快捷地与你辩驳,这时,你的目光眩迷,面色还得故作平和,极力辩解,表现得恭敬顺从,心理姑且将就成全他,这真是以火救火,用水救水，叫作助长他的恶行。一旦依顺了他，以后就可能无限地顺从了。如果没有获得信任就忠言相告，你必定会被处死在暴君面前。

“从前夏桀杀害了直言敢谏的关龙逄，商纣王杀害了贤相比干，这两个被杀害的人都是修身有道，爱护抚育百姓的人，他们违背了国君的意志。所以国君就因为他们的修身有道而排挤加害于他们，这就是爱好名声的结果。从前，尧帝攻打丛枝和胥敖，夏禹攻打有扈，三个国家变为废墟，百姓死完了，国君也被杀害，他们用兵不止，贪婪不止，这都是求名求利的结果。你独独没有听说吗？名声和利益，圣人都不可能超越，何况你呢？即使我这样说，你一定有你的理由，你就告诉我吧。”

［原文］

颜回曰：“端而虚[①]，勉而一，则可乎？”曰：“恶，恶可！夫以阳为充孔扬[②]，采色不定[③]，常人之所不违，因案人之所感，以求容与其心，名之曰日渐之德不成，而况大德乎？将执而不化，外合而内不訾[④]。其庸讵可乎[⑤]！”“然则我内直而外曲，成而上比。内直者，与天为徒。与天为徒者，知天子之与己，皆天之所子，而独以己言蕲乎而人善之，蕲乎而人不善之邪！若然者，人谓之童子，是之谓与天为徒。外曲者，与人之为徒也。擎跽曲拳[⑥]，人臣之礼也，人皆为之，吾敢不为邪？为人之所为者，人亦无疵焉[⑦]。是之谓与人为徒。成而上比者，与古为徒。其言虽教，谪之实也[⑧]，古之有也，非吾有也。若然者，虽直而不病。是之谓与古为徒。若是则可乎？”仲尼曰：“恶，恶可[⑨]！大多政法而不谍，虽固亦无罪，虽然，止是耳矣，夫胡可以及化，犹师心者也。”

颜回曰：“吾无以进矣，敢问其方？”仲尼曰：“齐[⑩]，吾将语若。有心而为之，其易邪？易之者，皞天不宜[⑪]。”颜回曰：“回之家贫，唯不饮酒，不茹荤者数月矣。如此，则可以为斋乎？”曰：“是祭祀之斋，非心斋也[⑫]。”回曰：“敢问心斋？”仲尼曰：“若一志，无听之以耳，而听之以心，无听之以心，而听之以气。听止于耳，心止于符。气也者，虚而待物者也。唯道集虚,虚者,心斋也。”颜回曰:“回之未始得使,实自回也。得使之也,未始有回也。可谓虚乎?”

夫子曰:“尽矣。吾语若,若能入游其樊[13],而无感其名,入则鸣,不入则止。无门无毒,一宅而寓于不得已,则几矣。绝迹易,无行地难。为人使易以伪,为天使难以伪。闻以有翼飞者矣,未闻以无翼飞者也。闻以有知知者矣,未闻以无知知者也。瞻彼阕者[14],虚室生白[15],吉祥止止。夫且不止,是之谓坐驰[16]。夫徇耳目内通而外于心知,鬼神将来舍,而况人乎!是万物之化也,尧舜之所纽也,伏戏、几遽之所行终[17],而况散焉者乎[18]!”

[注释]

①虚:端正,正直。虚:谦虚,虚心。

②以阳为充:阳刚之气充满内心。孔:大,甚。扬:张扬。

③采色:气色,面色。

④訾:计较,非议。

⑤庸讵:何以;怎么。

⑥擎:上朝时拿着笏板。跽(jì):长跪,挺直上身,膝盖着地。曲拳:躬身抱拳。

⑦疵(cī):诽谤,非议。

⑧谪(zhé):责备。

⑨恶可:怎么可以。

⑩齐:通“斋”,斋戒。

⑪皞天:高远的天。

⑫心斋:内心的斋戒,这里指内心平静虚一。

⑬樊:藩篱。

⑭阕(què):空虚,指空间。

⑮虚室生白:空虚的房间会照进光明。

⑯坐驰:坐在那里,精神遨游于万物。

⑰伏戏:即伏羲,华夏民族人文先始、三皇之一,创造八卦,发明文字,教人们结绳为网,用来捕鸟打猎。几遽:传说中上古时代的帝王。

⑱散焉者：指疏散的人。

［译文］

颜回说："我外边端正，内心虚静，勉力做事，一如既往，这样可以吗？"孔子说："不，不可以！卫国国君阳刚之气充满内心，甚为张扬，表情不定，人们都不违背他，他同时压制人们的感受想法，以求得随心所欲，这叫作每天以德行感化都不能感化，何况用大德来改变他呢？他必将固执己见，不会改变，表面附和而内心认识不到错误。你的这种观点怎么能行呢！"颜回说："那么，我内心正直，外表附和，引用古代的圣贤之言做比较。内心正直，就是与自然合一。与自然合一，就知道天子与自己都是上天所生养的孩子，我独独用自己的言语祈求别人赞同，或者祈求别人不赞同吗！如果这样的话，人们认为我是童子，这叫作与自然为同一。所谓外表附和，这是与一般人为同类。高举着笏板，长跪在大殿，曲身抱拳行礼，这是作为臣子的礼节，人人都这么做，我敢不这么做吗？做一般人所做的事情，人们也就不责备了，这叫作与一般人为同类。引用古代的圣贤之言做比较，是与古人同类。这些话虽然都是教化人的，其实是责备人的，古已有之，不是我拥有的。如果这样的话，虽然正直不阿却不会被人诟病，这叫作与古人为徒，这样做就可以吗？"孔子说："不，不可以！政务杂多，事事取法，难保周密，还是可以做到不得罪人。即使这样，也只能如此了，怎么能感化卫国国君呢！你还是遵从内心的想法吧。"

颜回说："我没有更好的方法了，请问你有什么方法？"孔子说："你先静下心来，我将告诉你。有所用心，积极作为，容易成功吗？这么容易成功，上天也会认为不适宜。"颜回说："我家里贫穷，不曾饮酒，不吃肉食已经好几个月了。这样做，就可以叫作斋戒吗？"孔子说："这是祭祀所谓的斋戒，不是心斋。"颜回说："敢问心斋是什么？"孔子说："心思专一，不用耳朵听，而用心去感悟，不要用心感悟，而要用气息来听。听觉止于耳朵，心灵止于感受，气则是虚静而感受万物的。唯有天道能够使人达到虚静空无的状态，虚静空无就是心斋。”颜回说：“我没有得到心斋的方法，不过是实体的颜回。得到心斋的方法，发现未曾有颜回啊。这叫作虚静吗？”

孔子说：“你的话已经很透彻了。我告诉你，如果能够进入世俗的藩篱，不计较虚名，你的观点能够被采纳就进言，不被采纳就停止进言。不标榜门派，不寻求途径，把心思寓舍于不得已的境地，这就差不多了。人们消除足迹容易，走路时不留下足迹难。为人做事容易，依照自然的规律做事就难了。我听说有翅膀可以飞翔，没有听说无翅膀也可以飞翔。听说依凭知识可以认识世界，没有听说没有知识也可以认识世界。你看那空无的空间，空虚的室内透进光亮。吉祥会聚在内心，还不止于此，这就叫作坐驰。使耳目的感觉向内心通达，向外用心灵感知，鬼神也会来临，何况人呢？这是万物的变化之道，尧舜治理天下的关键，也是伏羲和几遽始终奉行的方法，何况是一般人呢？”

［原文］

叶公子高将使于齐[①]，问于仲尼曰：“王使诸梁也甚重[②]。齐之待使者，盖将甚敬而不急。匹夫犹未可动，而况诸侯乎？吾甚栗之[③]。子常语诸梁也，曰：‘凡事若小若大[④]，寡不道以欢成。事若不成，则必有人道之患；事若成，则必有阴阳之患。若成若不成，而后无患者，唯有德者能之。’吾食也执粗而不臧[⑤]，爨无欲清之人[⑥]。今吾朝受命而夕饮冰，我其内热与！吾未至乎事之情，而既有阴阳之患矣[⑦]。事若不成，必有人道之患。是两也，为人臣者不足以任之，子其有以语我来？”

仲尼曰：“天下有大戒二，其一命也，其一义也。子之爱亲，命也，不可解于心。臣之事君，义也，无适而非君也，无所逃于天地之间，是之谓大戒。是以夫事其亲者，不择地而安之，孝之至也。夫事其君者，不择事而安之，忠之盛也。自事其心者，哀乐不易施乎前[⑧]，知其不可奈何而安之若命，德之至也。为人臣子者，固有所不得已。行事之情而忘其身，何暇至于悦生而恶死。夫子其行可矣。

丘请复以所闻:'凡交近则必相靡以信[9],远则必忠之以言。'言必或传之,夫传两喜两怒之言,天下之难者也。夫两喜必多溢美之言[10],两怒必多溢恶之言。凡溢之类妄[11],妄则其信之也莫,莫则传言者殃[12]。故法言曰:'传其常情[13],无传其溢言,则几乎全。'且以巧斗力者,始乎阳,常卒乎阴,大至则多奇巧。以礼饮酒者,始乎治,常卒乎乱,大至则多奇乐[14]。凡事亦然,始乎谅,常卒乎鄙[15]。其作始也简,其将毕也必巨。夫言者,风波也;行者,实丧也。风波易以动,实丧易以危。故忿设无由,巧言偏辞。兽死不择音,气息茀然[16],于是并生心厉[17]。克核大至[18],则必有不肖之心应之,而不知其然也。苟为不知其然也,孰知其所终?故法言曰:'无迁令,无劝成[19],过度益也[20]。'迁令劝成殆事,美成在久,恶成不及改,可不慎与!且夫乘物以游心,托不得已以养中,至矣。何作为报也?莫若为致命,此其难者。"

[注释]

①叶公子高:楚庄王玄孙尹成子,名诸梁,字子高,为楚大夫,封于叶。使:出使。

②使诸梁:派诸梁担任使节。

③栗:战栗,恐惧。

④若:无论。

⑤执粗:食用粗茶淡饭。臧:好,精细。

⑥爨(cuàn):烧火做饭。

⑦阴阳之患:阴阳不调的祸患。

⑧施:施行,实行。

⑨相靡以信:通过信义维持关系;靡,通"縻",维系,维持。

⑩溢美:过分赞美。

⑪妄:虚妄,虚假。

⑫殃:灾殃,遭殃。

⑬常情:合乎人情。

⑭奇乐:放纵享乐。

⑮鄙:粗俗,低劣。

⑯茀(bó)然:气息急促的样子;茀:同“勃”。

⑰心厉:心中的恶念。

⑱克核:苛责。

⑲劝成:勉力做成事情。

⑳益:增加。

[译文]

叶公子高将要出使齐国,问孔子道:“楚王派我出使齐国的责任很重大。齐国接待使者,表面上很恭敬而实际上怠慢。普通百姓都难以感动,何况是诸侯呢?我很害怕。你常常教导我说:任何事情无论大小,很少有不遵循天道而成功的。事情如果不能办成,我必定会面临人生的祸患;如果能够成功,我必定有阴阳失调引起的祸患。做事或者成功或者不成功,而没有后患者,只有具有高尚德行的人能够达到。我平常食用的是粗茶淡饭,不食用精美的食物,家里烧火做饭的人都是没有欲望的清淡之人。我现在早上接受国君的命令,晚上就要饮用冰水,我内心焦躁烦热啊。我还没有开始做事,就有阴阳失调的祸患,如果事情做不成,必定面临人事的祸患。这两种祸患,我作为臣子不足以承受,你有什么话告诉我吗?”

孔子说:“天下有两条大戒,其一是天命,其一是道义。子女爱父母,这是天命赋予的性情,不可从内心来解释。臣子侍奉国君,这是道义之事,没有哪个国家不会没有国君,天地之间是无处逃避的,这是人生的大戒。因此侍奉父母时,无论在什么地方都能使父母感到安心,这是孝道的至高境界。为国君做事的臣子,无论做什么事情都能使国君放心,这是忠臣的极致。修身养性的人,哀伤和欢乐不轻易表现出来。明知道无可奈何而能够平静地接受命运的安排,这是德行修炼的极致。作为国君的大臣,固然有不得已的事情,做事之时忘记自己的利害,哪里有时间享受人生而害怕死亡呢?你可以按照我说的去做了。

“我再把听到的话告诉你：‘凡是国家交往，邻国一要用信义维持友好关系，遥远就要用言语表达忠诚。’语言要通过人传递，传递两国之间喜欢或愤怒的语言，这是天下困难的事情。因为，要两国都喜欢必定要多说过度赞美之词，要两国都愤怒必定要多说过度厌恶之词。凡是过分的言辞其实就是虚妄，虚妄就使人不能信任，不信任就会使传话的人遭受灾殃。所以格言说：‘传达符合人之常情的言辞，不要传达过分夸张的虚妄的言辞，这几乎可以保全自身了。’况且斗智斗勇的人，开始时手段光明，往往到了后来会使用阴谋，到了一定程度就使用奇谋巧计。以礼节喝酒的人，开始时规规矩矩，到最后乱喝，到了一定程度放纵享乐。任何事情都是这样的，开始时相互体谅，到了最后就粗鄙低劣。开始做事时肯定简单，到结束的时候会变得艰巨。言词又如风吹过水波，传话的人有所丧失原意。风吹水波容易摇动，丧失原意容易带来危难。所以愤怒发作时没有什么理由，都是由于巧妙和片面的言词。野兽临死时，叫声凄厉，疯狂吼叫，于是产生了害人的恶念。大声地苛责别人，就必定产生违逆的心思应付，而自己还不明白为什么成了这个样子。如果不知道现在是这个样子，还会知道最终的结果吗？所以格言说：‘不要改变命令，不要勉强做事，过度的做法都是多余的。’改变命令勉强做事就会带来危险，成就好事在于久远，做了恶事来不及改正，能不谨慎吗！况且，心游万物，寄托于不得已的境界而修养身心，这是极致的境界。做什么来求得报答呢？不如如实传达国君的命令，这是让人为难的原因。”

［原文］

颜阖将傅卫灵公太子[①]，而问于蘧伯玉曰[②]：“有人于此，其德天杀[③]，与之为无方[④]，则危吾国；与之为有方，则危吾身。其知适足以知人之过[⑤]，而不知其所以过。若然者，吾奈之何？”蘧伯玉曰：“善哉问乎！戒之，慎之，正汝身也哉。形莫若就[⑥]，心莫若和。虽然，之二者有患，就不欲入，和不欲出。形就而入，且为颠为灭[⑦]，为崩为蹶[⑧]。心和而出，且为声为名，为妖为孽。彼且为婴儿，亦与之为婴儿。彼且为无町畦[9]，亦与之为无町畦。彼且为无崖[10]，亦与之为无崖，达之，入于无疵[11]。

“汝不知夫螳螂乎[12]，怒其臂以当车辙，不知其不胜任也，是其才之美者也，戒之，慎之。积伐而美者以犯之[13]，几矣。

“汝不知夫养虎者乎，不敢以生物与之，为其决之之怒也；不敢以全物与之，为其决之之怒也。时其饥饱，达其怒心。虎之与人异类，而媚养己者，顺也。故其杀者，逆也。夫爱马者以筐盛矢[14]，以蜃盛溺[15]，适有蚊虻仆缘[16]，而拊之不时[17]，则缺衔毁首碎胸[18]。意有所至而爱有所亡，可不慎邪！”

［注释］

①颜阖：鲁国的贤人。傅：师傅，老师。卫灵公：姬姓，名元，春秋时期卫国国君，擅长识人，知人善任，但脾气暴躁。

②蘧(qú)伯玉：名瑗，字伯玉，卫国的贤大夫，孔子的朋友。

③德：德行，品德。天杀：天生的凶残成性。

④方：方法，规范。

⑤知：知识，智慧。

⑥就：附和，俯就。

⑦颠：颠倒，坠落。

⑧崩：败坏，毁坏。蹶：跌倒，失败。

⑨町畦(tǐng qí)：田界，界限，喻规矩，约束。

⑩无崖：没有边际；崖，崖岸，边际。

⑪无疵：没有过错；疵，缺点或过失。

⑫螳螂：肉食性昆虫。

⑬伐：自夸。

⑭矢：粪便。

⑮蜃(shèn)：大蛤，这里指蛤壳，用来盛物。溺：尿。

⑯蚊虻：即牛虻。仆缘：附着，意指叮在马身上。

⑰拊(fǔ):拍打。

⑱缺衔:咬断马勒口;衔,马勒口。毁首:毁坏马笼头。碎胸:扯烂肚带。

［译文］

颜阖将要担任卫灵公太子的老师,他对卫国的贤大夫蘧伯玉说:“现在有这样一个人,他的德行天生刻薄凶残,与他交往时没有正确的规范,就会危害到国家,与他交往时采取正确的规范,就会危及我的安危。他的知识正好足以认识到别人的过失,却不知道发生过失的原因。这样的事情,我该如何处理?”蘧伯玉说:“你问得很好!你要警戒谨慎,端正自己的行为。表面上不如附就,心里不如平和。虽然,这两种办法存在隐患,俯就不要太深交,平和不要过于显露。表面俯就过度,就会颠倒黑白,带来毁灭,崩坏失败。心意平和过于表露,为了声誉和名利,就会带来灾难。他如果做一个婴儿,你在他面前就做一个婴儿。他如果行为不受约束,你也不要过于受约束。他如果心胸宽广,你也心胸宽广,达到一种没有过失的境地。

“你不知道螳螂吗?奋力举起臂膀阻挡车轮,却不知道这不是自己能够做到的事情,还以为自己的才能特别高大,要警戒,要谨慎。过多夸奖自己的才能而有所冒犯,就危险了。

“你不知道养虎人吗?他不敢用活的动物喂养老虎,因为它撕扯活的动物时会激起怒气;不敢用整个动物给它,因为它撕扯整个动物时会激起怒气。知道老虎何时饥饱,懂得它激怒的性情。老虎与人不是同类,对于饲养自己的人却很顺从。因此受到老虎伤害的人,是因为违逆了老虎的性情。所以,喜欢马的人,用筐子装马的粪便,用蛤壳接马尿。恰巧有一只牛虻叮咬马,拍击马身不是时候,马就会咬坏勒口,毁坏笼头,撕烂肚带。想表达自己的心意,却失去了爱,能不谨慎吗!”

［原文］

匠石之齐[1]，至乎曲辕[2]，见栎社树[3]，其大蔽数千牛，絜之百围[4]，其高临山十仞而后有枝，其可以为舟者旁十数[5]。观者如市，匠伯不顾[6]，遂行不辍。弟子厌观之，走及匠石，曰："自吾执斧斤以随夫子，未尝见材如此其美也。先生不肯视，行不辍[7]，何邪？"曰："已矣，勿言之矣，散木也[8]，以为舟则沉，以为棺椁则速腐，以为器则速毁，以为门户则液樠[9]，以为柱则蠹[10]。是不材之木也，无所可用，故能若是之寿。"

匠石归，栎社树见梦曰："汝将恶乎比予哉？若将比予于文木邪[11]？夫柤梨橘柚果蓏之属，实熟则剥，剥则辱，大枝折，小枝泄[12]。此以其能苦其生者也，故不终其天年而中道夭[13]，自掊击于世俗者也[14]。物莫不若是。且予求无所可用久矣，几死，乃今得之，为予大用。使予也而有用，且得有此大也邪？且也若与予也皆物也，奈何哉其相物也[15]！而几死之散人，又恶知散木？"匠石觉而诊其梦，弟子曰："趣取无用，则为社何邪？"曰："密！若无言，彼亦直寄焉，以为不知己者诟厉也[16]。不为社者，且几有翦乎！且也彼其所保与众异，以义誉之，不亦远乎？"

［注释］

①匠石：名字叫石的木匠。齐：齐国。

②曲辕：地名。

③栎社树：奉为社神的栎树。

④絜：用绳子计量。

⑤旁：枝干。

⑥匠伯：木匠。顾：看。

⑦辍：终止，停止。

⑧散木：无用的木材。

⑨液樠(mán)：像樠树那样渗出液体。

⑩蠹(dù)：虫蛀。

⑪文木：纹理紧密的树木。

⑫泄：牵拉。

⑬夭：未成年的人死去。

⑭掊(pǒu)：打，破开。

⑮相：察看，判断。

⑯诟厉：辱骂。

[译文]

有个名字叫石的木匠去了齐国，来到了曲辕这个地方，看到了一棵被奉为社神的栎树。这棵树大约能遮蔽数千头牛，用绳子计量树干，周长达到百围。栎树临近大山，树干十仞之高后才分开枝杈，可以制造船的树枝有数十条。观看栎树的人像赶集市一样，这个匠人对栎树看也不看，径直行走不停。他的弟子仔细地观察这棵树，走近匠人说："自从我拿着斧头跟随你以来，没有看到如此好的木材。你却不肯看一眼，行走不止，这是为什么呢？"匠人说："算了，你别说了，这是一根无用的树木。用它做船就会沉到水里，用它做棺材就会很快腐烂，用它做家具就会很快毁坏，用它做门柱就会像樠树那样渗出汁液，用它做梁柱就会被虫蛀，这是不成材的树木，没有什么用处，所以能够如此长寿。"

匠人回到家里，晚上梦见栎树对他说："你将用什么东西与我相比呢？你用纹理紧密的可用之材与我相比吗？况且山楂、梨树、橘树、柚树等果瓜之类的树，果实熟了就会摘掉，摘果实时遭到攀折，大的树枝被折弯，小的树枝被拉断。这是由于它的作用而终生受苦，所以不能安享天年中途夭折，自己招来世人对它的打击摧残。世间事物没有不是这样的。我祈求无所用的方法很久了，几乎死去，现在才得到这个方法，成为我最大的用途。如果使我成为有用之材，还能长到这么大吗？况且你和我都是物，为什么这么看待我呢？而你是即将死亡的无用之人，又怎么知道什么是无用之材呢？"匠人醒来后把梦告给弟子，弟子说："它的志趣在于无用，为什么要做社树呢？"匠人说："保密，别说了，它也是有所寄托,才使不了解他的人辱骂。如果不作为社树,就会遭到砍伐!况且他保护自身的方法与众不同,用通常的意义来理解它,不是相距太远吗?”

［原文］

南伯子綦游乎商之丘①,见大木焉,有异,结驷千乘②,隐将芘其所藾③。子綦曰:“此何木也哉,此必有异材夫。”仰而视其细枝,则拳曲而不可以为栋梁④;俯而视其大根,则轴解而不可以为棺椁⑤;咶其叶⑥,则口烂而为伤;嗅之,则使人狂酲三日而不已⑦。子綦曰:“此果不材之木也,以至于此其大也。嗟夫,神人以此不材。”

宋有荆氏者⑧,宜楸柏桑,其拱把而上者⑨,求狙猴之杙者斩之⑩;三围四围⑪,求高名之丽者斩之⑫;七围八围,贵人富商之家求樿傍者斩之⑬,故未终其天年,而中道之夭于斧斤⑭。此材之患也。故解之以牛之白颡者⑮,与豚之亢鼻者⑯,与人之有痔病者,不可以适河。此皆巫祝以知之矣,所以为不祥也,此乃神人之所以为大祥也。

支离疏者⑰,颐隐于脐⑱,肩高于顶,会撮指天⑲,五管在上⑳,两髀为胁。挫针治繲㉑,足以糊口。鼓筴播精㉒,足以食十人。上征武士,则支离攘臂而游于其间;上有大役,则支离以有常疾不受功;上与病者粟,则受三钟与十束薪㉓。夫支离其形者,犹足以养其身,终其天年,又况支离其德者乎!

［注释］

①南伯子綦:人名,庄子寓言中人物。商之丘:即商丘,在今河南省,地名。

②驷(sì):四匹马拉的车。

③芘(pí):庇护,通“庇”。藾:同“赖”,荫蔽。

④拳曲:弯弯曲曲。

⑤轴解:树木中心像车轴一样解开。

⑥咶(shì):古同“舐”,舔。

⑦酲(chéng):喝醉了酒神志不清。

⑧荆氏:宋国的地名。

⑨拱:两手相围。把:一手所握的度量。

⑩杙(yì):小木桩。

⑪围:两臂合拢的长度。

⑫高名:指出身高贵名声在外的人家。丽:脊檩,栋梁。

⑬椫傍:棺木的单幅板。

⑭斤:古代砍伐树木的工具。

⑮颡(sǎng):脑门。

⑯亢鼻:鼻孔上开。

⑰支离疏:庄子寓言中的人物,指四肢不健全的人。

⑱颐:面颊。

⑲会撮:发髻。

⑳五管:五官。

㉑挫针:用针缝衣服。治繲(xiè):洗衣服。

㉒鼓荚:晃动簸箕。播精:扬起米中的杂物。

㉓钟:古代计量单位,春秋时齐国以十釜为一"钟"。

[译文]

南伯子綦到商丘游览,看见一棵高大的树木,奇异无比,集结上千辆四匹马拉的大车,都可以隐蔽在下边遮阴。南郭子綦说:"这是什么树木啊,这棵树必定是奇异的木材。"他抬头仰望树枝,弯弯曲曲,不能做栋梁;俯视树干,从中轴解开不能做棺木;用舌头舔树叶,口腔溃烂受伤;用鼻子闻一闻气味,就使人如喝醉酒一样三天神志不清。南郭子綦说:"这确实不是有用的木材,以至于长到这么高大。唉,传说中的神人就像这棵不成材的树木。"

宋国有个地方叫荆氏,适宜种植楸树、柏树、桑树,树长到一把粗时,寻找系猴子木桩的人砍伐了它;长到三四围时,出身高贵名声在外的人家做栋梁时砍伐了它；长到七八围时，富商之家做棺木时砍伐了它，所以这些树没有享受天年，中途就被斧头砍伐了。这是有用之材的祸患。所以，人们祭祀时，对于白脑门的牛、高鼻梁的猪和带有痔疮的人，是不能沉入河中做贡品的。这都是巫师明白的，因为它们不吉祥，这却是神人所认为的最大的吉祥。

支离疏这个人，面颊隐藏在肚脐下，双肩高过头顶，发髻指向天空，五官朝上，大腿挤占了肋骨，给人缝衣洗衣，足够养活自己。晃动簸箕，扬起米中的杂物，足以养活十个人。国家征用武士时，他捋袖伸臂，出游其间；国家有大的差役，支离疏因为有疾病不被役使；国家供给残疾人粟米，支离疏得到三钟米和十捆柴火。支离疏凭借他的外貌，就足以养活自己，安享天年，何况他的德行呢？

［原文］

孔子适楚[①]，楚狂接舆游其门曰[②]："凤兮凤兮[③]，何如德之衰也[④]！来世不可待，往世不可追也。天下有道，圣人成焉[⑤]；天下无道，圣人生焉。方今之时，仅免刑焉。福轻乎羽，莫之知载；祸重乎地，莫之知避。已乎[⑥]，已乎！临人以德；殆乎，殆乎！画地而趋[⑦]。迷阳，迷阳[⑧]，无伤吾行！吾行郤曲，无伤吾足。"

山木，自寇也[⑨]；膏火，自煎也。桂可食，故伐之。漆可用，故割之。人皆知有用之用，而莫知无用之用也。

［注释］

①适：往，去。

②楚狂接舆：楚国的隐士，姓陆名通，字接舆。游其门：路过孔子的住处。

③凤：凤凰，喻孔子。

④何如：如何，怎么。

⑤成：顺应天道，成就事业。

⑥已矣:算了。

⑦画地:在地面上画出道路。

⑧迷阳:荆棘,王先谦:"谓棘刺也,生于山野,践之伤足,至今吾楚舆夫遇之犹呼迷阳也。"

⑨寇:砍伐。

[译文]

孔子去了楚国,楚国的隐士接舆来到他的门口说:"凤凰啊,凤凰啊,德行怎么衰落了！未来的岁月不可等待,过去的岁月不可追回。天下有道,圣人成就了事业;天下无道,圣人求得生存。当今之世,仅仅能够免于刑罚。幸福比羽毛还轻,不知道怎么承载;灾害重于大地,不知道怎么躲避。算了,算了,不要用你的德行对待人;危险啊,危险啊,自己画出道路行走。荆棘啊,荆棘啊,不要阻挡我的脚步!我的行程曲曲折折,不要伤害我的双足。"

山上的树木因自身遭到砍伐,膏火自己燃烧自己。桂树可以食用,所以遭到砍伐。漆树可以采漆,所以遭到刀割。人们都知道有用的用处,而不知道无用的用处。

第五　德充符

【题解】

德是中国哲学的重要范畴之一，老子说："孔德之容，唯道是从。"(《老子·二十一章》)德是与道想通的，德的最高境界就是天道。德充于内，外应于物，外内相合，如信符契合，超越形骸。庄子对于德的阐述，充满着真知灼见。他认为，世间万物形态各异，千差万别，然而，从辩证法来看又是同一的、一致的。真正的智者或者说是神人，能够参透变化万千的事物中的统一性，参透人生的荣辱名利以至于生死。

［原文］

鲁有兀者王骀[①]，从之游者，与仲尼相若。常季问于仲尼曰[②]："王骀，兀者也，从之游者与夫子中分鲁[③]。立不教，坐不议，虚而往，实而归。固有不言之教[④]，无形而心成者邪？是何人也？"仲尼曰："夫子，圣人也，丘也直后而未往耳[⑤]！丘将以为师，而况不若丘者乎！奚假鲁国[⑥]，丘将引天下而与从之。"

常季曰："彼兀者也，而王先生[⑦]，其与庸亦远矣[⑧]。若然者，其用心也，独若之何？"仲尼曰："死生亦大矣，而不得与之变；虽天地覆坠，亦将不与之遗[⑨]；审乎无假而不与物迁[⑩]，命物之化而守其宗也。"

[注释]

①兀:断足的刑法,刖足曰兀。王骀(tái):人名。

②常季:孔子弟子,鲁国贤人。

③中分鲁:在鲁国平分,意思即不分上下。

④不言之教:没有语言的教导,语出《老子》"圣人处无为之事,行不言之教"。

⑤直:特,只。后:落后。

⑥奚:何止。

⑦王:高出,超过。

⑧庸:平庸,意指平常人。

⑨遗:遗失。

⑩审:审查,通晓。假:假借,凭借。

[译文]

鲁国有个断足的人叫作王骀,跟随他游学的人与孔子差不多。常季问孔子道:"王骀,是被断足的人,跟随他游学的人与你在鲁国平分秋色。他立不教人,坐不议论,可是,弟子们虚心去学习,却充实地归去。难道不用语言就可以教会人,无形中使弟子用心领悟而学有所成吗?这是什么样的人啊?"孔子说:"王骀是圣人,我也落在后面,未来得及前去请教!我将把他作为老师,何况不如我的人呢?何止是鲁国,我将引导天下的人跟随他学习。"常季说:"他是个被断足的人,学问却超过先生,他超出常人很远了。如果这样,他用心治学,有什么独到之处吗?"孔子说:"死生是人生的大事,他不会因死生而改变自己;即使天地消亡,他也不会因此遗失;明辨无所假借的状况,却不与外物迁移,听任万物的变化,并能坚守万物的本来之道。"

[原文]

常季曰:"何谓也?"仲尼曰:"自其异者视之,肝胆楚越也①;自其同者视之,万物皆一也。夫若然者,且不知耳目之所宜②,而游心乎德之和。

物视其所一而不见其所丧，视丧其足犹遗土也[3]。”

常季曰：“彼为己，以其知得其心，以其心得其常心。物何为最之哉[4]？”仲尼曰：“人莫鉴于流水而鉴于止水，唯止能止众止。受命于地，唯松柏独也正[5]，在冬夏青青；受命于天，唯尧、舜独也正，在万物之首。幸能正生，以正众生。夫保始之徵，不惧之实，勇士一人，雄入于九军。将求名而能自要者[6]，而犹若是，而况官天地、府万物、直寓六骸、象耳目、一知之所知，而心未尝死者乎！彼且择日而登假[7]，人则从是也，彼且何肯以物为事乎！”

［注释］

①楚越：楚国和越国。

②宜：适宜。

③遗土：遗失的土块。

④最：聚，聚集。

⑤正：正直，挺直。

⑥要：通“徼”，争取。

⑦登假：升格；假，通“格”。

［译文］

常季说：“怎么说呢？”孔子说：“从事物差异来看，肝胆虽然邻近，却如同楚国和越国一样遥远；从事物的同一性来看，万物都是一体的。王骀这样的人，不知道耳朵和眼睛适宜听到和看到什么事物，内心则遨游于天道的境地。看到万物的同一性而忽略差异性，他失去了脚如同遗落土块一样。”

常季说：“王骀通过自身修炼，用他的智慧得到了本心，用自己的本心得到了恒常的心。人们为什么聚集到他的身边呢？”孔子说：“人不能在流动的水中看到自己，可以在静止的水中看到自己，唯有静止能使万物静止。树木生长在大地上，只有松柏挺直而立，在冬天和夏天都保持青翠；受命于天，只有尧舜独特正直，成为万物的主宰。他能够端正自己的生命，用以端正众人的生命。如果保持初始的特征，具有无畏的品质，一个勇士敢于闯入万军之中。将士追求名誉而能要求自己，都能这样做，何况主宰天地，包藏万物，将身体六骸寄托于天地，把耳目作为万物的迹象，以同一的智慧认识世界，并且本心长存的人呢？王骀择日就会升格到更高的境界，人们愿意跟随他，他怎么会把这些看作一回事呢？”

［原文］

申徒嘉[①]，兀者也，而与郑子产同师于伯昏无人[②]。子产谓申徒嘉曰：“我先出则子止[③]，子先出则我止。”其明日，又与合堂同席而坐。子产谓申徒嘉曰：“我先出则子止，子先出则我止。今我将出，子可以止乎？其未邪？且子见执政而不违[④]，子齐执政乎[⑤]？”申徒嘉曰：“先生之门固有执政焉如此哉？子而说子之执政而后人者也[⑥]。闻之曰：‘鉴明则尘垢不止，止则不明也。久与贤人处则无过。’今子之所取大者，先生也，而犹出言若是，不亦过乎！”

子产曰：“子既若是矣，犹与尧争善。计子之德，不足以自反邪[⑦]？”申徒嘉曰：“自状其过以不当亡者众[⑧]；不状其过以不当存者寡。知不可奈何而安之若命，唯有德者能之。游于羿之彀中[⑨]。中央者，中地也；然而不中者，命也。人以其全足笑吾不全足者众矣，我怫然而怒[⑩]，而适先生之所，则废然而反。不知先生之洗我以善邪？吾与夫子游十九年矣，而未尝知吾兀者也。今子与我游于形骸之内，而子索我于形骸之外，不亦过乎！”子产蹴然改容更貌曰[⑪]：“子无乃称！”

［注释］

①申屠嘉：郑国的贤人。

②郑子产：姓公孙，名侨，字子产，郑国政治家。伯昏无人：申屠嘉和郑子产的老

师。

③止:停止,留下,郑子产不愿意和断足的申屠嘉同行。

④执政:执政大臣,子产位至郑国宰相。违:避开。

⑤齐:看齐,等同。

⑥说:通“悦”,喜悦。

⑦反:反省。

⑧自状:自己陈述。

⑨彀(gòu)中:弓箭射程所及的范围;彀,使劲张弓。

⑩怫(fèi)然:发怒的样子。

⑪蹴(cù)然:恭敬不安的样子。

[译文]

申屠嘉,是个被砍掉脚的人,他与郑国的子产一同师从伯昏无人。子产对申屠嘉说:“我先出去你就留下来,你先出去我就留下来。”次日,子产与申屠嘉在学堂里同席而坐。子产对申屠嘉说:“我先出去你就留下来,你先出去我就留下来。今天我将要出去,你可以留下来吗?还是不留下来呢?况且你看到我这个执政大臣不避讳,你和执政大臣一样吗?”申屠嘉说:“老师的门下难道有你这样的执政大臣吗?你喜欢执政大臣的地位而看不起别人。我听人说:‘镜子明亮说明尘垢没有停留在上边,尘垢落在上边镜子就不明亮。长时间与贤人相处就没有过失。’现在,你争取追求广博的知识,投身老师的门下,还说出这样的话,不是太过分吗?”

子产说:“你的身体都这个样子了,还与尧帝比较好坏。计量你的德行,还不足以反省吗?”申屠嘉说:“陈述自己的过错认为不应当失去的人多,不陈述过错认为不应当保全的人少。明明知道无可奈何,却平静地对待如同顺从命运,唯有具备道德的人才能这样。人生如同进入后羿射程的范围,中央的地方是射中的范围,然而却没有被射中,这就是命运。以自己完整的双足讥笑我的脚残缺不全的人很多,我十分愤怒,来到了老师的门下学习，我愤怒消失返回到平静的心态。不知老师是如何使我洗心革面一心向善的，我跟随老师游学十九年了，老师未尝认为我是个断足的人。今天你与我一同学习道德精神之学，而你却用外在的形体要求我，不也太过分了吗？”子产听了申屠嘉的话之后，立即恭敬起来，端正神色说：“你不要再说了。”

［原文］

鲁有兀者叔山无趾[①]，踵见仲尼[②]。仲尼曰：“子不谨[③]，前既犯患若是矣。虽今来，何及矣！”无趾曰：“吾唯不知务而轻用吾身，吾是以亡足。今吾来也，犹有尊足者存[④]，吾是以务全之也。夫天无不覆，地无不载，吾以夫子为天地，安知夫子之犹若是也！”孔子曰：“丘则陋矣！夫子胡不入乎[⑤]？请讲以所闻。”无趾出。孔子曰：“弟子勉之！夫无趾，兀者也，犹务学以复补前行之恶，而况全德之人乎！”

无趾语老聃曰：“孔丘之于至人，其未邪？彼何宾宾以学子为[⑥]？彼且以蕲以諔诡幻怪之名闻[⑦]，不知至人之以是为己桎梏邪？”老聃曰：“胡不直使彼以死生为一条，以可不可为一贯者，解其桎梏，其可乎？”无趾曰：“天刑之[⑧]，安可解！”

［注释］

①叔山无趾：复姓叔山，因断足而得名。

②踵：脚后跟，被刑断脚趾，用脚后跟走路去见孔子。

③谨：谨慎。

④尊足：比脚更重要。

⑤胡：为何，为什么。

⑥宾宾：同“频频”。

⑦蕲(qí)：古同“祈”，祈求。諔(chù)：奇异。

⑧天刑：自然的惩罚。

[译文]

鲁国有个遭受刑罚被砍断脚趾的人，踮着脚后跟去拜见孔子。孔子说："你行为不谨慎，从前犯了错造成如此祸患。虽然今天来到我这里，怎么来得及呢？"叔山无趾说："我只因为不懂道理，轻率做事，以至于失去了脚趾。现在我来到你这里，因为还有比脚更重要的东西存在，我想因此务必保全它。上天没有不覆盖的，大地没有不承载的，我把你看作天地，怎么知道你是这样的人呢？"孔子说："我确实愚陋啊，你为什么不进厅堂，请讲一讲你所知道的事理。"叔山无趾离开了。孔子对弟子说："弟子们，自励啊！没有脚趾的人，被刑罚砍断脚的人，还努力学习，弥补以前犯下的恶行，何况四肢健全的人呢？"

叔山无趾对老子说："孔子按照至人的标准，还没有达到吧？他为何频频向你学习呢？他姑且以奇异诡辩、虚幻怪诞的行为闻名于世，却不知道道德修养崇高的至人，把这些看作人生的枷锁吗？"老子说："你为什么不直接使他把生死看作同一，把可以和不可以看作一贯性，解开他的枷锁，这可以吗？"叔山无趾说："上天要惩罚他，怎么能够解脱呢？"

[原文]

鲁哀公问于仲尼曰[①]："卫有恶人焉[②]，曰哀骀它[③]。丈夫与之处者，思而不能去也；妇人见之，请于父母曰'与为人妻，宁为夫子妾'者，数十而未止也。未尝有闻其唱者也，常和人而已矣。无君人之位以济乎人之死[④]，无聚禄以望人之腹[⑤]，又以恶骇天下，和而不唱，知不出乎四域，且而雌雄合乎前[⑥]，是必有异乎人者也。寡人召而观之，果以恶骇天下。与寡人处，不至以月数，而寡人有意乎其为人也；不至乎期年，而寡人信之。国无宰，而寡人传国焉。闷然而后应，氾而若辞[⑦]。寡人丑乎，卒授之国。无几何也，去寡人而行。寡人恤焉若有亡也，若无与乐是国也。是何人者也！"

仲尼曰："丘也尝使于楚矣，适见㹠子食于其死母者[⑧]。少焉眴若[⑨]，皆弃之而走。不见已焉尔，不得类焉尔。所爱其母者，非爱其形也，爱使其形者也。战而死者，其人之葬也不以翣资[10]；刖者之屦[11]，无为爱之，皆无其本矣。为天子之诸御[12]：不爪翦，不穿耳；取妻者止于外，不得复使。形全犹足以为尔，而况全德之人乎！今哀骀它未言而信，无功而亲，使人授己国，唯恐其不受也，是必才全而德不形者也　。"

哀公曰："何谓才全？"仲尼曰："死生、存亡、穷达、贫富、贤与不肖、毁誉、饥渴、寒暑，是事之变、命之行也。日夜相代乎前[13]，而知不能规乎其始者也[14]。故不足以滑和[15]，不可入于灵府[16]。使之和豫，通而不失于兑[17]。使日夜无郤，而与物为春，是接而生时于心者也，是之谓才全。""何谓德不形？"曰："平者，水停之盛也。其可以为法也，内保之而外不荡也。德者，成和之修也。德不形者，物不能离也。"哀公异日以告闵子曰[18]："始也吾以南面而君天下，执民之纪而忧其死，吾自以为至通矣。今吾闻至人之言，恐吾无其实，轻用吾身而亡其国。吾与孔丘非君臣也，德友而已矣！"

［注释］

①鲁哀公：姬姓，名将，鲁定公之子，春秋时期鲁国第二十六任君主，公元前494—前468年在位。

②恶人：长相丑陋的人。

③哀骀它（tái tuō）：虚构的人名。

④济：帮助，救助。

⑤聚禄：俸禄，积蓄。望：满足。

⑥雌雄：女人和男人。合：会合，亲近。

⑦氾（fàn）：同"泛"，不关心的样子。

⑧豘（tún）：小猪。

⑨少焉：一会儿。眴：受惊。

⑩翣（shà）：古代出殡时的棺饰。

⑪屦（jù）：古代用麻葛制成的一种鞋。

⑫诸御：宫中侍女。

⑬相代:相互替代。

⑭规:通"窥",窥视。

⑮滑(gǔ):乱。和:和谐,和美。

⑯灵府:心灵的住所,意为心灵。

⑰兑(yuè):通"悦",喜悦,欢乐。

⑱闵子:名闵损,字子骞,尊称闵子,孔子高徒,在孔门中以德行与颜回并称,为七十二贤之一。

[译文]

鲁哀公问孔子说:"卫国有个相貌丑陋的人,叫作哀骀它。男人和他相处,倾慕他而不愿意离开;女人看见他,向父母请求说:'与其做别人的老婆,宁可做他的侍妾。'这样的人有十几个,还没有停止。从来没有听到他倡导什么,常常随声附和而已。他没有国君的地位用来救助人们的生死,没有积聚的俸禄来满足人们的口腹之欲,又以相貌丑陋让天下人惊骇,附和他人而不倡导,他的见识不会超出四周,可是男人女人都会合到他的身边,他必定有不同于人的地方。我召见而观察他,果然丑陋而惊天下。他与我相处不到一个月,我就中意他的为人;不到一年,我就对他信任。国家没有执政大臣,我想把国家交给他治理。他淡漠地回答,泛泛地加以推辞。我感到面子下不来,终于把国家交给他。没有多长时间,他离开我走了。我内心落寞,好像失去了什么,好像国内没有什么人可以与我共同享受快乐。这是什么样的人啊!"

孔子说:"我曾经出使楚国,正好看见一群小猪在刚死的母猪身上吃奶。不一会儿露出惊慌的样子,都离开母猪走了。因为小猪看不到自己的同类,无法得到同类的爱护了。小猪之所以爱戴母猪,不是爱它的形体,而是爱戴使它的形体得以满足的东西。在战场上死亡的人,他的葬礼不需要棺饰;被砍断脚的人的鞋子,不会再被他们爱惜,这都是因为失去了根本。作为天子的侍女,不剪指甲,不穿耳洞;娶妻的臣子只在宫室之外履职，不能在宫内驱使。身体完整的人都足以做到这些，何况道德完备的人呢？现在，哀骀它不言语而受到信任，没有功绩而得到亲近，你把国家政事交给他，唯恐他不接受，他必定是具备才能而德不外露的人。”

鲁哀公问孔子说：“什么叫作才能完备？”孔子说：“死生、存亡、穷达、贫富、贤与不肖、毁誉、饥渴、寒暑、这些事物的变化，都是命运的运行。白天和黑夜在我们面前更替，可是，我们的知识未能窥视它的始终。所以，这一切都不足以扰乱内心的和谐，不能侵入我们的心灵。使心灵保持和谐安详，通达并且不失喜悦。使心灵日夜没有阻碍，与万物融合在春天里，与万物相接而在内心顺应四时的变化，这叫作‘才全’。”鲁哀公问道：“什么叫作‘德不形’？”孔子说：“平和，是水静止时的最好状态。它可以作为法度，内心充盈而外形不曾动荡。德，就是平和的修养。德不外露，外物不会疏离。”鲁哀公改天告诉闵子说：“我当初向南而坐君临天下，执掌国家的法纪，忧愁人民的生死，我自以为极为通达事理。现在，我听了至人的一番言语，我担心没有实际的才能，轻易地行动而使国家败亡。我与孔子不是君臣关系，而是道德相交的朋友啊！”

［原文］

闉跂支离无脤说卫灵公[①]，灵公说之[②]，而视全人：其脰肩肩[③]。瓮盎大瘿说齐桓公[④]，桓公说之，而视全人：其脰肩肩。故德有所长而形有所忘。人不忘其所忘而忘其所不忘，此谓诚忘。

故圣人有所游，而知为孽[⑤]，约为胶[⑥]，德为接，工为商。圣人不谋，恶用知？不斲[⑦]，恶用胶？无丧，恶用德？不货，恶用商？四者，天鬻也[⑧]。天鬻者，天食也。既受食于天，又恶用人！有人之形，无人之情。有人之形，故群于人；无人之情，故是非不得于身。眇乎小哉，所以属于人也；謷乎大哉[⑨]，独成其天。

[注释]

①闉(yīn):屈曲,挛曲。跂(qǐ):踮起脚尖走路,意为跛脚。支离:伛偻。说(shuì):游说。脤:嘴唇。

②说(yuè):通“悦”,喜欢。

③脰(dòu):脖子。肩肩:细小的样子。

④瓮盎(wèng àng):腹大口小的陶制盛器,喻瘤子。

⑤孽(niè):通“糵”,糵枝,喻多余的东西。

⑥约为胶:把盟约当成胶着的束缚;约:盟约;胶:胶着。

⑦斲:(zhuó):同“斫”,砍伐,用刀、斧等砍。

⑧鬻(yù):养育。

⑨謷(áo):高超,高大。

[译文]

一个跛脚、佝偻、缺唇的人去游说卫灵公,卫灵公喜欢他。而看待四肢健全的人,脖子太细小了。一个脖子上长了大瘤子的人游说齐桓公,齐桓公喜欢他,而看待四肢健全的人,脖子太细小了。所以说,德行方面有长处,形体就被忘记了。人们不忘记应当忘记的东西,而忘记所不应当忘记的东西,这确实叫作忘记。

所以,圣人自在地游历,把智慧看作分生的糵枝,把誓约看作胶着的束缚,以德行与外物交往,把工巧看作商人。圣人不进行谋划,怎么会用到智慧呢?不砍伐,怎么会胶着?不失去,又怎么会索取?不贸易,怎么用得着商人手段?这四个方面,是上天对人的养育。上天养育,就是自然的养育。既然接受上天的养育,何必用得着人为!具有人的形体,没有人的情怀。有人的形体,所以生活于群体之中;没有人的情怀,因此自身没有是非的困扰。渺小啊,这是属于人的;高超伟大啊,独自具备的天性。

[原文]

惠子谓庄子曰:“人故无情乎?”庄子曰:“然。”惠子曰:“人而无情,何以谓之人？”庄子曰：“道与之貌，天与之形，恶得不谓之人[①]？”惠子曰：“既谓之人，恶得无情？”庄子曰：“是非吾所谓情也。吾所谓无情者，言人之不以好恶内伤其身，常因自然而不益生也[②]。”惠子曰：“不益生，何以有其身？”庄子曰：“道与之貌，天与之形，无以好恶内伤其身。今子外乎子之神，劳乎子之精，倚树而吟，据槁梧而瞑[③]。天选子之形，子以坚白鸣[④]。”

［注释］

①惠子：即惠施，名家的代表人物，庄子的好友。

②益：增益，增加。

③瞑：闭眼，睡觉。

④坚白：坚，感觉；通过触觉才能感知，不可见；白：颜色；通过视觉才能感知。惠子因此认为：坚、白不能同时存在，“坚白”论是古代名家的著名言论。

［译文］

惠子对庄子说：“人是没有情的吗？”庄子说：“对呀。”惠子说：“人如果没有情的话，怎么能叫作人？”庄子说：“道赋予人相貌，自然给予人形体，怎么不叫做人呢？”惠子说：“既然叫作人，怎么能无情呢？”庄子说：“这并非我所说的情。我所说的情，就是说人不以好恶伤害到自身的天性，时常顺从自然而增加什么。”惠子说：“不增加什么，用什么护养身体呢？”庄子说：“道赋予人外貌，自然给予人形体，不以自己的好恶伤害到自身的天性。今天你放逐精神，劳碌精力，靠着树吟诵，依着桌子睡觉。自然赋予你的形体，你却以坚白的诡辩法与人辩论。”

第六 大宗师

【题解】

何为大宗师？大宗师即广漠无垠的宇宙世界，充满着无限奥秘的无言的自然界，超越时空无所不在无所不包的道。该文首先阐述何为真人修身求道的途径，其次解答求道的问题和障碍，给人们指出了师法天地、顺应自然的美好境界。庄子认为，宇宙世界和自然界，是不言之教，包含着天地运行之道。作为一个一心向道的人，必须顺应自然，与自然一体，体悟自然界，方可认识大自然中蕴含的天道。安于天时，顺应命运的变化，悠闲而安逸，潇洒而适意，不劳于行，不累于心，这是人应当做到的。

［原文］

知天之所为[①]，知人之所为者，至矣！知天之所为者，天而生也；知人之所为者，以其知之所知，以养其知之所不知，终其天年而不中道夭者[②]，是知之盛也。虽然，有患：夫知有所待而后当，其所待者特未定也。庸讵知吾所谓天之非人乎[③]？所谓人之非天乎？且有真人而后有真知。

何谓真人？古之真人，不逆寡[④]，不雄成，不谟士[⑤]。若然者，过而弗悔，当而不自得也。若然者，登高不栗[⑥]，入水不濡[⑦]，入火不热，是知之能登假于道者也若此。古之真人，其寝不梦，其觉无忧，其食不甘，其息深深。真人之息以踵[⑧]，众人之息以喉。屈服者，其嗌言若哇。其耆欲深者[9]，其天机浅。

古之真人，不知说生，不知恶死。其出不䜣，其入不距。翛然而往，翛然而来而已矣。不忘其所始，不求其所终。受而喜之，忘而复之。是之谓不以心捐道，不以人助天，是之谓真人。若然者，其心志，其容寂，其颡頯[10]。凄然似秋，暖然似春，喜怒通四时，与物有宜而莫知其极。故圣人之用兵也，亡国而不失人心。利泽施乎万世，不为爱人。故乐通物，非圣人也；有亲，非仁也；天时，非贤也；利害不通，非君子也；行名失己，非士也；亡身不真，非役人也。若狐不偕、务光、伯夷、叔齐、箕子、胥余、纪他、申徒狄[11]，是役人之役，适人之适，而不自适其适者也。

古之真人，其状义而不朋[12]，若不足而不承；与乎其觚而不坚也[13]，张乎其虚而不华也；邴邴乎其似喜乎[14]，崔崔乎其不得已乎[15]，滀乎进我色也[16]，与乎止我德也，厉乎其似世乎，謷乎其未可制也[17]，连乎其似好闭也，悗乎忘其言也[18]。以刑为体，以礼为翼，以知为时，以德为循。以刑为体者，绰乎其杀也；以礼为翼者，所以行于世也；以知为时者，不得已于事也；以德为循者[19]，言其与有足者至于丘也，而人真以为勤行者也。故其好之也一，其弗好之也一。其一也一，其不一也一。其一与天为徒，其不一与人为徒，天与人不相胜也，是之谓真人。

[注释]

①知：认识。

②天年：自然的寿命。

③庸讵：何以，怎么。

④逆：拒绝，针对。

⑤谟(mó)：谋略，图谋。

⑥栗：发抖，战栗，因害怕或寒冷肢体颤动。

⑦濡(rú)：沾湿。

⑧踵：脚根，言真气贯通，达到周身。

⑨耆：同“嗜”，嗜好。

⑩颡：额头。頯(kuí)：中部宽广两边突出的样子。

⑪狐不偕：尧时贤人，尧让天下于他而不受，投河而死。务光：喜欢养生，善于弹琴，汤建立商朝后，想让位给务光，务光认为“非其义者，不受其禄，无道之世，不践其土”，推辞不受，觉得羞耻，负石而自沉于庐水。伯夷、叔齐：商末孤竹君的两个儿子。相传其父遗命要立季子叔齐为继承人。孤竹君死后，叔齐让位给伯夷，伯夷不受，叔齐也不愿继位，先后都逃往周国。周武王伐纣，二人扣马谏阻。武王灭商后，他们耻食周粟，采薇而食，饿死于首阳山。箕子：商末贵族，商纣王的叔父，与微子、比干齐名，史称“殷末三贤”，箕子佐政时，见纣王进餐必用象箸，感纣甚奢，叹曰：“彼为象箸，必为玉杯，为玉杯，则必思远方珍怪之物而御之矣，舆马宫室之渐自此始，不可振也。”胥余：殷纣王的贤臣，因谏纣王而遭奴役。纪他：殷商时人，汤让位于他，投水而死。申徒狄：汤时的贤人，向汤王谏而不听，负石自投于河，为鱼鳖所食。

⑫状：状态，表情。义：同“峨”，峨然高大的样子。朋：朋党。

⑬觚：通“弧”，独立不群。

⑭邴邴(bǐng)：开朗的样子。

⑮崔：行动的样子。

⑯滀(chù)：水积聚的样子，喻人的神采和悦。

⑰謷(áo)：高超，高大。

⑱悗(mèn)：不经意，无心。

⑲循者：遵循。

［译文］

认识了自然的作为，认识了人的作为，这就达到了很高的境界。认识自然的作为的人，明白万物来自自然；认识了人的作为的人，用他认识的知识了解所不知道的知识，安享自然的天年而不会中途死亡，这是认识的盛大的状态。即使这样，还存在忧患，知识需要经过实践的检验才能得到证实，而事物的变化却是不确定的。怎么知道我所说的自然不是人力呢？所谓人力不是自然，因为有了真人才会认识真知。

什么叫真人呢？古代的真人，不拒绝少数，不雄踞成功，不进行谋划。像这样的人，错过不会后悔，处理妥当不会自鸣得意。像这样的人，登上高处不会害怕战栗，进入水中不能沾湿身体，进入火中不感到灼热，他的智慧达到了天道的境界，因而可以如此。古代的真人，睡觉不做梦，醒来不忧虑，吃饭不追求甘美，他的气息深远绵长。真人的呼吸可以到达脚底，众人是用喉咙来呼吸的。呼吸滞碍的人，喉咙闭塞，说话哇哇难听。那些嗜好欲望的人，天赋的机缘浅薄。

古代的真人，不知喜悦生存，不知厌恶死亡。行道不会欣喜，对于外物不刻意拒绝。从容自在地出去，从容自在地归来。不忘记开始，不追求结果。欣喜地接受命运给予的际遇，忘记际遇又恢复到本来的心态。不用心思捐助道，不用人力帮助自然，这叫就做真人。像这样的人，他的心灵安宁，神色寂静，额头宽广突出。凄凉时如同秋天，温暖时如同春天，喜怒与四季想通，与万物适宜通达，人们不知道他深邃的思想。因此，圣人用兵打仗，消灭了别人的国家而不会失掉人心，利益恩泽施行于万世后代，不是因为偏爱人。所以，以通达万物为快乐，不是圣人；有亲疏之分，不是仁爱；等待天时，不是贤人；不通达利害关系，不是君子；追求虚名而失去了自我，不是文化人；牺牲身体而失去自然的本性，不是役使人的人。像狐不偕、务光、伯夷、叔齐、箕子、胥余、纪他、申徒狄等类人，是被人所役使的人，使别人变得安适，而不是使自己活得安适自在的人。

古代的真人，他们神采巍峨，不结交朋党，好像不足和不能承担。神态独立不群而不固执，性情开张，心胸虚空，没有浮华；性情开朗的样子好像满是喜悦，行为举止好像不得已，神采和悦让人赏心悦目，与他交往提高人们的德行，严厉的样子好像与世相通，高大的样子好像不可制约，深沉无语好像闭塞，不经意间忘记了说话。把刑罚作为本体，把礼仪作为羽翼，遵循自然的德性。把刑罚作为本体的人，杀伐也是宽大；把礼仪作为羽翼的人，自在地行走于世界；用智慧等待时机的人，对世事有不得已之处；遵循德性的人，如同用双足登上山丘，而人们还真以为他们在勤勉地行走。因此,关于宇宙世界,人们喜欢它是同一的,不喜欢它也是同一的。同一的事物是同一的,不一致的事物也是同一的。所谓的同一,就是与自然为伍,不同一就是与普通人的看法一致。不抵触自然,与自然同一相处,这样的人叫作真人。

［原文］

死生,命也。其有夜旦之常[①],天也。人之有所不得与,皆物之情也。彼特以天为父,而身犹爱之,而况其卓乎[②]! 人特以有君为愈乎己,而身犹死之,而况其真乎!

泉涸,鱼相与处于陆,相呴以湿[③],相濡以沫[④],不如相忘于江湖。与其誉尧而非桀也,不如两忘而化其道。

夫大块载我以形[⑤],劳我以生,佚我以老,息我以死。故善吾生者,乃所以善吾死也。夫藏舟于壑,藏山于泽,谓之固矣!然而夜半有力者负之而走,昧者不知也。藏小大有宜,犹有所遁。若夫藏天下于天下而不得所遁,是恒物之大情也。特犯人之形而犹喜之[⑥]。若人之形者,万化而未始有极也,其为乐可胜计邪?故圣人将游于物之所不得遁而皆存。善夭善老,善始善终,人犹效之,又况万物之所系而一化之所待乎!

夫道有情有信,无为无形;可传而不可受,可得而不可见。自本自根,未有天地,自古以固存;神鬼神帝,生天生地;在太极之先而不为高,在六极之下而不为深,先天地生而不为久,长于上古而不为老。豨韦氏得之[⑦],以挈天地;伏戏氏得之[⑧],以袭气母[⑨];维斗得之,终古不忒[⑩];日月得之,终古不息;勘坏得之[⑪],以袭昆仑;冯夷得之[⑫],以游大川;肩吾得之[⑬],以处大山;黄帝得之[⑭],以登云天;颛顼得之[⑮],以处玄宫;禺强得之[⑯],立乎北极;西王母得之[⑰],坐乎少广,莫知其始,莫知其终;彭祖得之[⑱],上及有虞[⑲],下及五伯[⑳];傅说得之[㉑],以相武丁[㉒],奄有天下,乘东维、骑箕尾而比于列星[㉓]。

[注释]

①夜旦:夜晚白天。常:恒常,常规。

②卓:超然独立,高明。

③呴(xū):呼气。

④相濡(rǔ):互相沾湿。沫:唾液。

⑤大块:大地。

⑥特:只,但。犯:拥有;一说通"范",模子。

⑦豨(xī)韦氏:远古帝王之号,其能混同万物,契合阴阳两仪。

⑧伏戏氏:伏羲,华夏民族人文先祖、三皇之一,是我国文献记载最早的创世神。

⑨气母:元气。

⑩忒(tè):差错。

⑪堪坏:昆仑山神。

⑫冯夷:古代神话中的黄河水神。

⑬肩吾:传说中的有道之人。

⑭黄帝:古华夏部落联盟首领,被尊为中华"人文初祖"。

⑮颛顼(zhuān xū):上古部落联盟首领,"五帝"之一,号高阳氏。

⑯禺强:神话传说中的海神、风神和瘟神,统治北海,身体像鱼,但是有人的手足,乘坐双头龙。

⑰西王母:掌管不死药、惩恶的上古女神。

⑱彭祖:神话中的长寿仙人,传说中是南极仙翁的转世化身,并以享寿八百多岁著称于世。

⑲有虞:黄帝的曾孙,擅长制作乐器,常引百鸟和鸣,凤凰翔集。封于"虞"地,号称有虞氏。

⑳五伯:成玄英疏:"五伯者,昆吾为夏伯,大彭、豕韦为殷伯,齐桓、晋文为周伯,合为五伯。"

㉑傅说:本为胥靡(囚犯),在傅岩筑城,后为殷商武丁丞相,著名贤臣。

㉒武丁:商王盘庚之侄,第二十三任君主,勤于政事,任用刑徒出身的傅说及甘盘、祖己等贤能之人辅政,励精图治,使商朝政治、经济、军事、文化得到空前发展。

㉓东维:星名,成玄英疏:"傅说一星在箕尾上,然箕尾则是二十八宿之数,维持

东方,故言乘东维,骑箕尾。”箕尾:星名,属二十八宿。

［译文］

死生是天命所定。它如同昼夜交替变换,这是自然规律。这是人无法改变的,是万物发展变化的情态。人们把大自然看作生命之父,终身爱慕,何况高超的道呢?人们只认为国君超过自己,舍身为国君而死,何况天道呢?

泉水干枯了,鱼群困在陆地上,互相呼气沾湿对方,用唾沫湿润对方,这不如离开陆地在江湖中互相忘记。与其赞美尧帝非议桀纣,不如忘记他们,探究融会天道。

大地负载着我的形体,用生存使我劳碌,用衰老使我安逸。所以,善待我的生命,也善待生命的终结。把船只藏在山沟里,把大山藏在深泽中,可以说是很牢固了!然而,半夜里大力士背上它们跑了,睡眠的人还不知道。藏小物和大物各得其宜,还是会失去。如果把天下藏在天下里,而不能失去,这才是万物恒定的常态。人们只是拥有人的形体而喜悦。像人的形体,这是变化万千的世界里没有穷极的,这种快乐还可以胜数吗?所以,圣人游心于万物所无法逃遁的境界里,与万物共存。善待年少,善待衰老,善待开始,善待终始,人们还效法它,又何况对待万物互相联系、同一变化的天道呢?

道真实可信,又无作为,无形体;可以传授却不能感受,可以验证却不能看见。道自身是本源和根基,没有天地之先的混沌时代,自古以来就存在;比鬼神奇妙,造就了天和地;道先于太极却不高远,在六合之下却不算深,先于天地存在而不算久远,比上古漫长却不显得古老。狶韦氏得了道,可以统领天地;伏羲氏得了道,可以调和元气;北斗星得了道,终古不会有偏差;太阳月亮得了道,永远运行不息;堪坏得了道,成为昆仑之神;冯夷得了道,可以遨游大江大河;肩吾得了道,可以处在泰山;黄帝得了道,可以飞上云天;颛顼得了道,可以在玄宫生活;禺强得了道，可以统治北极；西王母得了道，可以坐拥少广山，无人知道开始，无人知道终了；彭祖得了道，向上生活在有虞时代，向下生活在五伯时代；傅说得了道，可以担任商王武丁的丞相，拥有天下，乘着东维星、骑着箕星、宿星，和天上的群星比邻而居。

［原文］

南伯子葵问乎女偊曰①："子之年长矣，而色若孺子②，何也？"曰："吾闻道矣。"南伯子葵曰："道可得学邪？"曰："恶③！恶可！子非其人也。夫卜梁倚有圣人之才而无圣人之道④，我有圣人之道而无圣人之才。吾欲以教之，庶几其果为圣人乎⑤？不然，以圣人之道告圣人之才，亦易矣。吾犹守而告之，参日而后能外天下⑥；已外天下矣，吾又守之，七日而后能外物；已外物矣，吾又守之，九日而后能外生；已外生矣，而后能朝彻⑦；朝彻，而后能见独⑧；见独，而后能无古今；无古今，而后能入于不死不生。杀生者不死，生生者不生。其为物，无不将也，无不迎也，无不毁也，无不成也，其名为撄宁⑨。撄宁也者，撄而后成者也。"

南伯子葵曰："子独恶乎闻之？"曰："闻诸副墨之子⑩，副墨之子闻诸洛诵之孙⑪，洛诵之孙闻之瞻明⑫，瞻明闻之聂许⑬，聂许闻之需役⑭，需役闻之于讴⑮，於讴闻之玄冥⑯，玄冥闻之参寥⑰，参寥闻之疑始⑱。"

［注释］

①南伯子葵：人名，一说即南伯子綦。女偊（yǔ）：人名，一说为妇人。

②孺子：幼儿，小孩。

③恶（wū）：不。

④卜梁倚：人名。

⑤庶几：或许，差不多。

⑥参：同"三"。

⑦朝：早晨。彻：清澈。朝彻，旭日东升时大地虚灵明彻，形容内心虚空的状态。

⑧独：意为道，道独立于天地，无形无声，不受任何外物所左右。

⑨撄(yīng)宁：撄，扰乱；宁，安宁；即外界纷扰，内心不为所动。

⑩副墨：书籍。

⑪洛诵：诵读。

⑫瞻明：内心明彻。

⑬聂许：小语，嗫嚅。

⑭需役：勤行勿怠。须：需要。役：劳动。

⑮於讴(ōu)：咏叹歌吟；讴，歌谣。

⑯玄冥：寂寞深远。

⑰参寥：参悟空寥。

⑱疑始：有始又似无始。

［译文］

南伯子葵问女偊道："你的年纪老了，可是你的面色像小孩子，这是为什么呢？"女偊说："我得道了。"南伯子葵说："道是可以学习的吗？"女偊说："不！不可以学习！你不是学道的人。卜梁倚具有圣人的才能，却没有圣人的道术，我有圣人的道术，却没有圣人的才能。我想教他学道，或许他果然是圣人吗？不是这样的话，用圣人的道术告诉有才能的圣人，也是容易的。我持守道术并告诉他，三天之后能够把天下置之度外；已经把天下置之度外了，我就内心持守，七天后能把万物置之度外；已经把万物置之度外了，我继续内心持守，九天后能把生死置之度外；已经把生死置之度外了，之后内心如旭日东升，明彻澄净；内心明彻澄净了，而后能够洞见大道；领悟了大道，而后能够超越古今的局限；超越了古今的局限，而后能够进入不死不生的境界。灭除了生就不会死亡，诞生生命的道没有生命。对于万物，道无不相送，无不接迎，无不毁灭，无不成就，这叫作撄宁。撄宁的意思，就是不受外物的纷扰，成就道的境界。"

南伯子葵说："你独自怎么得道呢？"女偊说："我从副墨之子（书籍）那里听说的，副墨之子从洛诵之孙（诵读）那里听说的，洛诵之孙从瞻明（内心明彻）那里听说的，瞻明从聂许（嗫嚅）那里听说的，嗫嚅是从需役（勤行勿怠）那里听说的，需役从于讴（咏叹歌吟）那里听说的，于讴从玄冥（寂寞深远）那里听说的，玄冥从参寥（参悟空寥）那里听说的，参寥从疑始（有始又似无始）那里听说的。"

［原文］

子祀、子舆、子犁、子来四人相与语曰[①]："孰能以无为首，以生为脊，以死为尻[②]，孰知死生存亡之一体者，吾与之友矣。"四人相视而笑，莫逆于心，遂相与为友。俄而子舆有病[③]，子祀往问之[④]。曰："伟哉，夫造物者将以予为此拘拘也[⑤]。"曲偻发背[⑥]，上有五管[⑦]，颐隐于齐[⑧]，肩高于顶，句赘指天，阴阳之气有沴[⑨]，其心闲而无事，跰𨇤而鉴于井[⑩]，曰："嗟乎！夫造物者又将以予为此拘拘也。"

子祀曰："女恶之乎？"曰："亡，予何恶！浸假而化予之左臂以为鸡[⑪]，予因以求时夜；浸假而化予之右臂以为弹，予因以求鸮炙[⑫]；浸假而化予之尻以为轮，以神为马，予因以乘之，岂更驾哉！且夫得者，时也；失者，顺也。安时而处顺，哀乐不能入也，此古之所谓县解也[⑬]，而不能自解者，物有结之。且夫物不胜天久矣，吾又何恶焉！"

［注释］

①子祀、子舆、子犁、子来：庄子虚拟的人物。

②尻（kāo）：尾椎。

③俄而：不久。

④问：问候，安慰。

⑤拘拘：身体蜷曲。

⑥曲偻（lóu）：驼背。发背：脊骨向上露。

⑦五管:五脏器官。

⑧颐(yí):下巴。齐:肚脐。

⑨沴(lì):灾害。

⑩蹁(piàn):走路不稳当,一瘸一拐。

⑪浸假:假如。

⑫鸮(xiāo):鸱鸮。炙:烤肉。

⑬县解:得到解脱。人如果不得道解脱,如同将身体悬挂一样难受,故称“悬解”。

[译文]

子祀、子舆、子犁、子来四人在一起说:“谁能够把无作为头,把生作为脊椎,把死作为尾椎,谁能认识到生死存亡是同一个整体,我们就与他交友。”四个人相视而笑,内心契合而不违逆,于是相互结为朋友。不久,子舆生病了,子祀前去问候,说:“伟大啊,造物主竟然把你造成这一蜷曲的样子。”子舆驼背弯曲,脊椎向外显露,五脏器官朝上,下颌长在肚脐之下,肩膀高过头顶,脖子上的赘瘤朝着天空,阴阳之气不协调对身体造成如此的灾害,可是,他的心里闲适自在,好像没事人一样,一瘸一拐地走到井边,照见自己的身材,说:“哎呀,造物主竟然把我的身体变成如此蜷曲的样子。”

子祀问:“你厌恶自己的身体吗?”子舆说:“不,我有什么厌恶的!假如造物主把我的左臂变为鸡,我因此可以用来报晓;假如把我的右臂变作弹弓,我因此可以打下鸱鸮吃烤肉;假如把我的屁股变作车轮,把我的心神变作骏马,我可以乘坐,难道还要更换车驾吗!况且,人生的获得,在于时机;人生的失去,顺应自然的变化。安于得到时机,善于顺应自然变化,哀乐就不能侵入内心,这就是古代人们所说的得到解脱,而不能自我解脱的人,是被外物束缚了。况且,万物不能超越自然规律,这是恒久的,我又有什么厌恶的呢?”

［原文］

俄而子来有病①，喘喘然将死。其妻子环而泣之。子犁往问之，曰："叱！避！无怛化②！"倚其户与之语曰："伟哉造化！又将奚以汝为？将奚以汝适？以汝为鼠肝乎？以汝为虫臂乎？"子来曰："父母于子，东西南北，唯命之从。阴阳于人，不翅于父母③。彼近吾死而我不听，我则悍矣④，彼何罪焉？夫大块以载我以形，劳我以生，佚我以老，息我以死。故善吾生者，乃所以善吾死也。今大冶铸金⑤，金踊跃曰：'我且必为镆铘⑥！'大冶必以为不祥之金。今一犯人之形而曰：'人耳！人耳！'夫造化者必以为不祥之人。今一以天地为大炉，以造化为大冶，恶乎往而不可哉！"成然寐，蘧然觉⑦。

［注释］

①俄而：不久。

②怛（dá）：惊动，惊扰。

③不翅：不止，不只；翅，同"啻"。

④悍：悍戾，违逆。

⑤大冶：指冶炼的工匠。

⑥镆铘：即莫邪，宝剑。莫邪是著名的铸剑师干将的妻子，二人奉吴王阖闾之命铸剑，采铁精金英，遂成二剑，阳名干将，阴名莫邪。

⑦蘧（qú）然：惊喜的样子。

［译文］

不久，子来患病了，呼吸急促的样子，看样子将要死了。他的妻子和儿子环绕在身边哭泣。子犁去问候他，说道："嗨，躲开！不要惊动自然的变化！"子犁靠着门与子来说："伟大的自然变化，又将把你变作什么呢？把你送到什么地方？把你变为老鼠的肝脏吗？把你变为昆虫的胳臂吗？"子来说："父母对待孩子，让去东西南北任何地方，他们都服从命令。阴阳二气对于人来说,不止于是父母。它们让我走向死亡,而我却不听命,我就是悍戾啊,而它们何罪之有呢?大地负载着我的形体,用生存使我劳碌,用衰老使我安逸,用死亡使我安息。所以说,善于把我的生存看作是好事,因此就要把死亡看作是好事。现在,大冶炼师铸造金属,金属跳起来说:'我一定要做莫邪!'大冶炼师必定认为这是不祥的金属。现在偶尔为人就说:"我是人啊!我是人啊!'造物主一定认为这是不祥之人。现在把天地看作大熔炉,把造物主看作冶炼师,有什么地方不能去的呢!"于是,子来安然地睡着了,不久又惊喜地醒来了。

[原文]

子桑户、孟子反、子琴张三人相与友曰①:"孰能相与于无相与,相为于无相为;孰能登天游雾,挠挑无极②,相忘以生,无所终穷!"三人相视而笑,莫逆于心,遂相与为友。

莫然有间③,而子桑户死,未葬。孔子闻之,使子贡往侍事焉④。或编曲,或鼓琴,相和而歌曰:"嗟来桑户乎!嗟来桑户乎!而已反其真,而我犹为人猗!"子贡趋而进曰⑤:"敢问临尸而歌,礼乎?"二人相视而笑曰:"是恶知礼意!"子贡反,以告孔子曰:"彼何人者邪?修行无有而外其形骸,临尸而歌,颜色不变,无以命之。彼何人者邪?"孔子曰:"彼游方之外者也,而丘游方之内者也。外内不相及,而丘使女往吊之,丘则陋矣⑥!彼方且与造物者为人,而游乎天地之一气。彼以生为附赘县疣⑦,以死为决𤴯溃痈⑧。夫若然者,又恶知死生先后之所在!假于异物,托于同体;忘其肝胆,遗其耳目;反复终始,不知端倪;芒然仿徨乎尘垢之外⑨,逍遥乎无为之业。彼又恶能愦愦然为世俗之礼⑩,以观众人之耳目哉!"

[注释]

①子桑户、孟子反、子琴张:皆为人名。

②挠挑:环绕,回旋。

③莫然有间:过了一段时间。

④侍事:帮助处理丧事。

⑤趋:快走。进:进言。

⑥陋:浅陋。

⑦附赘:附生于皮肤上的肉瘤;悬疣:皮肤上突起的瘊子,比喻多余无用的东西。

⑧痈(yōng):皮肤化脓性炎症。

⑨芒然:茫然;芒,通"茫"。

⑩愦愦(kuì):昏乱,糊涂。

[译文]

子桑户、孟子反、子琴张三人结交为友,说:"谁能在交往中不交往,相互帮助又无所帮助;谁能登上苍天遨游云雾之中,在没有穷尽的太空中环游,忘记生命的存在,没有终止和穷尽!"三人相视而笑,心里契合,于是相互结为朋友。

过了一段时间,子桑户死了,还没有埋葬。孔子听说后,派子贡去帮助处理丧事。这时,孟子反和子琴张一个谱曲,一个弹琴,互相唱和道:'哎呀桑户啊,哎呀桑户啊!你已经返回到本真,而我还在做人啊!"子贡快步走到他们面前说:"敢问面对死人歌唱,礼貌吗?"二人相视而笑:"你怎么知道礼仪呢?"子贡回去后,告诉孔子:"他们是什么人啊?没有修养,放纵身体,面对死人歌唱,面不变色,无法说他们。他们是什么人啊?"孔子说:"他们是游离于尘世之外的人,我们是生活在尘世之内的人。尘世之外和尘世之内不相干。而我让你前去慰问,我显得浅陋了!他们正欲与造物主为伴,遨游在天地合一的元气之中。他们把人生看做是多余无用的东西,把死亡看作毒疮破裂,得到了解脱。像他们这样的人,又怎么会在乎死生先后的意义呢!他们认为,生命只是凭借不同的事物,假托在同一的物体之中,忘记有形的身体,遗失耳目的见闻,始终循环反复,不知道开端;茫然地徘徊在尘世之外,逍遥地游历于无为的境界。他们怎么能糊涂地讲究世俗的礼节,以换取人们耳目的见闻呢?"

[原文]

子贡曰:"然则夫子何方之依?"孔子曰:"丘,天之戮民也[1]。虽然,吾与汝共之。"子贡曰:"敢问其方?"孔子曰:"鱼相造乎水[2],人相造乎道。相造乎水者,穿池而养给[3];相造乎道者,无事而生定。故曰:鱼相忘乎江湖,人相忘乎道术。"子贡曰:"敢问畸人[4]?"曰:"畸人者,畸于人而侔于天[5]。故曰:天之小人,人之君子;人之君子,天之小人也。"

[注释]

①戮民:受到刑罚的罪人。

②造:到。

③养给:生活所需得到供养。

④畸(jī)人:奇异的人。

⑤侔:相等。

[译文]

子贡说:"那么,老师依托在方内方外?"孔子说:"我是受到自然刑罚的罪人。即使这样,我还是与你追求共同的目标。"子贡说:"敢问有什么方法?"孔子说:"鱼儿在水里生活,人生追求道的境界。在水里生活的鱼,穿游于水池中就可以得到供养;追求道的人,没有世俗之事,心里才能安定。所以说,鱼儿在江湖里忘情地遨游,人们在追求道的过程中忘记了自己。"子贡说:"敢问老师什么是畸人?"孔子说:"畸人,就是奇异的人,等同于自然。所以说,自然的小人,就是人世间的君子;人世间的君子,就是自然的小人。"

［原文］

颜回问仲尼曰[①]："孟孙才[②]，其母死，哭泣无涕，中心不戚[③]，居丧不哀。无是三者，以善处丧盖鲁国，固有无其实而得其名者乎？回壹怪之[④]。"仲尼曰："夫孟孙氏尽之矣，进于知矣。唯简之而不得，夫已有所简矣。孟孙氏不知所以生，不知所以死。不知就先，不知就后。若化为物，以待其所不知之化已乎。且方将化，恶知不化哉？方将不化，恶知已化哉？吾特与汝，其梦未始觉者邪！且彼有骇形而无损心[⑤]，有旦宅而无情死[⑥]。孟孙氏特觉，人哭亦哭，是自其所以乃[⑦]。且也相与'吾之'耳矣，庸讵知吾所谓'吾之'乎？且汝梦为鸟而厉乎天[⑧]，梦为鱼而没于渊。不识今之言者，其觉者乎？其梦者乎？造适不及笑，献笑不及排，安排而去化，乃入于寥天一[⑨]。"

［注释］

①颜回：春秋末期鲁国（山东曲阜）人。十四岁拜孔子为师，终生师事之，是孔子最得意的门生。

②孟孙才：人名，鲁国人。

③中心：心中。戚：哀戚，悲哀。

④壹：实在，确实。

⑤骇形：骇，惊；形，身体，意为人死后形体发生惊人的变化。损：损伤。

⑥旦：日新，朝夕改变的意思；宅：精神的寓所。

⑦乃：同"尔"。

⑧厉：通"戾"，至。

⑨寥天：寂寥的天空，喻虚寂为一的道。

［译文］

颜回问孔子："孟孙才的母亲去世了，他哭泣时没有眼泪，心里没有悲哀，守丧时不哀伤。他没有做到这三点，却以善于处理丧事闻名于鲁国，难道本来就有无实而得到名声的人吗？我确实奇怪这个人。”孔子说：“孟孙才已经尽力做好丧事了，比一般人懂得更多。他没有办法简化丧事，这已经有所简化了。孟孙才不知道生从何来，死向何往。不知道生死谁先谁后。他化身万物，用来等待所不知道的变化之妙。况且，正在变化，你怎么知道不变化呢？正在停止变化，你怎么知道已经变化呢？我与你正在做梦，还没有醒来啊！况且死者形体发生了惊人的变化，可是这无损于死者的心神，身体朝夕变化，精神的寓所却不会死亡。孟孙才是特别觉悟，人们哭，他也哭，这是他这样做的原因。况且，人们互相称呼自己为我，怎么知道所谓的我是什么呢？而且你梦见自己变为鸟，飞翔在天空，梦见变为鱼潜入于深渊中。不知道现在说话的我们，是清醒的人？还是梦中人？心里适意却来不及笑，笑出声来却来不及排解心事，听命于自然的安排，忘记万物的变化，就可以进入到寂寥为一的自然之境。

［原文］

意而子见许由[①]，许由曰：“尧何以资汝[②]？”意而子曰：“尧谓我：汝必躬服仁义而明言是非。”许由曰：“而奚来为轵[③]？夫尧既已黥汝以仁义[④]，而劓汝以是非矣[⑤]。汝将何以游夫遥荡恣睢转徙之涂乎[⑥]？”

意而子曰：“虽然，吾愿游于其藩。”许由曰：“不然。夫盲者无以与乎眉目颜色之好，瞽者无以与乎青黄黼黻之观[⑦]。”意而子曰：“夫无庄之失其美[⑧]，据梁之失其力[⑨]，黄帝之亡其知，皆在炉捶之间耳。庸讵知夫造物者之不息我黥而补我劓，使我乘成以随先生邪[⑩]？”许由曰：“噫！未可知也。我为汝言其大略：吾师乎！吾师乎！齑万物而不为义[⑪]，泽及万世而不为仁，长于上古而不为老，覆载天地、刻雕众形而不为巧。此所游已！

［注释］

①意而子：尧帝时的贤人。许由：尧帝时代的贤人，尧帝想传位于许由，他认为这

是一种羞辱，便到颍水河洗耳朵。

②资：给予，引申为教导。

③而：你。轵(zhǐ)：同“只”，语气助词。

④黥(qíng)：古代的一种刑法，在人脸上刺字并涂墨，后亦施于士兵以防逃跑。

⑤劓(yì)：古代一种酷刑，割去人的鼻子。

⑥恣睢：放任自得。徙：迁移，迁徙。涂：通“途”。

⑦瞽(gǔ)者：瞎子。黼黻：古代衣服边上有规律的“黑白”“黑青”相间的花纹，外观类似商朝青铜器上的边框纹路，多指官服。又象征文章好，才华横溢。

⑧无庄：古之美人，为了听道，不复装饰，而忘其美色。

⑨据梁：古代的大力士。

⑩成：完整的心神。

⑪齑(jī)：粉碎。

［译文］

意而子拜见许由，许由说：“尧帝用什么来教导你？”意而子说：“尧帝教导我必须亲身施行仁义，明辨是非。”许由说：“你为什么来我这里呢？尧帝已经用仁义给你脸上打下了印记，用是非标准给你判了劓刑了。你用什么遨游于逍遥放荡、放任自得、辗转迁移的路途呢？”

意而子说：“虽然这样，我愿意遨游于这种疆域之中。”许由说：“不行。盲人无法辨别美好的容颜，盲人无法欣赏官服上黑白相间的花纹。”意而子说：“无庄为了闻道忘记了自己的美貌，据梁为了学道失去了自己的力气，黄帝求道失去了自己的智慧，他们都经过了熔炉的锤炼。怎么知道造物主不会治好我受了黥刑的面容，弥补我受了劓刑的鼻子，使我以完整的心神跟随你学道呢？“许由说：”唉，这不可知啊。我大概对你讲一下道理，我的老师啊，我的老师啊，他粉碎万物而不是为了道义，恩泽遍及万世不是为了仁爱，比上古长久却不衰老，覆盖上天，承载大地，塑造万物的形状而不算巧妙，这就是我所遨游的道的境界。”

[原文]

颜回曰:“回益矣[①]。”仲尼曰:“何谓也?”曰:“回忘仁义矣。”曰:“可矣,犹未也。”他日复见,曰:“回益矣。”曰:“何谓也?”曰:“回忘礼乐矣!”曰:“可矣,犹未也。”他日复见,曰:“回益矣!”曰:“何谓也?”曰:“回坐忘矣[②]。”仲尼蹴然曰[③]:“何谓坐忘?”颜回曰:“堕肢体[④],黜聪明[⑤],离形去知,同于大通,此谓坐忘。”仲尼曰:“同则无好也,化则无常也。而果其贤乎!丘也请从而后也。”

子舆与子桑友。而霖雨十日[⑥],子舆曰:“子桑殆病矣!”裹饭而往食之。至子桑之门,则若歌若哭,鼓琴曰:“父邪!母邪!天乎!人乎!”有不任其声而趋举其诗焉[⑦]。子舆入,曰:“子之歌诗,何故若是?”曰:“吾思夫使我至此极者而弗得也。父母岂欲吾贫哉?天无私覆,地无私载,天地岂私贫我哉?求其为之者而不得也!然而至此极者,命也夫!”

[注释]

①益:增加,收益。

②坐忘:修道的境界,静坐而精神遨游,忘记自我。

③蹴(cù)然:惊讶的样子。

④堕肢体:毁坏身体,意为忘记身体;堕,同“隳”。

⑤黜:罢免,革除。

⑥霖雨:阴雨连绵。

⑦不任:不堪。

[译文]

颜回说:“我有所收益。”孔子说:“你说的是哪一方面?”颜回说:“我忘记了仁义。”孔子说:“可以,但还是不够好。”过了几天,颜回再次拜见孔子说:“我有所收益!”孔子说:“你说的是哪一方面?”颜回说:“我忘记了礼乐!”孔子说:“可以了,还是不够好。”过了几天,颜回又再次拜见孔子说："我有所收益！"孔子说："你说的是哪一方面？"颜回说："我静坐而忘记了自身，精神在时空中遨游。"孔子惊讶地说："什么叫坐忘？"颜回说："忘记自己的身体，革除所谓的聪明，离开形体，革除知觉，一同遨游于万物同一的境界，叫作坐忘。"孔子说："与万物同一就没有喜好，变化则万物无常。你果真这么贤能啊！我希望跟随你学习。"

子舆和子桑是好朋友。阴雨连绵十多天，子舆说："子桑大概因饥饿生病了！"子舆带着食物送给子桑。他来到了子桑门口，就听到了似歌似哭的声音，子桑弹着琴说："父亲啊！母亲啊！苍天啊！人生啊！"子桑声音嘶哑，急促地吟着诗。子舆进了门，说："你的歌声和诗歌，为什么这样苍凉呢？"子桑说："我思考使我到了如此处境的原因，还没有找到答案。父母岂希望我贫困呢？天无私地覆盖大地，大地无私地承载万物，天地岂会偏私地让我贫困呢？寻找使我贫困的原因，没有找到！然而，到了这种极端贫困的处境，这是命运啊！"

第七　应帝王

【题解】

该文表达了庄子的为政思想。庄子推崇天地运行之道，追求隐藏于万物背后的虚寂空无、混沌合一的本性，因而，反映到他的政治思想上自然归结于道。春秋战国时代，战争烽烟，国家争端，礼崩乐坏，民不聊生，庄子冷眼观察这个纷扰的世界，提出了治理天下的独到见解，概括起来就是认识自然规律，穷理尽性，逍遥自在，安时处顺，无为而治，以不言之教达到天下的治理。

［原文］

啮缺问于王倪[①]，四问而四不知。啮缺因跃而大喜，行以告蒲衣子[②]。蒲衣子曰："而乃今知之乎？有虞氏不及泰氏[③]。有虞氏其犹藏仁以要人[④]，亦得人矣，而未始出于非人。泰氏其卧徐徐[⑤]，其觉于于[⑥]。一以己为马，一以己为牛。其知情信[⑦]，其德甚真，而未始入于非人。"

肩吾见狂接舆[⑧]。狂接舆曰："日中始何以语女[⑨]？"肩吾曰："告我君人者以己出经式义度[⑩]，人孰敢不听而化诸！"狂接舆曰："是欺德也。其于治天下也，犹涉海凿河而使蚊负山也。夫圣人之治也，治　外乎？正而后行，确乎能其事者而已矣。且鸟高飞以避矰弋之害[⑪]，鼷鼠深穴乎神丘之下以避熏凿之患[⑫]，而曾二虫之无知？"

[注释]

①啮(niè)缺、王倪:人名。

②蒲衣子:人名,王倪的老师。

③有虞氏:虞舜。泰氏:伏羲。

④要(yāo):交结,收复。

⑤徐徐:从容自在的样子。

⑥于于:闲适宽和的样子。

⑦情:实情,确实。

⑧肩吾:有道之人,传说中的神仙。接舆:姓陆,名通,字接舆,春秋时代楚国著名隐士,平时躬耕以食,因不满时政,剪发佯狂不仕,故称楚狂接舆。

⑨日中始:肩吾的老师。

⑩经式义度:仪则法度;义,通"仪"。

⑪矰(zēng):古代用来射鸟的拴着丝绳的短箭。弋:用带绳子的箭射鸟。

⑫鼷(xī)鼠:一种小老鼠,亦称"耳鼠"。

[译文]

啮缺向王倪请教,问了四个问题,王倪都不知道。啮缺于是跳了起来,大为喜悦,去告诉蒲衣子。蒲衣子说:"你今天知道了吗?虞舜比不上伏羲。虞舜心怀仁义,以此收复人心,也得到了人们的拥护,却并没有超出人为的境界。伏羲从容自在地卧在床上,醒来后闲适宽和,一时以为自己是马,一时以为是牛。他的知识确实可信,他的德行很是本真,没有陷入失去人性的境地。

肩吾去见接舆,接舆说:"你的老师日中始怎么教导你的?"肩吾说:"他告诉我国君根据自己的意愿制订仪则法度,人们谁敢不听从而被教化呢!"接舆说:"这是欺凌人们的德性。这对于治理天下来说,如同过海开凿河流,让蚊蝇背负山脉。圣人治理国家,是治理外在的事物吗?内心平正而后进行治理,确实让人们能做好自己的事情就行了。况且鸟儿高飞是为了躲避箭镞的危害,小鼠在神丘之下深挖洞穴是为了躲避烟熏和凿洞的祸患,你对这两种动物的方法不知道吗?”

[原文]

天根游于殷阳①,至蓼水之上,适遭无名人而问焉②,曰:“请问为天下。”无名人曰:“去!汝鄙人也,何问之不豫也③!予方将与造物者为人,厌则又乘夫莽眇之鸟④,以出六极之外,而游无何有之乡⑤,以处圹埌之野。汝又何帠以治天下感予之心为⑥?”又复问,无名人曰:“汝游心于淡,合气于漠,顺物自然而无容私焉,而天下治矣。”

阳子居见老聃⑦,曰:“有人于此,向疾强梁⑧,物彻疏明,学道不倦。如是者,可比明王乎?”老聃曰:“是于圣人也,胥易技系⑨,劳形怵心者也。且也虎豹之文来田⑩,猨狙之便、执斄之狗来藉⑪。如是者,可比明王乎?”阳子居蹴然曰:“敢问明王之治。”老聃曰:“明王之治:功盖天下而似不自己,化贷万物而民弗恃⑫。有莫举名,使物自喜。立乎不测,而游于无有者也。”

郑有神巫曰季咸⑬,知人之死生、存亡、祸福、寿夭,期以岁月旬日若神。郑人见之,皆弃而走。列子见之而心醉,归,以告壶子⑭,曰:“始吾以夫子之道为至矣,则又有至焉者矣。”壶子曰:“吾与汝既其文,未既其实。而固得道与?众雌而无雄,而又奚卵焉!而以道与世亢⑮,必信,夫故使人得而相汝。尝试与来,以予示之。”

[注释]

①天根:虚拟的人名。殷阳:殷山的南面。

②适遭:恰巧遇到。无名人:虚拟的人名。

③豫:愉悦。

④莽眇之鸟:形容深远渺茫的云气。清代刘大櫆《〈张秋浯诗集〉序》:“天地之气,默运于空虚莽眇之中,蕴积之久,不能自抑遏,而发之为声。”

⑤无何有之乡:空无所有的地方,指空寂而虚幻的境界。

⑥何帠(yì):何为,为什么。

⑦阳子居:杨朱,又称杨子、阳子居或阳生,主张“贵己”“重生”“人人不损一毫”的思想,战国初期哲学家,道家杨朱学派的创始人。

⑧向疾强梁:响声迅疾,喻做事利索;向,同“响”,回声。强梁:强干果决。

⑨胥:通“谞”,管理徭役的小吏。易:占卜的小官。技:技术工巧,神虑劬劳。系:拘系,束缚。

⑩虎豹之文:虎豹皮毛的纹饰。田:打猎,狩猎。

⑪猨狙(yuán jū):泛指猿猴。斄(lí):狐狸。藉:用绳系住。

⑫化贷:教化施及。

⑬季咸:人名。

⑭壶子:列子的老师,道家学派的代表人物之一。

⑮亢:匹敌,抗衡。

[译文]

天根去殷山的南边游玩,来到了蓼水边,正好遇到无名人。他向无名人问道:“请问治理天下的事情。”无名人说:“走开!你是一个粗鄙的人,你的问话让我不愉快!我正与造物主同行,乘着虚寂渺茫如飞鸟般的云气,超然于六极之外,遨游于空寂而虚幻的世界,栖居在旷达无边的野外。你为什么用治理天下的事情扰乱我的心灵呢?”天根又问,无名人说:“你保持恬淡的心境,体会广袤空寂的境界,顺应自然无为的思想而不要掺杂私念,那么天下就得到治理。”

阳子居拜见老聃说:“倘若有个人,做事利索,强干果决,认识事物洞彻明达,孜孜不倦学道,像这样的人,可以与明王相比吗?”老聃说:“这样的人与圣人相比,像小官吏一样辛苦,像工匠一样用心,身体劳碌,心神害怕。况且,虎豹皮毛华美的纹饰招来猎人,猿猴因为迅捷,狗因为捕猎狐狸,遭到绳索的束缚。这样的人,也可以比作明王吗?”阳子居不安而改容道:“请问明王治理国家的方法。”老聃说:“明王治理国家,功绩遍及天下,好像并非出自自己,教化施及万物,而老百姓并不依靠他。功绩显著但无法说明，使万物自在喜悦。他立足于无法测知的精神世界，遨游于虚寂空无的境界。

郑国有个神妙的巫师叫作季咸,他能预知生死存亡、祸患福气、长寿夭折,计算出年月旬日,灵验如神。郑国的人看见他,都弃路而逃。列子见到季咸后特别信从迷醉，回去后告诉老师壶子说:“当初我以为你的道术至为高明,却发现又有更高明的人了。”壶子说:“我告诉你的是表象道理,还没有涉及实质。你难道得道了吗？只有众多的雌性动物而没有雄性动物,怎么会产卵呢？你的道行尚浅,却要与世俗抗衡,一定要显示自己,所以使别人了解并为你看相。你尝试把他叫来,给我看看相。”

［原文］

明日,列子与之见壶子。出而谓列子曰:“嘻！子之先生死矣,弗活矣,不以旬数矣。吾见怪焉,见湿灰焉[①]。”列子入,泣涕沾襟以告壶子。壶子曰:“乡吾示之以地文[②],萌乎不震不正[③],是殆见吾杜德机也[④]。尝又与来。”明日,又与之见壶子。出而谓列子曰:“幸矣！子之先生遇我也,有瘳矣[⑤]！全然有生矣！吾见其杜权矣[⑥]。”列子入,以告壶子。壶子曰:“乡吾示之以天壤,名实不入[⑦],而机发于踵。是殆见吾善者机也[⑧]。尝又与来。”明日,又与之见壶子。出而谓列子曰:“子之先生不齐[⑨],吾无得而相焉。试齐,且复相之。”列子入,以告壶子。壶子曰:“吾乡示之以太冲莫胜[⑩],是殆见吾衡气机也[⑪]。鲵桓之审为渊[⑫],止水之审为渊,流水之审为渊。渊有九名,此处三焉。尝又与来。”明日,又与之见壶子。立未定,自失而走[⑬]。壶子曰:“追之！”列子追之不及。反,以报壶子曰:“已灭矣,已失矣,吾弗及已。”壶子曰:“乡吾示之以未始出吾宗。吾与之虚而委蛇[⑭],不知其谁何,因以为弟靡[⑮],因以为波流,故逃也。”然后列子自以为未始学而归。三年不出,为其妻爨,食豕如食人,于事无与亲。雕琢复朴[⑯],块然独以其形立,纷而封哉[⑰],一以是终。

［注释］

①湿灰：被水浇湿的灰烬，喻必死无疑。

②乡：通“向”，刚才，先前。

③震：动。正：应作“止”，停止。

④杜：堵塞，闭塞。

⑤瘳(chōu)：病愈。

⑥杜权：杜塞中发生权变，呈现生机。

⑦名实：名称和实体。

⑧机：生机。

⑨齐：通“斋”，斋戒。

⑩太冲：极其虚静和谐的境界。

⑪衡：平衡。

⑫鲵桓之审：鲵，鲸鱼；桓，盘桓；审：流水聚积的地方。

⑬自失而走：无法自持而快步离开了。

⑭虚而委蛇(yí)：委蛇，随顺之貌，意为虚情假意，敷衍应付。

⑮弟靡：变化无穷的样子。郭象曰：“变化颓靡，世事波流，无往而不因。”

⑯复朴：恢复到朴拙的境界。

⑰纷而封：面对纷扰的尘世，坚守内心不受干扰；封，守。

［译文］

第二天，列子与季咸去见壶子。季咸出门对列子说：“唉！你的老师要死了，不能活了，超不过十来天了。我看到他气色有异，显示出湿灰般的气色。”列子进门后，哭得泪水沾湿了衣襟，告诉了壶子。壶子说：“我刚才在他面前，显示出大地的纹理，萌发了不动不止的状态，他恐怕看到了我杜塞生机的样子。你试着把他再叫来。”第二天，列子与季咸又去见壶子，季咸出门后告诉列子：“幸运啊，你的老师遇见我了，他的病痊愈了！完全可以活下来了！我看到了他身体杜塞中呈现的生机。”列子进门后，把季咸的话告诉了壶子。壶子说：“刚才我在他面前，显示了天地贯通的气象，名称和实体置之度外，生机从脚跟处萌发上升。他因此看到了我的生机了。你再把他叫来看看吧。”第二天，列子又与季咸见了壶子。季咸出门后对列子说：“你的老师没有斋戒，我无法给他看相。试着让他斋戒，我再来给他看相。”列子进门后告诉了壶子。壶子说：“我刚才给他显示了虚静和谐的状态，他恐怕看到了阴阳二气虚寂平衡的状态。鲸鱼盘桓停留的地方形成深渊，静止的水流聚集的地方形成深渊，流水汇聚的地方形成深渊。深渊有九种，这里为三种。你试着再把他叫来。”第二天，列子与季咸又见壶子。季咸站立未定，难以自持，快步离开了。壶子对列子说：“你把他追回来！”列子没有追上季咸。他返回后告诉壶子说：“季咸已经逃得无踪迹了，消失了。我没有追上他。”壶子说：“刚才我显示给他的是始终不离生命本体的状态。我与他虚情假意，敷衍应付，他不知道我是谁，我变化无穷，随波逐流，所以他逃走了。”列子终于认识到自己求道尚未入门，回到了家里。列子三年不出家门，帮助妻子烧火做饭，像伺候人那样喂猪，对于世事不参与不亲近。他从过去的雕琢恢复到了朴拙的本质，神情漠然，超然独立，面对纷扰的世界，内心不受干扰，终生如一。

［原文］

无为名尸①，无为谋府，无为事任②，无为知主。体尽无穷，而游无朕③。尽其所受乎天而无见得，亦虚而已！至人之用心若镜，不将不迎④，应而不藏，故能胜物而不伤。

南海之帝为儵⑤，北海之帝为忽，中央之帝为浑沌。儵与忽时相与遇于浑沌之地，浑沌待之甚善。儵与忽谋报浑沌之德，曰：“人皆有七窍以视听食息⑥。此独无有，尝试凿之。”日凿一窍，七日而浑沌死。

［注释］

①名：名称。尸：主体。

②任：责任。

③朕：迹象。

④不将不迎：将，送，意为不送不迎接。

⑤儵(shū)：同“倏”，极快，庄子虚拟的名称。

⑥七窍：身体的七个器官，即两眼、两耳、两鼻孔和嘴。息：呼吸。

［译文］

不要做名称的主体，不要做计谋的府第，不要承担事物的责任，不要做知识的主人。体会道的无穷无尽，遨游于没有踪迹的境界。全部发挥所秉受的自然本性，没有滞碍的见解和自得，进入虚寂空无的境界罢了。至人的心灵像镜子，对待万物的纷扰不滞留不迎接，只映现事物，不藏匿而影响内心，所以能够战胜外物的纷扰，不为外物损伤心灵。

南海的帝王叫作儵，北海的帝王叫作忽，中央大地的帝王叫作混沌。儵与忽经常在混沌的领地里相遇，混沌对待他们很热情。儵与忽为了报答混沌的恩德，商量说：“人都有七个器官，用来看、听、吃和呼吸，可是，混沌唯独没有，我们试着为他凿出七个器官。”于是，二帝每天为混沌凿一个器官，七天之后混沌死了。

外篇

骈拇
马蹄
胠箧
在宥
天地
天道
天运
刻意
缮性
秋水
至乐
达生
山水
田子方
知北游

第八　骈拇

【题解】

战国时期，百花齐放，百家争鸣，各家学说争奇斗艳，粉墨登场，在人们竞相标榜自己的学说之际，庄子横空出世，剑走偏锋，一语道出了社会思想对于人类天性和心灵的负面作用。

庄子谆谆告诫人们，要善待自己，善待人性，不要被身外之物奴役，不要被思想奴役。庄子以仁义思想和其他学说为例，阐述自己的学说，指出随着社会文明的进步和发展，人类思想和行为造成了人性的改变和泯灭，因此主张顺乎性情，不要“残生伤性”。

［原文］

骈拇枝指[①]，出乎性哉[②]，而侈于德；附赘县疣出乎形哉[③]，而侈于性；多方乎仁义而用之者，列于五藏哉[④]，而非道德之正也。是故骈于足者，连无用之肉也；枝于手者，树无用之指也；多方骈枝于五藏之情者，淫僻于仁义之行[⑤]，而多方于聪明之用也。

是故骈于明者，乱五色[⑥]，淫文章，青黄黼黻之煌煌非乎[⑦]？而离朱是已！多于聪者，乱五声[⑧]，淫六律[⑨]，金石丝竹黄钟大吕之声非乎？而师旷是已[⑩]！枝于仁者，擢德塞性以收名声[⑪]，使天下簧鼓以奉不及之法非乎[⑫]？而曾、史是已[⑬]！骈于辩者，累瓦结绳窜句[⑭]，游心于坚白同异之间，而敝跬誉无用之言非乎[⑮]？而杨、墨是已！故此皆多骈旁枝之道，非天下之至正也。

［注释］

①骈(pián):并。拇:手或脚的大拇指。骈拇,拇指和二指长得连在一起。枝指:拇指旁生的小指。

②性:身体的本性。

③县(xuán):通“悬”。疣(yóu):一种皮肤病,俗称瘊子。

④五脏:人体五种脏器,心、肝、脾、肺、肾,这里指五脏对应的伦理道德,中医古籍认为仁对应肝,礼对应心,信对应脾,义对应肺、智对应肾。

⑤淫僻:过于乖离。

⑥五色:青、黄、赤、白、黑五种颜色。

⑦黼黻(fǔ fú):泛指礼服上所绣的黑白相间的精美花纹,多指官服。煌煌:明亮辉耀。

⑧五声:古代音乐中的宫、商、角、徵、羽的五个音节,即后来的工、尺、上、士、合。

⑨六律:古代根据竹管的长度来确定声调,共有十二音种,按照阴阳分作六类,称作六律,即黄钟、太簇、姑洗、蕤宾、夷则、无射。

⑩师旷:字子野,春秋时著名乐师、道家,生而无目,自称盲臣,博学多才,尤精音乐,善于弹琴。

⑪擢(zhuó):提拔,提升。塞:闭塞。王念孙认为“塞”当为“搴”,意为拔取。

⑫簧鼓:吹簧敲鼓,意为宣扬鼓吹。

⑬曾史:曾参和史猷,曾参是孔子的学生,史猷是卫国的贤人。

⑭累瓦结绳:如瓦之累,绳之结,喻无用之语。

⑮敝:劳敝,疲惫。跬(kǔi):三尺,半步为跬,司马法道:“一举足曰跬。”跬誉,获取一时的声誉。

［译文］

大脚趾与二脚趾连生,大拇指旁生小指,出自身体的原因,而夸大了自然特性;长出的赘瘤和瘊子,夸大了身体的属性;想方设法实行仁义而用于社会,尽管仁义对应于身体五脏器官,但这并非纯正的道德。因此,大脚趾和二脚趾连生,是连着无用的肌肉;手上旁生小指,长的是无用的手指；采取多种方法扩充五脏的德性，过分乖离地推行仁义之道，这是过分地滥用耳目的功用。

因此，多出眼睛的功用，扰乱五种颜色，惑乱文采，精美辉耀的黼黻不是这样吗？离朱就是这样的人。耳朵过多的功用，混淆了五声，扰乱了六律，金、石、丝、竹、黄钟、大吕的声音不是这样吗？师旷就是这样的人。过度施行仁义的人，推崇德行，闭塞性情，以获得名声，使天下奉行不合宜且难以实施的法律吗？曾参和史鰌就是这样的人。善于辩解的人，精心谋划窜改语句，心思游历在坚白同异的诡辩之中，疲惫艰难修饰话语而追求短暂无用的声誉，杨朱和墨子就是这样的人。因此，这些都是多余的旁门左道，不是天下纯正的大道。

［原文］

彼正正者[①]，不失其性命之情。故合者不为骈，而枝者不为跂，长者不为有余，短者不为不足。是故凫胫虽短[②]，续之则忧；鹤胫虽长，断之则悲。故性长非所断，性短非所续，无所去忧也。

意仁义其非人情乎[③]！彼仁人何其多忧也。且夫骈于拇者，决之则泣；枝于手者，龁之则啼[④]。二者或有余于数，或不足于数，其于忧一也。今世之仁人，蒿目而忧世之患[⑤]；不仁之人，决性命之情而饕贵富[⑥]。故意仁义其非人情乎！自三代以下者，天下何其嚣嚣也。

且夫待钩绳规矩而正者，是削其性者也；待绳约胶漆而固者，是侵其德者也；屈折礼乐[⑦]，呴俞仁义[⑧]，以慰天下之心者，此失其常然也。天下有常然。常然者，曲者不以钩，直者不以绳，圆者不以规，方者不以矩，附离不以胶漆，约束不以纆索[⑨]。故天下诱然皆生，而不知其所以生；同焉皆得，而不知其所以得。故古今不二，不可亏也。则仁义又奚连连如胶漆纆索而游乎道德之间为哉[⑩]？使天下惑也！

[注释]

①正正：当为“至正”之误，上段末言“至正”。

②凫(fú)：野鸭。胫：小腿，从膝盖到脚跟的一段。

③意：想，思考。

④龁(hé)：咬。

⑤蒿目：忧愁的目光。

⑥饕(tāo)：传说中的一种凶恶贪食的野兽，喻贪婪。

⑦屈折：扭曲订正。

⑧呴(xū)俞：化育爱抚。《淮南子·原道训》：“呴谕覆育，万物群生，润于草木，浸于金石。”

⑨纆索：绳索。

⑩连连：连续不断。

[译文]

那些所谓的至为正确的道路，不会失去生命本性的真情。所以合在一起不是并生，旁生的小指不是多生的；长的不是有余，短的不是不足。因此，野鸭的腿虽然短，续长了有忧患；仙鹤的腿虽然长，截短了就会悲伤。所以天性长的不要截断，天性短的不要接续，这样就无所谓忧患了。

思考仁义不是人们的真情吧！那些仁人为什么有那么多的忧患。况且并生的脚趾，砍断了人就要流泪；旁生的手指，咬断了人就要哭泣。两种人有的多出了正常的数目，有的不足于正常的数目，他们的忧患却是一样的。当世的仁人，目光忧愁，担忧世界的祸患；违背仁义的人，背弃生命的真情而贪婪富贵。所以仁义不是人们的真情，自从夏商周三代以来，天下是多么喧嚣纷乱啊。

况且期待用钩、绳、规、矩来取正，这是删削事物的本性；期待用绳索、胶漆来固定，是侵害了事物的德性；扭曲订正礼乐，用仁义来化育百姓慰藉天下民心的人，这是失去了事物的常态。所谓常态。即是弯曲的不用钩，直的不用绳墨，圆的不用圆规，方形的不用矩，黏合的不用胶和漆,约束的不用绳索。所以万物自然而然生长,而不知道为什么生长;同样有所得,而不知道为什么获得。所以古今没有分别,不可能减少。那么,推行仁义的人,又何必连续不断地用类似胶、漆、绳索的东西在天道和德性之间作为呢?这使天下人怀疑啊!

[原文]

夫小惑易方[①],大惑易性。何以知其然邪?自虞氏招仁义以挠天下也[②],天下莫不奔命于仁义。是非以仁义易其性与?

故尝试论之:自三代以下者,天下莫不以物易其性矣!小人则以身殉利;士则以身殉名;大夫则以身殉家;圣人则以身殉天下。故此数子者[③],事业不同,名声异号,其于伤性以身为殉,一也。

臧与谷,二人相与牧羊而俱亡其羊。问臧奚事,则挟策读书;问谷奚事,则博塞以游。二人者,事业不同,其于亡羊均也[④]。

伯夷死名于首阳之下[⑤],盗跖死利于东陵之上[⑥]。二人者,所死不同,其于残生伤性均也。奚必伯夷之是而盗跖之非乎?

天下尽殉也:彼其所殉仁义也,则俗谓之君子;其所殉货财也,则俗谓之小人。其殉一也,则有君子焉,有小人焉。若其残生损性,则盗跖亦伯夷已,又恶取君子小人于其间哉!

[注释]

①易:改变。方:方向。

②招:通"挢",举起,标榜。挠:扰乱。

③数子:指上述四类人。

④均:一样,相同。

⑤伯夷:商末孤竹君的儿子,父遗命要立次子叔齐为继承人,叔齐让位给伯夷,伯夷不受,叔齐也不愿登位,都逃到周国。周武王伐纣,二人叩马谏阻。武王灭商后,他们耻食周粟,采薇而食,饿死于首阳山。在古代伯夷和叔齐是抱节守志的典范。

⑥盗跖(zhí):展姓,名跖,鲁国贤臣柳下惠之弟,为鲁孝公的儿子公子展的后裔,春秋时期的大盗,在先秦古籍中被称为“盗跖”和“桀跖”。

[译文]

小的困惑改变人生方向,大的困惑改变人性。怎么知道是这样的呢?自从虞舜标榜仁义,扰乱天下,天下人没有不为仁义而到处奔走拼命的。难道不是仁义改变了人们的性情吗?

所以试着阐述如下,自从夏商周三代以来,天下人没有不因为外物改变性情的人。小人物为了私利献身,读书人为了名声而献身,大夫为了家族而献身,圣人为了天下而献身。所以上述数类人,事业不一样,名声不一样,可是伤害人性,牺牲身体,本质上是一样的。

臧与谷两人一起牧羊,都丢失了羊。问臧做什么事,臧说手捧竹简读书;问谷做什么事,谷说玩掷色子的游戏。两个人,做的事情不同,都一样丢失了羊。

伯夷为名声饿死在首阳山下,盗跖为私利死在东陵上。两个人死的原因不同,其实都是残害生命损伤性情。何必赞扬伯夷正确攻击盗跖不义呢?

天下人都在牺牲生命,那些为仁义而献身的人,世俗称之为君子;那些为财物而献身的人,世俗称之为小人。死是一样的,而有的人是君子,有的人是小人。如果从残害生命损伤性情来说,那么盗跖也是伯夷啊,又何必把他们区分为君子和小人呢?

[原文]

且夫属其性乎仁义者[①],虽通如曾、史[②],非吾所谓臧也[③];属其性于五味,虽通如俞儿[④],非吾所谓臧也;属其性乎五声,虽通如师旷,非吾所谓聪也;属其性乎五色,虽通如离朱,非吾所谓明也。吾所谓臧者,非所谓仁义之谓也,臧于其德而已矣;吾所谓臧者,非所谓仁义之谓也,任其性命之情而已矣；吾所谓聪者，非谓其闻彼也，自闻而已矣；吾所谓明者，非谓其见彼也，自见而已矣。夫不自见而见彼，不自得而得彼者，是得人之得而不自得其得者也，适人之适而不自适其适者也[5]。夫适人之适而不自适其适，虽盗跖与伯夷，是同为淫僻也。余愧乎道德，是以上不敢为仁义之操[6]，而下不敢为淫僻之行也。

［注释］

①属：从属，追随。乎：于。

②曾、史：曾参和史猷。

③臧：善，好。

④俞儿：相传为齐人，善于辨别味道。

⑤适：适应，适意。

⑥操：操守，品行。

［译文］

况且，用自己的本性追逐仁义的人，即使像曾参和史猷那样通达，也不是我所说的善；以本性追逐五味，即使像俞儿那样精通，也不是我所说的善；以本性追逐五声，即使像师旷那样通达，也不是我所说的聪明；以本性追逐五色，即使像离朱那样通晓，也不是我所说的精明。我所说的善，不是仁义的意思，而是善待自己的天性而已；我所谓的善，不是仁义的意思，而是放任生命的真情而已；我所说的聪敏，不是听到什么，而是能够听见自己的心声；我所说的明，不是看见什么，而是能够看见自己而已。看不见自己而看见外物，得不到自己而得到外物，是得到别人所得到的东西，而不能得到自己所应当得到的东西，适应别人的需而不适应自己的需求。适应别人的需求而不适应自己的需求，即使盗跖和伯夷，都是同样的过度乖僻。我有愧于天道和德性，因此上不敢奉行仁义的操守，下不敢有过度乖僻的行为。

第九　马蹄

【题解】

该篇虽短，但是谕示了深刻的思想。庄子通过伯乐驯马的种种手段，反映了世俗的仁义礼乐束缚人性、泯灭性情带来的恶果，同时，极力倡导恢复人性，返璞归真，使人们回到自然本真的状态之中。

［原文］

马，蹄可以践霜雪，毛可以御风寒，龁草饮水①，翘足而陆②，此马之真性也。虽有义台路寝③，无所用之。及至伯乐④，曰："我善治马。"烧之⑤，剔之⑥，刻之，雒之⑦，连之以羁絷⑧，编之以皂栈⑨，马之死者十二三矣！饥之渴之，驰之骤之，整之齐之，前有橛饰之患⑩，而后有鞭筴之威⑪，而马之死者已过半矣！陶者曰⑫："我善治埴⑬，圆者中规，方者中矩。"匠人曰："我善治木，曲者中钩，直者应绳。"夫埴木之性，岂欲中规矩钩绳哉⑭！然且世世称之曰："伯乐善治马，而陶匠善治埴木。"此亦治天下者之过也。

［注释］

①龁(hé)：咬。

②陆：通"踛"，跳跃。

③义台：仪台，古代举行仪式的高台，为天子诸侯行礼之用。

④伯乐：姓孙名阳，伯乐为字，秦穆公时人，善于相马。

⑤烧之：烧红铁器在马身上烙印。

⑥剔：指剪马毛。

⑦雒：通“络”，指笼头。

⑧絷(zhí)：马缰绳。

⑨皂栈：马槽和马棚。

⑩橛(jué)：木制的马嚼子。。

⑪鞭筴：马鞭。

⑫陶者：制作陶器的匠人。

⑬埴(zhí)：黏土。

⑭中：符合。

[译文]

马，蹄子可以踩着霜雪，毛可以抵御风寒，吃草饮水，扬起蹄子跳跃，这是马的真实性情。即使有高台寝室，也是没有用处的。等到出现了伯乐，他说：“我善于训练马。”于是在马身上烙印记，修剪马毛，削剪马蹄甲，给马嘴戴上笼头，并且用缰绳约束马，给马编号并把马关在马槽和马棚里，马因此死了十分之二三了。让马饥饿挨渴，奔驰快跑，整齐划一，前边有马橛子牵制，后边有马鞭子威吓，马因此死了多半了。制作陶器的人说：“我善于整治黏土，圆形的陶器符合圆规，方形的陶器符合矩尺。”木匠说：“我善于整治木材，弯曲的符合钩弧，直的符合墨绳。”黏土和木材的特性，怎么会符合圆规、矩尺、钩弧、墨绳呢！然而世世代代人们赞扬说：“伯乐善于训练马，陶匠善于整治黏土，木匠善于整治木材。”这同样也是治理天下的过失啊。

[原文]

吾意善治天下者不然[①]。彼民有常性，织而衣，耕而食，是谓同德[②]。一而不党[③]，命曰天放[④]。故至德之世，其行填填[⑤]，其视颠颠[⑥]。当是时也，山无蹊隧[7]，泽无舟梁；万物群生，连属其乡；禽兽成群，草木遂长。是故禽兽可系羁而游，鸟鹊之巢可攀援而窥。夫至德之世，同与禽兽居，族与万物并[8]。恶乎知君子小人哉？同乎无知，其德不离；同乎无欲，是谓素朴。素朴而民性得矣。及至圣人，蹩躠为仁[9]，踶跂为义[10]，而天下始疑矣。澶漫为乐[11]，摘僻为礼[12]，而天下始分矣。故纯朴不残[13]，孰为牺尊[14]！白玉不毁，孰为珪璋！道德不废，安取仁义[15]！性情不离，安用礼乐！五色不乱，孰为文采！五声不乱，孰应六律！

［注释］

①意：想，揣度。

②同德：共有的德行。

③党：偏爱，偏私。

④天放：放任天性。

⑤填填：稳重自在的样子。

⑥颠颠：朴拙纯真的样子。

⑦蹊(xī)遂：小路和隧道。

⑧族：聚合，集中。并：比并。

⑨蹩躠(bié xuē)：尽心尽力的样子。

⑩踶跂(dì qí)：勉力而行的样子。

⑪澶(chán)漫：放纵地享受安逸。

⑫摘僻：繁琐。

⑬纯朴：指尚未雕琢的玉石。

⑭牺尊：古代的盛酒器。

⑮安：哪里。

［译文］

我认为善于治理天下的人不是这样的。黎民有恒常的天性，织布穿衣，耕作而食，这叫作相同的德性。浑然一体而没有偏爱，这叫作放任天性。所以在德行达到极致的时代，人们的行为稳重自在，目光朴拙纯真。在那个时代，山上没有小路和隧道，河流没有船只和桥梁，万物一起生存，乡邻连通，禽兽成群，草木生长。因此，禽兽可以用绳子牵着游玩，人们可以爬到树上观看鸟鹊的巢穴。在德行达到极致的时代，人们和禽兽一起居住，和万物一起生存。人们怎么知道小人和君子呢？人们都无巧智，天性没有失去；同样没有欲望，这叫作朴素。朴素，才能恢复百姓的天性。及至出现了圣人，尽心尽力推行仁爱，勉励而施行道义，而天下人却出现了疑惑。人们放纵地享受安乐，讲究繁琐的礼节，而天下开始有了分别。所以未被雕琢的玉石不破坏，怎么能制作酒器！白玉不毁坏，怎么能制作珪璋！人们的天性和德性不废弃，怎么能用得上仁义！人们的性情不分裂，怎么用得上礼乐！五色不混乱，怎么用得上华丽的色彩！五声不混乱，怎么会应和六律！

［原文］

夫残朴以为器，工匠之罪也；毁道德以为仁义，圣人之过也。夫马陆居则食草饮水，喜则交颈相靡①，怒则分背相踶②。马知已此矣！夫加之以衡扼③，齐之以月题④，而马知介倪、闉扼、鸷曼、诡衔、窃辔⑤。故马之知而态至盗者，伯乐之罪也。夫赫胥氏之时⑥，民居不知所为，行不知所之，含哺而熙⑦，鼓腹而游⑧，民能已此矣。及至圣人，屈折礼乐以匡天下之形，县跂仁义以慰天下之心⑨，而民乃始踶跂好知，争归于利，不可止也。此亦圣人之过也。

［注释］

①靡：通“摩”。

②分背：背对着背。踶(dì)：用蹄子踢。

③衡：车辕上的横木。扼：通“轭”，套在马脖子上的曲木。

④月题：马额上的佩饰，其形似月。

⑤介倪:倪,通“輗”,木轭,车辕和横木相接的部件,意为马站在车輗之间侧目而视。闉扼:闉,弯曲;意为马弯着脖子抵抗。鸷曼:鸷,喻凶猛;曼,通“幔”,车幔,意为马凶猛地撕咬车幔。诡衔:吐出马橛子。窃辔:挣脱笼头

⑥赫胥氏:传说中的上古帝王。

⑦含哺而熙:熙,通“嬉”,口中吃着食物嬉戏。

⑧鼓腹:挺着肚子。

⑨县(xuán):同“悬”。跂:通“企”,踮起脚尖。

［译文］

破坏原物支撑器物,这是工匠的罪过;毁坏道德而推行仁义,这是圣人的过失。马生活在陆地上吃草饮水,高兴时脖颈相互交叉厮磨,发怒时背对背踢踩。马的天性就是这些了。人们给马加上横木和曲木,给马额装上佩饰,马知道了站在车辕和横木之间侧目而视,弯着脖子抵抗,凶猛地撕咬车幔,极力吐出马橛子,想法挣脱笼头。所以马的变化以至于赶上盗贼,这是伯乐的罪过。在赫胥氏时代,百姓安居不知要做什么,出行不知往哪里去,嘴里含着食物嬉戏,吃饱了挺着肚子游玩,百姓做的就是这些。等到出现了圣人,费力制作礼乐用来匡正天下人的行为,标榜仁义用以慰藉天下的人心,而百姓开始勉力追求知识,纷争不已以求利益,不可能止息了。这是圣人的罪过啊。

第十 胠箧

【题解】

庄子讲到，人们为了防备盗贼，千方百计，用绳索捆绑，用锁钥固定，但是，大盗一来，背起柜子扛起箱子就走了。那些所谓的聪明人不是给大盗积累财物吗？由此可知，圣人的学说，作为治理天下教化人心的工具，善人用之则利天下，恶人用之则贻害无穷。他指出，国之利器不可以示人，绝圣弃智，大盗乃止，掷玉毁珠，小盗不起。天下大乱，在于国君和贤人的价值观。他推崇人类的远古时代，民心纯朴，安居乐业。

［原文］

将为胠箧探囊发匮之盗而为守备①，则必摄缄縢②，固扃鐍③，此世俗之所谓知也。然而巨盗至，则负匮揭箧担囊而趋④。唯恐缄縢扃鐍之不固也，然则乡之所谓知者⑤，不乃为大盗积者也？

故尝试论之：世俗之所谓知者，有不为大盗积者乎？所谓圣者，有不为大盗守者乎？何以知其然邪？昔者齐国邻邑相望，鸡狗之音相闻，罔罟之所布⑥，耒耨之所刺⑦，方二千余里。阖四竟之内⑧，所以立宗庙社稷⑨，治邑屋州闾乡曲者⑩，曷尝不法圣人哉⑪？然而田成子一旦杀齐君而盗其国⑫，所盗者岂独其国邪？并与其圣知之法而盗之，故田成子有乎盗贼之名，而身处尧舜之安。小国不敢非，大国不敢诛，十二世有齐国，则是不乃窃齐国并与其圣知之法，以守其盗贼之身乎？

[注释]

①胠(qū):从旁边打开。箧(qiè):箱子。探:发匮:打开柜子。守备:守护防备。

②摄:执,聚。缄縢:绳索。

③扃(jiōng):从外面关门的闩。鐍(jué):箱子上安锁的环形钮锁。

④揭:举,扛。

⑤乡:通"向",早先。

⑥罔:同"网"。罟:网的总称。

⑦耒(lěi):犁,农具。耨(nòu):古代锄草的农具。

⑧阖(hé):全,总共。竟:通"境"。

⑨宗庙:古代帝王、诸侯祭祀祖宗的地方。社稷:古代帝王、诸侯所祭的土神和谷神。

⑩邑、屋、州、闾、乡曲:古代城镇区划名称。《周礼》记载:"六尺为步、百步为亩、百亩为夫,三夫为屋,三屋为井,四井为邑。"又:"五家为比,五比为闾,五闾为族,五族为党,五党为州。"

⑪曷尝:何尝。

⑫田成子:即田常,是齐国田氏家族第八任首领,设计杀害齐悼公而立齐简公,担任宰相,后发动政变,杀死了齐简公,立齐平公,独揽齐国大权。

[译文]

为了防止盗贼打开箱子、掏钱袋、撬柜子而加强戒备,就必须用绳索捆紧,加固锁钥,这是世俗的看法。然而,大盗来了,就背着柜子举着箱子挑着口袋快步离开了。人们唯恐绳索和锁钥不坚固,可是,先前所谓的智者,不是为大盗准备财富吗?

所以,我曾经试着论述,世俗所谓的智者,有不为大盗积累财富的吗?所谓的圣人,有不为大盗守护财富的吗?为何知道是这样的呢?从前的齐国,相邻的村邑彼此相望,互相可听到鸡叫狗吠的声音,渔网所分布的范围,犁锄耕作的农田,方圆两千余里。全部疆域之内,建立的宗庙和社稷,设立辖制的邑、屋、州、闾、乡,何尝不是取法圣人的呢?然而,齐国大夫田成子杀害了齐国的国君，盗取了国家的政权，他所盗取的岂止是齐国呢？把圣人的智慧和法规都盗取了，所以田成子虽然有盗贼的名声，却处身于尧舜一样平安的环境。小国不敢非议，大国不敢讨伐，十二代都拥有齐国的政权，这难道不是盗窃齐国和圣人的法度，从而保护了盗贼之身吗？

［原文］

尝试论之：世俗之所谓至知者，有不为大盗积者乎？所谓至圣者，有不为大盗守者乎？何以知其然邪？昔者龙逢斩①，比干剖②，苌弘胣③，子胥靡④。故四子之贤而身不免乎戮。故跖之徒问于跖曰："盗亦有道乎？"跖曰："何适而无有道邪？夫妄意室中之藏⑤，圣也；入先，勇也；出后，义也；知可否，知也；分均，仁也。五者不备而能成大盗者，天下未之有也。"由是观之，善人不得圣人之道不立，跖不得圣人之道不行。天下之善人少而不善人多，则圣人之利天下也少而害天下也多。故曰："唇竭则齿寒，鲁酒薄而邯郸围⑥，圣人生而大盗起。掊击圣人⑦，纵舍盗贼⑧，而天下始治矣。"

［注释］

①关龙逢：中国历史上第一位名相，因直言劝谏而被夏桀杀害。

②比干：商纣王的庶出叔叔，官少师，从政40多年，主张鼓励发展农牧业生产，提倡冶炼铸造，因直言敢谏被纣王杀害。

③苌(cháng)弘：周代贤臣，善于观测天象，推演历法，占卜凶吉，周敬王迫于晋国的压力，下令杀了苌弘。胣(chǐ)：剖腹。

④子胥：姓伍，名员，字子胥，春秋末期吴国著名军事家、谋略家，担任相国，劝吴王夫差拒绝越国请求、停止伐齐，被迫自杀。

⑤妄意：凭空测想。

⑥鲁酒薄而邯郸围：楚宣王朝会诸侯，鲁恭王迟到，他进献的酒味道淡，楚宣王

不满，于是命令入侵鲁国。楚国与赵国交好，魏国趁楚国攻打鲁国之际，一举攻入赵国的都城邯郸。

⑦掊(pǒu)：抨击。

⑧纵舍：放走。

[译文]

试着阐述这个观点，世俗所谓最好的智者，有不为大盗积蓄财物的吗？所谓最好的圣人，有不为大盗守护财富的吗？为何知道是这样的呢？从前夏朝的关龙逢因为劝谏而被夏桀杀死，商朝的比干因直言敢谏被纣王剖心而死，周代的贤臣苌弘被周敬王剖腹而死，吴国的相国伍子胥被迫自杀，所以这四个人贤惠却不能避免被杀戮。所以盗跖的徒弟问道："强盗也有规则吗？"盗跖回答道："到哪里能没有规则呢？凭空测想屋内有宝藏，这是圣明；率先进入室内，叫作勇敢；最后出去，叫作仗义；明白是否可盗，叫作智慧；分赃均衡，叫作仁义。不具备上述五种能力而能成为大盗，天下没有这样的人。"由此看出，善人不具备圣人之道难以立身，盗跖不具备圣人之道难以做事。天下善人少而不善的人多，因此圣人有利于天下的少，残害天下的多。所以说："嘴唇张开牙齿就寒冷，鲁国的酒味淡而导致了赵国都城邯郸被围打，圣人出现，大盗就出现了。抨击圣人，放走盗贼，天下就得到了治理。"

[原文]

夫川竭而谷虚[①]，丘夷而渊实[②]。圣人已死，则大盗不起，天下平而无故矣[③]！圣人不死，大盗不止。虽重圣人而治天下，则是重利盗跖也。为之斗斛以量之[④]，则并与斗斛而窃之；为之权衡以称之[⑤]，则并与权衡而窃之；为之符玺以信之，则并与符玺而窃之[⑥]；为之仁义以矫之，则并与仁义而窃之。何以知其然邪？彼窃钩者诛[⑦]，窃国者为诸侯，诸侯之门而仁义存焉，则是非窃仁义圣知邪？故逐于大盗，揭诸侯，窃仁义并斗斛权衡符玺之利者，虽有轩冕之赏弗能劝[8]，斧钺之威弗能禁。此重利盗跖而使不可禁者，是乃圣人之过也。

［注释］

①谷：山谷。

②夷：平。实：满。

③故：变故。

④斗：十升为一斗。斛(hú)：十斗为一斛。

⑤权：秤锤。衡：秤杆。称：称量。

⑥符：古代朝廷传达命令或征调兵将用的凭证。玺：帝王的印章。

⑦钩：衣带钩，喻不值钱的物品。

⑧轩冕：古代官员的车子和帽子，指官位。劝：劝勉。

［译文］

川流枯竭时山谷显得空旷，丘陵削平时深渊显得充实。圣人死了，大盗不存在了，天下就太平无事了。圣人不死，大盗不会消失。推崇圣人治理天下，就是推崇盗跖获得重大的利益。国家制作斗和斛作为量器，大盗把斗和斛都偷走了；制作秤锤和秤杆作为量器，大盗把秤锤和秤杆都偷走了；制作符玺作为信物，大盗把符玺都偷走了；用仁义之道矫正天下，那么连仁义也被偷走了。为何知道这样呢？那些偷衣带钩的人被处死了，窃取了国家的人成为诸侯；诸侯之家保存着仁义，这难道不是窃取了仁义和圣人的智慧吗？所以追随大盗，拥戴诸侯，窃取仁义以及斗斛、权衡、符玺利益的人，即使得到官位的赏赐也不能劝勉，有刑罚杀戮的威胁而不可能禁止，这是圣人的罪过啊。

［原文］

故曰："鱼不可脱于渊，国之利器不可以示人[1]。"彼圣人者，天下之利器也，非所以明天下也②。故绝圣弃知，大盗乃止；掷玉毁珠，小盗不起；焚符破玺，而民朴鄙③；掊斗折衡④，而民不争；殚残天下之圣法⑤，而民始可与论议；擢乱六律，铄绝竽瑟⑥，塞瞽旷之耳，而天下始人含其聪矣；灭文章，散五采，胶离朱之目，而天下始人含其明矣。毁绝钩绳而弃规矩，攦工倕之指⑦，而天下始人有其巧矣。故曰："大巧若拙。"削曾、史之行，钳杨、墨之口⑧，攘弃仁义，而天下之德始玄同矣⑨。彼人含其明，则天下不铄矣；人含其聪，则天下不累矣；人含其知，则天下不惑矣；人含其德，则天下不僻矣。彼曾、史、杨、墨、师旷、工倕、离朱，皆外立其德而爚乱天下者也⑩，法之所无用也。

［注释］

①示：出示，让人看见。

②明：明示。

③朴：朴实。鄙：粗鄙。

④掊(pǒu)：打坏。折：折毁。

⑤殚残：灭绝毁坏。

⑥铄：销毁。竽：古代吹奏乐器。瑟：弦乐器，像琴。

⑦攦(lì)：折断。工倕(huí)：尧时的巧匠，相传受到尧的征召，主理百工，故称工倕。

⑧钳：夹住，钳制。

⑨玄同：喻混同合一的境界。

⑩爚(yuè)：火光，引申为照耀，炫耀。

［译文］

因此说："鱼不能离开深水，国家的利器不能示于人。"那些圣人就是治理天下的利器，不是可以明示天下的。所以杜绝圣人，抛弃智者，大盗就会消失；弃掷玉石，毁坏珠宝，小盗就会消失；焚烧符节，打坏玉玺，百姓变得朴实粗鄙；打坏斗斛，折断衡器，百姓不会纷争；灭绝毁坏天下的圣人法规，才可以开始与百姓对话；打乱六律，销毁竽瑟，塞住师旷的耳朵，而后天下人才拥有了听觉；灭除文采，解散五彩，粘住离朱的眼睛，天下人开始拥有了明亮的眼睛。毁坏灭绝钩弧、墨绳，抛弃圆规矩尺，折断巧匠的手指，天下人就保持了手指的巧妙。所以说："高超的巧匠如同笨拙一样。"减少曾参和史猷的善行，钳制杨朱和墨翟的口舌，扔掉了仁义，天下人德性就开始回到了混沌同一的状态。每个人都保持固有的视力，那么天下就不会毁灭；每个人都保持固有的听觉，那么天下就不会疲累；每个人保持固有的智慧，天下人就不会困惑；每个人保持固有的天性，天下就不会出现恶行。那些曾参、史猷、杨朱、墨翟、师旷、工倕、离朱之类的人，都是外表上建立德行以此炫耀而祸乱天下的人，取法他们是无用的。

［原文］

子独不知至德之世乎？昔者容成氏、大庭氏、伯皇氏、中央氏、栗陆氏、骊畜氏、轩辕氏、赫胥氏、尊卢氏、祝融氏、伏牺氏、神农氏①，当是时也，民结绳而用之②。甘其食，美其服，乐其俗，安其居，邻国相望，鸡狗之音相闻，民至老死而不相往来。若此之时，则至治已。今遂至使民延颈举踵③，曰："某所有贤者。"赢粮而趣之④，则内弃其亲而外去其主之事，足迹接乎诸侯之境，车轨结乎千里之外，则是上好知之过也⑤！

上诚好知而无道，则天下大乱矣！何以知其然邪？夫弓弩毕弋机变之知多⑥，则鸟乱于上矣；钩饵罔罟罾笱之知多⑦，则鱼乱于水矣；削格　罗落罝罘之知多⑧，则兽乱于泽矣；知诈渐毒⑨、颉滑坚白⑩、解垢同异之变多⑪，则俗惑于辩矣。故天下每每大乱，罪在于好知。故天下皆知求其所不知而莫知求其所已知者，皆知非其所不善而莫知非其所已善者，是以大乱。故上悖日月之明⑫，下烁山川之精⑬，中堕四时之施，惴耎之虫⑭，肖翘之物⑮，莫不失其性。甚矣，夫好知之乱天下也！自三代以下者是已！舍夫种种之民而悦夫役役之佞[16];释夫恬淡无为而悦夫哼哼之意[17],哼哼已乱天下矣!

[注释]

①容成氏、大庭氏、伯皇氏、中央氏、栗陆氏、骊畜氏、轩辕氏、赫胥氏、尊卢氏、祝融氏、伏牺氏、神农氏:均为传说中的古代帝王或部落首领。

②结绳而用之:文字未产生时,用打绳结来记事。

③延颈:伸长脖子。

④赢:担负。趣:通"趋",快走。

⑤上:国君。

⑥毕:带柄的网,多用于捕猎鸟兽。弋:带有丝绳的箭。

⑦罾(zēng):古代用木棍或竹竿做支架的方形渔网。笱(gǒu):竹制的捕鱼器具,口大窄颈,腹大而长,鱼能入而不能出。

⑧削格:竹制或木制的捕捉野兽的工具。罗落:捕捉野兽的网;落,通"络"。用来关守野兽的网状篱笆。罝罘(jū fú):捕兽的网。

⑨渐毒:欺诈。

⑩颉(xié)滑:错乱,混淆。

⑪解诟:诈伪。同异:战国时名家惠施提出的辩论题,认为事物中同异是相对的,人们的认识也存在着差异性,本质上事物之间是同一的。

⑫悖:悖逆,违背。

⑬烁:通"铄",销熔。

⑭惴耎(ruǎn):虫子蠕动的样子。

⑮肖翘:轻柔地飞翔。

⑯种种:淳朴之人。役役:苦心钻营。佞:品行不端的人。

⑰哼哼(tūn):同"谆谆",说教的样子。

[译文]

你唯独不知道至德的时代吗?从前出现了容成氏、大庭氏、伯皇氏、中央氏、栗陆氏、骊畜氏、轩辕氏、赫胥氏、尊卢氏、祝融氏、伏羲氏、神农氏，在那个时代，百姓用结绳来记事，认为简单的食物甘美，朴素的衣服美丽，喜欢淳朴的风俗，安然地居住在简陋的房子里，邻国彼此可望，鸡狗之声相闻，百姓老死不相往来。像那样的时代，就是最好的社会。现在竟然至于使百姓伸着脖子踮着脚尖，期盼道："某个地方有贤人。"担着粮食去追随，对家庭抛下了双亲，对外放下了主要的事业，足迹踏上诸侯的疆域，驾车达到了千里之外，这就是国君喜欢智者的过错啊！

国君确实喜欢智者而舍弃正道，那么天下就会大乱了！怎么知道是这样的呢？弓弩、鸟网、弋箭、机关的知识多了，那么鸟在天空乱飞；鱼钩、鱼饵、渔网的知识多了，那么鱼在水里就混乱了；木签、篱笆、罗网的知识多了，那么野兽就在山泽里乱跑；智巧欺诈、混淆坚白、诈伪同异的诡辩多了，那么世俗的人就被论辩迷惑了。所以天下昏昧大乱，罪过在于人们喜欢智巧。所以天下人都知道他们所不知道的，而不知道探求已经知道的；都知道非难认为是不好的，不知道非难已经认为是好的，因此天下大乱。所以对上遮蔽了日月的光辉，对下销熔了山川的精华，中间毁坏了四季的运行，爬动的虫子，飞翔的鸟禽，没有不失去本性的。严重啊，这就是喜欢智巧扰乱了天下。自从夏、商、周三代以来就是这样的状况！舍弃了淳朴的百姓，而喜欢苦心钻营的坏人；抛弃恬淡无为的人，而喜欢喋喋不休的说教，各种说教已经扰乱了天下。

第十一　在宥

【题解】

在，自在；宥，宽容。圣人治理天下要具有宽容的心态，使百姓生活自在。庄子反对过度作为，违背社会规律和人性的治理办法，而使天下混乱，人心不安，欲望膨胀，怨声载道。他认为，尧舜治理天下时，百姓欣欣然快乐自在，却放纵了人的欲望和性情，因而天下出现了不安。夏桀治理天下时，残暴无德，使百姓忧愁不堪，内心痛苦。无论不安和不愉快，都违背了自然赋予人的天性和德性，都是不可取的。

［原文］

闻在宥天下①，不闻治天下也。在之也者，恐天下之淫其性也②；宥之也者，恐天下之迁其德也③。天下不淫其性，不迁其德，有治天下者哉？昔尧之治天下也，使天下欣欣焉人乐其性，是不恬也④；桀之治天下也，使天下瘁瘁焉人苦其性⑤，是不愉也。夫不恬不愉，非德也；非德也而可长久者，天下无之。

人大喜邪，毗于阳⑥；大怒邪，毗于阴。阴阳并毗，四时不至，寒暑之和不成，其反伤人之形乎！使人喜怒失位，居处无常，思虑不自得，中道不成章⑦，于是乎天下始乔诘卓鸷⑧，而后有盗跖、曾、史之行。故举天下以赏其善者不足，举天下以罚其恶者不给，故天下之大不足以赏罚。自三代以下者，匈匈焉终以赏罚为事⑨，彼何暇安其性命之情哉！

［注释］

①在:自在。宥:宽容。

②淫:放纵,过甚。

③迁:改变。德:德性。

④恬,安静。

⑤瘁瘁焉::忧愁的样子。

⑥毗(pí):损伤,败坏。

⑦中道:做事的中间。章:章法,法度。

⑧乔:诈伪。诘:责问。卓:独力。鸷:凶猛。

⑨匈匈:喧哗吵闹的样子。

［译文］

听说使天下自在宽容,没有听说治理天下。自在的意思,是恐怕人们放纵了本性;宽容的意思,是恐怕人们改变了德性。天下人不改变自己的天性,不改变原本的德性,哪里还需要治理天下呢?从前尧帝和舜帝治理天下,使天下的百姓快乐地放纵性情,这就是天下不安静了;夏桀治理天下,使天下的百姓忧愁不安而天性痛苦,这是不愉快的。不安静不愉快,都不符合人的天性;不符合人的天性而可以保持长久,天下没有这样的事情。

特别喜悦,就会伤害阳气;特别愤怒,就会伤害阴气。阴气和阳气都伤害了,四季不会按时到来,寒冷和暑热的均衡不能形成,这反过来就要伤害身体!使人们喜怒失常,居住没有常规,思虑不得其解,做事半途而废没有章法,于是,天下人就会诈伪责备,独立凶猛,而后就出现了盗跖、曾参、史猷这样的人和行为。所以用天下的财力奖赏好人还不足,用天下的刑罚惩处恶人难以奏效,所以天下虽大不足以赏善罚恶。自夏商周三代以来,统治者总是喧嚣吵闹以赏罚作为治理天下的事务,他们哪里有工夫安定人们的本性和真情呢?

[原文]

而且说明邪[1]，是淫于色也；说聪邪，是淫于声也；说仁邪，是乱于德也；说义邪，是悖于理也；说礼邪，是相于技也[2]；说乐邪，是相于淫也；说圣邪，是相于艺也；说知邪，是相于疵也[3]。天下将安其性命之情，之八者，存可也，亡可也。天下将不安其性命之情，之八者，乃始脔卷猖囊而乱天下也[4]，而天下乃始尊之惜之[5]。甚矣，天下之惑也！岂直过也而去之邪！乃齐戒以言之[6]，跪坐以进之，鼓歌以儛之[7]。吾若是何哉！

故君子不得已而临莅天下，莫若无为。无为也，而后安其性命之情。故贵以身于为天下，则可以托天下；爱以身于为天下，则可以寄天下。故君子苟能无解其五藏[8]，无擢其聪明，尸居而龙见[9]，渊默而雷声，神动而天随[10]，从容无为而万物炊累焉[11]。吾又何暇治天下哉！

[注释]

①说：通"悦"，喜欢。

②相：相助，助长。

③疵：瑕疵，毛病，意为过分挑剔细节。

④脔(luán)卷：不舒放的样子，一说互相牵制。猖囊：纷扰相争。

⑤尊：尊崇。

⑥齐戒：斋戒；齐，通"斋"。

⑦儛：同"舞"。

⑧无解：不要解散。臧：通"脏"，指五脏对应的五种德性。

⑨尸居：像受祭的人那样寂然不动。龙见：如飞龙呈现。

⑩神动：精神方动。天随：天机相随。

⑪累：尘埃，游尘。

[译文]

而且喜欢明目啊，这是沉溺于五色；喜欢耳聪啊，这是沉溺于声音；

喜欢仁爱啊,这是扰乱了自然的常态;喜欢道义啊,这是悖逆了常理;喜欢礼节啊,这是助长了技巧;喜欢音乐啊,这是助长了淫乐;喜欢圣贤啊,这是助长了技艺;喜欢知识啊,这是助长了挑剔细节。天下人要保持天性赋予的真情,这八种情况,保存可以,丢弃也可以。天下人如果不能保持天性赋予的真情,这八种情况,就会相互牵制纷扰相争而扰乱了天下,而天下人竟然尊崇它、珍惜它。太过分了,这是天下人的困惑。岂会因为过时而放弃它呢!人们斋戒之后来谈论,恭敬地跪坐着进言,鼓吹歌舞赞扬,我对这种现象怎么办呢?

所以,君子不得已而统治天下,不如无为。无为,而后可以安定上天赋予的真情。所以看重自身而治理天下的人,就可以把天下托付;爱惜自身而治理天下的人,就可把天下托付给。所以君子如果能够不解散五脏对应的德性,不要抬高自己的聪明才智,像受祭的活人那样寂然不动,精神如飞龙呈现,深沉缄默而感受天籁之音,精神方动而天机随现,从容不迫无所作为,万物如炊烟尘埃自由浮动,我又何必抽时间治理天下呢!

[原文]

崔瞿问于老聃曰[①]:“不治天下,安藏人心?”老聃曰:“女慎,无撄人心[②]。人心排下而进上,上下囚杀[③],淖约柔乎刚强[④]。廉刿雕琢[⑤],其热焦火,其寒凝冰,其疾俯仰之间而再抚四海之外。其居也,渊而静;其动也,县而天[⑥]。偾骄而不可系者[⑦],其唯人心乎!昔者黄帝始以仁义撄人之心,尧、舜于是乎股无胈[⑧],胫无毛,以养天下之形。愁其五藏以为仁义,矜其血气以规法度。然犹有不胜也。尧于是放讙兜于崇山[⑨],投三苗于三峗[⑩],流共工于幽都[⑪],此不胜天下也。

夫施及三王而天下大骇矣[⑫]。下有桀、跖,上有曾、史,而儒墨毕起,于是乎喜怒相疑,愚知相欺,善否相非,诞信相讥,而天下衰矣。大德不同,而性命烂漫矣;天下好知,而百姓求竭矣。于是乎釿锯制焉[⑬],绳墨杀焉,椎凿决焉。天下脊脊大乱[14],罪在撄人心。故贤者伏处大山嵁岩之下[15],而万乘之君忧栗乎庙堂之上[16]。今世殊死者相枕也,桁杨者相推也[17],刑戮者相望也,而儒墨乃始离跂攘臂乎桎梏之间[18]。意,甚矣哉!其无愧而不知耻也甚矣!吾未知圣知之不为桁杨椄槢也[19],仁义之不为桎梏凿枘也[20],焉知曾、史之不为桀、跖嚆矢也[21]!故曰:绝圣弃知,而天下大治。

[注释]

①崔瞿:姓崔,名瞿,无记载。

②撄(yīng):纠缠,扰乱。

③囚:拘禁,囚禁。

④淖约:柔弱。

⑤廉:有棱角,意为正直、方正。刿:刺伤,割开。雕琢:刻削。

⑥县:通“悬”。

⑦偾骄:偾发骄矜;偾:紧张而奋起。

⑧股:大腿。胈(bá):身上的细毛。

⑨讙兜:即欢兜,尧帝时的佞臣,被尧帝放逐。

⑩三苗:尧帝时期的氏族部落,与欢兜、共工、鲧合称为“四凶”。

⑪共工:尧帝的臣子,因为悖逆被流放。

⑫施:延续。

⑬釿(jīn):同“斤”,斧头。

⑭脊脊:混乱而相互践踏的样子。

⑮嵁(kān)岩:险峻的山岩。

⑯栗:因害怕而发抖。

⑰桁(háng)杨:古代用于颈上和脚上的刑具。

⑱离跂(qí):踮起脚跟,形容奋力的样子。

⑲椄(jiē):连接桎梏两孔的木梁;槢(xí):起接合作用的木构件;椄槢:意为刑具。

⑳凿:铆眼。枘(ruì):榫头,插入铆眼的木栓。

㉑嚆(hāo):呼叫,响箭射出后声音先到而箭后至,喻事物的开端。

［译文］

崔瞿向老子请教说:“不治理天下，怎么能使人心向善?”老子说:“你要谨慎,不要扰乱人心。人心排斥卑下,喜欢上进,在卑下和上进之间挣扎厮杀,柔软可以战胜刚强,正直方正受到刺伤砍削,内心烦热时焦躁如火,内心悲凉时寒冷如冰,变化迅疾,俯仰之间到了四海之外。安居时,如深渊般平静;跃动时,如悬于天空。奋起骄矜,不可控制,唯有人心啊！从前黄帝用仁义来扰乱人心,尧帝和舜帝于是劳累奔波,大腿上磨损了细毛,小腿上没有了小毛,为了用来养育天下人的身体。竭心尽力推行仁义,费尽心血制订法度,然而还有不能治理的弊端。尧帝把欢兜流放道崇山,把三苗流放到三峗,把共工流放到幽都,这是不能治理天下啊。

等延续到夏商周三代的君王,更使天下人惊骇。下有夏桀、盗跖这样的人,上有曾参、史猷这样的人,而且儒家、墨家纷纷兴起,于是人们喜怒无常,互相猜疑,愚昧智巧,互相欺诈,善恶好坏,互相非议,荒诞信从,互相讥讽,因而天下人心衰败了。最根本的德性不同,人们的本性和生命也就混乱了;天下人喜欢智巧,百姓竭力追求。于是斧锯之类的刑具就制造出来了,法律法规约束人们,各种刑具惩罚人们。天下混乱,相互践踏,罪过在于扰乱了人心。所以贤人隐居在险峻的山崖之下,大国的国君在庙堂之上忧愁害怕。今天的世界，受到残害的尸体四处堆放,带着刑具的人挤挤搡搡,遭受刑罚的人四处相望,而儒家和墨家却还在到处都是罪犯的社会中间奋力举臂,宣传他们的学说。唉,太过分了啊！实在是没有愧疚，不知羞耻！我不知道圣贤的智巧在于桎梏之间的构件，仁义不应当是刑具中间的榫头,又怎么知道曾参和史猷就是夏桀和盗跖的先声呢！所以说,杜绝圣人,抛弃智慧,天下才能得到大治。

［原文］

黄帝立为天子十九年[①],令行天下,闻广成子在于空同之上[②],故往见之，曰："我闻吾子达于至道，敢问至道之精。吾欲取天地之精[3]，以佐五谷，以养民人。吾又欲官阴阳以遂群生[4]，为之奈何？"广成子曰："而所欲问者，物之质也；而所欲官者，物之残也[5]。自而治天下，云气不待族而雨[6]，草木不待黄而落，日月之光益以荒矣，而佞人之心翦翦者[7]，又奚足以语至道！"

黄帝退，捐天下[8]，筑特室，席白茅，闲居三月，复往邀之。广成子南首而卧，黄帝顺下风膝行而进[9]，再拜稽首而问曰[10]："闻吾子达于至道，敢问：治身奈何而可以长久？"

广成子蹶然而起[11]，曰："善哉问乎！来，吾语女至道：至道之精，窈窈冥冥[12]；至道之极，昏昏默默[13]。无视无听，抱神以静[14]，形将自正。必静必清，无劳女形[15]，无摇女精，乃可以长生。目无所见，耳无所闻，心无所知，女神将守形，形乃长生。慎女内，闭女外，多知为败。我为女遂于大明之上矣[16]，至彼至阳之原也；为女入于窈冥之门矣[17]，至彼至阴之原也。天地有官，阴阳有藏。慎守女身，物将自壮。我守其一以处其和[18]，故我修身千二百岁矣，吾形未常衰。"

黄帝再拜稽首曰："广成子之谓天矣！"广成子曰："来！余语女：彼其物无穷，而人皆以为有终；彼其物无测，而人皆以为有极。得吾道者，上为皇而下为王；失吾道者，上见光而下为土[19]。今夫百昌皆生于土而反于土[20]。故余将去女，入无穷之门，以游无极之野。吾与日月参光[21]，吾与天地为常。当我缗乎[22]，远我昏乎！人其尽死，而我独存乎！"

［注释］

①黄帝：古华夏部落联盟首领，征服东夷、九黎族，统一华夏部落，播百谷草木，大力发展生产，始制衣冠、建舟车、制音律、创医学等，被尊为中华"人文初祖"。

②广成子：黄帝时期的道家人物，禹州人，住北崆峒山上，传说广成子活了一千二百岁。空同：亦作崆峒，神话中的山名。

③精:精髓。

④官:主宰。遂:顺应,满足。

⑤残:残余,残渣。

⑥族:聚合,集中。雨:用作动词,意为下雨。

⑦翦翦:心地狭隘。

⑧捐:舍弃,抛弃。

⑨顺下风:顺着风的方向,意为顺着下方。

⑩稽首:跪下并拱手至地,头至地,古代最大的礼节。

⑪蹶然:受惊而疾起的样子。

⑫窈窈(yǎo)冥冥:微妙精深,渺茫恍惚。

⑬昏昏默默:没有终点,不可预测。

⑭神:精神,心神。

⑮女:汝。

⑯遂:顺利,意为达到。大明:至人智照如日月,故名大明。

⑰窈冥:幽暗深远。

⑱一:同一,混一,意为天道。

⑲土:泥土。

⑳百昌:百物昌盛,意为各种事物。

㉑参光:同光。

㉒缗(mín):芒昧不分。

［译文］

黄帝做了十九年天子,政令通行天下,听说广成子住在崆峒山上,所以前去拜见他,说:“我听说先生已经达到至道的境界,请问至道的精髓是什么,我想得到天地的精髓,使五谷生长,用来养育人民。我又想主宰阴阳的变化来满足众生,对此该怎么做呢?”广成子说:“你所问的事情,是事物的本质;你所想主宰的是事物的残余。自从你治理天下以来,云雾没有聚集就下起了雨,草木没有发黄就衰落了,日月之光更加暗淡了,谗言的奸人心胸狭隘,又从何谈论至道!”

黄帝听了广成子的话后回到朝廷，搁置了天下繁琐的事务，建筑了一间特别的屋子，铺上灰白的茅草，闲适地住了三个月，又前去拜见广成子。广成子头朝南躺着，黄帝顺着下方跪着走近，再次跪拜，头和四肢着地行大礼，问道："我听说先生达到了至道的境界，请问如何修身可以长寿？"

广成子迅疾地起来说："问得好！过来，我告诉你至道：至道的精髓，微妙精深，渺茫恍惚；至道的极致，没有终点，无法测知。无法看见，无法听见，怀抱精神，静寂空虚，身体自然返回正道。你一定要安静，一定要清净，不要劳累你的身体，不要扰乱你的精神，就可以长寿。目中无物，而不听闻，心无杂念，你的精神集中在身体上，身体自然长寿。谨慎地对待内在的精神，关闭对外物的感知，智巧过多必然失败。我帮助你达到至为光明的境界，走向那纯阳的源头。我帮你进入深远的门径，走向纯阴的源头。天地有主宰，阴阳有藏府。谨慎地呵护你的身体，万物自然茁壮生长。我持守混一的大道，处于万物中和的位置，所以我修身已经一千二百岁了，我的身体还没有衰老。"

黄帝再次跪拜，头和四肢着地行大礼，说："广成子可以说与自然合二为一了！"广成子说："过来！我告诉你：万物无穷无尽，而人们却认为有始终；万物不可测知，而人们却认为有终极。得到我的道术的人，上可以做皇帝，下可以做君王；失去我的道术的人，上边只能看到日月的光辉，向下化为泥土。现在昌盛的百物都在土地上生存，最终回归于尘土。所以我将离开你，进入无穷的自然之门，遨游于无限的旷野之中。我与日月同辉，和大地一样长久。人们向我走来，我茫昧不觉；离我远去，我昏昧不察！人们都要死去，只有我独自存在。"

［原文］

云将东游[①]，过扶摇之枝而适遭鸿蒙[②]。鸿蒙方将拊脾雀跃而游[③]。云将见之，倘然止[④]，贽然立[⑤]，曰："叟何人邪？叟何为此？"鸿蒙拊脾雀跃不辍[6]，对云将曰："游！"云将曰："朕愿有问也。"鸿蒙仰而视云将曰："吁！"云将曰："天气不和，地气郁结，六气不调[7]，四时不节。今我愿合六气之精以育群生，为之奈何？"鸿蒙拊脾雀跃掉头曰："吾弗知！吾弗知！"云将不得问。

又三年，东游，过有宋之野，而适遭鸿蒙。云将大喜，行趋而进曰："天忘朕邪？天忘朕邪？"再拜稽首，愿闻于鸿蒙。鸿蒙曰："浮游不知所求，猖狂不知所往[8]，游者鞅掌[9]，以观无妄，朕又何知？"云将曰："朕也自以为猖狂，而民随予所往；朕也不得已于民，今则民之放也！愿闻一言。"鸿蒙曰："乱天之经[10]，逆物之情，玄天弗成，解兽之群而鸟皆夜鸣[11]，灾及草木，祸及止虫。意！治人之过也。"云将曰："然则吾奈何？"鸿蒙曰："意，毒哉！僊僊乎归矣[12]！"云将曰："吾遇天难，愿闻一言。"鸿蒙曰："意，心养！汝徒处无为，而物自化。堕尔形体[13]，吐尔聪明[14]，伦与物忘，大同乎涬溟[15]。解心释神，莫然无魂。万物云云，各复其根，各复其根而不知。浑浑沌沌，终身不离。若彼知之，乃是离之。无问其名，无窥其情[16]，物固自生[17]。"云将曰："天降朕以德，示朕以默。躬身求之，乃今得也。"再拜稽首，起辞而行。

［注释］

①云将：云的将帅。

②扶摇：自下而上的旋风，一说为神木。鸿蒙：虚构的人物，代表上天和元气。传说在开天辟地之前，世界是一团混沌的元气，这种自然的元气叫作鸿蒙。

③拊（fǔ）：拍打。脾：通"髀"，大腿。

④倘然：惊疑的样子。

⑤贽然：站立不动的样子。

⑥不辍：不止。

⑦六气：自然界六种气候，指阴、阳、风、雨、晦、明。

⑧猖狂：随心所欲，无所束缚。

⑨鞅掌：众多。郭庆藩《庄子集释》道："鸿蒙游心之处宽大，涉见之物众多。"

⑩经：规定，标准。

⑪解：解开，分散。

⑫僊僊：轻松的样子。

⑬堕：通“隳”，毁坏，意为忘形。

⑭吐：当为“咄”，咄同“黜”，意为罢黜。

⑮涬(xìng)溟：自然混沌的元气。

⑯窥：窥视。

⑰固：本来。

[译文]

云将到东方游历，路过了扶摇树枝旁边，正好遇到了鸿蒙。鸿蒙正拍着大腿像雀儿一样跳跃游玩。云将看见了，惊讶地停下来，站立不动说：“老先生是哪里人啊？为什么这样做？”鸿蒙拍着大腿像雀儿跳着不停，对云将说：“我在游玩。”云将说：“我想向你请教。”鸿蒙抬起头看着云将说：“好！”云将说：“天气不和谐，地气郁结难解，阴阳风雨晦明不调和，四季不按照时节。现在我愿意调和阴阳风雨晦明的精华，养育众生，为此怎么办呢？”鸿蒙拍着大腿像雀儿跳着掉头说：“我不知道，我不知道！”云将没有得到回答。

又过了三年，云将东游，经过了宋国的郊野，又正好遇到鸿蒙。云将大为喜悦，快步走过去进言说：“你忘记我了吗？你忘记我了吗？”再次跪拜，头与四肢着地，请求鸿蒙指点。鸿蒙说：“四处飘游，不知道追求什么；随心所欲，无所束缚，不知道要去哪里，游乐的地方众多，观赏没有虚妄的境遇，我又知道什么呢？”云将说：“我以为随心所欲，无所束缚，百姓就会跟着我走；我不得已才帮助百姓，现在百姓却效仿我！请求听你一言。”鸿蒙说：“扰乱上天的规定，违逆万物的特性，玄妙的自然之道难以顺应，分散群居的野兽，飞鸟夜晚鸣叫，灾祸殃及草木，祸乱殃及昆虫。唉，这都是治理百姓的过失啊。”云将说：“那么我怎么办呢？”鸿蒙说:“唉,你受害太深!我要轻松归去啊!”云将说:“我难以遇见你,愿意听你一言。”鸿蒙说:“唉,修养心灵!你只要处在无为的境地,万物自然生长变化。废弃你的形体,罢黜你的智慧,忘记伦常和外物,混同于自然混沌的元气,解开心结,释放精神,内心淡漠,没有魂魄。万物纷纭众多,各自恢复到自然的根本,各自恢复到自然的根本而不曾知道。混混沌沌,蒙昧无知,终身不背离。如果你知道有为,就是背离了自然之道。不要问它的名字,不要观察他的情由,万物本来自然地茁壮成长。”云将说:“你把自然的常态传达给我,你把深不可测的天道显示给我。我亲身探求大道,今天才得到了。”云将说完话再次跪拜,头和四肢着地行大礼,起身后向鸿蒙告辞离开了。

[原文]

世俗之人,皆喜人之同乎己,而恶人之异于己也。同于己而欲之①,异于己而不欲者,以出乎众为心也。夫以出乎众为心者,曷常出乎众哉②?因众以宁所闻③,不如众技众矣。而欲为人之国者,此揽乎三王之利而不见其患者也④。此以人之国侥幸也⑤。几何侥幸而不丧人之国乎?其存人之国也,无万分之一;而丧人之国也,一不成而万有余丧矣!悲夫,有土者之不知也!夫有土者,有大物也⑥。有大物者,不可以物;物而不物,故能物物⑦。明乎物物者之非物也,岂独治天下百姓而已哉!出入六合,游乎九州,独往独来,是谓独有⑧。独有之人,是谓至贵。

大人之教,若形之于影,声之于响⑨,有问而应之,尽其所怀,为天下配。处乎无响,行乎无方。挈汝适复之,挠挠以游无端⑩,出入无旁,与日无始。颂论形躯,合乎大同。大同而无己。无己,恶乎得有有。睹有者,昔之君子;睹无者,天地之友。

[注释]

①欲:喜爱。

②曷常:何尝。

③宁:安定。

④患:祸患。

⑤侥幸:由于偶然的原因而获得利益或免去不幸。

⑥大物:万物。

⑦物物:前边为动词,主宰,意为主宰万物。

⑧独有:独自拥有,意为拥有的本性。

⑨响:回声。

⑩挠挠:自在。

[译文]

世俗的人,都喜欢与自己志趣相同的人,厌恶跟自己不一致的人。与自己相同就喜欢,不同就不喜欢,把超出众人作为自己的心愿。以超出众人为心愿的人,何尝超出众人呢?顺从众人安于见闻,不如众人的技能高超。而那些希望治理国家的人,收揽夏商周三代帝王的便利,却看不到他们的祸患。这是治理国家的人以偶然的原因获得利益。有多少侥幸而不会丧失国家呢?他们想保持国家的长治久安,不到万分之一;而丧失国家的人,一旦不成功就会带来许多后患!悲哀啊,拥有国家的人是如此没有智慧。拥有国家的人,拥有万物;拥有万物的人,不能拘泥于事物。运用万物而不拘泥事物,所以能够主宰万物。明白了主宰万物不是拘泥于事物,岂止是治理天下的百姓而已啊!可以出入上下四方,遨游九州,独来独往,这叫作独自拥有自己的精神。独自拥有自己精神的人,这叫作至为高贵的人。

大人的教诲,如同身体之于影子,声音之于回声,有问题就会解答,付出全部的心思,为了配合天下。处于没有声音的境地,行动没有定规,带着你回到万物本性,自在地遨游在无尽的自然界,出入没有限制,像太阳那样没有始终。赞颂他们的形体,符合万物同一的大境界。万物同一而没有自我。没有自我,哪里用得着拥有有形的物体。看到了万物的存在,是从前的君子;看到了万物的无为状态,这是天地的朋友。

[原文]

贱而不可不任者[①],物也;卑而不可不因者[②],民也;匿而不可不为者,事也;粗而不可不陈者[③],法也;远而不可不居者,义也;亲而不可不广者[④],仁也;节而不可不积者,礼也;中而不可不高者,德也;一而不可不易者[⑤],道也;神而不可不为者,天也。

故圣人观于天而不助,成于德而不累[⑥],出于道而不谋,会于仁而不恃,薄于义而不积[⑦],应于礼而不讳[⑧],接于事而不辞,齐于法而不乱,恃于民而不轻,因于物而不去[⑨]。物者莫足为也,而不可不为。不明于天者,不纯于德;不通于道者,无自而可;不明于道者,悲夫!何谓道?有天道,有人道。无为而尊者,天道也;有为而累者,人道也。主者,天道也;臣者,人道也。天道之与人道也,相去远矣,不可不察也。

[注释]

①任:信任。

②因:凭借,依靠。

③陈:陈述。

④广:扩大,推广。

⑤易:改变。

⑥不累:不必劳累。

⑦薄:通"迫",迫近,接近。

⑧讳:违背。

⑨因:顺应,遵循。

［译文］

卑贱而不可信任的，是万物；卑贱而不可依靠的，是百姓；琐碎而不可不做的，是事情；粗俗而不可不陈述的，是法规；虽然渺远而不可不拥有的，是道义；亲近而不可不推广的，是仁爱；节制而不可不积累的，是礼仪；中庸而不可不提高的，是德性；混一而不可不变化的，是道；神妙而不可不作为的，是自然。

所以圣人观察自然的变化而不辅助，成就德性而不劳累，遵循天道而不谋划，符合仁爱的要求而不依仗，靠近道义而不累积，应和礼仪而不违背，处理事情而不推辞，遵守法则而不混乱，依仗百姓而不轻薄，顺应万物而不背离。事物不可过于作为，又不可不作为。不明白自然之道的人，德性不会纯粹；不精通天道的人，无所适从；不明白天道的人，悲哀啊！什么叫作道？有天道，有人道。无为而受人尊崇的，是天道；有所作为而劳累的，是人道。起主要作用的，是天道；起次要作用的，是人道。天道与人道，相差太远了，不可不明察啊。

第十二　天地

【题解】

天地是自然的产物，是造化的集中体现。在庄子看来，天地的运行是均衡的，万物归根结蒂是同一的。人类虽众，其主宰是君主。君主依照道德的根本，顺从自然的规律而做事。远古时代的君主治理天下，自然无为，唯有顺从天道而已。从天道的观点来看，君主的统治、臣子的治理，蕴含于天地之道中。因此，通行于天下的是德，通行于万物的是道，治理天下的法则是各任其事，用于谋生的是技艺。

［原文］

天地虽大，其化均也①；万物虽多，其治一也②；人卒虽众③，其主君也。君原于德而成于天④。故曰：玄古之君天下⑤，无为也，天德而已矣。以道观言，而天下之君正⑥；以道观分，而君臣之义明；以道观能，而天下之官治；以道泛观，而万物之应备。故通于天地者⑦，德也；行于万物者，道也；上治人者，事也；能有所艺者，技也。技兼于事，事兼于义，义兼于德，德兼于道，道兼于天。故曰：古之畜天下者⑧，无欲而天下足，无为而万物化，渊静而百姓定。《记》曰："通于一而万事毕，无心得而鬼神服。"

［注释］

①均：均衡。

②一：同一。

③人卒:百姓。

④原:来源。

⑤玄古:远古时期。君:治理。

⑥正:正当。

⑦通:贯通。

⑧畜:养育。

[译文]

天地虽然广大无边,变化却是均衡的;万物虽然众多,治理却是同一的;百姓虽然众多,主宰却是君主。君主依据事物的禀赋,成功在于自然之道。所以说:远古时代的君主治理天下,无所作为,依据自然规律和禀赋而已。用道的观点谈论名称,天下的君主是正当的;用道的观点来区别,君臣赋予的道义是明确的;用道的观点看待能力,天下的官员尽到职责;用道的观点广泛看待世界,天下万物应当是自足的。所以贯通于天地的,是禀赋;运行万物之中间的,是天道;在上位治理人的,要做事;才能各有精通的,是技艺。技艺体现在做事,做事体现于道义,道义体现于德性,德性体现于天道,天道体现于自然。所以说,古代养育天下百姓的人,没有欲望而天下富足,无所作为而万物自然变化,深沉静默而百姓安定。《记》这本书说:"精通了天道而万事能够成就, 无心获得而鬼神佩服。"

[原文]

夫子曰[①]:"夫道,覆载万物者也,洋洋乎大哉[②]! 君子不可以不刳心焉[③]。无为为之之谓天,无为言之之谓德,爱人利物之谓仁,不同同之之谓大,行不崖异之谓宽[④],有万不同之谓富[⑤]。故执德之谓纪,德成之谓立,循于道之谓备,不以物挫志之谓完。君子明于此十者,则韬乎其事心之大也[⑥],沛乎其为万物逝也[⑦]。若然者,藏金于山,藏珠于渊;不利货财,不近贵富;不乐寿,不哀夭;不荣通,不丑穷。不拘一世之利以为己私分,不以王天下为己处显。显则明。万物一府,死生同状。"

夫子曰:"夫道,渊乎其居也,漻乎其清也[8]。金石不得无以鸣。故金石有声,不考不鸣。万物孰能定之?夫王德之人,素逝而耻通于事,立之本原而知通于神,故其德广。其心之出,有物采之。故形非道不生,生非德不明。存形穷生,立德明道,非王德者邪!荡荡乎!忽然出,勃然动,而万物从之乎!此谓王德之人。视乎冥冥[9],听乎无声。冥冥之中,独见晓焉;无声之中,独闻和焉。故深之又深而能物焉;神之又神而能精焉。故其与万物接也,至无而供其求,时骋而要其宿[10],大小、长短、修远[11]。"

[注释]

①夫子:即老子。

②洋洋:盛大的样子。

③刳(kū):破开并挖空。刳心,意为澄清内心的杂念。

④崖异:乖异,谓性情、言行不合常理。

⑤有万:包容万物。

⑥韬:包容。

⑦沛:水势湍急,意为行动迅疾。

⑧漻(liáo):清澈。

⑨冥冥:幽暗深远。

⑩要其宿:追求万物的归宿。

⑪修:长,高。

[译文]

老子说:"道,覆盖和负载万物,多么浩瀚广大!君子不可以不澄清内心的杂念。用无为的方法作为叫作自然,用无为的方法说话叫作德性,仁爱百姓有益万物叫作仁,将不同的事物看做同一叫做大器,行为不怪异叫作宽容,包容万物的不同叫作富有。所以保持自然的禀赋叫纲纪，禀赋大成叫作立身，遵循自然的规律叫作齐备，不因为外物改变志向叫作完整。君子明白了这十种道理，那么就包容了事物并且心灵广大，万物就如湍急的流水迅疾地会聚。像这样的人，把金子藏在大山，把珠宝藏在深渊；不贪婪财物，不向往富贵；不以长寿为乐，不哀叹夭折，不把通达视为荣耀，不以穷困为耻辱。不把世上的利益作为自己的职分，不把称王天下看作自己的显赫。显赫昭彰于世界。万物是同一的，生死其实都是一样的。”

老子说：“道，存在于深沉虚寂的地方，如同清澈的潭水。金属和石头难以独自发声。所以金属和石头有声音，不敲击不发声。谁能确定万物的道理？称王而具有德性的人，纯朴做事，耻于精通俗事，立足于万物的本性，智慧与神妙相通，所以德性广大。他起心动念，也是事物的需求和自然反应。所以形体不依赖大道不会有为，生长不依赖天赋不会彰明。保存形体，穷尽一生，确立德性，明白天道，难道这不是称王所具有的秉性吗！浩荡无际，忽然出现，勃然行动，而万物都跟随着它！这就是具有王德的人。看上去幽暗深远，听上去无声无息。幽暗深远的地方，独独看到了光明；无声无息当中，独独听到了和鸣。所以深远又深远，能产生万物；神妙又神妙，产生美妙的精神。所以与万物相接，至为虚无却能供应万物的需求，时时驰骋翱翔而能到达万物的归宿，无论大小、长短、高远，都能囊括。”

[原文]

黄帝游乎赤水之北[①]，登乎昆仑之丘而南望。还归，遗其玄珠[②]。使知索之而不得[③]，使离朱索之而不得[④]，使喫诟索之而不得也[⑤]。乃使象罔[⑥]，象罔得之。黄帝曰：“异哉，象罔乃可以得之乎？”

尧之师曰许由，许由之师曰啮缺，啮缺之师曰王倪，王倪之师曰被衣。尧问于许由曰：“啮缺可以配天乎？吾藉王倪以要之[⑦]。”许由曰：“殆哉，圾乎天下[⑧]！啮缺之为人也，聪明睿智，给数以敏[⑨]，其性过人，而又乃以人受天。彼审乎禁过[10],而不知过之所由生。与之配天乎?彼且乘人而无天。方且本身而异形,方且尊知而火驰[11],方且为绪使[12],方且为物絯[13],方且四顾而物应,方且应众宜[14],方且与物化而未始有恒。夫何足以配天乎!虽然,有族有祖,可以为众父而不可以为众父父。治,乱之率也,北面之祸也[15],南面之贼也[16]。"

[注释]

①赤水:水名,源出昆仑山。

②玄珠:玄妙的宝珠,意为天道。

③知:人名,意为智慧。

④离朱:黄帝时期人物,能视于百步之外,见秋毫之末。

⑤喫诟:虚拟的人名。

⑥象罔:虚拟的人名。

⑦藉:凭借。要:通"邀",邀请。

⑧圾:通"岌",危险。

⑨给:敏捷。敏:快速。

⑩禁过:禁止过失。

⑪火驰:像大火燃烧一样快速,意为思维敏捷。

⑫绪使:为小事所役使;绪,丝头,喻小事。

⑬絯(gāi):拘束,约束。

⑭宜:适宜。

⑮北面:臣子居北朝见君主,代指臣子。

⑯南面:君主坐北朝南,代指君主。

[译文]

黄帝去赤水北岸游玩,登上昆仑山的高峰向南面眺望。不久返回,丢失了玄珠。他派知去寻找没有找到,派离朱寻找没有找到,派喫诟寻找没有找到。于是,他派象罔寻找,象罔找到了。黄帝说:"奇怪啊,象罔为什么能找到呢？”

尧帝的老师叫许由，许由的老师叫啮缺，啮缺的老师叫王倪，王倪的老师叫被衣。尧帝请教许由说：“啮缺可以担任天子吗？我依仗王倪邀请他。”许由说：“危险啊，天下危险啊！啮缺的为人，聪明睿智，敏捷机智，他的秉性超过一般人，又能以人力秉受自然的旨意。他懂得禁止自己的过失，却不知道过失是怎么产生的。让他担任天子吗？他将要驾驭人力而抛弃自然。他将要以人力为根本改变形体，将要尊重智火速奔逐，将要被小事所役使，将要被外物所束缚，将要四处观望而接触外物，将要适宜众人的需求，将要随万物变化而缺乏常规。什么人足以当天子呢！虽然如此，有族人的祖先，可以做众人的头领，却不能做众族的天子。治理是天下祸患的根源，是臣子的祸患，是君主的祸患。

［原文］

尧观乎华，华封人曰[①]：“嘻，圣人！请祝圣人[②]，使圣人寿。”尧曰：“辞。”“使圣人富。”尧曰：“辞。”“使圣人多男子。”尧曰：“辞。”封人曰：“寿、富、多男子，人之所欲也。女独不欲，何邪？”尧曰：“多男子则多惧，富则多事，寿则多辱。是三者，非所以养德也，故辞。”封人曰：“始也我以女为圣人邪，今然君子也。天生万民，必授之职。多男子而授之职，则何惧之有？富而使人分之，则何事之有？夫圣人，鹑居而鷇食[③]，鸟行而无彰[④]。天下有道，则与物皆昌[⑤]；天下无道，则修德就闲。千岁厌世，去而上仙，乘彼白云，至于帝乡。三患莫至，身常无殃，则何辱之有？”封人去之，尧随之曰：“请问。”封人曰：“退已[⑥]！”

［注释］

①封人：守卫封疆的人。

②祝：表示对人的美好愿望。

③鹑：鹌鹑。鷇（kòu）：指捕食的小鸟。意为像鸟雀一样居住无定，饮食简单。

④彰:明显,显著。

⑤昌:兴盛。

⑥退已:退下吧。

[译文]

尧帝到华地游览,华地守卫封疆的人说:“啊,圣人,请让我祝贺圣人,祝你长寿。”尧帝说:“算了。”“祝你富有。”尧帝说:“算了。”“祝你多生男孩。”尧帝说:“不用。”守卫封疆的人说:“长寿、富有、多生男孩,这是每个人的愿望。只有你不想,为什么呢?”尧帝说:“男孩恐惧多,富有麻烦多,长寿羞辱多。这三个愿望,不能滋养人的德性,所以我予以推辞。”守卫封疆的人说:“开始我认为你是圣人,今天明白你是个君子。上天生养万民,必定授予他们职务。男孩多授予的职务就多,那么有什么害怕的呢?财富多了,就分给大家,那么会有什么麻烦呢?圣人像鸟雀那样居住无定,饮食简单,像鸟雀飞翔那样没有明显的踪迹。天下治理的好,就与万物一样兴盛;天下治理混乱,那么就修持禀赋,闲适自在。寿命千年而厌恶尘世,离开尘世上天做仙,乘着白色的云朵,来到了天帝的故乡。你所说的三种祸患不会发生,身体不会受害,那么有什么羞辱呢?”守卫封疆的人离开了尧帝,尧帝跟着他说:“请你教诲。”守卫封疆的人说:“你退下吧。”

[原文]

尧治天下,伯成子高立为诸侯[①]。尧授舜,舜授禹,伯成子高辞为诸侯而耕[②]。禹往见之,则耕在野。禹趋就下风[③],立而问焉,曰:“昔尧治天下,吾子立为诸侯。尧授舜,舜授予,而吾子辞为诸侯而耕。敢问其故何也?”子高曰:“昔者尧治天下,不赏而民劝[④],不罚而民畏。今子赏罚而民且不仁,德自此衰,刑自此立,后世之乱自此始矣!夫子阖行邪[⑤]?无落吾事!”俋俋乎耕而不顾[⑥]。

［注释］

①伯成子高：虚拟的人名。

②耕：耕作。

③趋：快步走。

④劝：劝勉。

⑤阖(hé)：通“盍”，何不。

⑥俋俋：用力耕作的样子。

［译文］

尧帝统治天下的时候，伯成子高被立为诸侯。尧帝把帝位传给舜帝，舜帝传给夏禹，伯成子高辞去了诸侯的爵位，却去耕种田地。夏禹去看望，他正在田野上耕种。夏禹快步走过去，站在下风，站着问他说：“从前尧帝治理天下，先生被立为诸侯。尧帝传位给舜帝，舜帝传位给我，而先生辞去了诸侯的爵位，而耕种土地。请问这是什么原因呢？”伯成子高说：“从前尧帝治理天下时，不奖赏而百姓勤勉努力，不惩罚百姓敬畏。现在你有赏有罚，百姓却不仁爱，道德从此衰败了，刑罚从此设立了，后世的祸乱从此开始了！你何不走开呢？不要耽误我的事情！”伯成子高说完话，用力耕田，头也不回。

［原文］

泰初有无①，无有无名。一之所起②，有一而未形③。物得以生谓之德；未形者有分，且然无间谓之命；留动而生物④，物成生理谓之形；形体保神，各有仪则谓之性；性修反德⑤，德至同于初。同乃虚，虚乃大。合喙鸣⑥。喙鸣合，与天地为合。其合缗缗⑦，若愚若昏，是谓玄德，同乎大顺。

夫子问于老聃曰：“有人治道若相放⑧，可不可，然不然。辩者有言曰：‘离坚白，若县寓⑨。’若是则可谓圣人乎？”老聃曰：“是胥易技系⑩，劳形怵心者也。执留之狗成思[11],猿狙之便自山林来[12]。丘,予告若,而所不能闻与而所不能言:凡有首有趾、无心无耳者众;有形者与无形无状而皆存者尽无。其动止也,其死生也,其废起也,此又非其所以也。有治在人。忘乎物,忘乎天,其名为忘己。忘己之人,是之谓入于天[13]。"

[注释]

①泰初:天地形成前的时期。

②一:宇宙世界是一团混沌的元气,称之为一。

③未形:没有形体。

④留:留滞,停止。动:运动。元气在运动和留滞中,形成万物。

⑤反:通"返"。

⑥合:合于。喙:鸟嘴。意为鸟自然发声,道出于自然。

⑦缗缗(mín):昏昧无心的样子。

⑧放:背离。

⑨县:县,通"悬";寓,通"宇",屋宇。

⑩胥:通"谞",管理徭役的小吏。易:占卜的小官。技:技术工巧,神虑劬劳。系:拘系,束缚。

⑪留:狐狸。思:忧思。

⑫便:便捷。

⑬入于天:融入自然。

[译文]

天地形成的前期,只存在无,没有万有,没有名称,混一的元气就是天地的开始,只有元气万物没有成形。万物得以生成的根本叫作德;没有形成形体的事物秉受阴阳之气有分别,阴阳二气无间无隙叫作天命;滞留和运动而产生万物,万物具有了生机和生理叫做形体;形体守护元神,各种事物具有规则叫作本性;修身养性可以返回事物的根本,德性达到了极致就可以与天地之初同一了。同一之后一片虚寂,虚寂就会精神广大。与天地同一之后行为如同鸟鸣一样合乎自然。像鸟鸣那样合乎自然，与天地合一。达到与天地合一的状态，昏昧无心，如同蒙昧，如同昏暗，这叫作玄妙的大道，等同于天地之间的大道。

孔子向老子请教说："有人在修道时好像与道背离，把不可做的认为可以做，把不对的认为是对的。辩解的人说：'分别石头的坚硬和白色，如同高悬的屋宇那样明显。'如果这样做可以叫圣人吗？"老子说："这是有技巧的小吏被技巧所束缚啊，劳碌形体，内心恐惧。捉拿狐狸的狗被拘系而忧思，猿猴因为便捷如飞才被人从山林里捕猎。孔子，我告诉你没有听到又不能说出的道理，大凡有头有脚、无心无闻的人众多，有形体的人与无形无状的道长存的几乎没有。生命运动静止，废弃兴旺，这不是人们所能左右的。修身养性在于人，忘记外物，忘记自然，这叫作忘记自己。忘记自己的人，这种人叫作融入自然。

［原文］

将闾葂见季彻曰①："鲁君谓葂也曰：'请受教。'辞不获命②。既已告矣，未知中否。请尝荐之。吾谓鲁君曰：'必服恭俭，拔出公忠之属而无阿私③，民孰敢不辑④！'"季彻局局然笑曰⑤："若夫子之言，于帝王之德，犹螳螂之怒臂以当车轶⑥，则必不胜任矣！且若是，则其自为处危，其观台多物⑦，将往投迹者众⑧。"将闾葂覤覤然惊曰⑨："葂也汒若于夫子之所言矣⑩！虽然，愿先生之言其风也。"季彻曰："大圣之治天下也，摇荡民心，使之成教易俗，举灭其贼心而皆进其独志。若性之自为，而民不知其所由然。若然者，岂兄尧、舜之教民溟涬然弟之哉⑪？欲同乎德而心居矣⑫！"

［注释］

①将闾葂（miǎn）、季彻：均为人名，不详。

②辞：推辞。获命：准许。

③拔：提拔，选拔。阿：偏袒。

④辑：和睦。

⑤局局然：俯身而笑的样子。

⑥轶：车辙。

⑦观台：宫门前边的楼台。

⑧投迹：投奔而来。

⑨覤覤(xī xī)然：害怕的样子。

⑩汒(máng)：通"茫"，茫昧，不清楚。

⑪兄：表示尊重。

⑫居：内心安定的意思。

［译文］

将吕葂拜见季彻说："鲁国的国君对我说：'请你进行指教。'我予以推辞，不知能否准许。我已经告诉他了，不知道合适与否。请尝试着对你述说。我对鲁国的国君说：'必须恭敬节俭，选拔公正忠心的人，没有偏袒和私心，百姓怎么敢不顺从呢？'"季彻听后弯着身子笑着说："像你说的话，对于帝王的德行来说，如同螳螂举着胳臂阻挡车轮一样，必然不能起作用！如果是这样的话，鲁国国君的处境就危险了，前去他的宫门前边的人员增加，将要投奔他的人众多。"将吕葂吃惊地说："我对你所说的话不清楚，即使这样，希望你说说道理。"季彻说："圣人治理天下，放纵民心，自我教化，改变世俗，完全灭除贼害他人的心思，达到独来独往的心志，如同天性自动作为，而百姓不知道所以然。如果这样，何必尊崇尧舜教化百姓的方法，而轻视元气混沌未分的自然状态？一定要与自然同一，内心安定虚寂啊！"

［原文］

子贡南游于楚[①]，反于晋，过汉阴[②]，见一丈人方将为圃畦[③]，凿隧而入井[④]，抱瓮而出灌，搰搰然用力甚多而见功寡[⑤]。子贡曰："有械于此，一日浸百畦，用力甚寡而见功多，夫子不欲乎？"为圃者卬而视之曰[⑥]："奈何？”曰：“凿木为机，后重前轻，挈水若抽[7]，数如泆汤[8]，其名为槔[9]。”为圃者忿然作色而笑曰：“吾闻之吾师，有机械者必有机事，有机事者必有机心。机心存于胸中则纯白不备[10]。纯白不备则神生不定，神生不定者，道之所不载也。吾非不知，羞而不为也。”子贡瞒然惭[11]，俯而不对。有间，为圃者曰：“子奚为者邪？”曰：“孔丘之徒也。”为圃者曰：“子非夫博学以拟圣，於于以盖众，独弦哀歌以卖名声于天下者乎？汝方将忘汝神气，堕汝形骸，而庶几乎！而身之不能治，而何暇治天下乎！子往矣，无乏吾事[12]。”

[注释]

①子贡：复姓端木，名赐，字子贡，春秋末年卫国人。孔子的得意门生，孔门十哲之一，被为“瑚琏之器”。

②汉阴：汉水的南边。

③圃：园圃，种菜的园子。畦(qí)：田园中分成的小片土地。

④隧：人工凿成的通道。

⑤搰搰(kù)然：用力的样子。

⑥卬(yǎng)：同“仰”。

⑦挈：提。

⑧汤：开水。

⑨槔(gāo)：桔槔，井上汲水的工具。

⑩备：完备。

⑪瞒然：惭愧的样子。

⑫乏：耽误。

[译文]

子贡到南方的楚国游历，返回晋国时，路过汉水的南边，看见一个老人正在菜园里建造田埂，凿开小路通到井边，抱着水瓮灌溉菜园，特别吃力的样子，用力多而功效少。子贡说：“有一种机械，一天可以浇灌一百块田地，用力很少，功效很好，你不想用它吗？”种菜的老人抬起头看着他说：“怎么样呢？”子贡说：“把木材制为机械，后边重前边轻，提水就像抽水一样，快得像沸腾的开水，它叫作桔槔。”种菜的老人气得变了脸色，嘲笑道：“我听老师说，有了机械，必然有机巧的事情，有了机巧的事情，必然有机巧的心思。胸中藏着机巧，就会使纯净空洁的心灵不完备。心灵不纯净空洁，就会神色不定，神色不定的人，就不会拥有大道。我不是不知道，只是羞于去这么做。”子贡听了老人的话，满是惭愧的样子，低下头不能回答。过了一会儿，种菜的老人说：“你是干什么的呢？”子贡说：“我是孔子的门徒。”种菜的老人说：“你不是学问渊博而比拟圣人，自我夸耀而超过众人，独自弹琴歌声哀怨，在天下卖弄名声的那个人吗？你要忘记你的神色，毁弃你的形体，或许可以接近大道！你的身体都不能修养，哪有时间治理天下呢！你走吧，不要耽误我的事情。”

［原文］

子贡卑陬失色[①]，顼顼然不自得[②]，行三十里而后愈[③]。其弟子曰：“向之人何为者邪[④]？夫子何故见之变容失色，终日不自反邪？”曰：“始吾以为天下一人耳[⑤]，不知复有夫人也。吾闻之夫子：事求可，功求成，用力少，见功多者，圣人之道。今徒不然[⑥]。执道者德全，德全者形全，形全者神全。神全者，圣人之道也。托生与民并行而不知其所之[⑦]，汒乎淳备哉[⑧]！功利机巧必忘夫人之心。若夫人者，非其志不之，非其心不为。虽以天下誉之，得其所谓，謷然不顾[⑨]；以天下非之，失其所谓，傥然不受[⑩]。天下之非誉无益损焉，是谓全德之人哉！我之谓风波之民[⑪]。”反于鲁，以告孔子。孔子曰：“彼假修浑沌氏之术者也[⑫]。识其一，不识其二，治其内而不治其外。夫明白入素，无为复朴，体性抱神，以游世俗之间者，汝将固惊邪？且浑沌氏之术，予与汝何足以识之哉！”

［注释］

①卑陬(zōu)：惭愧而不安的样子。

②顼顼(xù)然：失落的样子。

③愈：病愈，意为恢复心态。

④向之人：先前的那个人。

⑤天下一人：子贡是孔子的学生，认为天下只有孔子称得上圣人。

⑥徒：只。

⑦托生：寄生在世上。之：往，去。

⑧汒(máng)：同“茫”，模糊，蒙昧。淳：通“纯”，纯粹。

⑨謷然：高傲的样子。

⑩傥(tǎng)然：洒脱的样子。

⑪风波之民：受到世俗影响心情起伏的人。

⑫假：假托，凭借。混沌氏：传说中上古帝王的名字。

［译文］

子贡听了老者的话，惭愧不安变了脸色，感到失意，不能把持，走了三十里路后，终于恢复了心态。他的弟子说：“先前的那个人是做什么的呢？你为什么见了他神色大变，整日不能恢复呢？”子贡说：“开始我以为天下只有老师孔子是圣人，不知道还有其他人。我听老师说，做事可以追求，功业可以建立，用力少，功效多的方法是圣人之道。现在发现却不是这样的。持守自然之道的人，禀赋完备，禀赋完备的人形体健全，形体健全的人精神健全。精神健全的人，是成为圣人的必经之路。我们寄生在尘世，与百姓一起生存，却不知道要往哪里去，刚才那个老者蒙昧质朴，禀赋完备啊！功利和机巧必然不会放在那个老者心上。像那种人，不是他的志向不追求，不符合他的心愿不作为。即使天下人赞誉他，得到美好的名声，他骄傲地不看一眼；即使天下人非议他，失去名声，他也洒脱地不予理睬。天下人赞誉非议，不会使他有任何改变，这就叫作德性完备的人。我只是个受世俗影响随波逐流的人。”子贡回到了鲁国，把遇到的事情告诉了孔子。孔子说:“这个人是学习混沌氏道术的人。他只知其一,不知其二,修炼内在的精神,不会应对外在的世界。那些明白大道,内心素朴,无所作为,回归质朴,体悟自然,怀抱精神,游历在世俗社会的人,你怎么会惊讶呢?况且混沌氏的道术,我和你怎么能够认识呢?”

[原文]

谆芒将东之大壑①,适遇苑风于东海之滨②。苑风曰:“子将奚之?”曰:“将之大壑。”曰:“奚为焉?”曰:“夫大壑之为物也,注焉而不满③,酌焉而不竭④。吾将游焉!”苑风曰:“夫子无意于横目之民乎⑤?愿闻圣治。”谆芒曰:“圣治乎?官施而不失其宜⑥,拔举而不失其能⑦,毕见其情事而行其所为⑧,行言自为而天下化。手挠顾指⑨,四方之民莫不俱至,此之谓圣治。”“愿闻德人。”曰:“德人者,居无思,行无虑,不藏是非美恶。四海之内共利之之谓悦,共给之之谓安。怊乎若婴儿之失其母也⑩,傥乎若行而失其道也。财用有余而不知其所自来,饮食取足而不知其所从,此谓德人之容。”“愿闻神人。”曰:“上神乘光,与形灭亡,是谓照旷⑪。致命尽情,天地乐而万事消亡,万物复情,此之谓混溟。”

[注释]

①谆芒:虚拟的人名,意为淳朴、茫然。之:去,往。大壑:大海。

②适:适逢。苑风:虚拟的人名。

③注:注入,流入。

④酌:舀取。

⑤横目之民:百姓,人的双眼横生在面颊两旁,故称横目之民。

⑥官:任用官吏。施:施行措施。宜:适宜,适当。

⑦拔举:提拔任用。

⑧毕:完全。

⑨挠：搅动，意为行动。顾：回头看，泛指看。

⑩怊(chāo)乎：悲伤失意的样子。

⑪照旷：光明旷远。

［译文］

谆芒将往东去大海，恰巧在东海之滨遇上苑风。苑风说："你去哪里？"谆芒说："我将要去大海。"苑风说："做什么呢？"谆芒说："大海作为物体，江河流入不会溢满，舀取不会枯竭。我将去游历大海。"苑风说："先生不想关心百姓吗？但愿听到圣人治理天下的方法。"谆芒说："圣人治理天下吗？官员治理不失所宜，提拔选用官吏，要发挥每个人的才能，完全了解真实情况，做好自己的事情，行动和说话顺应本性去做。举手行动，眼睛示意，四面八方的百姓没有不听从而来的，这叫作圣人治理天下。"苑风说："请你说说什么是德人。"谆芒说："所谓德人，居住没有思虑，行动没有顾虑，内心没有是非善恶。四海之内的百姓共同得利就喜悦，共同得到供应就安心。悲伤失意的样子，像婴儿失去了母亲；迷茫失落的样子，如同行人迷失了道路一样。财物用品有余却不知道怎么来的，饮食取用充足却不知道怎么有的，这叫作德人的仪表。"苑风说："请你说说神人。"谆芒说："高尚的神人驾驭着光芒，与形体一起消失，这叫作光芒旷远。致力于天命，尽力于真情，乐于天地，抛弃万事，万物恢复到质朴的性情，这叫作混沌玄冥。"

［原文］

门无鬼与赤张满稽观于武王之师[①]，赤张满稽曰："不及有虞氏乎[②]！故离此患也[③]。"门无鬼曰："天下均治而有虞氏治之邪[④]？其乱而后治之与？"赤张满稽曰："天下均治之为愿，而何计以有虞氏为！有虞氏之药疡也[⑤]，秃而施髢[⑥]，病而求医。孝子操药以修慈父[⑦]，其色燋然[⑧]，圣人羞之。至德之世，不尚贤，不使能，上如标枝[⑨]，民如野鹿。端正而不知以为义，相爱而不知以为仁,实而不知以为忠,当而不知以为信,蠢动而相使不以为赐。是故行而无迹,事而无传。

[注释]

①门无鬼:假托的人名。赤张满稽:假托的人名。观:观看。师:军队。

②不及:比不上。有虞氏:中国上古时代舜帝的部落名,指舜帝。

③离:通“罹”,遭遇。

④均治:都得到治理。

⑤疡(yáng):毒疮的总称。

⑥髢(dí):古同“鬄”,假发。

⑦修:治理。

⑧燋然(jiāo):憔悴的样子。

⑨标枝:树木的末端。

[译文]

门无鬼和赤张满稽观看武王的军队,赤张满稽说:“比不上舜帝的军队!所以国家遭遇这样的祸患。”门无鬼说:“天下得到治理而有虞氏治理的吗?天下大乱而后有虞氏治理的吗?”赤张满稽说:“天下得到治理是人们的心愿,你何必计较有虞氏的作为!有虞氏治理头上的毒疮,成了秃子才给戴上假发,如同生了病才去求医。孝子拿着药给慈父治病,面色憔悴的样子,让圣人蒙羞。在最为有德的年代,不崇尚贤人,不使用能吏,君上如同树枝的末梢,起的作用很小,百姓如同在野外觅食自足的鹿群。百姓行为端庄却知道追求道义,相亲相爱却不知道什么叫作仁爱,忠厚老实却不知道什么叫作忠心,做事正当却不知道什么叫作信用,互相帮助却不知道什么叫恩赐。因此行动没有规则,事迹不会流传。

［原文］

孝子不谀其亲[①]，忠臣不谄其君，臣、子之盛也。亲之所言而然，所行而善，则世俗谓之不肖子[②]；君之所言而然，所行而善，则世俗谓之不肖臣。而未知此其必然邪？世俗之所谓然而然之，所谓善而善之，则不谓之道谀之人也。然则俗故严于亲而尊于君邪？谓己道人，则勃然作色[③]；谓己谀人，则怫然作色[④]。而终身道人也，终身谀人也，合譬饰辞聚众也[⑤]，是终始本末不相坐。垂衣裳[⑥]，设采色，动容貌，以媚一世，而不自谓道谀；与夫人之为徒[⑦]，通是非，而不自谓众人，愚之至也。

知其愚者，非大愚也；知其惑者，非大惑也。大惑者，终身不解；大愚者，终身不灵[⑧]。三人行而一人惑，所适者[⑨]，犹可致也，惑者少也；二人惑则劳而不至，惑者胜也[⑩]。而今也以天下惑，予虽有祈向，不可得也。不亦悲乎！大声不入于里耳[⑪]，折杨、皇荂[⑫]，则嗑然而笑[⑬]。是故高言不止于众人之心，至言不出，俗言胜也。以二缶钟惑[⑭]，而所适不得矣[⑮]。而今也以天下惑，予虽有祈向，其庸可得邪！知其不可得也而强之，又一惑也！故莫若释之而不推。不推，谁其比忧！厉之人[⑯]，夜半生其子，遽取火而视之[⑰]，汲汲然唯恐其似己也。

［注释］

①谀：谄媚，奉承。

②不肖子：品行不端或者德才不出众的儿女。

③勃然：愤怒的样子。

④怫（fèi）然：忿怒的样子。

⑤合譬：广泛譬喻。饰辞：修饰辞令。

⑥衣裳：上身衣服为衣，下身衣服为裳。

⑦徒：徒党，同伴。

⑧灵：聪明，明白。

⑨适：去，往。

⑩胜：超过，占优势。

⑪里:里巷,意为世俗。

⑫折杨、皇荂:古代俗曲的名称。

⑬嗑然:哈哈大笑的样子。

⑭缶:低级乐器,喻世俗的观点。

⑮适:适意。

⑯厉:丑女。

⑰遽:匆忙,慌张。

[译文]

孝子不奉承父母,忠臣不谄媚君主,这是君臣、父子之间的盛事。对于父母所说的都附和,所做的都称赞,那么就是世俗所说的不肖子。对于君主所说的都附和,所做的都称赞,那么就是世俗所说的佞臣。不知道这必定正确吗?世俗所肯定的表示赞同,所赞美的表示赞美,那么就不称他们是谄媚之人了。然而世俗比父母更可亲、比君主更尊崇吗?说自己奉承人,就勃然发怒;说自己谄媚人,就怒形于色。而那些终身奉承人、谄媚人的人,广泛比喻,修饰辞令,聚合众人,始终本末不相一致。穿着体面的衣裳,设计美丽的纹饰,打扮自己的容貌,谄媚整个世界的人,而不认为是奉承谄媚;与世俗的人为伴,谈论是非,而不认为是众人的一员,这真是愚昧到极点啊。

明白自己愚蠢的人,不是大愚蠢;明白自己困惑的人,不是大困惑。大困惑的人终身不能醒悟;大愚蠢的人,终身不能明白。三人行一人困惑,所要到达的目的地,还可以到达,这是因为困惑的人少;二人困惑,就会劳而无功,不能到达目的地,困惑的人占了优势。现在天下人困惑,我虽然祈求指明方向,却是不能成功的,这不也很悲哀吗!宏大的声音世人难以听到,折杨、皇华之类的里巷俗曲,人们却哈哈大笑。因此,高妙的言语,众人难以会心,至美的哲言难以说出,因为世俗的言论占了胜方。世俗的两种观点让人迷惑,人们是无法到达目的地的。现在天下人都困惑了,我虽然祈求指引方向,可是怎么能成功呢?明知不可能成功,我也要勉强去做,这又是一个困惑啊!所以不如放下而不做,不做,谁能使我忧虑呢!有个丑女人,半夜生了孩子,匆忙拿上灯火去看孩子,慌慌张张的样子,唯恐孩子长得像自己一样。

[原文]

百年之木,破为牺尊①,青黄而文之②,其断在沟中③。比牺尊于沟中之断④,则美恶有间矣,其于失性一也⑤。跖与曾、史,行义有间矣⑥,然其失性均也。且夫失性有五:一曰五色乱目,使目不明;二曰五声乱耳,使耳不聪;三曰五臭熏鼻⑦,困惾中颡⑧;四曰五味浊口,使口厉爽⑨;五曰趣舍滑心⑩,使性飞扬。此五者,皆生之害也。而杨、墨乃始离跂自以为得⑪,非吾所谓得也。夫得者困,可以为得乎?则鸠鸮之在于笼也,亦可以为得矣。且夫趣舍声色以柴其内⑫,皮弁鹬冠⑬,搢笏绅修⑭,以约其外。内支盈于柴栅⑮,外重纆缴⑯,睆睆然在纆缴之中⑰,而自以为得,则是罪人交臂历指而虎豹在于囊槛⑱,亦可以为得矣!

[注释]

①牺尊:先秦时期刻有牺牛造型的盛酒器。

②文:纹饰,修饰。

③断:断弃的木材。

④比:比较。

⑤失性:失去了木材的特性。一:一致。

⑥跖:盗跖。曾:曾参。史:史鰌。间:间隔,差别。

⑦五臭:五种气味,即膻、薰、香、腥、腐,又作膻、焦、香、腥、朽。

⑧惾(zōng):塞,壅塞。颡:嗓子。

⑨厉爽:伤害。

⑩趣:同“取”。舍:舍弃。滑心:乱心。

⑪杨:杨朱。墨:墨翟。离跂:踮起脚跟,形容用力的样子。

⑫柴:柴草。内:内心。

⑬皮弁(biàn):用皮做的帽子。鹬冠:用鹬羽做的帽子。

⑭搢:插。笏:古代大臣上朝拿着的手板,用玉、象牙或竹片制成,上面可以记事。绅:古代士大夫束腰的大带子。修:装饰。

⑮支:支撑。盈:满。

⑯纆(mò):绳索。缴:缠绕,扭转。

⑰睆睆(huàn)然:眼睛明亮的样子。

⑱历指:古代的一种酷刑,以绳穿五根小木棍,套入手指用力紧收;历,通“枥”。囊槛:关动物的大笼子。

[译文]

百年大树,劈开后做成雕刻着牺牛的酒器,又用青黄色的花纹加以装饰,剩下的断木抛弃到山沟里。比较牺尊和沟中的断木,美丽和丑恶有了差别,但是木材失去了原有的特性是一致的。盗跖与曾参、史猷,三个人的行为有差别,但是同样失去了原有的本性。概括起来有五种失去本性的行为,一是五种颜色扰乱了眼睛,使眼睛不明亮;二是五种声音混淆了听力,使听力下降;三是五种气味熏染了嗅觉,堵塞了嗓子;四是五种味道毁坏了味觉,伤害了口腔;五是取舍扰乱了心灵,使性情轻浮。这五种失去本性的现象,都是生命的祸害。然而,杨朱、墨翟仍然用力地宣扬,自以为得意,这不是我所说的得意。得意的人陷入困扰,可以叫得意吗?那么斑鸠与猫头鹰被关在笼子里,也可以说是得意。况且取舍声色像柴草一样充满内心,戴着皮子和鹬羽做的帽子,插着笏板,腰里束着宽带,外边拘谨,内心矗立着柴草栅栏,外表如同绳索缠绕,睁着明亮的眼睛,处于绳索的束缚之中,却自以为得意,这如同罪人双臂交叉遭受木棍折磨五指的酷刑,虎豹被关进大笼子里,这也可以叫作得意吗!

第十三　天道

【题解】

庄子分析万物生成，社会发展变化，提出了“三道”思想，即天道、帝道、圣道。天道乃自然运行之道，帝道乃天下治理之道，圣道乃天下归心之道。只要精通三道，就可以治理天下，或者过一种休闲自在的隐士生活。那么，三道本质是什么，三道的至高境界什么？庄子说就是无为，无为乃是万物之本、万物之宗，是道德的最高境界。

［原文］

天道运而无所积[①]，故万物成；帝道运而无所积[②]，故天下归；圣道运而无所积，故海内服[③]。明于天，通于圣，六通四辟于帝王之德者[④]，其自为也，昧然无不静者矣[⑤]。圣人之静也，非曰静也善，故静也，万物无足以铙心者[⑥]，故静也。水静则明烛须眉[⑦]，平中准[⑧]，大匠取法焉。水静犹明，而况精神！圣人之心静，天地之鉴也，万物之镜也。

夫虚静恬淡寂漠无为者，天地之平而道德之至，故帝王圣人休焉[⑨]。休则虚，虚则实[⑩]，实则伦矣[⑪]。虚则静，静则动，动则得矣。静则无为，无为也，则任事者责矣[⑫]。无为则俞俞[⑬]，俞俞者，忧患不能处，年寿长矣。夫虚静恬淡寂漠无为者，万物之本也。明此以南乡[⑭]，尧之为君也；明此以北面[⑮]，舜之为臣也。以此处上，帝王天子之德也；以此处下，玄圣素王之道也[⑯]。以此退居而闲游，江海山林之士服；以此进为而抚世[⑰]，则功大名显而天下一也。静而圣，动而王，无为也而尊，朴素而天下莫能与之争美。夫明白于天地之德者，此之谓大本大宗，与天和者也，所以均调天下⑱，与人和者也。与人和者，谓之人乐；与天和者，谓之天乐。

[注释]

①运：运行。积：停滞。

②帝道：帝王之道。

③服：服从，佩服。

④六通：阴、阳、风、雨、晦、明。四辟：春、夏、秋、冬四季。

⑤昧然：昏茫无知的样子。

⑥铙：通“挠”，干扰。

⑦烛：用作动词，照见。

⑧中准：符合水准。

⑨休：休息。

⑩虚则实：内心虚静能够感悟现实中的天地万物。

⑪伦：条理，次序。

⑫责：职责。

⑬俞俞：俞，通“愉”，快乐自如的样子。

⑭南乡：乡，通“向”，面朝南边，居于君主之位。

⑮北面：面朝北面称臣。

⑯玄圣素王：天下人心所归而不居于君王之位的人。

⑰抚世：抚，抚养，意为治理天下。

⑱调：调和。

[译文]

天道运行而不停止所以生成了万物；帝道运行而不停止，所以天下归附；圣道运行而不停止，所以四海服膺。明白天道，精通圣道，又能具备六通和四辟帝王的品德的人，听任万物自性作为，昏茫无知，一切都归于虚静。圣人持守虚静,并非说虚静好,所以才保持虚静,那是因为万物不足以扰乱内心，所以才保持虚静。水面平静时可以照见胡须眉毛，水面平静符合测量标准，这也是大工匠取法的标准。水静止时如此明亮,何况人的精神呢？圣人的内心虚静,是天地万物的镜子。

虚静、恬淡、寂寞、无为的人,是天地的镜子和至高的道德境界,所以这是帝王和圣人心灵休息的场所。休止就会虚静,虚静就会充实,充实就会条理分明。虚寂就会静止,静止之极就会运动,运动就会使万物各得其所。虚静就会无为,无为才会使官吏各尽职责。采取无为的方法治理天下就会快乐自如,快乐自如的人,忧患不能干扰身心,就会长寿。虚静、恬淡、寂寞、无为,是万物的本性。明白了这个道理,就可以南面称王,这是尧帝称君的原因;明白了这个道理,也可以北面称臣,这是舜帝称臣的原因。用这种方法处于上位,这是帝王天子的品德;用这种方法处于下位,这是玄圣素王之道。用这种方法退隐闲游,江海山林之间的隐士佩服;用这种方法治理天下,将会建立大功,显扬名声,统一天下。虚静而为圣人,行动而为帝王,无所作为而受到尊崇,保持原有的本性,天下没有人能比美。明白了天地的本性,这就叫掌握了天地的大根本和大宗法,与自然天道合一了,所以可以均平调和天下,与人和谐一致了。与人和谐一致,这叫做人乐;与自然和谐一致,叫作天乐。

［原文］

庄子曰:“吾师乎[①]!吾师乎!齑万物而不为戾[②],泽及万世而不为仁[③],长于上古而不为寿,覆载天地、刻雕众形而不为巧[④],此之谓天乐。故曰:‘知天乐者,其生也天行,其死也物化。静而与阴同德,动而与阳同波[⑤]。’故知天乐者,无天怨,无人非,无物累[⑥],无鬼责。故曰:‘其动也天,其静也地,一心定而王天下;其鬼不祟[⑦],其魂不疲,一心定而万物服。’言以虚静推于天地,通于万物,此之谓天乐。天乐者,圣人之心以畜天下也[⑧]。”

［注释］

①师：老师。

②䪢：毁坏。戾：暴戾。

③泽及：恩泽遍及。

④刻雕：创造。众形：万物的形体。

⑤同波：合流，合拍。

⑥累：拖累。

⑦祟：旧说鬼神给人带来的灾祸。

⑧畜：通“蓄”，蓄养。

［译文］

庄子说：“我的老师啊！我的老师啊！毁坏万物不能说是暴戾，恩泽遍及万物不能说是仁爱，比上古久长不能说是长寿，覆载天地，创造万物，不能说是巧妙，这就叫作天乐。所以说：‘认识天乐的人，他的生命与天道一起运行，死后与万物变化。虚静时与阴气具有同样的德性，行动时与阳气有同样的节拍。’所以认识天乐的人，没有天灾，没有人非议，没有外物的拖累，没有鬼神的责备。所以说：‘他行动时如天道运行，静止时如大地静默，一心安定，称王天下；鬼神不会给他带来灾祸，他的魂魄不会疲惫，一心安定，万物归服。’谈论虚静，推及天地，通达万物，这就叫作天乐。天乐，就是圣人之心，用来蓄养天下的。”

［原文］

夫帝王之德，以天地为宗[①]，以道德为主，以无为为常[②]。无为也，则用天下而有余[③]；有为也，则为天下用而不足。故古之人贵夫无为也。上无为也，下亦无为也，是下与上同德[④]，下与上同德则不臣[⑤]；下有为也，上亦有为也，是上与下同道，上与下同道则不主。上必无为而用天下，下必有为为天下用，此不易之道也。故古之王天下者，知虽落天地[⑥]，不自虑也；辩虽雕万物[⑦]，不自说也；能虽穷海内，不自为也。天不产而万物化，地不长而万物育，帝王无为而天下功。故曰：莫神于天，莫富于地，莫大于帝王。故曰：帝王之德配天地。此乘天地[⑧]，驰万物，而用人群之道也。

［注释］

①宗：本。

②常：常态。

③有余：对万物变化、社会运行、人民生活，君主不加干预，任其自然，因而心有余力。

④德：心愿，信念。

⑤臣：役使。

⑥落：通“络”，包罗。

⑦雕：雕饰。

⑧乘：驾驭。

［译文］

帝王的德性，以天地为根本，以道与德为主宰，以无为为常态。无为，则治理天下而有余力；有为，为天下所累而力不足。所以，古代的君主治理天下看重无为的方法。君上无为，臣下也无为，这是臣下与君上有同样的心愿，臣下与君上心愿相同就不会被役使；臣下有为，君上也有为，这是臣下与君上行道一致，君上与臣下行道一致就不会成为主宰。君上必定采取无为的方法治理天下，臣下必定有为而为天下劳碌，这是不变的道理。所以古代治理天下的人，智慧虽然包罗天地，不会自行筹划；辩才虽然雕饰万物，不去言说；能力虽然穷尽海内，不会自己作为。天无意生产而万物成化，地无意生长而万物化育，帝王无为而天下自行建功。所以说没有比天更神奇的，没有比地更加富有的，没有比帝王更强大的，所以说帝王的德性匹配天地。这是驾驭天地，驱使万物，治理百姓的方法。

[原文]

本在于上[1]，末在于下[2]；要在于主[3]，详在于臣[4]。三军五兵之运[5]，德之末也；赏罚利害，五刑之辟[6]，教之末也；礼法度数[7]，形名比详[8]，治之末也；钟鼓之音，羽旄之容，乐之末也；哭泣衰绖[9]，隆杀之服[10]，哀之末也。此五末者，须精神之运，心术之动，然后从之者也。

末学者，古人有之，而非所以先也。君先而臣从，父先而子从，兄先而弟从，长先而少从，男先而女从，夫先而妇从。夫尊卑先后，天地之行也，故圣人取象焉[11]。天尊地卑，神明之位也；春夏先，秋冬后，四时之序也。万物化作，萌区有状[12]，盛衰之杀，变化之流也[13]。夫天地至神，而有尊卑先后之序，而况人道乎！宗庙尚亲[14]，朝廷尚尊[15]，乡党尚齿[16]，行事尚贤，大道之序也。语道而非其序者，非其道也；语道而非其道者，安取道哉[17]！

[注释]

①本：根本。

②末：末节。

③要：要领。

④详：详细，完备。

⑤三军：军队。五兵：弓、殳、矛、戈、戟，泛指兵器。运：行动。

⑥五刑：墨、劓、刖、宫、大辟。

⑦礼：礼仪。法：法律。度：措施。数：条款。

⑧形名：名实。比：比较。详：详审，审定。

⑨衰绖(cuī dié)：丧服。古人丧服胸前缀有麻布，名衰；用麻制作的腰带和冠带，名绖。

⑩隆杀之服：隆，加隆，提升；杀，降级，降等。丧服分斩衰、齐衰、大功、小功、缌麻五种，根据与死者的关系，升级或者降等，决定穿何种丧服。

⑪取象：取法。

⑫萌：萌生，萌发。区：区分。状：各种形状。

⑬流：流行。

⑭尚：尊崇。

⑮尊：尊贵，尊长。

⑯乡党：乡里，乡村。古代五百家为党，一万二千五百家为乡，合而称乡党。齿：年龄。

⑰安：哪里。

［译文］

君主掌握根本处于上位，臣下掌握末节处于下位；君主把握要领，臣下详审末节。军队和武器的运用，是道德的末节；赏罚利害，五种刑罚，这是教化的末节；礼仪法令，措施条款，名实比较，详细审定，这是天下治理的末端。钟鼓发出的声音，鸟羽旄钺的阵容，这是音乐的末流；哭泣不已，各种等级的丧服，这是哀伤的末节，这五个方面，需要精神的运用，心术的行动，然后予以依从。

五种末流的学问，古代人就知道了，不把它放在首位。君主在先而臣子遵从，父亲在先而儿子遵从，兄长在先而弟弟遵从，长者在先而小者遵从，男人在先而妇女遵从。尊卑先后，这是天地运行之道。所以圣人仿效取法。上天尊崇，大地卑下，这是神明确定的位置。春夏在先，秋冬在后，这是四季的排序。万物变化生长，萌发区分为各种形状，盛衰之道，这是变化流行。天地至为神妙，存在尊卑先后的顺序，何况是人类社会呢？宗庙崇尚亲缘，朝廷崇尚尊卑，乡间崇尚年龄，做事崇尚贤能，这是天下大道的排序。谈论天道而不讲究顺序，这不是天道；谈论天道而不依从天道，怎么能得道呢？

[原文]

是故古之明大道者①,先明天而道德次之,道德已明而仁义次之,仁义已明而分守次之②,分守已明而形名次之,形名已明而因任次之③,因任已明而原省次之④,原省已明而是非次之,是非已明而赏罚次之。赏罚已明而愚知处宜⑤,贵贱履位,仁贤不肖袭情⑥。必分其能,必由其名。以此事上,以此畜下⑦,以此治物,以此修身,知谋不用,必归其天。此之谓太平,治之至也。

故书曰:“有形有名。”形名者,古人有之,而非所以先也。古之语大道者,五变而形名可举⑧,九变而赏罚可言也⑨。骤而语形名⑩,不知其本也;骤而语赏罚,不知其始也。倒道而言⑪,迕道而说者⑫,人之所治也,安能治人!骤而语形名赏罚,此有知治之具⑬,非知治之道;可用于天下,不足以用天下,此之谓辩士,一曲之人也⑭。礼法数度,形名比详,古人有之,此下之所以事上,非上之所以畜下也。

[注释]

①明:明白,认识。

②分守:职责。

③因任:根据职位安排任用。

④原省:推究省察。

⑤愚知:愚笨和智慧。宜:合适的职位。

⑥不肖:不才,不贤。袭:沿袭,袭用。情:实情。

⑦畜下:畜,通“蓄”,蓄养。

⑧变:变,演变。据上文共有九种演变形式,即:一天、二道德、三仁义、四分守、五形名、六因任、七原省、八是非、九赏罚。

⑨九变:九种变化方式。

⑩骤:急忙,迅疾。

⑪倒:违反。

⑫迕(wǔ):违背,抵触。

⑬具:工具。

⑭一曲之人:一曲之见的人。

［译文］

所以古代明白大道的人,先明白天道,其次是道德;道德已经明白了,其次是仁义;仁义已经明白了,其次是职责;职责已经明白了,其次是名实;名实已经明白了,其次是任用;任用已经明白了,其次是省察;省察已经明白了,其次是是非;是非已经明白了,其次是赏罚。赏罚已经明白了,而后愚笨和聪明的人各得其宜,尊贵和卑贱的各在其位,仁义贤能和不才的人根据实际情况予以人任用。必须区分能力,必须根据名分。用这种方法侍奉君上,用这种方法对待下级,用这种方法对待事物,用这种方法修身,不需要运用智慧和谋划,必定回归于自然之道,这就叫作太平,是治理天下的极致。

所以,古书说:"有形有名。"形名这个概念,古代人就有了,但不是放在首要的位置。古代谈论大道的人,经过五种演变推理,而后可以列举形名,经过九种演变推理,而后谈到赏罚。匆忙谈论形名,这是不知道它的根本;匆忙谈论刑罚,这是不知道它的源流。违反道而谈论,抵触道而言说,这是被人治理,怎么能治理人!匆忙谈论形名和赏罚,这只是认识了治理的工具,而不是认识了治理之道;可以为天下人奔波劳累,不足以治理天下,这就是所谓的辨士和有一曲之见的人。礼仪、法律、条款、措施,名实比较详审,古代人就具备了,这是臣下之所以侍奉君上的方法,不是君上治理天下的方法。

［原文］

昔者舜问于尧曰:"天王之用心何如[①]?"尧曰:"吾不敖无告[②],不废穷民[③],苦死者,嘉孺子而哀妇人[④]。此吾所以用心已。"舜曰:"美则美矣,而未大也[⑤]。"尧曰:"然则何如?"舜曰:"天德而出宁[⑥],日月照而四时行,若昼夜之有经[⑦],云行而雨施矣。”尧曰:“胶胶扰扰乎[⑧]! 子,天之合也[⑨];我,人之合也。”夫天地者,古之所大也,而黄帝尧舜之所共美也。故古之王天下者,奚为哉? 天地而已矣。

[注释]

①天王:帝王,因尊崇天道,称之天王。

②敖:通“傲”,傲慢。无告:意为有苦无处诉说。

③废:抛弃。穷民:贫穷的百姓。

④嘉:善,善待。孺子:小孩。哀:怜悯。

⑤大:扩大。

⑥出:运行。宁:安宁。

⑦经:常规,常法。

⑧胶胶:粘连纠缠。扰扰:心绪纷扰。

⑨合:合乎,符合。

[译文]

从前舜帝问尧帝道:“大王是如何用心的呢?”尧帝说:“我不傲慢地对待心里有苦无处诉说的人,不抛弃穷困的人,悲苦死去的人,善待小孩而哀怜妇女。这是我用心的地方。”舜帝说:“好是好啊,可是没有扩大。”尧帝说:“那么怎么办呢?”舜帝说:“自然的德性运行而安宁,日月普照而四季运行,如同昼夜交替具有常法,云朵飘荡而降雨一样。”尧帝说:“我的内心粘连纠缠,纷扰不已,你合乎自然的法则,我合乎人的法则。”天地,自古以来都是伟大的,这是皇帝、尧帝、舜帝共同赞美的。所以古代统治天下的人,怎么办呢? 效法天地的德性就行了。

[原文]

孔子西藏书于周室[①]。子路谋曰[②]:“由闻周之征藏史有老聃者[③],免而归居[4]，夫子欲藏书，则试往因焉[5]。”孔子曰：“善。”往见老聃，而老聃不许，于是繙十二经以说[6]。老聃中其说[7]，曰：“大谩[8]，愿闻其要[9]。”孔子曰：“要在仁义。”老聃曰：“请问，仁义，人之性邪？”孔子曰：“然。君子不仁则不成，不义则不生。仁义，真人之性也，又将奚为矣？”老聃曰：“请问，何谓仁义？”孔子曰：“中心物恺[10]，兼爱无私，此仁义之情也。”老聃曰：“意[11]，几乎后言[12]！夫兼爱，不亦迂乎！无私焉，乃私也。夫子若欲使天下无失其牧乎[13]？则天地固有常矣，日月固有明矣，星辰固有列矣[14]，禽兽固有群矣，树木固有立矣。夫子亦放德而行，循道而趋，已至矣，又何偈偈乎揭仁义[15]，若击鼓而求亡子焉！意，夫子乱人之性也！”

［注释］

①西：西方。周室：周王室。

②子路：名仲由，字子路，又字季路，鲁国卞人，为人正直，喜好勇力，跟随孔子周游列国，“孔门十哲”之一。谋：谋划。

③征藏史：周王室管理图书典籍的官吏。

④免：免官。归居：回家居住。

⑤因：凭借。

⑥繙：演绎。十二经：一说为诗、书、易、礼、乐、春秋，加六纬，合为十二经。一说《春秋》记述了十二个国君的历史，故称十二公经。

⑦中其说：在孔子讲话中间插话。

⑧谩：通“漫”，漫无边际。

⑨要：要领。

⑩物恺：恺，和乐，意为与万物和乐而不违逆。

⑪意：同“噫”。

⑫几：接近。后言：与古代先贤之言相对，指后代的言论，意为不重要的言论。

⑬牧：牧民，意为治理。

⑭列：序列。

⑮偈（jié）：用力的样子。

［译文］

孔子计划把自己的书藏在西方的周王室。子路建议说："我听说周王室的征藏史老子，辞职回家乡居住，你想要藏书，就试着依靠他帮助。"孔子说："好。"于是去见老子，老子却不答应。孔子于是演绎十二经，想说服老子。老子插言说："你的话漫无边际，我想听要领。"孔子说："要领是仁义。"老子说："请问，仁义是人性吗？"孔子说："对。君子不施行仁爱不能成功，不讲究道义无法生存。仁义，确实是人性啊，此外还有什么呢？"老子说："请问，什么是仁义？"孔子说："内心与万物和乐协调，兼爱万物，没有私心，这是仁义的实情。"老子说："哦，你的话几乎接近于后代之言！兼爱万物，不也太迂腐吗？无私，也是一种私心。你想使天下人不失去治理吗？那么天地本来具有常法，日月本来具有光明，星辰本来排列整齐，禽兽本来群体生活，树木本来自在成长。你也仿照自然做事，追随天道，这就行了，又何必用力地宣扬仁义，如同敲着大鼓寻求丢失的孩子呢！哦，你是扰乱人的本性啊！"

［原文］

士成绮见老子而问曰[1]："吾闻夫子圣人也，吾固不辞远道而来愿见[2]，百舍重趼而不敢息[3]。今吾观子，非圣人也。鼠壤而余蔬[4]，而弃妹之者[5]，不仁也；生熟不尽于前，而积敛无崖[6]。"老子漠然不应[7]。

士成绮明日复见，曰："昔者吾有刺于子[8]，今吾心正郤矣[9]，何故也？"老子曰："夫巧知神圣之人，吾自以为脱焉[10]。昔者子呼我牛也而谓之牛，呼我马也而谓之马。苟有其实[11]，人与之名而弗受，再受其殃[12]。吾服也恒服[13]，吾非以服有服。"士成绮雁行避影[14]，履行遂进而问："修身若何？"老子曰："而容崖然[15]，而目冲然[16]，而颡頯然[17]，而口阚然[18]，而状义然[19]，似系马而止也。动而持，发也机，察而审，知巧而睹于泰，凡以为不信。边竟有人焉[20]，其名为窃。"

［注释］

①士成绮：庄子虚拟的人名。

②固：所以。

③百舍：古时以三十里为一舍，意为路途遥远。重趼（jiān）：趼，手或脚上因长久磨擦而生茧，意为因长途赶路而使脚上生茧。

④鼠壤：老鼠洞口。余蔬：多余的蔬菜。

⑤弃妹：抛弃妹妹不养育。

⑥崖：边际。

⑦漠然：不理睬的样子。

⑧刺：讽刺。

⑨郤：通“隙”，空。

⑩脱：洒脱。

⑪苟：假如。

⑫殃：灾害。

⑬服：行为。

⑭雁行：像雁阵一样斜行，表示尊重。避影：避开影子，以免踩踏。表示尊敬的意思。

⑮崖然：傲岸矜持的样子。

⑯冲然：眼睛睁大突出的样子。

⑰颡：额头。頯（kuí）然：高亢扬起的样子。

⑱阚（hǎn）然：嘴唇张开的样子。

⑲义然：高大庄重的样子。

⑳边竟：竟，通“境”，边境。

［译文］

士成绮去拜见老子问道：“我听说你是个圣人，所以我不辞路远而来，愿意见你，路途遥远脚上磨下了厚茧，也不敢休息。现在我看你不是圣人啊。你家的老鼠洞口上有剩余的蔬菜，却抛弃妹妹不抚养，这是不仁;生熟食物已经用不完了,还要积累贪婪,没有穷尽。”老子神情淡漠,不予理睬。

士成绮第二日又去见老子,说:“昨天我讥刺你,现在我有些空落,什么原因呢?”老子说:“巧智神圣的那种人,我自以为已经摆脱了。过去你叫我牛就是牛,叫我马就是马。如果有实情,人们称名而不接受,这是再次遭到灾害。我的行为是恒久的行为,我不受别人的行为影响。”士成绮像雁阵一样斜着走过去,避开老子的影子,顾不上脱掉鞋子,走近老子说:“如何修身呢?”老子说:“你的容貌傲岸矜持,你的眼睛睁大鼓出,你的额头高亢扬起,你的嘴唇微微张开,你的仪表高大庄重,如同奔驰的马被束缚停下来。行动要矜持,发动如同弩机一样迅疾,明察而审慎,智巧而显示骄傲,大凡这些都是有意做作。边境上有这种人,名字叫作窃贼。”

[原文]

夫子曰①:“夫道,于大不终②,于小不遗③,故万物备。广广乎其无不容也④,渊渊乎其不可测也⑤。形德仁义⑥,神之末也,非至人孰能定之⑦!夫至人有世⑧,不亦大乎!而不足以为之累。天下奋棅而不与之偕⑨,审乎无假而不与利迁⑩,极物之真,能守其本,故外天地,遗万物,而神未尝有所困也。通乎道,合乎德,退仁义,宾礼乐⑪,至人之心有所定矣。”

世之所贵道者⑫,书也;书不过语,语有贵也。语之所贵者意也,意有所随。意之所随者,不可以言传也,而世因贵言传书⑬。世虽贵之,我犹不足贵也,为其贵非其贵也。故视而可见者,形与色也;听而可闻者,名与声也。悲夫,世人以形色名声为足以得彼之情⑭!夫形色名声果不足以得彼之情,则知者不言⑮,言者不知,而世岂识之哉?

[注释]

①夫子:指老子。

②不终:没有穷尽。

③不遗:没有遗漏。

④广广乎:广大无际的样子。

⑤渊渊乎:深不可测的样子。

⑥形:同“刑”,刑罚。

⑦定:审定,判定。

⑧有世:拥有世界。

⑨奋棅(bǐng):棅,通“柄”,意为争夺权柄。

⑩审:明察。无假:没有虚假,意为质朴。

⑪宾:通“摈”,摈弃。

⑫贵:看重。

⑬传书:记载在书里。

⑭情:真情,实情。

⑮知者:有智慧的人。

[译文]

老子说:“道,从大的方面说没有穷尽,从小的方面说没有遗漏,所以包罗万物。它广大无边,无所不包;如深渊那样,不可测量。刑罚、道德、仁爱,是精神的末节,不是至人谁能审定!至人拥有世界,不是很大吗?然而不足以使他劳累。天下人争夺权柄,他不会争夺,审慎地保持质朴而不被利益改变,穷极万物的真情,能够守护本性,所以能够超脱天地,遗忘万物,而且精神未尝受到困扰。与大道相通,合乎德性,黜退仁义,摈弃礼乐,至人的心有所安定。

世人之所以看作天道,是因为书籍;书籍不过记录了语言,语言有贵重的地方。语言贵重之处在于表达真意,真意隐藏在语言中。真意所隐藏的意思,是不可用语言表达的,而世人看重语言而记录在书里。世人虽然认为书籍贵重,我认为不贵重,因为他们看重的不是真正贵重的。所以眼睛能够看得见的,是形状和颜色;耳朵能够听到的,是名誉和声音。可悲啊,世人以为通过形状、颜色、名称、声音,足以认识事物的真情!其实,通过形状、颜色、名称、声音,不足以认识事物的真情,因此有智慧的人不说话,说话的人没有智慧,而世人怎么会懂得这些呢?

[原文]

桓公读书于堂上①。轮扁斲轮于堂下②,释椎凿而上③,问桓公曰:"敢问,公之所读者④,何言邪?"公曰:"圣人之言也。"曰:"圣人在乎?"公曰:"已死矣。"曰:"然则君之所读者,古人之糟魄已夫⑤!"桓公曰:"寡人读书,轮人安得议乎!有说则可⑥,无说则死!"轮扁曰:"臣也以臣之事观之。斲轮,徐则甘而不固⑦,疾则苦而不入⑧。不徐不疾,得之于手而应于心,口不能言,有数存焉于其间⑨。臣不能以喻臣之子⑩,臣之子亦不能受之于臣,是以行年七十而老斲轮。古之人与其不可传也死矣,然则君之所读者,古人之糟魄已夫!"

[注释]

①桓公:齐桓公,名小白,春秋初期齐国君主,春秋五霸之首。

②轮扁:造车轮的木工。斲:同"斫",砍削。

③释:放下。椎、凿:木工使用的工具。

④公:你,尊称。

⑤糟魄:造酒剩下的渣滓,喻废弃无用的事物;魄,通"粕"。

⑥说:说法,意为道理。

⑦甘:缓。

⑧疾:急,紧。苦:滞涩。

⑨数:技术。

⑩喻:晓谕,说明。

［译文］

齐桓公在厅堂上读书。轮扁在厅堂下制造车轮，他放下椎、凿等工具，上前问齐桓公道："请问，你所读的是什么人的书呢？"齐桓公说："这是圣人的言语。"轮扁说："圣人在世吗？"齐桓公说："已经去世了。"轮扁说："那么说你所读的书，是古人的糟粕啊！"齐桓公说："我在这里读书，木工怎么能议论呢！你说的有道理还行，没有道理就得死。"轮扁说："我是从我所做的事情来观察的。制造车轮时，动作迟缓就使部件不坚固，动作过快就使部件滞涩难以组装。不迟缓，不着急，手上动作自如合乎内心，嘴上不能表达，但是这其中是有技术的。我不能给我的儿子说明白，我的儿子也不能接受我的技术，因此我年纪七十岁了，还在制造车轮。古人与他们不可用语言表达的东西都消失了，那么，你所读的书，是古人的糟粕而已。"

第十四　天运

【题解】

面对太虚之中广袤无际的宇宙世界，庄子思绪翩翩，不能自已。那奇妙无穷的宇宙世界，状若棋盘的星辰，令人向往，神思不已。天地为什么那样运行？庄子发出了对于宇宙世界的千古疑问。他把这些疑问抛出来后，洒脱地问道，这是什么原因呢？谁能解释呢？

［原文］

“天其运乎①？地其处乎②？日月其争于所乎③？孰主张是？孰维纲是④？孰居无事推而行是？意者其有机缄而不得已乎⑤？意者其运转而不能自止邪？云者为雨乎？雨者为云乎？孰隆施是⑥？孰居无事淫乐而劝是⑦？风起北方，一西一东，有上仿徨⑧。孰嘘吸是⑨？孰居无事而披拂是⑩？敢问何故？”巫咸袑曰⑪：“来，吾语女。天有六极五常⑫，帝王顺之则治，逆之则凶。九洛之事⑬，治成德备，临照下土，天下戴之⑭，此谓上皇。”

［注释］

①运：运行。

②处：静止。

③争于所：争着回到处所。

④维纲：维系，维持。

⑤意：同“抑”，抑或。机缄：机关。

⑥隆：云兴。施，降雨。

⑦淫乐：古代人认为云雨是阴阳的交合，故称之为淫乐。劝：助长。

⑧彷徨：风吹来吹去。

⑨嘘：吐气，吹气。

⑩披拂：煽动。

⑪巫咸祒（tiáo）：庄子虚拟的人名。

⑫六极：东、西、南、北及上下为六极。五常：金、木、水、火、土，又称五行。

⑬九洛：九州聚落之地。

⑭戴：拥戴。

［译文］

“上天在运行吗？大地是静止的吗？太阳和月亮赶着回到处所吗？谁决定这些？谁维持这些？谁闲着无事推动天地日月的运行呢？或者有机关控制不由自主地运行？或者它们开始运转后不能停下来了？云朵是为了降雨吗？雨又会变作云吗？谁兴云降雨？谁闲着没事淫乐而助长了这些？风从北方刮来，一会儿西，一会儿东，往上吹来吹去。谁在吐气吸气？谁闲着无事煽动了风？敢问这是什么原因呢？”巫咸祒说：“来，我告诉你。天地有四方上下和五行，帝王顺应自然规律就能治理国家，违背自然规律就会招来凶灾。九州聚落之地的事务，治理成功，德性完备，光泽照耀天下，天下人拥戴，这叫上皇。”

［原文］

商大宰荡问仁于庄子①。庄子曰：“虎狼，仁也。”曰：“何谓也？”庄子曰：“父子相亲，何为不仁！”曰：“请问至仁。”庄子曰：“至仁无亲②。”大宰曰：“荡闻之，无亲则不爱，不爱则不孝③。谓至仁不孝，可乎？”庄子曰：“不然，夫至仁尚矣，孝固不足以言之。此非过孝之言也，不及孝之言也。

夫南行者至于郢④,北面而不见冥山⑤,是何也?则去之远也。故曰:以敬孝易,以爱孝难;以爱孝易,以忘亲难;忘亲易,使亲忘我难;使亲忘我易,兼忘天下难;兼忘天下易,使天下兼忘我难。夫德遗尧、舜而不为也⑥,利泽施于万世,天下莫知也,岂直大息而言仁孝乎哉⑦!夫孝悌仁义⑧,忠信贞廉,此皆自勉以役其德者也⑨,不足多也。故曰:至贵,国爵并焉;至富,国财并焉⑩;至愿,名誉并焉。是以道不渝⑪。"

[注释]

①商:宋国。商朝灭亡后,后代被封在宋国。大宰:即太宰,辅佐国王治理国家,掌管国家六种典籍,即治典、教典、礼典、政典、刑典、事典,职务相当于宰相。荡:人名。

②无亲:没有亲爱。仁爱源于血缘关系,至为仁爱的人,不仅超越了血缘关系,而且对于天地万物也有仁爱之心,因此说没有亲疏。

③孝:孝顺父母。

④郢(yǐng):春秋战国时期楚国的都城,在今湖北省江陵县附近。

⑤冥山:在北极。意为冥山在北极,南行到楚国都城,越走越远了。

⑥遗:忘记。

⑦岂直:岂止。大息:太息,叹息。

⑧孝悌:孝,指对父母的爱;悌,指兄弟姊妹的友爱。古人认为孝悌是做人、做学问的根本。

⑨勉:勉励。役:役使。

⑩国财:国家的财富。

⑪渝:改变。

[译文]

宋国的太宰荡向庄子请教仁爱,庄子说:"老虎和豺狼,具备仁爱。"荡说:"为什么这么说呢?"庄子说:"老虎和豺狼父子相亲,怎么不是仁爱呢?"荡说:"请问什么是至仁?"庄子说:"至仁没有亲爱。"荡说:"我听说,没有亲近就不会有爱,不爱就不会孝顺。如此说至仁是不孝的,可以吗？”庄子说：“不对，至仁是高尚的，用孝顺是不足以解释的。你说的这些话没有超过孝顺，还不及孝顺的概念。譬如，向南行走到了楚国的都城郢地，向北看不到冥山，这是什么原因呢？是离开太远了。所以说，用尊敬行孝敬容易，用仁爱行孝敬难；用仁爱行孝敬容易，而忘记双亲难；忘记双亲容易，使双亲忘记我难；使双亲忘记我容易，并且忘记天下难；忘记天下容易，使天下人忘记我难。忘记尧舜的德性，无所作为，利益和恩泽施及万世，天下人没有人知道，岂止叹息谈论仁爱和孝顺呢！孝悌仁义，忠信贞廉，这都是勉励自己而役使天性的，不足以夸奖。所以说，最宝贵的，舍弃国家的爵位；最富贵的，舍弃国家的财富；最大的愿望，舍弃名声。因此大道是永恒不变的。

［原文］

北门成问于黄帝曰①：“帝张咸池之乐于洞庭之野②，吾始闻之惧，复闻之怠③，卒闻之而惑④，荡荡默默⑤，乃不自得。”

帝曰：“汝殆其然哉⑥！吾奏之以人，征之以天⑦，行之以礼义，建之以太清⑧。夫至乐者，先应之以人事，顺之以天理，行之以五德⑨，应之以自然。然后调理四时⑩，太和万物⑪。四时迭起⑫，万物循生；一盛一衰，文武伦经⑬；一清一浊，阴阳调和⑭，流光其声。蛰虫始作⑮，吾惊之以雷霆⑯。其卒无尾，其始无首。一死一生，一偾一起⑰，所常无穷，而一不可待。汝故惧也。

“吾又奏之以阴阳之和⑱，烛之以日月之明。其声能短能长，能柔能刚，变化齐一⑲，不主故常⑳。在谷满谷㉑，在阬满阬。涂郤守神㉒，以物为量。其声挥绰㉓，其名高明。是故鬼神守其幽㉔，日月星辰行其纪㉕。吾止之于有穷㉖，流之于无止㉗。子欲虑之而不能知也㉘，望之而不能见也，逐之而不能及也㉙。傥然立于四虚之道㉚，倚于槁梧而吟㉛：‘目知穷乎所欲见㉜，力屈乎所欲逐，吾既不及，已夫！’形充空虚㉝，乃至委蛇㉞。汝委蛇，故怠。

“吾又奏之以无怠之声[35]，调之以自然之命。故若混逐丛生[36]，林乐而无形[37]，布挥而不曳[38]，幽昏而无声。动于无方[39]，居于窈冥[40]，或谓之死，或谓之生；或谓之实，或谓之荣。行流散徙[41]，不主常声。世疑之，稽于圣人[42]。圣也者，达于情而遂于命也[43]。天机不张而五官皆备。此之谓天乐，无言而心说。故有焱氏为之颂曰[44]：‘听之不闻其声，视之不见其形，充满天地，苞裹六极[45]。’汝欲听之而无接焉[46]，而故惑也。乐也者，始于惧，惧故祟[47]；吾又次之以怠，怠故遁[48]；卒之于惑，惑故愚；愚故道，道可载而与之俱也。”

[注释]

①北门成：人名，黄帝的大臣。

②张：演奏。咸池之乐：相传为黄帝时期的古乐曲，歌颂宗教天神，描述祭祀场面。

③怠：心情松弛。

④惑：迷惑。

⑤荡荡：浩大空旷的样子。默默：幽暗蒙昧的样子。

⑥殆：几乎。

⑦征：引证，证明。

⑧太清：古人认为天由清而轻的气所构成，故称为“太清”。

⑨五德：仁、义、礼、智、信。

⑩调理：协调治理。

⑪和：和谐。

⑫迭起：交替响起。

⑬伦：条理。经：常法。

⑭阴阳：阴阳二气。

⑮蛰(zhé)虫：冬眠之虫。作：动，活动。

⑯惊：震惊。

⑰偾(fèn)：仆倒。意为乐声节奏紧张，给感官以巨大刺激。

⑱奏:演奏。此为乐曲第二章。

⑲变化齐一:乐曲的变化遵守一定的常规。

⑳主:守,遵守。故常:陈规。

㉑谷:山谷。满:充满。意为乐曲充满山谷。

㉒涂:塞。郤:同“隙”,缝隙。

㉓挥绰:悠扬悦耳。

㉔幽:幽暗的地方。

㉕纪:法度,规则。

㉖止:停止。

㉗无止:没有止境。

㉘虑:思虑,考虑。

㉙逐:追逐。

㉚傥然:怅然自失的样子。四虚:四周虚静。

㉛槁梧:枯槁的梧桐树。吟:吟唱。

㉜目:眼睛。知:知觉。

㉝形:形体。充:充满。

㉞委蛇:自在顺应的样子。

㉟无怠之声:表达闲适自在的乐曲,这是乐曲的第三章。

㊱混逐:混合追逐。丛生:随从而生。此句意为乐曲奏鸣给人万物茁壮生长的感觉。

㊲林乐:丛林地籁之声,无心而成至乐。

㊳布挥:乐声散布悠扬。曳:拖曳,拖沓。

㊴无方:没有方位。

㊵窈冥:幽静深远的地方。

㊶行流:乐曲的行进流动。散徙:分散迁移。

㊷稽:稽核。

㊸遂:顺应。

㊹有焱氏:神农氏。颂:赞美。

㊺苞裹:包括,囊括。

㊻接:接续,领会。

㊼祟:徐锴《说文系传》:"祟,神出以警人。"

㊽遁:逃遁。

[译文]

北门成问黄帝道:"你在广袤的旷野上演奏咸池的乐曲,我刚听时恐惧,继续听时松弛,最后听时感觉到内心迷惑,浩大旷阔,幽暗蒙昧,好像失去了自我。"

黄帝说:"你几乎接近了这样的境界!我用人间的事情演奏,用天道予以证明,用礼仪来运行,用太清来建构。最好的音乐,首先要反映人事,顺从天理,遵照五德运行,与自然应和。然后调和四季,与万物和谐。四季更迭兴起,万物按照季节生长。一盛一衰,如同文武经纶;一清一浊,如同阴阳二气调和,乐声流动广远。冬眠的虫子开始活动,我用雷声和闪电惊动它们。乐曲终了时没有尾声,开始时没有起声。乐声忽然终止,忽然响起,一时低音,一时高音,遵守无穷的常理,不可期待。你因此恐惧。

"我又演奏阴阳的和鸣,用日月的光芒照耀。乐声能短能长,能柔能刚,乐曲的变化遵循一定的常规,又不遵守固定的常规。乐曲充满了山谷,流泻在深坑。乐声充塞了耳朵,使人守护心神,用外物可以量度。乐声悠扬悦耳,高亢鲜明。因此鬼神静静地守候在幽暗的地方,日月星辰按照一定的规则运行。我的乐声停止于穷尽之处, 流动于没有止境之处。你想要考虑而无法明白,想要观望却无法看见,想要追逐而不能达到。怅然失意地站立在四周虚静的地方, 靠在枯槁的梧桐树上吟唱道:'视力和知觉穷尽所要看见的, 力量竭尽于所要追求的, 我已经达不到了,算了吧!'形体充满了空虚,以至于顺应而为。顺应而为,所以神情松弛闲散。

"我又演奏无怠的乐曲,调和自然的命运。所以乐声混杂追逐,万物丛生，群乐合奏，没有形状，散布挥洒，没有停滞，幽暗昏迷，乐曲消失在无声之中。乐声奏鸣没有方位，停留在幽静深远的地方，或者消失，或者再生；或者真实，或者荣耀。乐声流动变化，不遵守常规。世人疑惑，向圣人核查。圣人通达世情而又顺应自然。天机不张扬，五官已经齐备。这叫作天乐，不言而内心喜悦。所以神农氏赞颂道：'听不见它的声音，看不见它的形状，充满天地之间，囊括六极之中。'你想听到却无法接续，你所以困惑啊。咸池的乐曲，开始于恐惧，恐惧所以内心作祟；我又演奏松弛的乐曲，松弛所以让人逃遁；最后用困惑结束，困惑所以愚钝；愚钝所以接近道，天道可以负载而与它并存。"

［原文］

孔子西游于卫[①]，颜渊问师金曰[②]："以夫子之行为奚如？"师金曰："惜乎！而夫子其穷哉！"颜渊曰："何也？"师金曰："夫刍狗之未陈也[③]，盛以箧衍[④]，巾以文绣[⑤]，尸祝齐戒以将之[⑥]。及其已陈也，行者践其首脊[⑦]，苏者取而爨之而已[⑧]。将复取而盛以箧衍，巾以文绣，游居寝卧其下，彼不得梦，必且数眯焉[⑨]。今而夫子亦取先王已陈刍狗，聚弟子游居寝卧其下。故伐树于宋[⑩]，削迹于卫[⑪]，穷于商周[⑫]，是非其梦邪？围于陈蔡之间[⑬]，七日不火食，死生相与邻，是非其眯邪？

"夫水行莫如用舟，而陆行莫如用车。以舟之可行于水也，而求推之于陆，则没世不行寻常。古今非水陆与？周鲁非舟车与？今蕲行周于鲁[⑭]，是犹推舟于陆也！劳而无功，身必有殃。彼未知夫无方之传[⑮]，应物而不穷者也。且子独不见夫桔槔者乎[⑯]？引之则俯，舍之则仰。彼，人之所引，非引人者也，故俯仰而不得罪于人。

"故夫三皇五帝之礼义法度，不矜于同而矜于治[⑰]。故譬三皇五帝之礼义法度，其犹柤梨橘柚邪[⑱]！其味相反而皆可于口。故礼义法度者，应时而变者也。今取猨狙而衣以周公之服[⑲]，彼必龁啮挽裂[⑳]，尽去而后慊[㉑]。观古今之异，犹猨狙之异乎周公也。故西施病心而矉其里[㉒]，其里之丑人见之而美之,归亦捧心而矉其里。其里之富人见之,坚闭门而不出;贫人见之,挈妻子而去之走㉓。彼知矉美而不知矉之所以美。惜乎,而夫子其穷哉!"

[注释]

①卫:卫国,在今河南一带。卫国在鲁国西,孔子去鲁国,所以称西游。

②颜渊:名回,字子渊,春秋末期鲁国人,孔子弟子。师金:鲁国太师。

③刍(chú)狗:古代祭祀时用草扎成的狗,在祭祀之前很受人们重视,但用过以后即被丢弃。陈:陈列。

④箧(qiè):箱子之类。衍:方形竹器。

⑤巾:包裹,覆盖。文绣:绣有纹饰的丝锦。

⑥尸祝:意思是古代祭祀时对神主掌祝的人。齐戒:齐,通"斋",斋戒。

⑦践:踩,踏。

⑧苏者:苏,草,意为烧柴草的人。爨(cuàn):炊火做饭。

⑨眯(mí):物入眼睛产生酸痛,意为噩梦。

⑩伐树于宋:孔子周游宋国,在大树下讲学。宋国司马桓魋想杀孔子,孔子走后,桓魋把那棵大树也砍伐了。

⑪削迹于卫:孔子去卫国游历,受到围攻,他离去时,不留形迹。

⑫商周:宋国和东周。

⑬围于陈蔡:孔子去陈国和蔡国时,被围困七日,粮食断绝,孔子及弟子几乎饿死。

⑭蕲(qí):祈求。

⑮无方之传:没有方向的驿车;传,驿车。

⑯桔槔(jié gāo):古代井上汲水的工具,在井旁架上设一杠杆,一端系汲器,一端悬重物,将灌满水的汲器提起。

⑰矜:崇尚,珍惜。

⑱柤(zhā):古同"楂",山楂。

⑲猨狙:猿猴。

⑳龁(hé):咬。挽裂:用手撕裂。

㉑慊(qiè):满足,满意。

㉒西施:本名施夷光,越国美女,又称西施。矉:同“颦”,皱眉头。

㉓挈:带,领。

[译文]

孔子向西去卫国游历,颜渊问师金说:“你认为先生此次出行怎么样呢?”师金说:“可惜啊!先生将陷于穷困的境地!”颜渊说:“为什么呢?”师金说:“用草扎制的刍狗没有陈列时,放在箱子或者竹器里,上面裹着绣着纹饰的丝锦,主持祭祀和斋戒后还要迎接。等到陈列完毕之后,行人踩着它的头和脊背,烧火的人用它来做饭罢了。如果有人把它又取回来放在箱子或竹器里,上面裹着绣着纹饰的丝锦,睡觉时放在卧室里,这个人不做梦,如果做梦时必定被噩梦数次惊醒。现在,你的先生也是取用先王已经陈列过的刍狗,聚集弟子,游历居住睡在它的旁边。所以你的先生在宋国大树下讲学,树被砍伐;去卫国游历,受到围困消失踪迹;在宋国和东周穷困不安,这不是噩梦吗?你的先生被围困于陈国和蔡国之间,七日没有粮食举火做饭,几乎与死亡为邻,这不是噩梦吗?

“在水面上行进不如用船,在陆地上行走不如用车。因为船可以漂浮于水面,却把船推到陆地上,一世也行走不了几步。古代和今天莫非是水面和陆地吗?周朝和鲁国不是船和车吗?今天祈求用周朝的办法治理鲁国,这是如同把船推到陆地上行走!劳而无功,必然受到灾殃。他不知道没有方向的驿车,可以无穷地接应万物。你难道没有看见使用桔槔的人吗?提水时就要弯下身子,放下时就要仰着头。桔槔,被人所牵引,而不牵引人,所以俯仰之间不会得罪人。

“所以三皇五帝的礼仪法度,不崇尚相同,崇尚的是治理。譬如三皇五帝的礼仪法度,如同山楂、梨子、柑橘、柚子一样啊!它们的味道相反,而都是很可口的。所以,礼仪法度,应当顺着时代而变化。现在给猿猴穿上周公的衣服,它必定会咬断撕裂,完全抛弃后才满意。观察古代和今天治理天下的异同，如同猿猴与周公不同啊。所以西施心口生病，皱着眉头走过乡里，那里的丑妇看见后觉得很美，回家时也捧着心口，皱着眉头，经过乡里。乡里的富人看见后，把屋门关紧不出门；穷人看见后，带着妻子和孩子快步离开了。丑妇知道西施皱着眉头美丽，却不知道为什么美丽。可惜啊，你的先生将会陷于穷困之中！”

［原文］

孔子行年五十有一而不闻道①，乃南之沛见老聃②。老聃曰："子来乎？吾闻子，北方之贤者也！子亦得道乎？"孔子曰："未得也。"老子曰："子恶乎求之哉③？"曰："吾求之于度数④，五年而未得也。"老子曰："子又恶乎求之哉？"曰："吾求之于阴阳⑤，十有二年而未得也。"

老子曰："然，使道而可献，则人莫不献之于其君；使道而可进⑥，则人莫不进之于其亲；使道而可以告人，则人莫不告其兄弟；使道而可以与人⑦，则人莫不与其子孙。然而不可者，无它也，中无主而不止⑧，外无正而不行⑨。由中出者，不受于外，圣人不出；由外入者，无主于中，圣人不隐⑩。名，公器也⑪，不可多取。仁义，先王之蘧庐也⑫，止可以一宿而不可久处。觏而多责⑬。古之至人，假道于仁⑭，托宿于义⑮，以游逍遥之虚⑯，食于苟简之田⑰，立于不贷之圃⑱。逍遥，无为也；苟简，易养也；不贷，无出也。古者谓是采真之游⑲。以富为是者，不能让禄；以显为是者，不能让名。亲权者，不能与人柄⑳，操之则栗㉑，舍之则悲，而一无所鉴㉒，以窥其所不休者㉓，是天之戮民也。怨、恩、取、与、谏、教、生、杀八者，正之器也，唯循大变无所湮者为能用之。故曰：正者，正也。其心以为不然者，天门弗开矣㉔。"

［注释］

①行年：经历的年岁，指当时年龄。

②之：往，到。沛：地名，今江苏沛县。老子是河南鹿邑县人，与沛县相距不远。

③恶乎:犹言何所。

④度数:制度条款。

⑤阴阳:中国古代哲学观,是万物运动变化的本源,表示一切事物的基本对立关系,包括四种关系:阴阳互体,阴阳化育,阴阳对立,阴阳同根。

⑥进:进献。

⑦与:给与。

⑧中:内心。无主:没有主见。止:留。

⑨正:当为“匹”之误,匹配。

⑩隐:藏匿。

⑪公器:共用之器。

⑫蘧(qú)庐:蘧,通“遽”,驿车,意为古代驿传中供人休息的房子,犹今言旅馆。

⑬觏(gòu):遇见。

⑭假:假借。

⑮托宿,寄宿,意为暂时依托一下。

⑯虚:虚静的境界。

⑰苟简之田:苟且耕作,就有收成的田地。

⑱不贷之圃:不需要借贷就可以供给的园圃。

⑲采真:神采真实。

⑳柄:权柄。

㉑栗:颤栗,害怕。

㉒鉴:鉴戒。

㉓不休者:不休止的东西,意为对于权势名利的追求无休无止。

㉔天门:自然之门。

[译文]

孔子年纪五十一岁了,还没有闻知天道,就往南到沛地拜见老子。老子说:“你来了?我听说你是北方的贤人!你也得到天道了吗?”孔子说:“没有得道。”老子说:“你是从哪里求道的呢?”孔子说:“我从制度条款上求道,五年没有得道。”老子说:“你又从哪里求道呢?”孔子说:“我又从阴阳变化规律上求道,十二年没有得道。”

老子说:“哦,如果道可以进献于人,那么没有人不进献给国君;如果道可以进献,那么没有人不进献给双亲;如果道可以告诉人,没有人不告给兄弟;如果道可以给人,那么没有人不给予子孙。然而不能这样做,没有其他的理由,内心没有主见,道就不会停留,对外没有匹配的行为而不可行道。道由内心产生,不受外界左右,圣人就不会布道;道由外而入,内心没有主见,圣人不会藏匿。名,是公用的工具,不可以过多索取。仁义,是先王的驿馆,只可以偶尔住上一夜,不可以久住。让人多次看见,就会遭到责备。古代的至人,假借仁义行道,假借道义托身,从而遨游于逍遥自在的虚静的境界,谋生于简单耕耘就有收成的田地,站立于不用借贷就可以满足供给的园圃。逍遥,就是无为;苟且简单,容易奉养;不借贷,就没有支出。古人称之为神采真实的求道之游。认为财富重要的人,不会把俸禄让人;认为显贵重要的人,不会把名声让人。亲近权力的人,不会把权柄给人,握有权力就会害怕,舍弃权力又会悲伤,而对这些没有丝毫的鉴戒,却窥视这些无休无止,这是上天所刑戮的人。抱怨、恩赐、索取、给予、教化、劝谏、生存、诛杀八者,是正肃社会的工具,唯有遵循自然的变化而不滞碍的人,才可以运用。所以说:正,就是正肃的意思。内心以为不然的人,自然之门就不会打开。”

[原文]

孔子见老聃而语仁义。老聃曰:“夫播糠眯目[①],则天地四方易位矣[②];蚊虻噆肤[③],则通昔不寐矣[④]。夫仁义憯然[⑤],乃愤吾心,乱莫大焉[⑥]。吾子使天下无失其朴[⑦],吾子亦放风而动[⑧],总德而立矣[⑨]!又奚杰杰然若负建鼓而求亡子者邪[⑩]!夫鹄不日浴而白,乌不日黔而黑[⑪]。黑白之朴,不足以为辩;名誉之观,不足以为广。泉涸,鱼相与处于陆,相呴以湿,相濡以沫,不若相忘于江湖。”

［注释］

①播：扬。糠：谷物脱落的壳或皮。

②易位：改变方位。

③噆(zǎn)：叮咬。

④通昔：整夜。

⑤憯：同“惨”，残暴。

⑥乱：祸乱。

⑦朴：质朴。

⑧放：通“仿”，依。

⑨总：把持，把握。

⑩杰杰然：用力的样子。建鼓：大鼓。

⑪黔(qián)：染黑。

［译文］

孔子拜见老子，谈论仁义。老子说：“播撒谷物的壳皮时眯了眼睛，那么天地和四方就改变了方位；蚊子和虻虫叮咬了皮肤，那么一晚上都不能入眠。仁义太残暴了，使我愤怒，没有比它更大的祸乱了。我的先生要使天下不失去质朴的本性，你也要随着风俗而行动，把握德性而立身！又何必用力地倡导仁义，如同背着大鼓而寻求丢失的孩子呢？鸿鹄每天不洗浴，羽毛洁白，乌鸦每天不染黑，羽毛乌黑。黑白的本性，不足以辩解；名誉的显赫，不足以增加德性。泉水枯竭了，鱼儿一同困在陆地上，相互吐气沾湿对方，相互用唾沫润湿对方，这还不如遨游在江湖中忘记对方。”

［原文］

孔子见老聃归，三日不谈。弟子问曰：“夫子见老聃，亦将何规哉[①]？”孔子曰：“吾乃今于是乎见龙[②]。龙，合而成体，散而成章[③]，乘乎云气而养乎阴阳。予口张而不能噜[4]。予又何规老聃哉？"子贡曰："然则人固有尸居而龙见[5]，雷声而渊默[6]，发动如天地者乎？赐亦可得而观乎[7]？"遂以孔子声见老聃。老聃方将倨堂而应[8]，微曰[9]："予年运而往矣[10]，子将何以戒我乎？"子贡曰："夫三皇五帝之治天下不同，其系声名一也。而先生独以为非圣人，如何哉？"老聃曰："小子少进！子何以谓不同？"对曰："尧授舜，舜授禹。禹用力而汤用兵，文王顺纣而不敢逆，武王逆纣而不肯顺，故曰不同。"

老聃曰："小子少进[11]，余语汝三皇五帝之治天下：黄帝之治天下，使民心一。民有其亲死不哭而民不非也[12]。尧之治天下，使民心亲。民有为其亲杀其杀而民不非也。舜之治天下，使民心竞[13]。民孕妇十月生子，子生五月而能言，不至乎孩而始谁[14]，则人始有夭矣[15]。禹之治天下，使民心变，人有心而兵有顺，杀盗非杀人。自为种而'天下'耳[16]。是以天下大骇[17]，儒墨皆起。其作始有伦[18]，而今乎妇女，何言哉！余语汝：三皇五帝之治天下，名曰治之，而乱莫甚焉。三皇之知，上悖日月之明[19]，下睽山川之精[20]，中堕四时之施[21]。其知憯于蛎虿之尾[22]，鲜规之兽[23]，莫得安其性命之情者，而犹自以为圣人，不可耻乎？其无耻也！"子贡蹴蹴然立不安[24]。

［注释］

①规：劝说，规劝。

②龙：古代传说中的灵异神物，具有兔眼、鹿角、牛嘴、驼头、蜃腹、虎掌、鹰爪、鱼鳞、蛇身，九种动物合而为一的形象。

③章：文采。

④噜(xié)：闭合。

⑤尸居：安居而无为。龙见：像龙一样闪现。

⑥雷声而渊默：雷声一样震耳，看起来却沉默。

⑦赐：子贡，姓端木，名赐。

⑧倨：同"踞"，伸开脚坐着。

⑨微曰:小声说话。

⑩年运而往:年纪老迈了。

⑪少进:稍微上前。

⑫非:非议。

⑬心竞:心生竞争。

⑭孩:笑。谁:用作动词。

⑮夭:夭折。

⑯种:种类,同类。天下:为了天下。意为杀害盗贼不是杀人,这是为了天下人的利益而做的。

⑰大骇:大为害怕。

⑱伦:伦理。

⑲悖:违逆。明:光明。

⑳睽:乖离,背离。

㉑堕:同“隳”,毁坏。

㉒蛎虿(lì chài):古代说的蝎子一类的毒虫。

㉓鲜规之兽:吃人的猛兽。

㉔蹴蹴然:心神不安的样子。

[译文]

孔子见了老子后归来,三天不讲话。弟子问道:“先生见了老子,用什么规诫?”孔子说:“我在他那里见到了龙。龙,融合其他动物为一体,展开身形是华美的文采,驾驭着云彩,用阴阳二气养身。我与老子谈话时,张开嘴无法闭合,我又用什么来规诫老子呢?”子贡说:“然而人本来有寂然不动而像龙一样闪现,响声如雷而如深渊般沉默,行动起来与天地那么浩大的吗?我也可以去看看老子吗?”子贡于是借用孔子的声名去拜见老子。老子正伸开脚坐在堂上,轻声说:“我年纪已经大了,你将用什么来劝诫我呢?”子贡说:“三皇五帝治理天下的方法有所不同,但是他们的名声都一样大。而你却认为他们不是圣人,为什么呢?”老子说："小子，稍微上前，你用什么说明他们治理天下的方法不同？"子贡说："尧帝把天下禅让给舜帝，舜帝把天下禅让给夏禹。夏禹尽力治理天下，商汤用兵讨伐夏桀，周文王顺从纣王不敢违抗，周武王违逆纣王不肯顺从，所以说不同。"

老子说："小子，稍微上前，我来告诉你三皇五帝如何治理天下：黄帝治理天下，使民心淳朴单一。有的百姓双亲去世了不哭泣，人们不会非议。尧帝治理天下，使民心亲近。百姓孝敬双亲而爱有等级差别，人们不会非议。舜帝治理天下，使民心竞争。民间有孕妇十月生子，五个月就会说话，还不会笑就开始分辨人，从此开始就有人夭亡了。夏禹治理天下，民心大变，人们有奸诈之心，使用兵器视为正常，杀害盗贼不叫做杀人。人们自行结成同类而争夺天下。因此，天下大为惊骇，儒家、墨家顺势而出现。开始时还讲究伦理，而现在却把女人和妇女等同看待，还有什么说的呢！我告诉你：三皇五帝治理天下，名为治理，其实没有比他们更加祸乱天下的。三皇五帝的智慧，向上违背日月的光明，向下违逆山河的精华，中间毁坏四季的运行。他们的智慧比蛎虿的尾巴还要惨毒，如同吃人的猛兽，不能使人安定性命的真情，还自以为是圣人，不是太可耻了吗？他们无耻啊！"子贡小心地站在那里，心神不安。

［原文］

孔子谓老聃曰："丘治《诗》《书》《礼》《乐》《易》《春秋》六经[①]，自以为久矣，孰知其故矣[②]，以奸者七十二君[③]，论先王之道而明周、召之迹[④]，一君无所钩用[⑤]。甚矣！夫人之难说也？道之难明邪？"老子曰："幸矣，子之不遇治世之君也！夫六经，先王之陈迹也[⑥]，岂其所以迹哉？今子之所言，犹迹也。夫迹，履之所出，而迹岂履哉！夫白鶂之相视[⑦]，眸子不运而风化[⑧]；虫，雄鸣于上风，雌应于下风而风化。类自为雌雄，故风化。性不可易，命不可变，时不可止，道不可壅[⑨]。苟得于道，无自而不可；失焉者，无自而可。"

孔子不出三月，复见，曰："丘得之矣。乌鹊孺[10]，鱼傅沫[11]，细要者化[12]，有弟而兄啼。久矣，夫丘不与化为人！不与化为人，安能化人？"老子曰："可，丘得之矣！"

［注释］

①治：研究。

②孰：通"熟"，熟悉。故：事。

③奸：通"干"，干谒，谒见。七十二君：盖言其多，意为孔子谒见多个国君。

④周：周，周公旦，姓姬名旦，是周文王姬昌第四子，周武王姬发的弟弟，曾两次辅佐周武王东伐纣王，并制作礼乐，杰出的政治家、军事家、思想家、教育家，被尊为"元圣"和儒学先驱。召：召公奭，辅佐周武王灭商，并先后辅佐周成王和周康王治理天下，政通人和，贵族和平民都各得其所，开创"四十年刑措不用"的"成康之治"。他曾在一棵棠梨树下办公，人们为了纪念他，舍不得砍伐此树，《诗经·甘棠》中曾称颂此事。

⑤钩：取，取用。

⑥陈迹：过去的事迹。

⑦鶂(yì)：同"鹢"，形如鱼鹰、毛白色、能高飞的水鸟。

⑧风化：受孕。

⑨壅：堵塞。

⑩孺：孵化生子。

⑪傅沫：通过唾沫受孕。

⑫细要：细腰，指土蜂；要，通"腰"。

［译文］

孔子对老子说："我研究《诗》《书》《礼》《乐》《易》《春秋》六经，自以为时间很久了，熟悉里边的故事，因此谒见多位君主，论述先王治理天下之道，阐明周公和召公的事迹，可是，没有一个君主采纳我的主张。难啊！是这些国君难以说服，还是大道难以阐明？"老子说："幸运啊，你没有遇见治理天下的君主！六经是先王过去的事迹，岂能是事迹的缘由呢？今天你所说的话，如同足迹。足迹，是鞋子留下来的，足迹岂能是鞋子！白鶂互相注视，眼睛不动就能受孕；虫子，雄虫在上风鸣叫，雌虫在下风应和，就可以受孕。物种分雌雄，所以能受孕。本性不可改变，天性不可改变，时间不会停止，大道不可堵塞。如果得道，没有什么不可做的；失去了道，没有什么可以做的。”

孔子听了老子的话，三个月没有出门，再次拜见老子，说：“我知道了。乌鸦和喜鹊孵化而生子，鱼类通过唾沫受孕，土蜂蜕化生子，有了弟弟，哥哥因为失去宠爱而哭泣。很久了，我没有随着造化做人！不随着造化做人，怎么能教化人呢？”老子说：“可以了，你得道了。”

第十五　刻意

【题解】

凡是那些克制自己、行为崇高的人，尽管也许会在某一方面有所作为，但是，在庄子看来这些人缺乏圣人的德性，与天道是有所悖逆的。庄子首先列举了四类人，即山谷之士、平世之士、朝廷之士、导引之士，他们并不值得效仿。庄子认为，顺从自然，淡然无极，这是天地的大道，是圣人必须具备的德性。

［原文］

刻意尚行[①]，离世异俗[②]，高论怨诽[③]，为亢而已矣[④]。此山谷之士[⑤]，非世之人，枯槁赴渊者之所好也[⑥]。语仁义忠信，恭俭推让[⑦]，为修而已矣。此平世之士，教诲之人，游居学者之所好也[⑧]。语大功，立大名，礼君臣，正上下[⑨]，为治而已矣。此朝廷之士，尊主强国之人，致功并兼者之所好也。就薮泽[⑩]，处闲旷[⑪]，钓鱼闲处，无为而已矣。此江海之士，避世之人，闲暇者之所好也。吹呴呼吸[⑫]，吐故纳新，熊经鸟申[⑬]，为寿而已矣。此道引之士[⑭]，养形之人，彭祖寿考者之所好也[⑮]。若夫不刻意而高，无仁义而修，无功名而治，无江海而闲，不道引而寿，无不忘也，无不有也。淡然无极而众美从之。此天地之道，圣人之德也。

［注释］

①刻意：克制心意。尚行：行为高尚。

②离世:超脱尘世。异俗:与众不同。

③高论:高谈阔论。怨诽:抱怨时事,抨击社会。

④亢(kàng):高傲。

⑤山谷之士:山中的隐士。

⑥枯槁:身体被毁,如鲍焦、介之推等人,品德孤高,在山中被烧死。赴渊:投水自杀。如申徒获、务光、卞随等。

⑦推让:礼让。

⑧好:喜爱。

⑨正:端正。

⑩就:靠近。薮(sǒu)泽:生长着很多草的湖泽。

⑪闲旷:悠闲空阔的地方。

⑫吹呴(xū):吐气,呼吸浅为吹,呼吸长为呴,古代气功养生方法。

⑬熊经鸟申:古代一种导引养生之法,如熊之攀枝,鸟之伸展。晋代司马彪道:"熊经,若熊之攀树而引气也;鸟申,若鸟之伸也。"清代王夫之认为:"如熊之攀树,如鸟之伸颈。"解释不尽相同,其实就是模仿熊、鸟的活动形态,伸展肢体,调和气血,进行养生。

⑭道引:即导引,古代养生功法。

⑮彭祖:古代长寿之人。寿考:长寿。

[译文]

克制自己的心意,行为高尚,超脱尘世,与众不同,高谈阔论,抱怨世事,非议时政,显示高傲罢了。这是山中隐士、世外之人,为了信念甘愿献身的人所喜欢做的事情。谈论仁义忠信,恭敬节俭,推辞礼让,为了修炼身心罢了。这是治理天下、从事教化、游历定居讲学之人所喜爱的。谈论建立大功,建立大名,讲究君臣之礼,匡正上下等级,为了治理天下罢了。这是朝廷官员、尊崇君主并强盛国家、建立功业和兼并他国家之人所喜爱的。靠近水草丰美的湖泽边,住在悠闲空阔的地方,钓鱼闲处,无为闲适罢了。这是托身江海、超脱尘世、闲适无事之人所喜爱的。调整呼吸，吐故纳新，像熊一样悬身，像鸟一样伸展，是为了长寿罢了。这是导引养生、像彭祖一样长寿之人所喜爱的。如果不克制心意而行为高尚，不追求仁义而修身，不追求功名而治理天下，不在江海之间而闲适，不进行导引而长寿，没有什么不忘记，没有什么不具备，人生淡泊，没有终极，而一切美好的事情都随之而来，这是上天的大道，圣人的德性。

［原文］

故曰：夫恬惔寂漠[1]，虚无无为，此天地之平而道德之质也[2]。故曰：圣人休休焉则平易矣[3]。平易则恬惔矣。平易恬惔，则忧患不能入[4]，邪气不能袭，故其德全而神不亏[5]。故曰：圣人之生也天行，其死也物化。静而与阴同德，动而与阳同波[6]。不为福先，不为祸始[7]。感而后应[8]，迫而后动，不得已而后起。去知与故[9]，循天之理[10]。故无天灾，无物累，无人非，无鬼责。其生若浮[11]，其死若休[12]。不思虑，不豫谋。光矣而不耀[13]，信矣而不期[14]。其寝不梦，其觉无忧。其神纯粹，其魂不罢[15]。虚无恬惔，乃合天德。故曰：悲乐者，德之邪也；喜怒者，道之过也；好恶者，德之失也。故心不忧乐，德之至也；一而不变，静之至也；无所于忤[16]，虚之至也；不与物交，惔之至也；无所于逆，粹之至也[17]。故曰：形劳而不休则弊[18]，精用而不已则劳，劳则竭。水之性，不杂则清，莫动则平；郁闭而不流[19]，亦不能清，天德之象也[20]。故曰：纯粹而不杂，静一而不变，惔而无为，动而以天行，此养神之道也。

［注释］

①惔：同“淡”。寂漠：寂寞。

②平：平允，标准。质：本质。

③休休焉：淡泊的样子。

④入：侵入。

⑤亏：缺损。

⑥同波:顺应而动。

⑦祸始:祸端。

⑧感:感觉。应:反应,行动。

⑨去知:抛弃智巧。故:成见。该句意为抛弃人为的智巧和成见,自然而为。

⑩循:遵循。

⑪浮:浮沤,水面上的泡沫。因其易生易灭,常比喻变化无常的世事和短暂的生命。

⑫休:休息。把死看作疲劳休息,不曾贪恋。

⑬光矣而不耀:内心光明,而不显耀,意为修道之深,并能做到内敛。

⑭信:守信。

⑮罢:通"疲",疲劳。

⑯忤(wǔ):违逆。

⑰粹:纯一,没有杂质。

⑱弊:疲困。

⑲郁:郁结,阻滞。闭:堵塞。

⑳象:现象,象征。

[译文]

所以说:恬淡寂寞,虚寂无为,这是天地的标准和道德的本质。所以说:"圣人淡泊就会平易。平易就变得恬淡了。平易恬淡,忧愁和祸患就无法侵入,邪气不能触及,所以保全德性而精神不亏缺。所以说:圣人或者顺从自然行动,死后随万物变化。静止时具有阴气的德性,行动时顺应阳气行动。不抢先占有幸福,招惹祸端。感觉而后顺应,迫近而后行动,不得已而后奋起。抛弃智巧和成见,遵循自然之理。所以圣人没有天灾,不被外物拖累,没有人非议,没有鬼苛责。他生时如同水面上的泡沫起伏,死后如同疲劳休息而不贪恋。他不思考忧虑,不准备筹谋。内心光明而不耀眼,守信而不会期待。他睡觉不做梦,醒来后没有忧愁。他的精神纯粹,魂魄不疲累。虚静无为,恬淡闲适,符合自然的德性。所以说,悲痛和欢乐，是德性的邪端；欢喜和忿怒，违背了天道；喜好和厌恶，失去了德性。所以心里没有忧愁欢乐，这是德性的极致；纯一而不变化，这是虚静的极致；无所违逆，这是虚心的极致；不与外物交流，这是恬淡的极致；无所忤逆，这是纯粹的极致。所以说：形体劳累而不休息就会疲困，精神劳累不已就会疲劳，疲劳则会枯竭。水的特性，没有杂物就清澈，不扰动就平静；阻滞堵塞而不流动，也就不可能清澈，这是自然的德性的象征。所以说：纯粹而不混杂，虚静纯一而不变化，恬淡而无为，行动时遵循自然规律，这是保养精神之道。

［原文］

夫有干越之剑者①，柙而藏之②，不敢用也，宝之至也。精神四达并流③，无所不极，上际于天④，下蟠于地⑤，化育万物，不可为象⑥，其名为同帝⑦。纯素之道⑧，唯神是守⑨。守而勿失，与神为一。一之精通，合于天伦⑩。野语有之曰："众人重利，廉士重名⑪，贤士尚志，圣人贵精。"故素也者，谓其无所与杂也；纯也者，谓其不亏其神也。能体纯素，谓之真人。

［注释］

①干越之剑：干为吴国，越为越国，吴国和越国善于铸造宝剑。

②柙(xiá)：同"匣"，藏放东西的器具。

③四达：四面通达。并流：并，一起，意为一起流动。

④际：交会，会合。

⑤蟠：遍及，充满。

⑥不可为象：无法得到迹象。

⑦同帝：等同于天帝。

⑧纯素：纯粹朴素。

⑨唯神是守：唯有心神可以持守。郭庆藩道："守神而不丧，则精神宁静，物我两忘，身神为一。"

⑩天伦：自然的道理。

⑪廉士：廉洁之士。

［译文］

拥有吴国和越国铸造宝剑的人，把宝剑装到箱子里珍藏，不敢轻易使用。精神四面通达，一起流淌，无所不至，向上与天空交会，向下遍及大地，化生养育万物，无法找到迹象，它的名称等同于天帝。纯粹朴素的大道，唯有心神可以持守。持守而不要遗失，与精神合而为纯一。纯一精深通达，合乎自然的道理。民谚说："众人看重利益，廉洁之士看重名誉，贤人崇尚志向，圣人看重精神。"所以说朴素，就是没有杂质；纯粹，就是说不亏损精神。能够体用纯粹和朴素的道理，叫作真人。

藏有吴国和越国所造宝剑的人，把它放在匣子里珍藏，不敢轻易使用，它是珍宝中至贵的，精神向四面八方通达交流无滞，无所不至，上与天交会，下遍及大地，化生哺育万物，没有形象可见，它的名字就叫同于天帝。纯粹质朴之道，只有精神专一才能持守；持守而不遗失，使与精神合为一体；能精通这合一之道，就合乎自然之理。谚语说："多数人看重利，廉洁之士注重名声，贤人君子崇尚志向，圣人看重精神。"所以，所谓素质，就是没有杂质混入；所谓纯粹，就是不使其精神亏缺，能以纯素为体的人，就称为真人。

第十六　缮性

【题解】

庄子在前边谈了那么多治理天下的方法，以及对于人性和天道受到伤害的痛心，这一篇谈什么呢？就是如何应对的问题。缮性的“缮”字是改善、修炼的意思。缮性就是改善和修炼人性，回复到人的本性。

［原文］

缮性于俗学①，以求复其初；滑欲于俗思②，以求致其明，谓之蔽蒙之民③。

古之治道者，以恬养知④。生而无以知为也，谓之以知养恬。知与恬交相养，而和理出其性⑤。夫德，和也；道，理也。德无不容，仁也；道无不理，义也；义明而物亲，忠也；中纯实而反乎情⑥，乐也；信行容体而顺乎文⑦，礼也。礼乐遍行，则天下乱矣。彼正而蒙己德⑧，德则不冒⑨。冒则物必失其性也。古之人，在混芒之中，与一世而得淡漠焉。当是时也，阴阳和静，鬼神不扰，四时得节，万物不伤，群生不夭，人虽有知，无所用之，此之谓至一。当是时也，莫之为而常自然。

［注释］

①缮（shàn）：修缮，治理。俗学：世俗的学问，指儒家、法家等。

②滑（gǔ）：调理。欲：由外物引起之情欲、物欲。俗思：以追求名利为目标的思想。

③蔽蒙：闭塞蒙蔽。

④知:通“智”,智慧。

⑤和:平和。理:天理。性:本性。

⑥中纯实:内心纯粹充实;中,内心。

⑦信:信义。

⑧彼正:各人自我端正德性。蒙:敛藏。

⑨冒:混乱。

[译文]

用世俗的学说治理本性,以求得恢复原初状态;用世俗的思维调理欲望,以求得精神清明,这叫作闭塞蒙蔽的人。

古代修道的人,用恬淡养育智慧。生活不用智慧作为,这叫作用智慧养育恬淡的性情。智慧和恬淡互相滋养,平和与天理就从本性中产生出来。德性,就是平和;道,就是天理。德性无所不容,这是仁爱;行道无不符合天理,这是道义;道义明白而与物亲近,这是忠;内心纯粹充实而回归真情,这就是乐;信义体现在容貌和行为上而符合礼节,这是礼仪。礼乐四处推行,天下就混乱了。各人自我端正行为,敛藏自己的德性,德性就不会混乱了。德性混乱,事物必然失去本性。古代的人,生活在混沌蒙昧之中,跟世界融为一体,恬淡无为。那时,阴阳平和虚静,鬼神不会干扰,四季按照节令运行,万物不会受到伤害,各种生物不会夭折,人们虽然有智慧,没有可用之地,这叫作至一。那时,人们不需要作为而保持着自然状态。

[原文]

逮德下衰①,及燧人、伏羲始为天下②,是故顺而不一③。德又下衰,及神农、黄帝始为天下④,是故安而不顺。德又下衰,及唐、虞始为天下⑤,兴治化之流⑥,澆淳散朴⑦,离道以善,险德以行⑧,然后去性而从于心⑨。心与心识知⑩,而不足以定天下,然后附之以文⑪,益之以博。文灭质[12]，博溺心[13]，然后民始惑乱，无以反其性情而复其初。由是观之，世丧道矣，道丧世矣，世与道交相丧也。道之人何由兴乎世，世亦何由兴乎道哉！道无以兴乎世，世无以兴乎道，虽圣人不在山林之中，其德隐矣。隐故不自隐。

古之所谓隐士者，非伏其身而弗见也，非闭其言而不出也，非藏其知而不发也，时命大谬也[14]。当时命而大行乎天下，则反一无迹[15]；不当时命而大穷乎天下，则深根宁极而待[16]：此存身之道也。古之存身者，不以辩饰知，不以知穷天下，不以知穷德，危然处其所而反其性，已又何为哉！道固不小行，德固不小识。小识伤德，小行伤道。故曰：正己而已矣。乐全之谓得志[17]。

［注释］

①逮：到，及。

②燧人：燧人氏，中国上古神话中火的发明者，钻木取火，教人熟食。伏羲：发明八卦，创造文字，教人结网，用来捕鸟打猎，并教会了人们渔猎的方法，华夏民族人文先祖、三皇之一，福佑社稷之正神，我国文献记载最早的创世神。

③一：同一，纯粹。

④神农：即炎帝，又称神农氏，传说中的农业和医药的发明者，被世人尊称为“药王”、“五谷王”、“地皇”等。黄帝：古华夏部落联盟首领，征服东夷、九黎族，统一华夏部落，播百谷草木，大力发展生产，始制衣冠、建舟车、制音律、创医学等。

⑤唐：尧帝。虞：夏禹。

⑥兴：兴起。流：风气。

⑦澆：扰乱。散：离散。

⑧险德：损害道德。

⑨去：舍弃。从于心：依照各自的心智。

⑩识知：识别对方的心思。

⑪附：附带。

⑫文灭质：纹饰灭除了质朴。

⑬溺心:淹没了本心。

⑭大谬:大错。

⑮反一:返回自然。

⑯深根:深深加固根本。宁极:宁静之极。

⑰乐全:保全自在之乐。

[译文]

到了德性衰微的时代,及至燧人氏、伏羲开始治理天下,因此顺应天下而不能保持同一。德性又进一步衰微了,及至神农、黄帝开始治理天下,只能安定民心无法顺应天下。德性又更衰微了,及至唐尧、虞舜治理天下,兴起治理教化的风气,扰乱醇厚,离散质朴,背离天道,教民向善,危害道德而行动,然后舍弃本性而听从于心智。心与心感知,而不足以安定天下,然后附带文饰,增加博学。文饰消灭了质朴,博学淹没了本心,然后百姓开始困惑,无法返归本性而恢复到初心。由此来看,世人丧失了天道,天道失去了世人,世人与天道互相丧失了对方。有道之人如何兴盛世间,世间也如何兴盛天道啊!天道无法在世间振兴,世间无法兴盛天道。即使圣人不在山林中隐居,他们的德性也隐藏了。隐士本来不是隐藏自己的。

古代所说的隐士,不是隐藏自身而不出现,不是闭嘴而不说话,不是隐藏智慧而不发声,时代和天命都大错了。当时代和天命在天下大行其道,那么就返归纯一而没有形迹;当时代和天命不应当行于天下,穷困不已,那么就深深固定根本,宁静之极,等待时机,这是保存自身的方法。古代保存自己的人,不用巧辩文饰知识,不用智巧穷尽天下,不用智巧穷尽德性,超然地生活在自己的位置,返归本性,自己又何必作为呢?天道本来不是小的行为,德性本来不是小的见识。小的见识伤害德性,小的行为伤害天道。所以说,端正自己就行了。保持天性的快乐叫作得志。

[原文]

古之所谓得志者,非轩冕之谓也①,谓其无以益其乐而已矣②。今之所谓得志者,轩冕之谓也。轩冕在身,非性命也,物之傥来③,寄者也。寄之,其来不可圉④,其去不可止。故不为轩冕肆志⑤,不为穷约趋俗⑥,其乐彼与此同,无忧而已矣!今寄去则不乐。由是观之,虽乐,未尝不荒也。故曰:丧己于物,失性于俗者,谓之倒置之民⑦。

[注释]

①轩冕:古代官员的车子和官帽,代指官职。

②益其乐:增加他的快乐。形容极致的快乐,无以复加。

③傥(tǎng)来:偶然得来,或意外得来。指身外之物,不是自身所常有的。

④圉(yǔ):通“御”,抵挡,防御。

⑤肆:放纵,放肆。

⑥穷约:穷困,贫贱;约,卑微,卑下。

⑦倒置之民:颠倒了本性的人。

[译文]

古代所说的得志的人,不是官位的意思,说的是无法增加他的快乐而已。今天所说的得志的人,是官位的意思。高官厚禄加身,不属于本性和天命,是偶然得来的事物,寄存的东西。寄存的东西,它来时不能抵御,离开时不可阻止。所以不为官位放纵志向,不为穷困趋附世俗,他们的快乐彼此相同,所以没有忧虑!今天寄存的东西失去了就不快乐。由此来看,即使快乐,不曾不是迷乱。所以说,在事物中丧失自己,在世俗中失去本性,叫作本末颠倒了的人。

第十七　秋水

【题解】

这是神采飞扬、引人注目的名篇，包含了深刻的哲理和辩证思维，令人百读不厌，发人深思。该篇充满了深刻的认识论、辩证法思想，关于小与大、普遍性与特殊性、时间与空间的关系，关于濠水桥上鱼之乐的精彩对话，启人智慧，引人思考。庄子所追求的快乐，是人生的智慧，是超然于尘世的快乐，是一种大乐。他追求美好的人生境界，对于功名富贵视若敝屣。

[原文]

秋水时至，百川灌河。泾流之大[①]，两涘渚崖之间[②]，不辩牛马。于是焉河伯欣然自喜[③]，以天下之美为尽在己。顺流而东行，至于北海，东面而视，不见水端。于是焉河伯始旋其面目[④]，望洋向若而叹曰[⑤]："野语有之曰[⑥]：'闻道百，以为莫己若者。'我之谓也。且夫我尝闻少仲尼之闻而轻伯夷之义者[⑦]，始吾弗信。今我睹子之难穷也，吾非至于子之门则殆矣[⑧]，吾长见笑于大方之家[⑨]。"

北海若曰："井蛙不可以语于海者，拘于虚也[⑩]；夏虫不可以语于冰者，笃于时也[⑪]；曲士不可以语于道者[⑫]，束于教也。今尔出于崖涘，观于大海，乃知尔丑[⑬]，尔将可与语大理矣。天下之水，莫大于海，万川归之，不知何时止而不盈；尾闾泄之[⑭]，不知何时已而不虚[⑮]；春秋不变，水旱不知。此其过江河之流，不可为量数。而吾未尝以此自多者，自以比形于天地，而受气于阴阳，吾在于天地之间，犹小石小木之在大山也。方存乎见少，又奚以自多！计四海之在天地之间也，不似礨空之在大泽乎[16]？计中国之在海内，不似稊米之在太仓乎[17]？号物之数谓之万[18]，人处一焉；人卒九州[19]，谷食之所生，舟车之所通，人处一焉。此其比万物也，不似豪末之在于马体乎[20]？五帝之所连[21]，三王之所争[22]，仁人之所忧，任士之所劳[23]，尽此矣！伯夷辞之以为名，仲尼语之以为博。此其自多也，不似尔向之自多于水乎？”

［注释］

①泾流：流量。

②两涘：涘，水边，意为两岸。渚(zhǔ)：水中小块陆地。崖：山边。

③河伯：古代神话中的黄河水神。

④旋其面目：改变了面色。

⑤若：海若，古代神话中的海神。

⑥野语：俗语。

⑦少：贬低。仲尼：孔子，字仲尼。轻：轻视。伯夷：商末孤竹国(今河北)人，第七任君主亚微的长子，孤竹君以弟弟叔齐为继承人。及父死，叔齐让位于伯夷，伯夷以为违逆父命，遂逃之，叔齐亦逃之。周武王讨伐纣王，二人不满武王身为藩属讨伐君主，力谏不听，于是不食周粟，以重义清高著称。

⑧殆：危险。

⑨大方之家：懂得大道理的人；大方，大道理。

⑩虚：通“墟”，指井蛙所生活的井里。拘：拘束，限制。

⑪笃：忠实，限制。时：季节。

⑫曲士：见识狭隘的人。

⑬丑：陋劣，鄙陋。

⑭尾闾：古代传说中海水所归之处。

⑮已：停止。虚：空，水尽。

⑯礨(lěi)空：蚁穴；礨，小穴。

⑰稊(tí)米:小米。太仓:古时京城的粮仓。

⑱号物:称作物质。

⑲人卒九州:人们尽在九州;卒,尽,全部。

⑳豪末:毫毛的末端;豪,通"毫"。

㉑连:连续,意为禅让天下。

㉒三王:夏禹,商汤,周文王。

㉓任士:以天下为己任的人。劳:操劳。

[译文]

秋水按照时令降临,千百条溪流灌入黄河。流量之广大,两岸和山崖之间,辨不清牛马。于是,河神欣然喜悦,认为天下的壮美都在这里。河神顺着河流向东行进,来到了北海,向东方望去,看不见水边。于是,河神改变了得意的神色,望着大海向着海神感叹说:"俗语说:'听说了许多道理,自以为没有人比得上自己。'我就是这样的人。况且我曾经听说有人贬低孔子的见闻,轻视伯夷的大义,我开始相信了。今天我看你难以穷尽,我不来到你这里就很危险了,我长时间被懂得大道理的人笑话啊。"

北海之神说:"对井里的青蛙,不能告诉大海的浩瀚,这是因为它局限于所居住的地方;对于夏天的虫子不能谈论冰,因为它受到季节的限制;对于见识狭隘的人,不能谈论大道,因为他拘泥于所受的教育。现在你走出河岸,在大海观看,才知道你的鄙劣,我将可以和你谈论大道理了。天下的水流,没有比大海浩大的,千万条河流汇入大海,不知道什么时候停止,却不会流满;它的尾闾泄水,不知道什么时候泄尽;不因春秋季节变化,对于水涝和大旱没有知觉。超过了江河流水,不可计量。而我未尝认为自己浩大,我的形体存在于天地之间,秉受了阴阳之气,我在天地之间,犹如小石块小木棍在大山中一样渺小。我认为自己的存在渺小,又哪里会自以为广大呢!计算四海在天地之间,不就像蚁穴在大水中渺小吗？计算中国在海内，不就像小米在京城的粮仓里渺小吗？号称事物的数量成千上万，人不过处于一地；人们住满九州大地，谷物所生长的地方，车船所通往的地方，每个人只是其中一员。人与万物相比，不就像毫毛的末端存在于马身上吗？五帝的禅让，三王的纷争，仁人所忧虑的，任士所操劳的，都在于此。伯夷辞让王位为了名声，孔子言谈显得博大。这都是自认为博大，不就像你先前认为比北海大吗？"

［原文］

河伯曰："然则吾大天地而小豪末，可乎？"北海若曰："否。夫物，量无穷①，时无止，分无常②，终始无故。是故大知观于远近③，故小而不寡④，大而不多⑤，知量无穷。证曏今故⑥，故遥而不闷⑦，掇而不跂⑧，知时无止。察乎盈虚⑨，故得而不喜，失而不忧，知分之无常也。明乎坦涂⑩，故生而不说，死而不祸，知终始之不可故也⑪。计人之所知，不若其所不知；其生之时，不若未生之时；以其至小，求穷其至大之域，是故迷乱而不能自得也。由此观之，又何以知毫末之足以定至细之倪⑫，又何以知天地之足以穷至大之域⑬！"

［注释］

①量：体积。

②分：分际，命运。无常：意为事物的分际命运没有常态，始终处于变化之中。

③大知：具有大智慧的人。

④小而不寡：小的事物其实包含的东西并不少。

⑤大而不多：大的事物相比较而言，并不一定大。

⑥曏(xiǎng)：明。今故：今古。

⑦遥：长，指寿命。闷：同"昧"，幽昧，昏暗。

⑧掇(duō)：短，指寿命。跂(qǐ)：同"企"，企望，追求。

⑨盈虚：盈满与空虚，形容事物发展变化。

⑩坦涂:平坦的道路。

⑪故:同“固”,意为固定不变。

⑫定:一定,确定。倪:端倪,头绪。

⑬域:区域,疆域。

[译文]

河神说:“那么,我以为天地为大,毫末为小,可以吗?”海神说:“不行。大凡物质,体积无法穷尽,时间无休无止,命运没有常态,始终没有定因。因此,大智慧的人观察事物的远近,认为小的事物包含的东西并不少,大的事物相比较而言并不一定多,他明白事物的体量是无穷的。求证古今,所以对于长寿不感到幽昧,对于短命没有企望,因为时间是没有止境的。观察盈虚的变化,所以得而不喜,失而不忧,因为命运是无常的。认识大道的坦途,所以活着不刻意喜悦,死亡不认为是祸患,明白始终不是固定不变的。计算人所知道的,不如他不知道的多;生命的时间,不如没有生命的时间长;用至小的生命,追求无穷的疆域,因此迷惑混乱无法自得。由此看来,又怎么知道毫毛的末端,就一定是最细的端倪,又怎么知道天地足以穷尽最大的疆域!”

[原文]

河伯曰:“世之议者皆曰:‘至精无形[①],至大不可围[②]。’是信情乎[③]?”北海若曰:“夫自细视大者不尽,自大视细者不明。夫精,小之微也;垺[④],大之殷也[⑤]:故异便[⑥]。此势之有也[⑦]。夫精粗者,期于有形者也[⑧];无形者,数之所不能分也[⑨];不可围者,数之所不能穷也。可以言论者,物之粗也;可以意致者[⑩],物之精也;言之所不能论,意之所不能察致者,不期精粗焉。是故大人之行:不出乎害人,不多仁恩;动不为利,不贱门隶[⑪];货财弗争,不多辞让;事焉不借人[⑫],不多食乎力,不贱贪污;行殊乎俗,不多辟异[⑬];为在从众[⑭],不贱佞谄[⑮];世之爵禄不足以为劝[⑯],戮耻不足以为辱[⑰];

知是非之不可为分，细大之不可为倪[18]。闻曰：‘道人不闻，至德不得，大人无己。’约分之至也[19]。”

［注释］

①精：精微，指微小的物质。

②围：范围。

③信情：真实的情形。

④垺：同“郛”，古代城郭外围的大城。

⑤殷：盛大。

⑥异便：分别，分辨；便，通“辨”，辨别。

⑦势：情势。

⑧期于：体现。

⑨分：划分。

⑩意致：用思维达到的。

⑪门隶：守门的仆役。

⑫事：做事。

⑬辟异：乖僻怪异。

⑭从众：顺从众人。

⑮佞谄：巧言谄媚的人。

⑯劝：劝勉，勉励。

⑰戮耻：刑罚和羞耻。

⑱倪：标准。

⑲约分：约束本分。

［译文］

河神说：“世间议论的人都说：‘至为精微的物质没有形状，至为庞大的物质没有范围。’这是真实的情形吗？”海神说：“从细小的物质看待庞大的物质没有穷尽，从庞大的物质看待细小的物质不清楚。精，是小中更细微的;没有范围的庞大,是大之外更大的:所以是可以分辨的。这是情势所规定的。精和粗,是体现在有形的物质中;无形的物质,用数字无法区分;没有范围的物质,数字是无法穷尽的。可以用语言表达的,是物质的粗的事物;可以用思维表达的,是精细的物质;言语无法表达,思维不能明察达到,不限定于精微和粗大的物质。因此,大人的行为,不做害人的事,不夸赞仁爱和恩德;行动不为名利,不轻贱守门的仆役;不争夺货物财富,不夸赞辞让;做事不依靠他人,不夸赞自食其力,不轻贱贪婪的行为;行为不同于世俗,也不自诩乖僻奇异;行为顺从众人,不轻贱巧言谄媚的人;世间的爵位俸禄,不足以鼓励自己,刑罚和羞耻不足以感到羞耻,精细和庞大没有分际。听人说:'道人默默无闻,至德之人无所谓得,大人没有自己。'他们约束本分达到极致了。"

［原文］

河伯曰:"若物之外[①],若物之内,恶至而倪贵贱[②]?恶至而倪小大?"北海若曰:"以道观之,物无贵贱;以物观之,自贵而相贱;以俗观之,贵贱不在己[③]。以差观之[④],因其所大而大之,则万物莫不大;因其所小而小之,则万物莫不小。知天地之为稊米也,知毫末之为丘山也,则差数睹矣[⑤]。以功观之,因其所有而有之,则万物莫不有;因其所无而无之,则万物莫不无。知东西之相反而不可以相无,则功分定矣[⑥]。以趣观之[⑦],因其所然而然之,则万物莫不然;因其所非而非之,则万物莫不非。知尧、桀之自然而相非[⑧],则趣操睹矣[⑨]。昔者尧、舜让而帝[⑩],之、哙让而绝[⑪];汤、武争而王[⑫],白公争而灭[⑬]。由此观之,争让之礼,尧、桀之行,贵贱有时,未可以为常也。

梁丽可以冲城而不可以窒穴[⑭],言殊器也;骐骥骅骝一日而驰千里[⑮],捕鼠不如狸狌[⑯],言殊技也;鸱鸺夜撮蚤[⑰],察毫末,昼出瞋目而不见丘山[⑱],言殊性也[⑲]。故曰:盖师是而无非[⑳],师治而无乱乎?是未明天地之理,万物之情者也。是犹师天而无地,师阴而无阳,其不可行明矣!然且语而不舍，非愚则诬也！帝王殊禅㉑，三代殊继㉒。差其时㉓，逆其俗者，谓之篡夫㉔；当其时，顺其俗者，谓之义之徒。默默乎河伯，女恶知贵贱之门㉕，小大之家㉖！”

［注释］

①若：那么。

②恶至：何从。倪：划分。

③不在己：不由自己决定。

④差：差异，差别。

⑤差数睹矣：差异的数值就看清了。

⑥功分：功能，性质。

⑦趣：通“趋”，趋向。

⑧相非：互相否定对方。

⑨趣操：取向，指价值取向。

⑩让：禅让。意为通过和平、民主的推举，把王位让给不同姓的贤能的人，尧帝就是通过这样的方式，把王位让给舜帝的。

⑪之、哙让而绝：之，燕国宰相子之，哙，燕王哙，燕王哙效法尧舜禅让的方式，把王位让给宰相子之，遭到国人的反对，燕国大乱，齐国乘机攻打燕国，杀死了燕王哙和宰相子之。

⑫汤、武争而王。商汤王反对夏桀的暴政，消灭了夏朝，建立商朝，成为国王。周武王反对商纣王，经过牧野之战，灭亡了商朝，成为国王。

⑬白公争而灭：白公，即白公胜，楚平王的孙子。白公胜之父太子建因遭费无极陷害，携家人逃到郑国被人杀死。后来，楚国令尹子西将白公胜召回楚国，封为巢邑大夫。白公胜发动叛乱，杀死令尹子西与司马子期，囚禁楚惠王。不久叶公率军勤王，攻打白公胜。白公胜兵败，自缢而死。

⑭梁丽：建筑时使用的大木材。梁，屋梁；丽，屋栋。冲：冲撞，意为作战时用木头冲开城门。窒：阻塞。

⑮骐骥：千里马。骅骝：周穆王“八骏”之一，泛指骏马。

⑯狸狌（lí shēng）：野猫。

⑰鸱鸺(chī xiāo):即鸱鸮,猫头鹰。撮蚤:抓跳蚤。

⑱瞋(chēn)目:睁大眼睛。

⑲殊性:生理性能不同。

⑳师:师法,学习。

㉑帝王殊禅:五帝三王禅让的形式不一样。

㉒殊继:夏商周三代王位继承形式不一样。

㉓差其时:不合时代潮流。

㉔篡夫:篡权的人。

㉕女恶知:你怎么知道。

㉖小大之家:小大的界限。

[译文]

河神说:"那么对物质的外表,或者物质的内在,从哪里来分辨贵贱呢?从哪里区别大小呢?"北海神说:"用天道看待,物体没有贵贱之分;从物体来看,认为自己高贵,互相贬低对方;用世俗的观念来看,贵贱不由自己掌控;用事物的差异来看,循着事物的大的方面说大,那么万物没有不大的;循着小的方面说小,那么万物没有不小的。认识天地如同小米,认识毫末如同山丘,那么可以看到事物差异的数值。以事物的功能来看,循着事物的有而说有,那么万物莫不拥有,循着事物的缺乏说缺乏,那么万物没有不欠缺的。认识了东和西方位相反而不可以彼此缺少,那么就确定了事物的功能。从事物的趋向来看,循着所肯定来肯定,那么万物没有不肯定;循着不对的加以否定,那么万物没有不是否定的。认识尧帝和夏桀自然否定对方,那么就可以看到事物的价值取向了。从前尧舜禅让成为帝王,子之、燕王哙禅让而自身灭亡;商汤王和周武王发动战争而成为国王,白公胜发动战争自杀而亡。由此来看,争夺和禅让的方式,尧帝和夏桀的行为,贵贱因时而异,没有常规。

大木材可以冲开城门,不能阻塞洞穴,这是说器用不同;千里马一天可以奔驰千里，捕捉老鼠还不如野猫，这是说技能不同；猫头鹰夜里抓跳蚤，可以观察毫毛的末端，白天出来瞪大眼睛看不见山丘，这是说性能不同。所以说：何不师法对的祛除不对的，师法治理而不要混乱呢？这是没有认识天地的道理，万物的实情。这犹如师法天而没有地，师法阴而没有阳，不可行是很明白的！然而有人还是说个不停，不是愚昧就是污蔑啊！五帝三王传授王位方式不同，夏商周三代继承王位方式不同。因时而异，违逆世俗规定的，称作篡位的人；合乎时代，顺应世俗的人，称作合乎道义的人。沉默不语的河神，你怎么知道贵贱的分别，大小的界定呢！”

［原文］

河伯曰："然则我何为乎①？何不为乎？吾辞受趣舍②，吾终奈何？"北海若曰："以道观之，何贵何贱，是谓反衍③；无拘而志④，与道大蹇⑤。何少何多，是谓谢施⑥；无一而行，与道参差⑦。严乎若国之有君⑧，其无私德；繇繇乎若祭之有社⑨，其无私福；泛泛乎其若四方之无穷⑩，其无所畛域⑪。兼怀万物，其孰承翼⑫？是谓无方⑬。万物一齐，孰短孰长？道无终始，物有死生，不恃其成⑭。一虚一满，不位乎其形⑮。年不可举⑯，时不可止。消息盈虚⑰，终则有始。是所以语大义之方⑱，论万物之理也。物之生也，若骤若驰。无动而不变，无时而不移。何为乎，何不为乎？夫固将自化⑲。"

［注释］

①然则：既然这样。

②辞：拒绝。受：接受。趣：选取。舍：舍弃。

③反衍：相反转变。衍，推演，发展。意为道朝着相反的方向发展变化。

④无拘：不要限制。而志：你的志向。

⑤蹇（jiǎn）：阻塞。

⑥谢施：代谢转化。意为多和少相互转化，不是固定不变的。

⑦参差:长短不齐,意为与道有差异。

⑧严:通“俨”,俨然,庄重威严的样子。

⑨繇繇(yáo):自得的样子。若祭之有社:像祭祀时的社神没有偏私。

⑩泛泛乎:水波荡漾的样子,意为神态自由自在的样子。

⑪畛(zhěn)域:界限。

⑫承翼:护佑。

⑬无方:没有定见。

⑭恃:依赖,依仗。

⑮位:处于,占有。

⑯举:取得。

⑰消息:衰亡与生息。

⑱大义之方:大道的规则。

⑲自化:依照自己的属性发生变化。

[译文]

河神说:“既然如此,我做什么呢?不做什么呢?我拒绝接受,选取舍弃,我终究怎么办呢?”海神说:“用大道来观察,什么尊贵什么轻贱,这说的是互相转变的过程;不要限制你的志向,而使大道阻塞。什么少,什么多,这叫作代谢转化;不遵守道而行动,就会与道有差异。庄重威严的样子像国君,没有偏私恩泽;自得的样子像祭祀时的灶神,没有偏私福分;自由自在的样子好像四方无穷无尽,无所谓界限。并且胸怀万物,还会护佑谁呢?这就叫作无方。万物是齐一的,谁是短的谁是长的?大道没有始终,事物有死有生,不是一成不变的。一时空虚一时盈满,不占有一定的形状。年月不可取得,时间不可停止。衰亡生息,盈满空虚,终而复始。这是所说的大道的规则,谈论的是万物的道理啊。万物的生成,如疾驰的奔马,无不在运动变化,无不在推移转化。做什么呢?不做什么呢?万物本来就是依据自己的特性变化的。”

[原文]

河伯曰："然则何贵于道邪？"北海若曰："知道者必达于理，达于理者必明于权①，明于权者不以物害己。至德者，火弗能热，水弗能溺，寒暑弗能害，禽兽弗能贼②。非谓其薄之也③，言察乎安危，宁于祸福④，谨于去就⑤，莫之能害也。故曰：'天在内，人在外，德在乎天。'知天人之行，本乎天⑥，位乎得⑦，蹢躅而屈伸⑧，反要而语极⑨。"曰："何谓天？何谓人？"北海若曰："牛马四足，是谓天；落马首，穿牛鼻，是谓人。故曰：'无以人灭天，无以故灭命，无以得殉名⑩。谨守而勿失，是谓反其真。'"

[注释]

①权：权变，变通。

②贼：贼害，伤害。

③薄：迫近，冒犯。

④宁：宁静，平静。

⑤去就：进退取舍。

⑥本乎天：以天为本。

⑦位乎得：居于应得的位置。

⑧蹢(zhí)躅：即踯躅，徘徊不定的样子。

⑨反要：返归根本。语极：言语达到极致。

⑩殉名：为名利而献身。

[译文]

河神说："既然如此，道有什么可贵之处呢？"海神说："认识道的人必须认识理，认识理的人必须明白权变，明白权变的人不会让外物损害自己。至德之人，烈火不能灼烧，洪水不能淹没，寒暑不能伤害，禽兽不能贼害。不是说他们不受伤害，而是说他们明察安危，平静对待祸福，谨慎地决定进退取舍，没有什么能伤害。所以说：'天道存在于内心，人为的因素属于外因，德行在于顺从自然。'明白天人的行为，根本在于自然，居于应得的位置，徘徊而且屈伸，返归大道的要旨，而且语言达到了极致。"河神说："什么叫作天性？什么叫人为？"海神说："牛马的四个蹄子，叫作天性；给马套上笼头，给牛穿上鼻绳，这叫做人为。所以说：'不要人为地毁灭天性，不要无故地毁灭天命，不要贪得而献身名利。谨慎地守护天性不要丧失，这叫作返归本真。'"

［原文］

夔怜蚿[①]，蚿怜蛇，蛇怜风，风怜目，目怜心。夔谓蚿曰："吾以一足趻踔而行[②]，予无如矣。今子之使万足，独奈何？"蚿曰："不然。子不见夫唾者乎[③]？喷则大者如珠，小者如雾，杂而下者不可胜数也。今予动吾天机[④]，而不知其所以然。"蚿谓蛇曰："吾以众足行，而不及子之无足，何也？"蛇曰："夫天机之所动，何可易邪？吾安用足哉！"蛇谓风曰："予动吾脊胁而行[⑤]，则有似也。今子蓬蓬然起于北海[⑥]，蓬蓬然入于南海，而似无有，何也？"风曰："然，予蓬蓬然起于北海而入于南海也，然而指我则胜我[⑦]，鳍我亦胜我[⑧]。虽然，夫折大木，蜚大屋者[⑨]，唯我能也。"故以众小不胜为大胜也。为大胜者，唯圣人能之。

［注释］

①夔(kuí)：古代传说中的独足异兽。怜：羡慕。蚿(xián)，一种节肢动物，有很多足。

②趻踔(chěn chuō)：跳着走。

③唾：啐，从嘴里吐出来。

④天机：天生的机能。

⑤脊胁：脊背与胸部。

⑥蓬蓬然：风吹动时盛大的气势。

⑦指我则胜我：用手指就能战胜我。

⑧䲡(qiū)：踩踏。

⑨蜚：通“飞”，意为刮飞大屋。

［译文］

独足的夔羡慕多足的蚿，多足的蚿羡慕无足的蛇，无足的蛇羡慕风，风羡慕眼睛，眼睛羡慕心。夔对蚿说：“我用一只足跳跃着走路，我没有办法啊。现在你用许多足走路，怎么做到的？”蚿说：“不是这样的。你没有看见咳唾的人吗？喷出的唾液，大的像珠子，小的像雾，混杂而下的唾沫不可计算。现在我运用我天生的机能，而不知道这是怎么回事。”蚿对蛇说：“我用许多足走路，而赶不上没有足的你，为什么呢？”蛇说：“这是天生的机能所运行的，怎么可以改变呢？我怎么会用上足呢？”蛇对风说：“我运用脊背和胸部走路，就像有足一样。现在，你从北海吹动时气势盛大，一直吹到南海，却像没有形迹一样，为什么呢？”风说：“我从北海气势盛大地吹到南海，然而手指就可穿过而战胜我，用足踩踏也可战胜我。即使这样，吹断高大的树木，吹飞庞大的屋宇，只有我能做到。”所以说，失去小的胜利，才能有大的胜利。取得大的胜利，只有圣人能够做到。

［原文］

孔子游于匡①，宋人围之数匝②，而弦歌不惙③。子路入见，曰：“何夫子之娱也④？”孔子曰：“来，吾语女。我讳穷久矣⑤，而不免，命也；求通久矣⑥，而不得，时也⑦。当尧、舜而天下无穷人⑧，非知得也⑨；当桀、纣而天下无通人，非知失也⑩：时势适然⑪。夫水行不避蛟龙者，渔父之勇也；陆行不避兕虎者⑫，猎夫之勇也；白刃交于前，视死若生者，烈士之勇也；知穷之有命，知通之有时，临大难而不惧者，圣人之勇也。由⑬，处矣⑭！吾命有所制矣！”无几何，将甲者进⑮，辞曰：“以为阳虎也⑯，故围之；今非也，请辞而退。”

[注释]

①匡:春秋时卫国小城。

②数匝(zā):几圈。据《史记·孔子世家》载,孔子离开卫国去,鲁国匡地。当地人听说后,还以为是鲁国的阳虎。阳虎以前凌辱匡地的人,人们因此团团把孔子围住。

③惙(chuò):通"辍",中止,停止。

④娱:快乐。

⑤讳穷:忌怕穷困。

⑥求通:祈求通达。

⑦时:时机。

⑧穷人:穷困的人。

⑨非知得:并非用智慧获得。

⑩非知失:并非智慧失误。

⑪适然:造成这样。

⑫兕(sī):犀牛。

⑬由:子路名仲由。

⑭处矣:安心处于这种情势吧。

⑮将甲者:统帅甲士的将领;将,率领。

⑯阳虎:又名阳货,春秋后期鲁国人,季孙氏家臣,把持鲁国大权达三年之久。在鲁定公六年,他带兵侵略匡邑,与匡人结仇。

[译文]

孔子游历匡城,宋国人把它层层包围起来,孔子弹琴唱歌不停。子路进来见孔子,说:"先生为什么这么快乐呢?"孔子说:"过来,我告诉你。我忌怕穷困太久了,而未能幸免,这是命运啊;我祈求通达久了,而没有得到,这是时势啊。处在尧舜的年代,天下没有穷困的人,不是他们通过智慧获得的;处在夏桀和纣王的年代,天下没有通达的人,不是他们智力低劣,这是时势造成这样的。在水中游泳不怕蛟龙,这是渔父的勇敢;在陆地行走不避开犀牛和猛虎,这是猎人的勇敢;雪亮的刀交叉于面前，视死如归，这是烈士的勇敢；知道穷困由于命运，知道通达由于时势，面临大难而不恐惧，这是圣人的勇敢。子路，安心待在这里吧！我的命运有所限制！”没有多久，率领士兵的将领进来了，道歉说：“我们以为是阳虎，所以包围了你们；现在错了，请求致歉告退。”

［原文］

公孙龙问于魏牟曰[1]：“龙少学先王之道，长而明仁义之行；合同异[2]，离坚白，然不然[3]，可不可[4]；困百家之知，穷众口之辩：吾自以为至达已。今吾闻庄子之言，汒焉异之[5]。不知论之不及与？知之弗若与？今吾无所开吾喙[6]，敢问其方？”

公子牟隐机大息[7]，仰天而笑曰：“子独不闻夫坎井之蛙乎[8]？谓东海之鳖曰：‘吾乐与！出跳梁乎井干之上[9]，入休乎缺甃之崖[10]。赴水则接腋持颐[11]，蹶泥则没足灭跗[12]。还虷蟹与科斗[13]，莫吾能若也。且夫擅一壑之水，而跨跱坎井之乐[14]，此亦至矣。夫子奚不时来入观乎？’东海之鳖左足未入，而右膝已絷矣[15]。于是逡巡而却[16]，告之海曰：‘夫千里之远，不足以举其大；千仞之高，不足以极其深。禹之时，十年九潦[17]，而水弗为加益；汤之时，八年七旱，而崖不为加损。夫不为顷久推移[18]，不以多少进退者，此亦东海之大乐也。’于是坎井之蛙闻之，適適然惊[19]，规规然自失也[20]。

“且夫知不知是非之竟，而犹欲观于庄子之言，是犹使蚊负山，商蚷驰河也[21]，必不胜任矣。且夫知不知论极妙之言，而自适一时之利者，是非坎井之蛙与？且彼方跐黄泉而登大皇[22]，无南无北，奭然四解[23]，沦于不测[24]；无东无西，始于玄冥[25]，反于大通[26]。子乃规规然而求之以察，索之以辩，是直用管窥天[27]，用锥指地也，不亦小乎？子往矣！且子独不闻夫寿陵余子之学行于邯郸与[28]？未得国能[29]，又失其故行矣，直匍匐而归耳[30]。今子不去，将忘子之故[31]，失子之业。”

公孙龙口呿而不合[32]，舌举而不下，乃逸而走[33]。

[注释]

①公孙龙:战同时期赵国平原君的门客,字子秉,名家哲学的代表人物,提出了“离坚白”、“白马非马”等命题。论证一般与个别的关系,强调“白马”(个别)与“马”(一般)的区别,得出“白马非马”的结论。对于认识论和逻辑学具有重要贡献,诸子百家中有重要地位。魏牟:战国时魏国人,中山国的王子,与公孙龙是朋友。

②合同异:战国惠施学派的基本观点,认为一切事物的差别、对立是相对的,强调差异之中有同一,认为“至大无外,谓之大一;至小无内,谓之小一”,万物毕同于“一”,被称为合同异派。

③然不然:说不然为然。

④可不可:说不可为可。

⑤汒:通“茫”,茫然。

⑥喙(huì):鸟嘴,此指人口。

⑦隐机大息:靠在桌子上大声叹息。

⑧坎井:浅井。

⑨跳梁:同“跳踉”,跳跃。井干:井边的栏杆。

⑩休:休憩。甃:砖砌的井壁。崖:边。

⑪接腋持颐:用双臂托起面颊。

⑫蹶(jué):踏,踩。灭跗(fū):淹没脚背。

⑬还:回头看。虷:蚊子的幼虫。蟹:螃蟹。科斗:同“蝌蚪”,青蛙的幼虫。

⑭跨跱(zhì):跨着腿站立。

⑮絷(zhí):束缚,绊住。意为坎井狭小,鳖身躯巨大,刚踏进一只脚就被绊住了。

⑯逡(qūn)巡:有所顾虑而徘徊不前。却:退却。

⑰潦:同“涝”,雨水过多。

⑱顷:暂时,短暂。推移:改变,变化。

⑲適適然:害怕的样子。

⑳规规然:拘谨不安的样子。

㉑商蚷(jù):虫名,又名马蚿、马陆,多足小虫,不能游泳。

㉒跐(cǐ):踩,踏。黄泉:地下泉水。大皇:天。

㉓奭(shì)然:神情消散的样子。四解:四面通达。

㉔沦于不侧:进入不可预测的地方。

㉕玄冥:玄妙幽远的境界。

㉖反欲大通:返归无不通达的地方。

㉗用管窥天:通过竹管观察天,意为眼界狭隘。

㉘余子:年幼未服役的男子,指少年。

㉙国能:赵国人的技能。

㉚直:竟然。

㉛故:原来的技能。

㉜呿(qū):张开口。

㉝逸:逃。走:跑。

[译文]

公孙龙问好友魏牟道:"我少年时学习先王之道,长大后认识仁义之行;可以论证同异之间的道理,阐述坚白之间的关系,把不对的论证为对的,把不可能的说成可能;困窘百家的学说,驳倒众人的辩解:我自以为至为通达了。现在听了庄子的话,心里茫然惊异。不知道我的论述比不上他?还是知识不如他?现在我不知怎么讲话了,请问这是什么道理?"

魏牟靠在桌子上叹息,仰天大笑说:"你唯独没有听说浅井的青蛙吗?它对东海的大鳖说:'我快乐啊!我出来跳到浅井的栏杆上,进到井里在井壁的破砖上休息。游进水里张着双臂,托起面颊。踩在泥里就淹没了脚背。回头看着蚊子、螃蟹和蝌蚪,没有像我这样自如的。况且拥有一井之水,跳跃浅井的乐趣,这也是一种至乐啊!你为什么不来我这里看看呢?'东海的大鳖左脚还没有进入井里,而右膝已经被束缚住了。于是有所顾虑而徘徊不前,终于退出来了,它告诉青蛙大海的样子:'千里邈远,不足以形容大海的浩瀚;千仞高大,不足以形容大海的深邃。大禹的时代,十年有九年雨水过多,而海水没有增加;商汤的时代,八年有九年旱灾,而海岸没有减损。大海不因为时间的长短变化,不因为雨水的多少进退，这就是东海的最大乐趣。'于是，浅井里的青蛙听了后，露出惊讶不已的样子，拘谨不安好像失去了自己。况且，你的智力还不能认识是非的境界，而还想了解庄子的思想，这犹如蚊蝇背负大山，商蚷游泳过河，必定不能胜任。

"况且你的智力不能认识到极为高妙的言论，而自己满足于一时口舌之利，这不是浅井的青蛙吗？况且庄子的议论有脚踏黄泉，头顶青天的气势，没有南北方向，自在消散的样子，四面通达，进入一种不可预测的境地；没有东西方向，起始于玄妙幽冥的地方，返回到至为通达的境界。你只知道琐碎地辩解而求得明察，在辩论中得到道理，这简直是通过竹管观察天空，用锥子指着大地一样，这不是太渺小了吗？你走吧！况且你唯独没有听说过寿陵的少年到邯郸学习走路吗？没有得到赵国的技能，却失去了以前的技能，只好爬着回家了。现在你不离开，将要忘记你的学问，失去你的事业。"

公孙龙听了魏牟的话后，张开嘴合不住，舌头打结，就逃走了。

[原文]

庄子钓于濮水①。楚王使大夫二人往先焉②，曰："愿以境内累矣③！"庄子持竿不顾④，曰："吾闻楚有神龟，死已三千岁矣。王巾笥而藏之庙堂之上⑤。此龟者，宁其死为留骨而贵乎？宁其生而曳尾于涂中乎⑥？"二大夫曰："宁生而曳尾涂中。"庄子曰："往矣！吾将曳尾于涂中。"

[注释]

①濮(pú)水：穿过濮阳，流经古菏泽区域的一条河流。

②楚王：楚威王。往先：先去邀请并说明来意。

③愿以境内累：希望把国家政事交给你。《史记·老庄申韩列传》载："威王闻庄周贤，使使厚币聘之，许以为相。"

④不顾：不回头看。

⑤巾笥(sì):用丝巾包裹放进竹制箱子。

⑥曳尾:摇着尾巴爬行。涂:泥。

［译文］

庄子在濮水边垂钓。楚威王派两位大夫先来邀请致意,说:“楚王希望把国家政务交给你!”庄子拿着鱼竿不回头,说:“我听说楚国有只神龟,已经死了三千年了。楚王用丝巾包裹放进竹制箱子,藏在庙堂之上。这只神龟,宁可死后留下甲骨而获得尊贵呢?宁可拖着尾巴生活于泥中呢?”两位大夫说:“它宁可拖着尾巴生活在泥中。”庄子说:“你们走啊!我将拖着尾巴生活在泥中。”

［原文］

惠子相梁①,庄子往见之。或谓惠子曰:“庄子来,欲代子相。”于是惠子恐,搜于国中三日三夜。庄子往见之,曰:“南方有鸟,其名为鹓鶵②,子知之乎?夫鹓鶵发于南海而飞于北海,非梧桐不止,非练实不食③,非醴泉不饮④。于是鸱得腐鼠⑤,鹓鶵过之,仰而视之曰:‘吓!’今子欲以子之梁国而吓我邪?”

庄子与惠子游于濠梁之上⑥。庄子曰:“鯈鱼出游从容⑦,是鱼之乐也。”惠子曰:“子非鱼,安知鱼之乐?”庄子曰:“子非我,安知我不知鱼之乐?”惠子曰“我非子,固不知子矣;子固非鱼也,子之不知鱼之乐,全矣!”庄子曰:“请循其本⑧。子曰‘汝安知鱼乐’云者,既已知吾知之而问我,我知之濠上也。”

［注释］

①惠子:惠施,战国中期宋国商丘(今河南商丘)人,名家学派的主要代表人物,庄子好友。

②鹓(yuān)鸰(chú):古书上指凤凰一类的鸟,喻高贵的人。

③练实:竹实。

④醴泉:甜酒般甘美的泉水。

⑤鸱:又名鹞鹰,一种凶猛的鸟。

⑥濠:古水名,在安徽凤阳县境内。梁:桥。

⑦鯈(shū):一种白色的小鱼。

⑧循其本:追寻争论的根源。

[译文]

惠子在梁国担任宰相,庄子去拜见他。有人对惠子说:“庄子来了,想代替你的相位。”于是,惠子害怕了,派人在国内连续三天三夜搜寻庄子。庄子去见惠子,说:“南方有一种鸟,名字叫作鹓鶵,你知道它吗?鹓鶵从南海出发飞向北海,不是梧桐树不肯休息,不是竹实不吃,不是甜酒般甘美的泉水不喝。此时,鹞鹰得到一只腐烂的死老鼠,鹓鶵正好飞过,鹞鹰仰头看着说:‘吓!’现在你想用你的梁国吓唬我吗?”

庄子与惠子在濠水的桥上游玩。庄子说:“白鱼在水中从容自在地游泳,这是鱼的乐趣。”惠子说:“你不是鱼,怎么知道鱼的乐趣?”庄子说:“你不是我,怎么知道我不知道鱼的乐趣?”惠子说:“我不是你,本来不知道你;你本来不是鱼,所以你不知道鱼的乐趣,我说全了!”庄子说:“请寻求争论的本源。你说‘你怎么知道鱼的乐趣’这句话,已经知道我知道鱼的乐趣才问我,我是在濠水的桥上知道的。”

第十八　至乐

【题解】

人们一谈到庄子，就说他超尘脱俗，寄情山水，追求无为的人生境界。其实，庄子不是一个无为的人，也不是一个出世的人。为什么呢？他操心太多了，既要探索宇宙的大道，又要关心治理天下的大事，还要与诸子百家争论是非，同时还关注人世的幸福和快乐，你能说庄子无为吗？能说他超脱吗？可是，庄子的的确确告诉人们要无为，要效法天地无为的精神，主张无为的价值观。我想，庄子终其一生殚思竭虑，孜孜不倦，研究宇宙大道、天下治理和世道人心，无非就是揭示世界的真谛，给芸芸众生指出生活的道路，那就是两个字：无为。

［原文］

天下有至乐无有哉？有可以活身者无有哉？今奚为奚据[①]？奚避奚处[②]？奚就奚去[③]？奚乐奚恶？夫天下之所尊者，富贵寿善也；所乐者，身安厚味美服好色音声也；所下者[④]，贫贱夭恶也；所苦者，身不得安逸，口不得厚味，形不得美服，目不得好色，耳不得音声。若不得者，则大忧以惧，其为形也亦愚哉[⑤]！夫富者，苦身疾作[⑥]，多积财而不得尽用，其为形也亦外矣[⑦]！夫贵者，夜以继日，思虑善否[⑧]，其为形也亦疏矣[⑨]！人之生也，与忧俱生。寿者惛惛[⑩]，久忧不死，何苦也！其为形也亦远矣！烈士为天下见善矣[⑪]，未足以活身。吾未知善之诚善邪[⑫]？诚不善邪？若以为善矣，不足活身；以为不善矣，足以活人。故曰："忠谏不听，蹲循勿争[⑬]。"故夫子胥争之[⑭]，以残其形;不争,名亦不成。诚有善无有哉?

今俗之所为与其所乐,吾又未知乐之果乐邪[15]?果不乐邪?吾观夫俗之所乐,举群趣者[16],誙誙然如将不得已[17],而皆曰乐者,吾未之乐也[18],亦未之不乐也。果有乐无有哉?吾以无为诚乐矣,又俗之所大苦也。故曰:"至乐无乐,至誉无誉。"天下是非果未可定也。虽然,无为可以定是非。至乐活身,唯无为几存[19]。请尝试言之:天无为以之清,地无为以之宁[20]。故两无为相合,万物皆化生。芒乎芴乎[21],而无从出乎!芴乎芒乎,而无有象乎!万物职职[22],皆从无为殖[23]。故曰:"天地无为也而无不为也。"人也孰能得无为哉!

[注释]

①奚:何。为:作为。据:依据。

②避:回避。处:居。

③就:靠近。去:离开。

④下:卑下,鄙视。

⑤为形:养身。

⑥苦身:辛苦身体。疾作:迅速做事。

⑦外:外行。意为对养身一无所知,是个外行。

⑧善否(pǐ):善恶;否:恶,壅塞。

⑨疏:疏远,意为背离。

⑩惛(hūn)惛:精神昏乱,神志不清。

⑪烈士:为正义而献身的人。

⑫诚:实在,的确。

⑬蹲循:逡巡,退却。

⑭子胥:伍员,春秋末期吴国大夫、军事家,多次劝谏吴王夫差杀勾践未果。夫差率大军攻齐,伍子胥再度劝谏夫差暂不攻齐而先灭越遭拒,夫差听信太宰伯嚭谗言,令其自杀。

⑮果:果然。

⑯举群趣者:人群都追求的东西。

⑰諲諲(kēng)然:一定要取得的样子。

⑱未之乐:不认为是快乐。

⑲几:接近。

⑳宁:安宁。意为无为安宁而化生万物。

㉑芒:通“茫”,蒙昧。芴(hū):恍惚。茫然无知的样子。

㉒职职:繁多的样子,《宋史·乐志十二》:“丰年穰穰,美芳职职。”

㉓殖:繁殖,意为生成万物。

[译文]

天下有没有至乐呢?有没有可以保全生命的方法呢?现在应当做什么又依据什么?避开什么又安心什么?接近什么又离开什么?喜欢什么又厌恶什么?天下所推崇的,是富有尊贵,长寿美名;所喜爱的,是身体安逸,美味佳肴,服饰华丽,色彩美丽,音声美好;所鄙视的,是贫穷低贱,夭折恶名;所痛苦的,是身体不能安逸,口不能吃到美食,身体不能穿上华美的衣服,眼睛看不到美好的颜色,耳朵听不到美好的声音。如果得不到这些,就十分忧虑恐惧,这样保养身体也太愚昧了!富有的人,劳苦身体,加快做事,广积财富,不能尽情享用,这样保养身体也太外行了!尊贵的人,夜以继日,思虑善恶,这样保养身体也太疏远了!人生下来,与忧虑同生。长寿的人精神昏乱神志不清,长久担忧不死去,何等痛苦啊!这样保养身体也太疏远了!

烈士被天下人赞美,却不能活。我不知道这种善确实是善还是不善呢?如果认为这就是善,却不足以活命;认为是不善,却足以活命。所以说:“忠心劝谏而不听从,退下来不要抗争。”所以伍子胥抗争,失去了生命;不抗争,不成美名。有没有善呢?

现在世俗的人所做和所快乐的,我不知道果然快乐呢?果然不快乐呢?我观察世俗所谓的快乐,人们都极力追求,一定要取得的样子将不能停止，而人们都说快乐的，我认为不一定是快乐，也不一定不快乐。果真有没有快乐呢？我认为无为确实快乐，而世俗的人认为是大苦。所以说："最大的快乐没有快乐，最大的名声没有名声。"天下是非确实不是恒定的。虽然这样，无为可以判定是非。最大的快乐可以保存生命，唯有无为可以做到。请让我试着说明：天由于无为而清明，地无为而安宁。所以天和地无为结合，万物都得到了生命。蒙昧啊，恍惚啊，好像无从所出！蒙昧啊，恍惚啊，好像没有形状！万物繁多，都是从无为中繁殖出来的。所以说："天地无为而无不为。"人啊，谁能懂得无为的道理呢！

［原文］

庄子妻死，惠子吊之，庄子则方箕踞鼓盆而歌①。惠子曰："与人居②，长子③、老、身死，不哭亦足矣，又鼓盆而歌，不亦甚乎④！"庄子曰："不然。是其始死也，我独何能无概⑤！然察其始而本无生，非徒无生也，而本无形；非徒无形也，而本无气。杂乎芒芴之间⑥，变而有气，气变而有形，形变而有生。今又变而之死。是相与为春秋冬夏四时行也⑦。人且偃然寝于巨室⑧，而我噭噭然随而哭之，自以为不通乎命⑨，故止也。"

支离叔与滑介叔观于冥伯之丘⑩，昆仑之虚⑪，黄帝之所休。俄而柳生其左肘⑫，其意蹶蹶然恶之⑬。支离叔曰："子恶之乎？"滑介叔曰："亡⑭，予何恶！生者，假借也⑮。假之而生生者，尘垢也。死生为昼夜。且吾与子观化而化及我，我又何恶焉！"

［注释］

①方：正在。箕踞：伸开两腿而坐，其形如簸箕。鼓盆：边敲击瓦盆边唱歌。

②与人居：与妻子在一起生活。

③长子：把孩子养大。

④甚：过分。

⑤无概：没有感慨。

⑥杂：混合。芒芴：亦作“芒忽”，形容不可辨认，不可捉摸。

⑦行：运行。

⑧偃：休息。

⑨通：明白。

⑩支离叔、滑介叔：虚拟的人名。支离表示忘形，滑介表示忘智。冥伯之丘：喻幽冥恍惚的境界。

⑪虚：通“墟”。

⑫俄而：一会儿。柳：通“瘤”。

⑬蹶蹶（jué）然：惊动的样子。恶：厌恶。

⑭亡：通“无”。

⑮假借：凭借阴阳二气和五行而生。

［译文］

庄子妻子死了，惠子去吊唁，庄子伸着腿坐着，边敲盆边唱歌。惠子说：“与妻子在一起生活，给你养大孩子，年纪老了，然后死了，不哭也就罢了，又敲盆唱歌，不也太过分了吗？”庄子说：“不对。当她刚死的时候，我怎么能没有感慨呢！然后，察知她开始本来没有生命，不仅没有生命，而且本来没有形体；不但没有形体，而且本来没有气。她混合于不可辨认和捉摸的境地，在变化中获得了气，气变化而有了形体，形体变化而有了生命。现在，又变化而死了。这是与春夏秋冬四季运行一样的啊。她已经安静地在天地的大屋中休息，而我哭泣不止，我认为真是不明白生命的道理，所以就不哭了。”

支离叔与滑介叔在幽冥恍惚的丘陵，昆仑的荒野上观赏风景，这是黄帝曾经休息的地方。一会儿滑介叔左肘上长了一个瘤子，他心里惊动并厌恶这个瘤子。支离叔说：“你厌恶它吗？”滑介叔说：“不，我有什么厌恶的呢！生命，是假借产生的。假借阴阳二气和五行形成的身体上长出的东西，是尘垢而已。死生如昼夜交替，况且我与你观察万物变化，而变化发生在我的身上,我又有什么厌恶的呢?”

[原文]

庄子之楚[①],见空髑髅,髐然有形[②]。撽以马捶[③],因而问之,曰:“夫子贪生失理而为此乎?将子有亡国之事[④]、斧钺之诛而为此乎?将子有不善之行,愧遗父母妻子之丑而为此乎[⑤]?将子有冻馁之患而为此乎?将子之春秋故及此乎[⑥]?”于是语卒[⑦],援髑髅,枕而卧。夜半,髑髅见梦曰[⑧]:“子之谈者似辩士,视子所言,皆生人之累也,死则无此矣。子欲闻死之说乎?”庄子曰:“然。”髑髅曰:“死,无君于上,无臣于下,亦无四时之事,从然以天地为春秋[⑨],虽南面王乐[⑩],不能过也[⑪]。”庄子不信,曰:“吾使司命复生子形[⑫],为子骨肉肌肤,反子父母[⑬]、妻子、闾里、知识,子欲之乎?”髑髅深矉蹙额曰[⑭]:“吾安能弃南面王乐而复为人间之劳乎!”

[注释]

①之:往,到。

②髐然:髐,同“髇”,意为骨骼枯空而破损的样子。

③撽(qiào):从旁边敲打。马捶:马鞭;捶通“箠”。

④将:抑或,意为推测。患:祸患。

⑤遗:留给,给予。

⑥春秋:年纪。

⑦卒:完毕,终了。

⑧见:通“现”,显现。

⑨从:通“纵”,放纵自由的意思。

⑩南面王乐:古代国王坐北面南,意为南面称王的快乐。

⑪过:超过。

⑫司命:掌握生命的神灵。

⑬反:通“返”,返回。

⑭矉:通“颦”,皱眉头。

［译文］

庄子去楚国，见到一颗死人的骷髅，骨头干枯是人的形状。庄子用鞭子从旁边敲打，然而问道："你是贪图生命，违背天理而失去生命的吗？你是面临亡国之事、遭受斧钺杀害而成了这样吗？抑或是做了坏事、内心惭愧而怕给父母妻子儿女留下耻辱而死的吗？抑或是遭受挨冻受饿的忧患而死的吗？抑或是年纪老了而去世的吗？"庄子说完话后，拉过来骷髅，枕在上边睡下了。半夜，骷髅出现在庄子的梦里，说："你谈话像个善辩之人，观察你的言论，都是人生的拖累，死了就没有拖累了。你想听我说关于死的观点吗？"庄子说："好。"骷髅说："人死了之后，在上没有国君，在下没有臣子，也没有四季的辛劳，放纵自由地与天地长存，即使南面称王的乐趣，也不能超过啊。"庄子不信，说："我让掌管生命的神灵恢复你的生命，给你长上骨肉肌肤，返回到你的父母、妻子、乡里、朋友之间，你愿意这样吗？"骷髅深深地皱着眉头说："我怎么能抛弃南面为王的乐趣，而又回到人间操劳呢？"

［原文］

颜渊东之齐[①]，孔子有忧色。子贡下席而问曰[②]："小子敢问：回东之齐，夫子有忧色，何邪？"孔子曰："善哉汝问。昔者管子有言[③]，丘甚善之，曰：'褚小者不可以怀大[④]，绠短者不可以汲深[⑤]。'夫若是者，以为命有所成而形有所适也[⑥]，夫不可损益。吾恐回与齐侯言尧、舜、黄帝之道，而重以燧人[⑦]、神农之言。彼将内求于己而不得，不得则惑，人惑则死。且女独不闻邪？昔者海鸟止于鲁郊[⑧]，鲁侯御而觞之于庙[⑨]，奏九韶以为乐[⑩]，具太牢以为膳[⑪]。鸟乃眩视忧悲[⑫]，不敢食一脔[⑬]，不敢饮一杯，三日而死。此以己养养鸟也，非以鸟养养鸟也。夫以鸟养养鸟者，宜栖之深林，游之坛陆[⑭]，浮之江湖，食之鳅鲦[⑮]，随行列而止，逶迤而处。彼唯人言之恶闻，奚以夫譊譊为乎[⑯]！咸池九韶之乐[⑰]，张之洞庭之野[⑱]，鸟闻之而飞，兽闻之而走，鱼闻之而下入，人卒闻之，相与还而观之。鱼处水而生，人处水而死。彼必相与异，其好恶故异也。故先圣不一其能，不同其事。名止于实，义设于适[19]，是之谓条达而福持[20]。”

[注释]

①之：往，到。

②下席：走下席位。

③管子：名夷吾，字仲，谥敬，春秋时期齐国的宰相，在任内大兴改革，富国强兵，被誉为“法家先驱”、“圣人之师”、“华夏第一相“。

④褚(zhǔ)：装衣服的袋子。怀大：装大的东西。

⑤绠(gěng)：汲水的绳子，意为才力不能胜任。

⑥命有所成：命运有定数。适：合宜。

⑦重：看重。

⑧海鸟：鸟名，《左传·文公二年》：“海鸟曰爰居，止于鲁东门之外三日。臧文仲使国人祭之，展禽曰：‘越哉，臧孙之为政也！夫祀，国之大节也；而节，政之所成也。故慎制礼以为国典。今无故而加典，非政之宜也。’”

⑨御：通“迓”，迎接。觞之：用酒招待。

⑩九韶：舜帝时期的雅乐。

⑪太牢：古代帝王祭祀社稷时，牛、羊、豕三牲全备为“太牢”。行祭前需先饲养于牢，故这类牺牲称为牢。根据牺牲搭配的种类不同而有太牢、少牢之分。少牢只有羊、豕，没有牛。由于祭祀者和祭祀对象不同，所用牺牲的规格也有所区别，天子祭祀社稷用太牢，诸侯祭祀用少牢。

⑫眩视：迷乱困惑地看着。

⑬脔(luán)：切成的肉块。

⑭坛陆：水中的陆地。

⑮鳅：泥鳅。鲦：苍条鱼。

⑯奚以：何以。譊譊(náo)：喧嚷，争辩。

⑰咸池：黄帝和尧帝时期的乐曲。

⑱洞庭：广漠的原野。

⑲义设于适：义理制订要符合实情。

⑳条达:条理通达。福持:拥有幸福。

[译文]

颜渊向东去了齐国，孔子面有忧色。子贡走下席位问道:“弟子请问:颜渊向东去了齐国,先生面有忧色,为什么呢？”孔子说:“你问得好啊。从前管子有句话,我很赞同,他说:‘小袋子不能放大东西,短井绳不能汲取深井的水。’这么说,因为命运有所成就，身体有所适宜,不能够减少和增加。我恐怕颜渊与齐侯谈论尧帝、舜帝和黄帝的治国之道,又看重燧人氏和神农氏的言论。齐侯听了后内心思索而不能想通,不能想通就困惑,困惑就会产生杀心。况且,你唯独没有听说吗?从前有一种海鸟,飞到了鲁国的郊外,鲁侯把它迎进了太庙,用美酒招待,演奏黄帝和尧帝时代的乐曲,准备祭祀时的猪牛羊让它食用,海鸟于是迷乱困惑,忧愁悲伤,不敢吃一小块肉,不敢喝一杯酒,三天后就死了。这是用养自己的方法养鸟,不是用养鸟的方法养鸟。用养鸟的方法养鸟,就要让鸟栖息在深林里,遨游在水中的陆地,漂浮在江湖之上,吃泥鳅和鱼,跟随着鸟群的行列飞翔,随心所欲地生活。鸟唯独讨厌人的声音,为何要这样喧嚷纷乱呢!咸池和九韶这样的乐曲,在广袤的原野上演奏,鸟听到后飞走了,野兽听到后逃跑了,鱼听到后潜入水下,而人听到后围在一起观赏。鱼在水里生存,人生活在水里就会死亡。物种不同,好恶自然不同。所以先前的圣人认为人们具有不同的能力,各做不同的事情。名声要与实际符合,义理的制订要符合实情,这叫作条理通达,保持福祉。

[原文]

列子行①,食于道,从见百岁髑髅,攓蓬而指之曰②:“唯予与汝知而未尝死③、未尝生也。若果养乎④?予果欢乎?”种有几⑤,得水则为继⑥,得水土之际则为蛙蠙之衣⑦,生于陵屯则为陵舄⑧,陵舄得郁栖则为乌足⑨,乌足之根为蛴螬⑩,其叶为胡蝶⑪。胡蝶胥也化而为虫⑫,生于灶下,其状若脱[13]，其名为鸲掇[14]。鸲掇千日为鸟，其名为干余骨[15]。干余骨之沫为斯弥[16]，斯弥为食醯[17]。颐辂生乎食醯[18]，黄軦生乎九猷[19]，瞀芮生乎腐蠸[20]，羊奚比乎不箰[21]，久竹生青宁[22]，青宁生程[23]，程生马，马生人[24]，人又反入于机[25]。万物皆出于机，皆入于机。"

［注释］

①列子：姓列，名御寇，郑国圃田（今河南省郑州市）人，先秦时期哲学家。

②搴（qiān）：同"搴"，拔取。蓬：多年生草本植物，花白色，中心黄色，叶似柳叶，子实有毛。

③而：你。

④养：俞樾认为，养当为"恙"，意为忧愁。

⑤几：微，意为微妙。形容物种变化微妙，一般人难以理解。

⑥继：水舄。意为润气生物，从无生有，更相继续。

⑦蛙蠙之衣：生长在水边而覆盖蛙蚌之类的水草；蠙：蚌类。

⑧陵屯：丘陵。陵舄（xì）：车前草。

⑨郁栖：粪土。乌足：草名。

⑩蛴螬（qí cáo）：又名白土蚕，金龟甲的幼虫。

⑪胡蝶：蝴蝶。

⑫胥：片刻，一会儿。

⑬脱：通"蜕"，蜕皮。

⑭鸲掇（qū duō）：一种幼虫。

⑮干余骨：鸟名。

⑯斯弥：虫名。

⑰食醯（xī）：醋。

⑱颐辂（lù）：蠛蠓，意为醋放久后，孳生出虫子。

⑲黄軦（kuàng）：虫名。九猷：虫名。

⑳瞀芮：虫名。腐蠸（quán）：萤火虫。

㉑羊奚：竹蓐。比：比邻，连接。不箰：不生笋的竹子。

㉒久竹:老竹子。青宁:竹根虫。

㉓程:赤虫。

㉔程生马,马生人:诸本多误,不解。

㉕机:同“几”,意为万物的微妙变化。

[译文]

列子旅行时,在路边吃饭,看到一个百年骷髅,他拨开蓬草,指着它说:“唯有我和你知道你没有死,也没有活着。你果然有忧愁吗?我果然欢乐吗?”物种有精微的变化,在水中变为继,水土相连的地方长成覆盖蛙蚌之类的水草。生长在丘陵上成为车前草,车前草长在粪堆上变为乌足草。乌足草的根腐烂后变作白土蚕,叶子变为蝴蝶。蝴蝶不久变为虫子,生长在锅灶下边,它的形状好像蜕了皮,名字叫作鸲掇。鸲掇过了一千多天变作了鸟,名字叫作干余骨。干余骨的唾沫变作斯弥虫,斯弥虫变作了醋。醋中滋生了颐辂,黄轵从九猷中生出来,瞀芮虫从萤火虫中生来,羊奚生于不长笋的竹子,老竹子生出了竹根虫,竹根虫生出了赤虫,赤虫生出了马,马生出了人,人又返归于物种的微妙变化。万物从精微之中产生,返归于精微之妙。

第十九　达生

【题解】

所谓的达生，就是通达生命的真情，明白生命的真谛。世界是五光十色的，各种各样的诱惑充斥在我们的周围，有的如天上的星星一样可望而不可即，有的近在眼前却又稍纵即逝。那么，我们怎么办呢？庄子说：认识生命真谛的人，不必追求生命所不需要的东西；认识命运真情的人，不会追求无法改变的东西。

[原文]

达生之情者[1]，不务生之所无以为[2]；达命之情者，不务知之所无奈何[3]。养形必先之以物[4]，物有余而形不养者有之矣。有生必先无离形[5]，形不离而生亡者有之矣。生之来不能却[6]，其去不能止。悲夫！世之人以为养形足以存生，而养形果不足以存生，则世奚足为哉[7]！虽不足为而不可不为者，其为不免矣！夫欲免为形者，莫如弃世[8]。弃世则无累[9]，无累则正平[10]，正平则与彼更生[11]，更生则几矣[12]！事奚足弃而生奚足遗？弃事则形不劳，遗生则精不亏[13]。夫形全精复，与天为一[14]。天地者，万物之父母也。合则成体[15]，散则成始[16]。形精不亏，是谓能移[17]。精而又精，反以相天[18]。

［注释］

①达：通达。

②务：追求。

③无奈何：无法做到的。

④养：养护，保养。

⑤无离形：不能离开身体，意为身体是养生的必要条件，身体不存，一切都是空谈。

⑥却：拒绝。

⑦奚足为：何足做。

⑧弃世：抛开世事。

⑨累：累赘。

⑩正平：内心正大平和。

⑪更生：更新生命。

⑫几：精微，指接近道。

⑬精不亏：精神不亏损。

⑭一：同一，意为与天道合一。

⑮合则成体：天地交合形成形体。

⑯散则成始：天地静止为万物之开始。

⑰能移：能够随着阴阳运动变化推移。

⑱相：辅助。

［译文］

通达生命真情的人，不追求生命中不能做到的；通达命运真情的人，不追求智力所无能为力的。护养身体必先依赖物质，物质有余而不能护养身体的人是有的。保养生命必先依赖物质，物质有余而无法保养身体的人是存在的。生命降临了不能拒绝，生命失去了不能阻止。可悲啊！世人认为保养身体足以保存生命，然而，保养身体确实不足以保持生命，那么世上还有什么足以做的呢！即使不足以做而不可不做的，那么这样做是不可避免的！想要避免身体劳累，不如抛开世事。抛开世事，就没有累赘，没有累赘就会心态正大平和，正大平和就会随同自然更新生命，更新生命就接近了道！世事何足以抛弃？生命何足以遗忘？抛弃世事身体不劳累，遗忘生命精神不亏损。保全身体恢复精神，与自然同一。天地，是万物的父母。天地相合形成万物的形体，天地静止万物开始生存。身体和精神不亏损，这叫作能够随着阴阳变化推移。精神不断地完美，返而辅助自然。

［原文］

子列子问关尹曰①："至人潜行不窒②，蹈火不热③，行乎万物之上而不栗④。请问何以至于此？"关尹曰："是纯气之守也⑤，非知巧果敢之列⑥。居⑦，予语女。凡有貌象声色者，皆物也，物与物何以相远！夫奚足以至乎先⑧？是色而已。则物之造乎不形⑨，而止乎无所化⑩。夫得是而穷之者⑪，物焉得而止焉⑫！彼将处乎不淫之度⑬，而藏乎无端之纪⑭，游乎万物之所终始。壹其性⑮，养其气，合其德⑯，以通乎物之所造。夫若是者，其天守全⑰，其神无郤，物奚自入焉！夫醉者之坠车，虽疾不死。骨节与人同而犯害与人异，其神全也。乘亦不知也，坠亦不知也，死生惊惧不入乎其胸中，是故遻物而不慴⑱。彼得全于酒而犹若是，而况得全于天乎？圣人藏于天，故莫之能伤也。复仇者，不折镆干⑲；虽有忮心者⑳，不怨飘瓦㉑，是以天下平均㉒。故无攻战之乱，无杀戮之刑者，由此道也。不开人之天，而开天之天，开天者德生，开人者贼生㉓。不厌其天㉔，不忽于人，民几乎以其真㉕。"

［注释］

①子列子：即列子。关尹：春秋时人，字公文，道书中称作关令尹喜，后得道成仙，号文始先生，证位为无上真人、玉清上相，为天府四相之一。《古今图书集成》载："时人莫知老子西游，关尹喜见紫气，知有真人当过，物而遮之，果得老子。"于是，关尹执弟子礼，向老子请教，老子亦知其奇，应其所求，著《道德经》五千余言，留传世上，并

尽传关尹以内外修炼之法。

②潜行不窒:入水行走不窒塞。

③蹈:踩,践踏。

④栗:因害怕或寒冷肢体颤抖。

⑤纯气:纯和之气。

⑥知:通“智”,智力。巧:机巧。

⑦居:坐下。

⑧奚足:何足。至乎先:达到占先的位置。

⑨造:创造。不形:没有形体,意为道。

⑩无所化:无所变化,意为道无所变,故能变化于万物。

⑪穷:推究。

⑫焉:怎么,哪里。止:阻止,妨碍。

⑬彼:指得道之人。处乎:处于。不淫之度:不过分的界限,意为不偏不倚。

⑭藏:隐匿。无端之纪:大道无端无绪,不始不终,意为圣人藏迹于混沌而无纪纲的恍惚之乡;纪,纪纲。

⑮壹:同“一”。

⑯合:合乎。

⑰天:自然禀赋。

⑱遻(è):同“遌”,遇到。慴(shè):同“慑”,惊惧。

⑲折:折断。镆干:莫邪和干将,意为宝剑。干将,春秋时人,是楚国最有名的铸造师,他打造的剑锋利无比。楚王知道了,就命令干将为他铸宝剑。后与其妻莫邪奉命为楚王铸成宝剑两把,一曰干将,一曰莫邪(也作镆铘)。由于知道楚王性格乖戾,特在将雌剑献于楚王之前,将其雄剑托付其妻传给其子,后果真被楚王所杀。其子成人后成功完成父亲遗愿,将楚王杀死,为父报仇。

⑳忮(zhì)心:害人之心,

㉑不怨飘瓦:不怨恨被风吹落的瓦片。意为即使怨恨之心很重的人,被飘落的瓦片砸了,不会怨恨瓦片,因为瓦片无心伤人,所以不会怨恨。

㉒平均:平等均衡。

㉓贼生:贼害生命。

㉔厌:满足。

㉕几:接近。真:本真,本性。

[译文]

列子问关令尹喜:"至人潜入水中行走不会窒息,踩到火上不会灼烧,行于万物的上边不害怕发抖。请问用什么达到这种境界?"关令尹喜说:"这是持守了纯和之气,不属于智力机巧和果决勇敢的类型。坐下来,我告诉你。凡是有形象声色的,都是物质,物质和物质为何差别很远?为什么有的物质足以占据领先的位置?物质都是形色罢了。那么物质都是无形的道创造出来的,休止于没有变化的虚静的道之中。得到天道并能推究的人,具体的物体怎么能妨碍他呢!他将处于不偏不倚的境界,隐匿于无端无绪作为纲纪的恍惚之乡,遨游于万物的始终。性情与天同一,培养元气,合乎德性,通达于创造万物的天道。像这样的人,他的天性守护完备,他的精神没有亏损,外物怎么能侵犯他呢!喝醉酒的人从车上坠落,即使速度很快也不会死亡。他的骨骼与一般人一样,受到的伤害却不一样,这是因为精神完备。乘车时没有知觉,坠落时没有感觉,死生惊怕不能进入心中,因此遇到坠落而不害怕。他喝醉了得以保全精神,都能做到这样,何况得以保全天生的禀赋呢?圣人隐匿于天道之中,所以没有什么能伤害。复仇的人,不会折断宝剑;即使有害人之心,也不会抱怨随风飘落而砸伤自己的瓦片,因此天下平等均衡。所以没有战争的祸乱,没有杀戮的刑罚,都是因为这个道理。不开发人的智力,而开发自然的天赋。开发自然的天赋就会产生德性,开发人的智巧就会贼害生命。不要满足于禀赋,不要疏忽对于人的认识,百姓几乎可以回到本真了。

[原文]

仲尼适楚[①],出于林中,见佝偻者承蜩[②],犹掇之也[③]。仲尼曰:"子巧乎，有道邪？”曰：“我有道也。五六月累丸二而不坠[4]，则失者锱铢；累三而不坠，则失者十一；累五而不坠，犹掇之也。吾处身也，若橛株拘[5]；吾执臂也[6]，若槁木之枝。虽天地之大，万物之多，而唯蜩翼之知。吾不反不侧[7]，不以万物易蜩之翼[8]，何为而不得！”孔子顾谓弟子曰[9]：“用志不分，乃凝于神[10]。其佝偻丈人之谓乎[11]！”

颜渊问仲尼曰：“吾尝济乎觞深之渊[12]，津人操舟若神[13]。吾问焉曰[14]：‘操舟可学邪？’曰：‘可。善游者数能[15]。若乃夫没人，则未尝见舟而便操之也。’吾问焉而不吾告，敢问何谓也？”仲尼曰：“善游者数能，忘水也；若乃夫没人之未尝见舟而便操之也，彼视渊若陵[16]，视舟之覆，犹其车却也[17]。覆却万方陈乎前而不得入其舍[18]，恶往而不暇[19]！以瓦注者巧[20]，以钩注者惮[21]，以黄金注者殙[22]。其巧一也，而有所矜[23]，则重外也。凡外重者内拙[24]。”

[注释]

①适：往，到。

②痀偻(gōu lóu)：驼背。蜩(tiáo)：蝉。

③掇：拾取，摘取。

④累：重叠放置。

⑤橛株拘：直立的枯树干。

⑥执臂：控制胳臂。

⑦不反不侧：身体不翻来覆去，形容专心致志，内心宁静。

⑧易：改变。

⑨顾：回头看。

⑩凝：集中。

⑪丈人：男性老人。

⑫济：渡，过河。觞深：水名。

⑬津人：渡口的船夫。操舟：划船。

⑭焉：此，指这种技能。

⑮数能:多次练习能够做到。

⑯陵:山陵,大土丘。

⑰车却:倒车。

⑱覆却:翻船倒车。万方:各种事端。陈:陈列。舍:心。

⑲恶往:去哪里。暇:闲暇,形容悠闲自在。

⑳瓦:瓦片。注:下赌注。巧:技巧高超。

㉑钩:腰带钩,比瓦片值钱。惮:怕,忌惮。

㉒殙(hūn):昏乱。黄金为贵重之物,胜负非同小可,影响心情。

㉓矜(jīn):局促。

㉔拙:笨拙。

［译文］

孔子去楚国,经过一片树林,见到一个驼背的老人捕蝉,如同拾取一样容易。孔子问道:“你的技术巧妙啊,有诀窍吗?”老人说:“我有诀窍。练习五六个月时,在竹竿上重叠放两个弹丸不掉下,那么失误很少;在竹竿上放三个弹丸不掉下,失误率十分之一;在竹竿上放五个弹丸,捕蝉如同拾取。我捕蝉时,身体如同直立的树干,我控制胳臂,如同枯干的树枝。虽然天地广大,万物众多,而我只关注蝉的翅膀。我身体不动用心专一,不因为万物改变对于蝉的翅膀的关注,为什么不能捕到蝉呢!”孔子回头看着弟子说:“用心专一不分散注意力,集中心神。说的就是驼背的老人啊。”

颜渊问孔子道:“我曾经渡过觞深的深渊,船夫划船奇妙如神。我问道:‘划船可以学吗?’船夫说:‘可以。善于游泳的人多次练习就能学会,会潜水的人没有见过船就会划船。’我问其中原因他不告诉我,请问为什么呢?”孔子说:“善于游泳的人多次练习就学会划船,忘记对水的害怕;潜水的人没有见过船就会划船,他把深渊看作山丘,把翻船的事,看作倒车一样平常。翻船和倒车各种事端摆在面前,不能影响他的内心,那么无论哪里都是悠闲自在啊！用瓦片下赌注的人手法巧妙，用带钩下赌注的人有所忌惮，用黄金下赌注的人心理昏乱。技巧是一样的，而人们有所慎重，就是重视外在的事物。凡是重视外在事物的人内心笨拙。

［原文］

田开之见周威公①，威公曰："吾闻祝肾学生②，吾子与祝肾游，亦何闻焉？"田开之曰："开之操拔篲以侍门庭③，亦何闻于夫子！"威公曰："田子无让④，寡人愿闻之。"开之曰："闻之夫子曰：'善养生者，若牧羊然，视其后者而鞭之。'"威公曰："何谓也？"田开之曰："鲁有单豹者⑤，岩居而水饮⑥，不与民共利，行年七十而犹有婴儿之色，不幸遇饿虎，饿虎杀而食之。有张毅者⑦，高门县薄⑧，无不走也，行年四十而有内热之病以死。豹养其内而虎食其外⑨，毅养其外而病攻其内。此二子者，皆不鞭其后者也⑩。"仲尼曰："无入而藏，无出而阳，柴立其中央⑪。三者若得，其名必极。夫畏涂者⑫，十杀一人，则父子兄弟相戒也，必盛卒徒而后敢出焉⑬，不亦知乎！人之所取畏者，衽席之上⑭，饮食之间，而不知为之戒者，过也！"

祝宗人玄端以临牢筴说彘⑮，曰："汝奚恶死！吾将三月豢汝⑯，十日戒，三日齐⑰，藉白茅⑱，加汝肩尻乎雕俎之上⑲，则汝为之乎？"为彘谋曰：不如食以糠糟而错之牢筴之中⑳。自为谋，则苟生有轩冕之尊，死得于腞楯之上㉑、聚偻之中㉒，则为之。为彘谋则去之，自为谋则取之，所异彘者何也？

［注释］

①田开之：人名，田姓，名开之，不详。

②祝肾：人名。学生：学习养生之道。

③操拔篲：做扫地的事情；篲，扫帚。

④无让：不要谦让。

⑤单豹：人名，隐士。

⑥岩居：居住在岩洞里。

⑦张毅：人名，不祥。

⑧县薄：悬垂帘以代门，为贫寒之家。县，通“悬”；薄，帘子。

⑨内：精神。外：外在。

⑩鞭：鞭策，意为激励。

⑪柴立：像枯木一样持守。

⑫畏涂：危险的道路，意为路上不安全，有野兽或者强盗出没。

⑬盛：盛大，喻众多。

⑭衽(rén)席：床褥与莞簟，泛指床铺，意为在床铺上行房事。

⑮祝宗人，掌管祭祀的官员。玄端：祭祀时穿的黑色衣服。牢筴(cè)：猪圈。彘(zhì)：猪。

⑯豢：豢养。

⑰齐：通“斋”，斋戒。

⑱藉白茅：卧在白茅之上。

⑲尻(kāo)：屁股。雕俎：祭祀时使用的雕刻着图案的器物。

⑳错：放置。

㉑腞楯(zhuàn shǔn)：装饰着画的殡车。

㉒聚偻：华美的棺材饰品。

［译文］

田开之拜见周威公，周威公说：“我听说祝肾学习养生之道，你与祝肾出游，也听到什么了吗？”田开之说：“我拿着扫帚打扫门庭侍候，怎么会在先生面前听到什么！”周威公说：“你不要退让了，我愿意听你说。”田开之说：“我听先生说：‘善于养生的人，如同放羊一样，看哪只羊走在后边就用鞭子击打。’周威公说：“为什么呢？”田开之说：“鲁国有个隐士叫单豹，住在岩洞里，喝着清泉，不与人争夺利益，年纪七十岁了面色如同婴儿，但是，不幸遇到了饿虎，被老虎捕杀并吃了。有个人叫张毅，不管富人还是穷人，没有不来往的。年纪四十岁时，患了内热病死了。单豹保养内在的精神而老虎吃掉身体，张毅结交外边的朋友，而疾病生在体内。这两个人，都是不鞭策自己而落后了。"孔子说："不要去深山隐藏自己，不要在外边显露自己，像枯干的木材一样居于中庸之道，如果能做到这三点，名声必然显赫。道路危险，十人中九人被杀害，父子兄弟互相告诫，必定相约众多的同伴才敢出门，不是很明智吗！人们应当畏惧的是床铺之上，饮食中间的事情，而不知道有所戒备的人，真是太过分了。"

掌管祭祀的官员穿着黑色衣服，来到猪圈对猪说："你为什么厌恶死亡呢！我将花费三个月豢养你，十天守戒，三天斋戒，给你铺上白色茅草，让你的身体卧在雕着图案的器物上，那么你愿意这样做吗？"为猪打算，不如让猪吃着糟糠，关在猪圈里。为自己打算，希望拥有高官厚禄，死后有装饰着画的殡车，并有华美的饰品，就这么做。为猪打算，就不这么做，为自己打算就这么做，这样与猪有什么不同呢？

［原文］

桓公田于泽①，管仲御②，见鬼焉③。公抚管仲之手曰："仲父何见④？"对曰："臣无所见。"公反，诶诒为病⑤，数日不出。齐士有皇子告敖者⑥，曰："公则自伤，鬼恶能伤公！夫忿滀之气⑦，散而不反，则为不足；上而不下，则使人善怒；下而不上，则使人善忘；不上不下，中身当心，则为病。"桓公曰："然则有鬼乎？"曰："有。沈有履⑧，灶有髻⑨。户内之烦壤⑩，雷霆处之⑪。东北方之下者，倍阿鲑蠪跃之⑫；西北方之下者，则泆阳处之⑬。水有罔象⑭，丘有峷⑮，山有夔⑯，野有彷徨⑰，泽有委蛇⑱。"公曰："请问委蛇之状何如？"皇子曰："委蛇，其大如毂⑲，其长如辕，紫衣而朱冠。其为物也恶⑳，闻雷车之声则捧其首而立。见之者殆乎霸㉑。"桓公辴然而笑曰㉒："此寡人之所见者也。"于是正衣冠与之坐，不终日而不知病之去也。

[注释]

①桓公:齐桓公,姜姓,名小白,春秋五霸之首,与公子纠争位取胜,即国君位,任管仲为相,推行改革,实行军政合一、兵民合一的制度,齐国强盛,是历史上第一个代替周天子充当盟主的诸侯。齐桓公晚年昏庸,管仲去世后,任用易牙、竖刁等小人,最终在内乱中饿死

②管仲:名夷吾,字仲,任齐相,整顿国政,废除井田制度,按土地的肥瘠,确定赋税,设盐、铁官和铸钱,增加财政收入,寓兵于农,国家逐渐强盛,管仲被称为"华夏第一相"。

③鬼:沼泽中的野兽,桓公不认识,误认为是鬼。

④仲父:桓公对管仲的尊称。

⑤诶诒(xī yí):因受惊吓心魂不宁而说胡话。

⑥皇子告敖:人名。

⑦忿滀(xù):忿怒之气聚集。

⑧沈:污水集聚的地方。履:鬼名。

⑨灶有髻(jì):灶神穿红衣,梳着发髻,长相如美女。

⑩烦壤:尘土垃圾。

⑪雷霆:鬼名。

⑫倍阿,神名。鲑蠪,状如小儿,长一尺四寸,黑衣,红头巾,大帽子,带剑持戟。

⑬泆(yì)阳:神名,豹头马尾。

⑭罔象:水神名,状如小儿,黑色、赤爪、大耳、长臂。

⑮峷(shēn):状如狗,有角,身纹五彩。

⑯夔(kuī):独足兽。

⑰彷徨:形如蛇,两个头,身有五彩花纹。

⑱委蛇:人首蛇身,有两个头,身子紫色,头是红色的,长度差不多和车辕相当,特别讨厌雷声,打雷时呆立不动。

⑲毂(gǔ):车轮中心套轴的圆木。

⑳恶:丑陋。

㉑殆:近,几乎。覇:霸主。

㉒辴(chǎn)然:欢笑的样子。

［译文］

齐桓公在沼泽中打猎，管仲驾着车子，齐桓公见了鬼。齐桓公抚摸着管仲的手说："你看见什么了？"管仲说："我没有看见。"齐桓公回到朝廷后，心神不宁说胡话，几天不出门。齐国有个书生皇子告敖对齐桓公说："你是自己伤害了自己，鬼怎么能伤害你呢！忿怒郁结之气，散发不返，则气血不足；上升而不下降，使人容易发怒；下降而不上升，就使人健忘；不上升不下降，就会积聚在心中，使人生病。"齐桓公说："那么有鬼吗？"皇子告敖说："有。污水聚集的地方有履鬼，灶锅上有髻鬼。门户内尘土垃圾堆积的地方，雷霆之鬼在那里。东北方墙下，有倍阿、鲑蠪两个鬼跳跃；西北方的墙下，泆阳之鬼住在那里。水中有罔像鬼，土堆上有夔鬼，野外有彷徨鬼，沼泽中有委蛇鬼。"齐桓公说："请问委蛇是什么样子？"皇子告敖说："它如车轮般粗，车辕般长，穿着紫衣，头是红色的。这种动物丑陋，听到雷声时捧着头呆立不动。看到它的人，接近称霸主了。"齐桓公开心地笑了，说："这是我所见的东西。"于是，穿好衣服，带好帽子，从床上坐起来了，不到一天病就好了。

［原文］

纪渻子为王养斗鸡①。十日而问："鸡已乎②？"曰："未也，方虚憍而恃气③。"十日又问，曰："未也，犹应向景④。"十日又问，曰："未也，犹疾视而盛气。"十日又问，曰："几矣，鸡虽有鸣者，已无变矣，望之似木鸡矣，其德全矣⑤。异鸡无敢应者，反走矣⑥。"

孔子观于吕梁⑦，县水三十仞⑧，流沫四十里⑨，鼋鼍鱼鳖之所不能游也⑩。见一丈夫游之，以为有苦而欲死也。使弟子并流而拯之⑪。数百步而出，被发行歌而游于塘下⑫。孔子从而问焉，曰："吾以子为鬼，察子则人也。请问：蹈水有道乎？"曰："亡，吾无道。吾始乎故⑬，长乎性，成乎命。与齐俱入⑭，与汩偕出⑮，从水之道而不为私焉⑯。此吾所以蹈之也。"孔子曰："何谓始乎故，长乎性，成乎命？"曰："吾生于陵而安于陵，故也；长于水而安于水,性也;不知吾所以然而然,命也。”

[注释]

①纪渻(shěng)子:姓纪,名渻子。王:齐王。纪国为齐所灭,纪渻子在齐国训鸡,因此文中的“王”应为齐王。

②已乎:(训练)结束了吗。

③虚憍:憍,通“骄”,形容鸡虚妄骄傲。

④向景:向,同“响”;景,通“影”,意为鸡听见别的鸡鸣叫、看见别的鸡就有所反应。

⑤德全:禀赋保全。

⑥反走:返回身跑了。

⑦吕梁:山西河津龙门,又名吕梁。

⑧县水:县,通“悬”,意为河水在上流而下,望去如同悬挂。

⑨流沫:浪花。

⑩鼋鼍:大鳖和鳄鱼。

⑪并流:顺着水流。拯:救助。

⑫行歌:边走边唱。

⑬故:习惯。

⑭齐:通“脐”,郭庆藩曰:“齐,物之中央。”意为水中漩涡。

⑮汩(gǔ):旋涡里的水波。

⑯私:私心。

[译文]

纪渻子为齐王训练斗鸡。十天后齐王问道:“鸡训练结束了吗?”纪渻子说:“没有,鸡现在虚妄而骄傲,依仗脾气。”十天后齐王又问,纪渻子说:“没有,鸡听见别的鸡鸣叫,或者看见别的鸡,就有所反应。”十天后齐王又问,纪渻子说:“没有,鸡目光迅疾,盛气凌人。”十天后齐王又问,纪渻子说:“接近结束了,即使别的鸡鸣叫,它神色不变,看上去就像木鸡一样，它的禀赋齐全了。别的鸡不敢应战，见了它就转身逃走了。”

孔子到吕梁观光，水从三十仞高的地方流下来，溅起的浪花流到四十里远的地方，大鳖和鳄鱼无法在那里游走。看见一个男人在水里游泳，以为有苦恼而想寻死。孔子就派弟子顺流救这个人。那人在数百步远的水里钻出来，在河岸边走边唱。孔子追上他问道：“我以为你是鬼，细细观察是人啊。请问游泳有道吗？”那人说：“没有，我没有游泳之道。我的游泳始于习惯，变为天性，成于天命。我随漩涡潜入水中，与漩涡的水波同时出来，顺从水的规律而没有私心。这是我的游泳道理。”孔子说：“什么叫做始于习惯，变为天性，成于命运？”那人说：“我生长在丘陵就安于在丘陵生活，这是习惯；我生长在水边安于在水中生活，这是天性；不知道怎么做而却那么做，这就是天命。”

［原文］

梓庆削木为鐻[1]，鐻成，见者惊犹鬼神[2]。鲁侯见而问焉，曰：“子何术以为焉[3]？”对曰：“臣，工人，何术之有！虽然，有一焉：臣将为鐻，未尝敢以耗气也[4]，必齐以静心[5]。齐三日，而不敢怀庆赏爵禄[6]；齐五日，不敢怀非誉巧拙；齐七日，辄然忘吾有四枝形体也[7]。当是时也，无公朝[8]，其巧专而外骨消[9]，然后入山林，观天性形躯[10]，至矣，然后成见鐻，然后加手焉，不然则已。则以天合天，器之所以疑神者[11]，其是与！”

［注释］

①梓庆：人名，木匠。鐻(jù)：古代一种悬挂乐器的架子。

②惊犹鬼神：形容制作巧夺天工，十分精美。

③术：技术。

④耗气：消耗心神。

⑤齐：通“斋”，斋戒。

⑥怀：想。

⑦辄然：不动的样子。枝：通“肢”，肢体。

⑧公朝：古代官吏在朝廷的治事之所，借指朝廷。

⑨外骨消：骨，同“滑”，乱；消：消失，排除；意为排除了外界的扰乱。

⑩天性：指木材天然的属性。

⑪疑：通“拟”，像。

[译文]

梓庆把木材制作成鐻，制成之后，观众惊叹为鬼神之功。鲁侯见后问道：“你用什么技术做成这样的？”梓庆说：“我是个木工，哪里有什么技术！虽然这样，还是有一个方法：我将要做鐻时，不曾损耗心神，必定斋戒而静心。斋戒三日，而不敢想庆贺领赏爵位俸禄；斋戒五日，不敢想是非荣誉智巧笨拙；斋戒七日，心神静止忘记了我有四肢形体。当这个时候，心里没有朝廷，专心研究制作技巧，排除了外界的干扰，然后进入深山老林，观察木材的自然属性和材质，此时，心里有了现成的鐻，然后动手加工，不然的话是不行的。这是自己的心性合乎木材的自然属性，器具之所以有鬼神之功，就是这样啊！”

[原文]

东野稷以御见庄公[①]，进退中绳[②]，左右旋中规[③]。庄公以为文弗过也[④]，使之钩百而反[⑤]。颜阖遇之[⑥]，入见曰：“稷之马将败[⑦]。”公密而不应[⑧]。少焉[⑨]，果败而反。公曰：“子何以知之？”曰：“其马力竭矣而犹求焉，故曰败。”工倕旋而盖规矩[⑩]，指与物化而不以心稽[⑪]，故其灵台一而不桎[⑫]。忘足，履之适也；忘要[⑬]，带之适也；知忘是非，心之适也；不内变[⑭]，不外从，事会之适也[⑮]；始乎适而未尝不适者，忘适之适也。

[注释]

①东野稷：人名。御：驾车。庄公：荀子《哀公篇》载此事，庄公应为鲁定公。

②中：符合。绳：木匠用绳墨画的直线。

③中规：木匠用圆规画的弧线。

④文：当作“父”，即造父，善驾车，传说为周穆王驾车。

⑤钩百：钩，弯曲，意为驾车转一百个圈子。反：通“返”，返回。

⑥颜阖，鲁国的贤人。

⑦败：衰败。

⑧密：默。

⑨少焉：一会儿。

⑩工倕：尧时代的能工巧匠，管理百工。旋：用手旋转画圆。盖：超过。

⑪稽：稽核。

⑫灵台：心。桎：通“窒”，窒塞。

⑬要：同“腰”。

⑭不内变：内心不变而专一。

⑮事会：处理事情。

［译文］

东野稷以驾车的技能去见鲁定公，他驾车时进退符合墨绳，左右转弯符合圆规。鲁定公认为即使周穆王时期的造父也不能超过，让他驾车转了一百个圈子返回。颜阖遇见东野稷，进取后见鲁定公说：“东野稷的马力气快衰竭了。“鲁定公默然不答。一会儿，东野稷的马果然力气衰败返回了。鲁定公说：“你凭什么知道呢？”颜阖说：“他的马体力衰竭了，还要驾车奔驰，所以说衰败。”

工倕用手旋转画圆，胜过规矩，指的是与物同化，不用心志判断，所以他的心专一而不窒塞。忘记了脚，鞋子就合适；忘记了腰，腰带就合适；知觉没有是非之想，心里就舒适；内心专一，不盲目追随外物，处理事情自然合适；开始于合适而没有不合适的，这就是忘记合适的合适啊。

［原文］

有孙休者[①],踵门而诧子扁庆子曰[②]:“休居乡不见谓不修,临难不见谓不勇[③]。然而田原不遇岁[④],事君不遇世,宾于乡里[⑤],逐于州部[⑥],则胡罪乎天哉[⑦]?休恶遇此命也?”扁子曰:“子独不闻夫至人之自行邪[⑧]?忘其肝胆,遗其耳目,芒然彷徨乎尘垢之外[⑨],逍遥乎无事之业,是谓为而不恃[⑩],长而不宰[⑪]。今汝饰知以惊愚[⑫],修身以明污,昭昭乎若揭日月而行也[⑬]。汝得全而形躯[⑭],具而九窍[⑮],无中道夭于聋盲跛蹇而比于人数亦幸矣[⑯],又何暇乎天之怨哉!子往矣!”

［注释］

①孙休:人名,鲁国人。

②踵门:亲自上门求见。诧:惊诧地发问。扁庆:鲁国的贤人。子:敬称。

③临难:遇到危难。

④不遇岁:没有遇到好年景。

⑤宾:通“摈”,摈弃,意为被抛弃在乡野。

⑥逐:放逐。

⑦胡:何。罪:得罪。

⑧行:作为。

⑨芒然:芒,通“茫”,意为茫然。尘垢:指世俗生活。

⑩恃:依赖。

⑪宰:主宰。

⑫饰:粉饰。愚:愚昧的人。

⑬揭:高举。

⑭而:同“尔”,你。

⑮九窍:人身的九个孔穴,双眼、双鼻、双耳、口、阴部、肛门。

⑯夭:夭折。跛蹇(jiǎn):瘸腿。比:等同。

［译文］

有个人叫孙休，不经人介绍来拜见扁庆子，他诧异地问道："我住在乡下，没有人说我没有修养，遇到危难没有人说我不勇敢。然而种庄稼没有遇到好年景，侍奉君主没有遇到好世道，被乡野所弃，被州县放逐，难道我什么地方得罪天了吗？我为何遇到这样的命运？"扁庆子说："你唯独没有听说至人的行为吗？忘记内在的肝胆，忘记耳目的功用，茫然彷徨于尘世之外，逍遥于无事的行业，这叫作有为而不依赖，为长而不主宰。现在你粉饰你的智慧而吓唬愚昧的人，修炼身心来证明污浊，光明的样子，如同高举太阳和月亮行走。你得以保全身体，具备九窍，没有半路上受害，成为聋人、盲人、瘸腿，等同于这些人也是万幸了，又哪有闲暇怨天尤人呢！你走吧！"

［原文］

孙子出[①]，扁子入。坐有间[②]，仰天而叹。弟子问曰："先生何为叹乎？"扁子曰："向者休来，吾告之以至人之德，吾恐其惊而遂至于惑也[③]。"弟子曰："不然。孙子之所言是邪，先生之所言非邪，非固不能惑是[④]；孙子所言非邪，先生所言是邪，彼固惑而来矣，又奚罪焉！"扁子曰："不然。昔者有鸟止于鲁郊[⑤]，鲁君说之，为具太牢以飨之，奏九韶以乐之。鸟乃始忧悲眩视，不敢饮食。此之谓以己养养鸟也。若夫以鸟养养鸟者，宜栖之深林，浮之江湖，食之以委蛇，则平陆而已矣[⑥]。今休，款启寡闻之民也[⑦]，吾告以至人之德，譬之若载鼷以车马[⑧]，乐鴳以钟鼓也[⑨]，彼又恶能无惊乎哉！"

［注释］

①孙子：指孙休。

②间：片刻。

③惑：困惑。

④固:本来。

⑤止:栖止。

⑥平陆:荒野。

⑦款启:款,通"窾",小孔,意为打开一个小孔。

⑧鼷(xī):一种小老鼠,亦称"耳鼠"。

⑨鴳(yàn):鴳鹑。

[译文]

孙休出去后,扁庆子进门。他坐了片刻,仰天长叹。弟子问道:"先生为何叹息呢?"扁庆子说:"刚才的那个孙休,我告诉他至人的德性,恐怕他惊恐而至于困惑啊!"弟子说:"不是这样的。孙休说的是对的,先生说的是错的,错的本来不能困惑对的;孙休说的是错的,先生说的是对的,他本来带着困惑而来,你又有什么罪过呢?"扁庆子说:"不对。从前有个鸟飞到了鲁国的郊外,鲁国的国君喜欢它,为它准备了太牢的食物招待它,用九韶的乐曲让它快乐。鸟开始忧愁悲哀,迷惑注视,不敢吃不敢喝。这叫作用养人的方法养鸟。如果用养鸟的方法养鸟,应当让鸟栖息在深山老林里,浮游于江湖之上,吃泥鳅那样的食物,生活在旷野上就行了。现在,孙休是个一孔之见的人,我告诉了至人的德性,如同用车马载着小老鼠,用钟鼓取乐鴳鹑鸟一样,他又怎么能不惊恐呢!"

第二十　山木

【题解】

庄子告诉我们，人世间万物各有其特征，切不可拘泥于一事一物。有的因无用而幸，有的因有用而幸，各有其特定的条件和机遇。高大的树木因其无用而活，不会叫的鹅因为其不会叫而被杀。这如何解释有用和无用呢?如何面对世界呢?庄子认为关键是要顺应自然的禀赋，以合于自然为标准，善于利用万物而不为万物所役使，遨游于万物最初的状态。

［原文］

庄子行于山中，见大木，枝叶盛茂。伐木者止其旁而不取也①。问其故，曰："无所可用。"庄子曰："此木以不材得终天年②。"夫子出于山，舍于故人之家③。故人喜，命竖子杀雁而烹之④。竖子请曰："其一能鸣，其一不能鸣，请奚杀？"主人曰："杀不能鸣者。"明日，弟子问于庄子曰："昨日山中之木，以不材得终其天年；今主人之雁，以不材死。先生将何处？"庄子笑曰："周将处乎材与不材之间⑤。材与不材之间，似之而非也，故未免乎累⑥。若夫乘道德而浮游则不然⑦，无誉无訾⑧，一龙一蛇⑨，与时俱化，而无肯专为⑩。一上一下，以和为量⑪，浮游乎万物之祖⑫。物物而不物于物⑬，则胡可得而累邪⑭！此神农、黄帝之法则也。若夫万物之情，人伦之传则不然，合则离，成则毁，廉则挫，尊则议，有为则亏，贤则谋，不肖则欺。胡可得而必乎哉！悲夫，弟子志之⑮，其唯道德之乡乎！"

[注释]

①止:休息。取:砍伐。

②不材:没有成材。天年:自然的年龄。

③舍:居住。

④竖子:童仆。雁:古代指称鹅。烹:通“享”,意为“飨”,招待。

⑤周:庄周,庄子。

⑥累:牵累。

⑦若夫:至于,用在句首或段落的开始,表示另提一事。浮游:精神世界的漫游。

⑧訾(zǐ):诋毁,非议。

⑨一龙一蛇:或者如龙飞黄腾达,或者如蛇潜藏卑下。

⑩专为:固执作为。

⑪和:中和。量:量度,标准。

⑫万物之祖:万物蒙昧的初始状态。

⑬物物:役使万物。不物于物:不被外物役使。

⑭胡:何。

⑮志:记住。

[译文]

庄子在山中行走,看见了大树,枝叶茂盛。伐木工在它旁边休息,却不砍伐它。庄子问其中的原因,伐木工说:“没有什么用处。”庄子说:“这棵大树因为没有成材,得以享受自然的年龄。”庄子走出山里,住在朋友家里。朋友很高兴,命令童仆杀鹅招待他。童仆请示道:“一个鹅会叫,一个鹅不会叫,请问杀哪一个?”主人说:“杀了那个不叫的鹅。”第二天,弟子问庄子道:“昨天山中的树木,由于不成材得以终享自然的年龄;今天主人家的鹅,由于不成材身死。你如何看呢?”庄子笑着说:“我将处于成材和不成材之间。成材与不成材之间,道理好像相似,其实并非如此,所以未免会牵累。至于顺应自然的禀赋而遨游于精神世界就不是这样,没有赞美没有诋毁,或者如龙飞黄腾达,或者如蛇潜藏卑下,顺应时势变化，而不会固执地作为。或者上或者下，用中和的标准衡量，浮游在万物蒙昧初始的状态，役使万物而不被万物役使，那么为什么受到牵累呢！这是神农和黄帝的处世法则。至于万物的实情，人伦规范却不是这样的，聚合则会分离，成功则会衰败，品行端正则会受挫，尊贵则会遭到非议，有作为则会缺损，贤能则会被算计，无用的则会受欺压。为什么必定是这样的呢！悲哀啊，弟子们记住，唯有顺应自然的禀赋才是人生的追求。

［原文］

市南宜僚见鲁侯[1]，鲁侯有忧色。市南子曰："君有忧色，何也？"鲁侯曰："吾学先王之道，修先君之业；吾敬鬼尊贤，亲而行之，无须臾离居[2]。然不免于患，吾是以忧。"市南子曰："君之除患之术浅矣！夫丰狐文豹[3]，栖于山林，伏于岩穴，静也；夜行昼居，戒也[4]；虽饥渴隐约[5]，犹且胥疏于江湖之上而求食焉[6]，定也。然且不免于罔罗机辟之患[7]，是何罪之有哉？其皮为之灾也。今鲁国独非君之皮邪？吾愿君刳形去皮[8]，洒心去欲[9]，而游于无人之野。南越有邑焉，名为建德之国[10]。其民愚而朴，少私而寡欲；知作而不知藏，与而不求其报；不知义之所适，不知礼之所将。猖狂妄行[11]，乃蹈乎大方[12]。其生可乐，其死可葬。吾愿君去国捐俗，与道相辅而行。"

［注释］

①市南宜僚：姓熊，名宜僚，居于市南，春秋时楚之勇士。楚国白公胜谋划作乱，欲杀令尹子西，派人请宜僚做杀手，宜僚手中上下玩弄弹丸，不为所动。白公胜难以实施计谋，于是解除了白公胜和子西两家的危难。

②须臾：片刻。居：停止。

③丰狐：皮毛丰厚的狐狸。文豹：花纹美丽的豹子。

④戒：戒备。

⑤隐约:困厄。

⑥旦:又作“且”。胥疏:斟酌。

⑦罔罗:捕猎豹子的网;罔,同“网”。机辟:捕捉鸟兽的机关。

⑧刳:消除。

⑨洒心:把心洗干净。

⑩建德之国:庄子所虚拟的理想社会。

⑪猖狂:随心所欲,无所束缚。

⑫蹈:踏。大方:大道。

[译文]

市南宜僚拜见鲁侯,鲁侯面有忧色。市南宜僚说:“君主面有忧色,为什么呢?”鲁侯说:“我学习先王的治国之道,修习先王的事业;我敬畏鬼神,尊重贤人,亲自实行,没有片刻背离停止。然而不能避免祸患,我因此忧虑。”市南宜僚说:“君主消除祸患的方法太简单了!皮毛丰厚的狐狸和花纹美丽的豹子,栖息在山林之中,生活在岩洞里边,可以说安静;夜里出行白天睡觉,可以说戒备;即使饥渴困厄,还是斟酌小心地到江湖上觅食,可以说镇定。然而还是不能避免捕猎的罗网和机关,它们有什么罪呢?这是皮毛造成的灾难。现在鲁国不是你的皮毛吗?我希望你消除形体,抛弃皮毛,洗净内心,祛除欲望,从而遨游于无人的精神旷野。南越有个小城,名字叫建德之国。它的百姓愚拙朴素,私心少,欲望少;知道劳作而不知道隐藏,给予人不求回报;不知道行使道义,不知道讲究礼仪。随心所欲,无所束缚,没有理智地作为,践行自然的大道。他们活着时快乐,死后安葬。我希望你舍弃国家,抛弃世俗,与自然之道一起运行。

[原文]

君曰:“彼其道远而险,又有江山,我无舟车,奈何?”市南子曰:“君无形倨[1]，无留居[2]，以为君车[3]。"君曰："彼其道幽远而无人，吾谁与为邻？吾无粮，我无食，安得而至焉？"市南子曰："少君之费[4]，寡君之欲，虽无粮而乃足。君其涉于江而浮于海，望之而不见其崖[5]，愈往而不知其所穷。送君者皆自崖而反[6]。君自此远矣[7]！故有人者累[8]，见有于人者忧。故尧非有人，非见有于人也[9]。吾愿去君之累，除君之忧，而独与道游于大莫之国[10]。方舟而济于河[11]，有虚船来触舟[12]，虽有惼心之人不怒[13]。有一人在其上，则呼张歙之[14]。一呼而不闻，再呼而不闻，于是三呼邪，则必以恶声随之。向也不怒而今也怒[15]，向也虚而今也实。人能虚己以游世，其孰能害之！"

［注释］

①形倨：势力；倨，傲慢，意为依仗国君之势待人倨傲。

②留居：留恋居处的享受。

③车：意为通向大道的方法。

④少：减少。

⑤崖：岸。

⑥反：同"返"，返回。

⑦自此远：从此以后远离尘世的烦忧。

⑧有人者：统治一国百姓的国君。累：拖累。

⑨非见有于人：不被百姓所拖累。

⑩大莫之国：广漠的国度；莫，同"漠"。

⑪方舟：两舟相连。济：渡河。

⑫虚船：无人驾驶的空船。

⑬惼(biǎn)：心地狭窄。

⑭呼：呼喊。张歙(xī)：把船撑开或者停止。

⑮向：从前。

[译文]

鲁侯说："那里路程遥远艰险，又有江河山脉，我没有舟车，怎么办？"市南宜僚说："你不要依靠国君之位对人倨傲，你不要贪恋居住的享受，这就是你的车子。"鲁侯说："那里道路幽眇没有人迹，我与谁做伴呢？我没有粮食，吃不到饭，怎么到达呢？"市南宜僚说："减少你的耗费，降低你的欲望，虽然没有粮食却能自足。你渡过江河而浮游于大海之上，眺望而看不见岸边，越往前走越无法穷尽。送行的人从岸边回返了。你从此后远离尘世的烦忧！所以统治百姓的人有拖累，免除你的烦忧，而唯独与大道遨游于广漠的国度。两舟连在一起渡河，有无人的空船撞上，即使心胸狭窄的人也不会发怒。有一个人撞到船上，呼喊撑开或停船。第一声呼喊没有听见，第二声没有听见，于是第三声呼喊，必定恶言相向。从前不发怒现在发怒，从前船上没有人，现在有人。人能够虚心地遨游世界，谁能害你呢！"

[原文]

北宫奢为卫灵公赋敛以为钟①，为坛乎郭门之外②。三月而成上下之县③。王子庆忌见而问焉曰④："子何术之设⑤？"奢曰："一之间⑥，无敢设也。奢闻之：'既雕既琢，复归于朴。'侗乎其无识⑦，傥乎其怠疑⑧。萃乎芒乎⑨，其送往而迎来。来者勿禁，往者勿止。从其强梁⑩，随其曲傅⑪，因其自穷⑫。故朝夕赋敛而毫毛不挫，而况有大涂者乎⑬！"

[注释]

①北宫奢：卫国大夫，名奢，居于北宫，以此为号。卫灵公：卫灵公，姬姓，名元，春秋时期卫国第二十八代国君，因爱好男宠而多猜忌，脾气暴躁，但擅长识人，知人善任，他提拔的三个大臣仲叔圉、祝鮀、王孙贾，促进了国家的发展。赋敛：征收。

②坛：古代举行祭祀、誓师等大典用土和石筑的高台。郭门：城门。

③县：同"悬"，悬挂钟的架子，分上下两层。

④王子庆忌：周王室之子，在卫国为官。焉：之，代词。

⑤设：设立。

⑥一之间：一心一意专注于铸钟。

⑦侗(tóng)：幼稚无知。无识：没有知识。

⑧傥乎：怅然自失的样子。怠疑：呆滞犹疑。

⑨萃：通“悴”，憔悴。芒：通“茫”，茫然。

⑩强梁：强横凶暴的人。

⑪曲傅：曲意依从。傅，通“附”。

⑫因：顺应，相就。自穷：自然尽力。

⑬大涂：大道。

［译文］

北宫奢为卫灵公征收费用铸造钟，在城门外设立了大坛祭祀。三个月后，铸造了上下两层编钟。王子庆忌看见后问他：“你通过什么办法完成的？”北宫奢说：“一心一意专注于铸钟，不敢有什么想法。我听说：‘既雕刻雕琢，又归于朴素。’幼稚无知，没有见识，怅然自失，呆滞犹疑，憔悴啊，茫然啊，送走离去的人，迎接来的人。来的人没有禁止，去的人不加阻止。顺从强横凶暴的人，依从曲意依附的人，听凭他们尽力而为。所以早晚征收毫发无损，何况心里领悟大道呢！”

［原文］

孔子围于陈蔡之间[①]，七日不火食。大公任往吊之[②]，曰：“子几死乎[③]？”曰：“然。”“子恶死乎？”曰：“然。”任曰：“予尝言不死之道。东海有鸟焉，其名曰意怠[④]。其为鸟也，翂翂翐翐[⑤]，而似无能；引援而飞[⑥]，迫胁而栖[⑦]；进不敢为前，退不敢为后；食不敢先尝，必取其绪[⑧]。是故其行列不斥[⑨]，而外人卒不得害[⑩]，是以免于患。直木先伐，甘井先竭。子其意者饰知以惊愚，修身以明污，昭昭乎若揭日月而行，故不免也。昔吾闻之大成之人曰:[11]'自伐者无功[12],功成者堕[13],名成者亏[14]。'孰能去功与名而还与众人[15]!道流而不明居[16],得行而不名处[17];纯纯常常[18],乃比于狂[19];削迹捐势[20],不为功名。是故无责于人,人亦无责焉。至人不闻,子何喜哉!"孔子曰:"善哉!"辞其交游,去其弟子,逃于大泽,衣裘褐[21],食杼栗[22],入兽不乱群,入鸟不乱行。鸟兽不恶,而况人乎!

［注释］

①围于陈蔡:孔子去陈国和蔡国时,被围困七日,粮食断绝,孔子及弟子几乎饿死。

②大公:对老人的敬称。任:名字。吊:慰问。

③几:将近,差一点。

④意怠:意,通"鳦",海燕。

⑤翂翂(fēn)翐翐(zhì):形容鸟舒缓地循序而飞。

⑥引援:援引伴侣才飞。

⑦迫胁:靠近裹胁,意为藏在鸟群中休息。郭庆藩道:"飞必援引徒侣,不敢先起;栖必戢其胁翼,迫引于群。"

⑧绪:残余。

⑨不斥:不排斥。

⑩卒:终究。

⑪大成之人:修道大有成功的人。

⑫伐:夸耀。

⑬堕:同"隳",毁坏。

⑭亏:缺损。

⑮去:抛弃,舍弃。

⑯流:变化。明居:处于明显的境地。

⑰得:通"德"。名处:占据名声。郭庆藩道:"身有道德,盛行于世,而藏名晦迹,故不处其名。"

⑱纯纯常常:纯净平常。

⑲狂：无心而为。

⑳削迹：消除形迹。捐势：舍弃权势。

㉑衣裘褐：穿着粗布衣服。

㉒杼栗：栎属的子实。

［译文］

孔子和弟子被围困在陈国和蔡国之间，七天没有生火做饭。任姓老人去慰问他，说："先生几乎要饿死了吗？"孔子说："对啊。"任姓老人说："先生厌恶死亡吗？"孔子说："是的。"任姓老人说："我尝试着说说不死之道。东海有一种鸟，名字叫意怠。它作为鸟，飞得舒缓而有序，看上去没有能力；需要别的鸟相伴才能飞，藏在鸟群里得以休息；飞时不敢在前，回时不敢落后；吃时不敢先吃，一定要吃残余的食物。所以在鸟群中不受排斥，而外人终究不能加害，因此避免了祸患。挺直的树木先被采伐，甘美的井水先枯竭。先生用修饰和知识惊吓愚昧的人，修炼身心显示污浊，光明正大的样子好像高举太阳和月亮行走，所以不能免灾啊。我从前听大成之人说：'自我夸耀的人没有功劳，建立功业会毁坏，名声显赫会缺损。'谁能舍弃功业和名声还给众人！大道流行而不处于明显的位置，大德运行而不占有名声；纯净平常，靠近无心而为的人；消除踪迹，舍弃权势，不追求功名。因此对人无所求，人也无求于己。至人不追求闻名，你何必喜欢闻名呢！孔子说："说得好啊！"于是，辞别朋友，遣散弟子，逃到山林之中穿着简陋的粗布衣服，吃着橡栗果实，进入兽群而不会惊扰野兽，走进鸟群而不会惊散鸟群。鸟兽都不讨厌他，何况人呢！

［原文］

孔子问子桑雽曰[①]："吾再逐于鲁[②]，伐树于宋[③]，削迹于卫，穷于商周，围于陈蔡之间，吾犯此数患，亲友益疏[④]，徒友益散，何与？"子桑雽曰："子独不闻假人之亡与[⑤]？林回弃千金之璧[⑥]，负赤子而趋[⑦]。或曰[⑧]:'为其布与[⑨]?赤子之布寡矣;为其累与?赤子之累多矣。弃千金之璧,负赤子而趋,何也?'林回曰:'彼以利合,此以天属也[⑩]。'夫以利合者,迫穷祸患害相弃也[⑪];以天属者,迫穷祸患害相收也[⑫]。夫相收之与相弃亦远矣,且君子之交淡若水,小人之交甘若醴[⑬]。君子淡以亲,小人甘以绝,彼无故以合者,则无故以离。"孔子曰:"敬闻命矣[⑭]!"徐行翔佯而归[⑮],绝学捐书[⑯],弟子无揖于前[⑰],其爱益加进。

异日,桑雽又曰:"舜之将死,真泠禹曰[⑱]:'汝戒之哉!形莫若缘[⑲],情莫若率[⑳]。'缘则不离,率则不劳。不离不劳,则不求文以待形。不求文以待形,固不待物。"

[注释]

①桑雽(hù):人名,即《大宗师》中的子桑户。

②再逐于鲁:鲁昭公时,季氏的势力增强,昭公想除掉季氏的势力而遭到失败,从鲁国逃走了。孔子由于鲁国内乱去了齐国。鲁定公时,孔子担任大司寇,处理政务。齐国向鲁定公赠送女乐,君臣沉溺女乐,孔子被迫辞职离开了鲁国。这是孔子再次放逐的经过。

③伐树于宋:孔子在宋国的一棵大树下讲学,离开时大树被伐。

④益疏:更加疏远。

⑤假:国名。亡:逃亡。

⑥林回:人名,逃亡之人。

⑦负:驮,背。赤子:婴儿。趋:快走。

⑧或:有人。

⑨布:钱币。

⑩天属:天性,本性。

⑪迫:靠近,引申为"遇到"。

⑫收:帮助。

⑬醴(lǐ):甜酒。

⑭命:教诲。

⑮徐:缓慢。翔佯:同“徜徉”。

⑯绝:断绝。捐:舍弃,抛弃。

⑰无挹于前:不在面前行礼;挹,同“揖”,行礼。

⑱真泠:乃令。应作“迺令”,迺,通“乃”。

⑲缘:顺着。

⑳率:率真。

［译文］

孔子问桑雽说:“我两次被鲁国放逐,在宋国的树下讲学,树被砍伐了,在卫国时足迹被人消除,在宋国和成周遭遇困窘,在陈国和蔡国受到围攻,我遭到了多次祸患,亲戚朋友更加疏远了,弟子朋友渐渐散去,为什么呢?”桑雽说:“你唯独没有听说假国人逃亡的故事吗?林回抛弃了价值千金的玉璧,背着婴儿快跑。有人说:‘因为钱财吗?婴儿值钱太少了;因为拖累吗?婴儿的拖累大啊。抛弃了价值千金的玉璧,背着婴儿快走,为什么呢?’林回说:‘那是与利益符合,这是与天性符合。’以利益交往的人,遇到穷困灾祸和患难危害就抛弃了;以天性交往的人,遇到穷困灾祸和患难危害互相帮助,互相帮助和抛弃相差太远了,况且君子之交淡如水,小人之交甜如酒。君子平淡相交所以天性亲近,小人利益相交所以容易断绝,那些无故而交往的人,就会无故而离弃。”孔子说:“我恭敬地听从你的教诲!”说完后,孔子缓慢地徜徉在路上回去了,从此,断绝了有为的学说,舍弃了书籍,弟子不必在面前行礼,却对孔子更加爱戴了。

改日,桑雽又说:“舜帝快去世时,命令夏禹说:‘你一定要自诫!形体要顺应自然,心情要率真淳朴。’顺应就是离弃本性,率真就不会劳累。不离弃,不劳累,就不追求用修饰对待形体。不追求用修饰对待形体,所以不会依赖外物。

[原文]

庄子衣大布而补之①,正緳系履而过魏王②。魏王曰:“何先生之惫邪③?”庄子曰:“贫也,非惫也。士有道德不能行,惫也;衣弊履穿④,贫也,非惫也,此所谓非遭时也。王独不见夫腾猿乎⑤?其得枏梓豫章也⑥,揽蔓其枝⑦,而王长其间⑧,虽羿、蓬蒙不能眄睨也⑨。及其得柘棘枳枸之间也⑩,危行侧视⑪,振动悼栗⑫,此筋骨非有加急而不柔也,处势不便,未足以逞其能也⑬。今处昏上乱相之间而欲无惫⑭,奚可得邪?此比干之见剖心⑮,征也夫!”

[注释]

①大布:粗布衣服。

②正:同“整”,整理。緳(xié):麻绳。系履:系鞋子。

③惫:极度疲乏。

④履穿:鞋子烂了孔。

⑤腾猿:擅长跳跃的猿猴。

⑥枏(nán):同“楠”。梓:楸树。豫章:樟树。三种树皆为高大的树。

⑦揽蔓:抓取攀缘。

⑧王长:称王称长。

⑨羿:尧帝时期射箭高手,也指夏时有穷氏国君。蓬蒙:后羿最得意的弟子。眄睨(miàn nì):斜视,意为难以瞄准。

⑩柘(zhè):落叶灌木。棘:酸枣树,茎上多刺。枳:落叶灌木或小乔木,小枝多刺,枸:常绿小乔木或大灌木,有短刺。意为荆棘灌木。

⑪危行:小心翼翼行动。侧视:侧目而视。

⑫悼栗:因惊恐而战栗。

⑬逞:施展,卖弄。

⑭昏上:昏庸的主上。乱相:乱世的宰相。

⑮比干:殷商时期的贤人,向纣王屡次进谏,被剖心而死。

［译文］

庄子穿着带有补丁的粗布衣服，用麻绳系好鞋子，拜访魏王。魏王说："先生你为何这么疲惫呢？"庄子说："我是贫穷，不是疲惫。读书人有大道和德行不能施展，这是疲惫；身着破衣，穿着破鞋，这是贫穷，不是疲惫啊，这是所谓没有遇到时机。你唯独不见飞跃的猿猴吗？它得以在高大的乔木之间生存，抓住和攀援树枝，在树林里称王称长，即使后羿和蓬蒙这样的好射手也不能瞄准。等到了荆棘灌木丛中，小心翼翼行走，侧着眼睛行动，内心震动，害怕战栗，它们的筋骨不是僵硬和不柔软，而是形势不便，不足以施展它们的能力。现在我处在主上昏庸宰相乱世的时代，想不疲惫，怎么能行呢？从前比干忠谏而被剖心，就可以证明啊！"

［原文］

孔子穷于陈蔡之间，七日不火食。左据槁木[①]，右击槁枝[②]，而歌猋氏之风，有其具而无其数[③]，有其声而无宫角[④]。木声与人声[⑤]，犁然有当于人之心[⑥]。颜回端拱还目而窥之[⑦]。仲尼恐其广己而造大也[⑧]，爱己而造哀也，曰："回，无受天损易[⑨]，无受人益难[⑩]，无始而非卒也[⑪]，人与天一也。夫今之歌者其谁乎！"回曰："敢问无受天损易。"仲尼曰："饥渴寒暑，穷桎不行[⑫]，天地之行也，运物之泄也[⑬]，言与之偕逝之谓也[⑭]。为人臣者，不敢去之。执臣之道犹若是，而况乎所以待天乎？""何谓无受人益难？"仲尼曰："始用四达[⑮]，爵禄并至而不穷。物之所利，乃非己也。吾命其在外者也。君子不为盗，贤人不为窃，吾若取之，何哉？故曰：鸟莫知于鷾鸸[⑯]，目之所不宜处不给视，虽落其实[⑰]，弃之而走。其畏人也而袭诸人间[⑱]。社稷存焉尔！""何谓无始而非卒？"仲尼曰："化其万物而不知其禅之者[⑲]，焉知其所终？焉知其所始？正而待之而已耳。""何谓人与天一邪？"仲尼曰："有人，天也；有天，亦天也。人之不能有天，性也。圣人晏然体逝而终矣[⑳]！"

[注释]

①据:凭依。槁木:枯树。击:敲击。槁枝:枯树枝。

②猋(biāo)氏:神农氏。

③具:器具。数:节奏。

④宫角:五音中的宫音和角音,代指乐音。

⑤木声:树枝的敲击声。

⑥犁然:犹"栗然",歌声震惊人心的样子。

⑦颜回:字子渊,春秋末期鲁国人,孔子最得意的门生,历代文人学士对颜回推崇有加,以颜回配享孔子、祀以太牢,历代帝王封赠很多。端拱:端庄拱手。还目:转眼。

⑧广己:推广自己。造大:造作夸大。

⑨天损:自然损害。易:容易。

⑩人益:人为的改变。

⑪无始而非卒:没有开始而不是终结的。

⑫穷桎:穷困束缚;桎,古代拘束犯人两脚的刑具,意为束缚。

⑬运物之泄:物质运行中的排泄。

⑭偕逝:一同运行;逝,往,去,引申为运行。

⑮四达:四处通达。

⑯鷾鸸(yì ér):燕子的别名。

⑰实:食物。

⑱袭:进入。诸:之于。

⑲禅:事物更代。

⑳晏然:安宁,安适。

[译文]

孔子在陈国和蔡国之间穷困不已,七日没有烧火做饭。左手凭依枯木,右手敲击枯枝,唱着神农氏时期的歌谣,有敲击的工具没有节奏,有声音而不合音乐。树木的敲击声和歌声,令人惊动打动人心。颜回端正拱立转眼注视。孔子害怕颜回推广并夸大自己，热爱自己而引起哀伤，说道："颜回，不受自然的损害容易，不受人为的改变难。没有开始而不是终结的，人与自然是一样的道理。现在唱歌的人是谁呢？"颜回说："请问不受自然损害容易指的什么？"孔子说："饥渴寒暑，穷困难行，这是天地的运行，物质运动变化时的产物，即是说与自然一同运行就可以了。作为臣子，不敢逃避君王命令。执行臣子的职责尚且如此，而何况对待自然呢？"颜回说："什么是不受人为的改变难？"孔子说："开始任用四面通达，爵位和俸禄并有而无穷。外物的利益，并非自己所能决定。我的命运在于外物。君子不偷盗，贤人不偷窃，我如果索取，何必呢？所以说：鸟类没有比燕子智慧的，眼睛看到不宜居住就不再看一眼，即使遗落了食物，也舍弃而去。它害怕人，却住在人的居室中间。社稷也是它存身之地！"颜回说："什么是没有开始而不是终结的呢？"孔子说："使万物变化而不知道为何更替，怎么知道它的结束？怎么知道它的开端？端正地对待就可以了。"颜回说："什么是人与自然是同一的呢？"孔子说："人类的起源，来自自然；自然的产生，还是来自自然。人类不可能掌控自然，这是由本性决定的。圣人安适地体悟变化而始终顺从自然。"

［原文］

庄周游于雕陵之樊[①]，睹一异鹊自南方来者。翼广七尺[②]，目大运寸[③]，感周之颡[④]，而集于栗林[⑤]。庄周曰："此何鸟哉！翼殷不逝[⑥]，目大不睹[⑦]。"蹇裳躩步[⑧]，执弹而留之[⑨]。睹一蝉方得美荫而忘其身[⑩]。螳螂执翳而搏之[⑪]，见得而忘其形。异鹊从而利之，见利而忘其真[⑫]。庄周怵然曰[⑬]："噫！物固相累[⑭]，二类相召也。"捐弹而反走[⑮]，虞人逐而谇之[⑯]。庄周反入，三月不庭[⑰]。蔺且从而问之[⑱]："夫子何为顷间甚不庭乎？"庄周曰："吾守形而忘身，观于浊水而迷于清渊。且吾闻诸夫子曰：'入其俗，从其令[⑲]。'今吾游于雕陵而忘吾身，异鹊感吾颡，游于栗林而忘真。栗林虞人以吾为戮，吾所以不庭也。"

［注释］

①雕陵:栗园名。樊:樊篱。

②翼:翅膀。广:长。

③运寸:直径一寸。王念孙云:“运与广文,广为横,则运为纵。目大运寸,犹言目大径寸耳。”

④感:碰到。颡(sǎng):额头。

⑤集:群鸟栖止于树上。

⑥殷:大。

⑦不睹:看不见人。

⑧蹇裳:提起衣裳;蹇,通“褰”,揭起,提起。躩(jué)步:快步走。

⑨执弹:拿着弹弓。留之:留心它。

⑩美荫:美好的树荫。

⑪螳螂:昆虫,全身绿色或土黄色,头呈三角形,前脚呈镰刀状。翳:遮蔽,障蔽。搏:捕捉。

⑫真:本真。

⑬怵然:害怕的样子。

⑭相累:互相拖累。

⑮捐:舍弃。

⑯虞人:看管园囿的官吏。逐:追赶。谇(suì):责骂。

⑰三月:又作“三日”。不庭:庭,应作“逞”,意为不快乐。

⑱蔺且:庄子弟子。

⑲令:习俗。

［译文］

庄子到雕陵的园囿里游玩,看见一个奇异的鹊鸟从南方飞来。翅膀长七尺,眼睛大一寸,碰到了庄子的额头,落在了栗树林里。庄子说:“这是什么鸟啊!翅膀大飞不远,眼睛大看不见人。”他提着衣裳快步走过去,拿着弹弓守候着它。这时,看见一个蝉正舒服地躺在美好的树荫里,忘记了身后。螳螂正借助树叶的遮蔽要捕捉蝉,见到了蝉忘记了自己的身体。奇异的鹊鸟从中牟利,见到了螳螂忘记了自身。庄子害怕地说:“啊,万物之间互相拖累,利害相连。”舍弃了弹弓快步离开了,看管园囿的官吏在后边追赶并责问庄子。庄子回到家里,三日不快乐。弟子蔺且问道:“先生为何顷刻间很不快乐呢?”庄子说:“我守候外物而忘记了自身,看到了浊水却对清水迷惑。况且我听先生说:‘来到乡里,就要遵循当地的习俗。’现在我游历雕陵而忘记了自身,奇异的鹊鸟碰了我的头,游历栗树林忘记了身体。栗林里的官吏以为我盗窃而责骂我,我所以不快乐啊。”

[原文]

阳子之宋①,宿于逆旅。逆旅人有妾二人②,其一人美,其一人恶③。恶者贵而美者贱。阳子问其故,逆旅小子对曰:“其美者自美,吾不知其美也;其恶者自恶,吾不知其恶也。”阳子曰:“弟子记之:行贤而去自贤之行,安往而不爱哉!”

[注释]

①阳子:姓杨,字子居,魏国(一说秦国)人,主张“贵己”“重生”“人人不损一毫”的思想,战国初期哲学家,杨朱学派的创始人。之:往,到。

②逆旅:旅店。

③恶:丑陋。

[译文]

杨朱去宋国,住在旅店里。旅店的主人有两个小妾,一人长得美丽,一人长得丑陋。丑陋的受到宠爱,美丽的受到轻贱。杨朱问其中的原因,旅店的主人说:“长得美的小妾自以为美丽,我不知道她哪里美丽;长得丑陋的小妾自以为丑陋,我不知道她哪里丑陋。”杨朱对弟子说:“弟子们记住:德行贤能而能舍弃贤能的外表,哪里有不被爱戴的呢!”

第二十一　田子方

【题解】

人生的修炼是永无止境的，需要我们潜心体察天人之理，观察事物百态，体察各自特性，领悟自然之道，才有可能达到一种天然的境界。庄子赞赏的是“至人”，能够摆脱平常的羁绊，甚至超越物质的极限，达到一种悠然自在，不可阻止的境界，即所谓“上窥青天，下潜黄泉，挥斥八极，神气不变”。

［原文］

田子方侍坐于魏文侯①，数称谿工②。文侯曰：“谿工，子之师邪？”子方曰：“非也，无择之里人也。称道数当③，故无择称之。”文侯曰：“然则子无师邪？”子方曰：“有。”曰：“子之师谁邪？”子方曰：“东郭顺子④。”文侯曰：“然则夫子何故未尝称之⑤？”子方曰：“其为人也真。人貌而天虚⑥，缘而葆真⑦，清而容物，物无道，正容以悟之⑧，使人之意也消。无择何足以称之⑨！”子方出，文侯傥然⑩，终日不言。召前立臣而语之曰：“远矣，全德之君子⑪！始吾以圣知之言、仁义之行为至矣。吾闻子方之师，吾形解而不欲动⑫，口钳而不欲言。吾所学者，直土梗耳⑬！夫魏真为我累耳！”

［注释］

①田子方：姓田，名无择，字子方，道家学者，魏国人，道德学问闻名于诸侯，魏文侯聘他为师，执礼甚恭。魏文侯：名斯，一名都，安邑（今山西夏县）人，战国时期魏国开国君主。公元前 445 年即位，礼贤下士，师事儒门子弟子夏、田子方、段干木等人，

任用李悝、翟璜为相，乐羊、吴起等为将。公元前 403 年，韩、赵、魏三家分晋，被周威烈王正式承认为诸侯，成为封建国家。

②谿工：人名，魏国贤人。

③称道：谈论大道。

④东郭顺子：战国时魏国贤士，修道守真，清而容物，是田方子的老师。子，尊称。

⑤然则：连词，用在句子开头。

⑥人貌天虚：长相与普通人一样，心如天空广大。

⑦缘：顺从自然。葆真：保持纯真。

⑧正容，端正容貌。

⑨称：称赞。

⑩傥然：怅然自失的样子。

⑪全德：道德完备。

⑫形解：古代方士谓修道成仙，魂魄离体，留下形骸。

⑬直：只，仅仅。土梗：泥塑偶像，喻轻贱无用之物。

［译文］

田子方陪同魏文侯坐着，他数次称赞谿工此人。魏文侯说："谿工，是你的老师吗？"田子方说："不是，是我的乡里人。他谈道常常很准确，所以我称赞他。"魏文侯说："既然这样，那么你没有老师吗？"田子方说："有。"魏文侯说："你的老师是谁呢？"田子方说："东郭顺子。"魏文侯说："既然这样，那么先生为什么不曾称赞他？"田子方说："他为人真诚。长相与普通人一样，而内心广大，顺从自然而保持纯真，为人清爽而能容物，外物不符合道，就端正容貌使人感悟，使人们心中的困惑消失。我哪里有资格称赞他呢！"田子方出来，魏文侯怅然若失，一整天不说话。他叫来侍奉的大臣说："太高远了，这是道德完备的君子！我起初认为圣人的言论、仁义的行为至为高明。我听了田子方老师的事迹，我魂魄离开身体不想动，口被封住不想说话。我所学到的，仅仅是轻贱无用的泥塑偶像！魏国真是我的拖累啊！"

［原文］

温伯雪子适齐[1]，舍于鲁[2]。鲁人有请见之者，温伯雪子曰："不可。吾闻中国之君子[3]，明乎礼义而陋于知人心[4]。吾不欲见也。"至于齐，反舍于鲁，是人也又请见。温伯雪子曰："往也蕲见我[5]，今也又蕲见我，是必有以振我也[6]。"出而见客，入而叹。明日见客，又入而叹。其仆曰："每见之客也，必入而叹，何邪？"曰："吾固告子矣[7]：中国之民，明乎礼义而陋乎知人心。昔之见我者，进退一成规，一成矩，从容一若龙，一若虎。其谏我也似子，其道我也似父，是以叹也。"仲尼见之而不言。子路曰："吾子欲见温伯雪子久矣，见之而不言，何邪？"仲尼曰："若夫人者，目击而道存矣，亦不可以容声矣！"

［注释］

①温伯雪子：人名，楚国的贤人。适：到，往。

②舍：居住。

③中国：初时本指中原及附近地区，后来华夏族活动范围扩大，黄河中下游一带，也被称为"中国"。又，刘熙曰："帝王所都为中，故曰中国。"

④陋：轻视。

⑤蕲(qí)：通"祈"，请求。

⑥振：启发。

⑦固：本来。

［译文］

温伯雪子去齐国，中途住在鲁国。鲁国有人请求见他，温伯雪子说："不行，我听说鲁国的君子，明达礼仪，轻视认识人心。我不想见。"温伯雪子去齐国后，返回中途又住在鲁国，这个人又请求见他，温伯雪子说："往日请求见我，今天又请求见我，这个人必定有启发我的地方。"他出去见客人,回来后叹息。明日又见客人,回来后又叹息。他的仆人说:“你每次见了客人后,必定回来后叹息,为何呢?”温伯雪子说:“我本来告诉你:鲁国的人,明达礼仪而轻视认识人心。往日见我的这个人,进退都有礼仪规矩,举止从容或者像龙,或者像虎。他规谏我时像儿子对待父亲,引导我时如同父亲对待儿子,因此我叹息。”孔子见到温伯雪子时不说话。子路说:“我的先生许久想见温伯雪子。见了面却不说话,为何呢?”孔子说:“像这个人,用眼睛一看就知道存有大道,也就不用说话了!”

[原文]

颜渊问于仲尼曰①:“夫子步,亦步;夫子趋,亦趋;夫子驰,亦驰;夫子奔逸绝尘②,而回瞠若乎后矣③!”夫子曰:“回,何谓邪?”曰:“夫子步,亦步也;夫子言,亦言也;夫子趋,亦趋也;夫子辩,亦辩也;夫子驰,亦驰也;夫子言道,回亦言道也;及奔逸绝尘而回瞠若乎后者。夫子不言而信,不比而周④,无器而民滔乎前⑤,而不知所以然而已矣。”仲尼曰:“恶⑥!可不察与!夫哀莫大于心死,而人死亦次之。日出东方而入于西极⑦,万物莫不比方⑧。有目有趾者⑨,待是而后成功。是出则存⑩,是入则亡⑪。万物亦然,有待也而死⑫,有待也而生⑬。吾一受其成形⑭,而不化以待尽。效物而动,日夜无隙,而不知其所终。薰然其成形⑮,知命不能规乎其前⑯。丘以是日徂⑰。吾终身与汝交一臂而失之,可不哀与?女殆著乎吾所以著也。彼已尽矣,而女求之以为有,是求马于唐肆也⑱。吾服⑲,女也甚忘;女服,吾也亦甚忘。虽然,女奚患焉!虽忘乎故吾,吾有不忘者存。”

[注释]

①颜渊:名回,字子渊。

②奔逸:快跑。绝尘:脚不沾尘土,形容奔驰神速。

③瞠(chēng):瞪着眼睛直视。

④不比而周:不私下亲近而十分周全。比:亲近,联系。

⑤无器:没有权势。滔:通“蹈”,投身。

⑥恶:唉,文言叹词,表示惊讶。

⑦西极:西方。

⑧比方:意为顺着太阳运行的方向生存;比,靠近,顺从。

⑨有目有趾者:代指动物。

⑩是出则存:太阳出来就劳作。

⑪是入而亡:太阳落山就休息。

⑫有待也而死:依靠太阳而死。

⑬有待也而生:依靠太阳而生存。

⑭受其成形:秉受天道而成为人。

⑮薰然:自然的样子。

⑯规:规划,谋划。

⑰日徂(cú):每日进步。徂,往。

⑱唐肆:空荡的集市。唐,空;肆,集市。

⑲服:思念,怀念。

[译文]

颜渊问孔子说:“先生走,我也走;先生快走,我也快走;先生跑,我也跑;先生奔跑神速,我也瞪大眼睛盯着先生跟在后边!”孔子说:“颜渊,你说什么呢?”颜渊说:“先生走路,我也走路;先生说话,我也说话;先生快走,我也快走;先生辩论,我也辩论;先生奔驰,我也奔驰;先生谈论大道,我也谈论大道;等到先生奔跑神速时,我瞪着眼睛盯着先生跟在后边。先生不说话人们就信任,不私下亲近就十分周全,没有权势而百姓投奔到你身前,我不知道为什么会这样罢了。”孔子说:“唉,你不可不观察!悲哀没有比心死更大的,死亡还在其次。太阳从东方升起,在西方落下,万物莫不依照太阳运作。有眼睛有脚的动物,必定依靠太阳才能成功。太阳出来劳作,太阳落山休息。万物也是如此,依靠天道而死亡,依靠天道而生存。我一旦秉受阴阳二气具有了形体,就不能变化形体而走向尽头。效法万物运动,日夜不停止,而不知道终结于何处。自然而然具有了形体,我明白命运是不能预先规定的。我因此每天进步。我终生与你在一起,与你交臂失去教导你的机会,可不悲哀吗?你大概明显地看到了我显著的方面,而它们已经消失了,而你却追求并想拥有它们,这是在空荡的集市上买马。我心中的你很快消失了,而你心中的我也很快不存在了,你有什么可以忧愁的呢?即使这样,虽然过去的我消失了,但是,有一种东西是不会消失的。"

[原文]

孔子见老聃,老聃新沐①,方将被发而干,慹然似非人②。孔子便而待之③。少焉见④,曰:"丘也眩与⑤?其信然与?向者先生形体掘若槁木⑥,似遗物离人而立于独也⑦。"老聃曰:"吾游心于物之初。"孔子曰:"何谓邪?"曰:"心困焉而不能知,口辟焉而不能言⑧。尝为女议乎其将⑨:至阴肃肃⑩,至阳赫赫⑪。肃肃出乎天,赫赫发乎地。两者交通成和而物生焉⑫,或为之纪而莫见其形⑬。消息满虚⑭,一晦一明⑮,日改月化,日有所为而莫见其功。生有所乎萌⑯,死有所乎归,始终相反乎无端,而莫知其所穷。非是也,且孰为之宗!"孔子曰:"请问游是。"老聃曰:"夫得是至美至乐也。得至美而游乎至乐,谓之至人。"

[注释]

①沐:洗头。

②慹(zhé)然:站立不动的样子。慹,通"蛰"。

③便:通"屏",隐藏,因老子刚洗澡,孔子不便见,躲开在隐蔽处等候。

④少焉:少刻,一会儿。

⑤眩:眼花,迷乱。

⑥掘:同"倔",形容身体直立。

⑦遗物离人:抛弃外物,脱离人间。

⑧口辟：口不能说；辟，屏除，驱除。

⑨将：大概，大略。

⑩肃肃：萧瑟清冷的样子。

⑪赫赫：显著盛大的样子。

⑫交通：交合流通。成和：生成和合。

⑬纪：纲纪。

⑭消息：消亡生息，形容万物不断消亡生息的运动状态。

⑮一晦一明：昼夜循环。

⑯萌：植物的芽，指事物的开端。

［译文］

孔子看望老子，老子刚洗完头，正在披散头发晾干，身体直立的样子不像人。孔子躲在隐蔽处等待他。一会儿见到老子，孔子说："我眼睛迷乱了吗？真的这样吗？刚才先生身体直立如同枯木，好像抛弃万物脱离人世，站在独有的境界之中。"老子说："我的精神游历于万物诞生的开始。"孔子说："什么意思呢？"老子说："心里困惑而一无所知，张口不能说话。我试着谈谈大概：至为极盛的阴气，萧瑟清冷；至为极盛的阳气，显著盛大。两者交合流通，生成和合，诞生了万物，谁为它们制造了纲纪，却看不到形体？万物消亡生息，盈虚变化，昼夜循环，天天改变，月月变化，每天都作为而看不到成功。生命有开端，死亡有归宿，始终相反没有开端，而不知道，不知道它有所穷尽。不是这样的话，那么谁是它们的主宰呢！"孔子说："请问你心灵游历的境界。"老子说："我得到了至美至乐的境界。得到至美的境界而游历于至乐的境界，叫作至人。"

［原文］

孔子曰："愿闻其方①。"曰："草食之兽，不疾易薮②；水生之虫，不疾易水，行小变而不失其大常也③，喜怒哀乐不入于胸次④。夫天下也者，万物之所一也⑤。得其所一而同焉，则四肢百体将为尘垢，而死生终始将为昼夜，而莫之能滑[6]，而况得丧祸福之所介乎！弃隶者若弃泥涂[7]，知身贵于隶也。贵在于我而不失于变。且万化而未始有极也[8]，夫孰足以患心[9]！已为道者解乎此。"孔子曰："夫子德配天地，而犹假至言以修心。古之君子，孰能脱焉[10]！"老聃曰："不然。夫水之于汋也[11]，无为而才自然矣；至人之于德也，不修而物不能离焉。若天之自高，地之自厚，日月之自明，夫何修焉！"孔子出，以告颜回曰："丘之于道也，其犹醯鸡与[12]！微夫子之发吾覆也[13]，吾不知天地之大全也。"

[注释]

①方：方法。

②薮：生长着很多草的湖泽。

③大常：本性。

④胸次：胸怀。

⑤所一：共同的居所。

⑥滑(gǔ)：乱。

⑦隶：隶属，指得失祸福等外物。涂：同"土"。

⑧极：尽头，终点。

⑨患心：忧心。

⑩脱：免于。

⑪汋(yuè)：清澈。

⑫醯(xī)鸡：蠛蠓，醋发霉生成的虫子。

⑬微：要不是。覆：有所蔽而不见。

[译文]

孔子说："请问达到至美至乐的方法。"老子说："以草为食物的兽类，不担心改变水泽；水中生存的虫子，不担心改变水源，实行小的变化而不会失去它们的本性，喜怒哀乐不会进入胸中。天下万物是同样的居所。获得一气而居住相同，那么四肢百骸都要化为尘埃，而死生终究如同昼夜循环，不会受到扰乱，而何况得到丧失、祸患福分的细微小事呢！抛弃这样的外物如同泥土一样，知道身体比外物可贵。贵重自己又能掌握变化。况且万物没有开始和尽头，何足以忧心！已经得道的人会理解这些的。”孔子说：“先生德行匹配天地，而且还凭借至言修养内心。古代的君子，谁能免于修道呢！”老子说：“不是这样。水的清澈，是无为才自然形成的：至人的德行，不必着意修养而万物不能离开。像天自然高远，地自然厚重，日月自然明亮，修养什么呢！”孔子出来后，告给颜回说：“我对于道的认识，如同醋里孳生的小虫子啊！要不是先生启发我蒙蔽的知识，我不知道天地的大全之道。”

［原文］

庄子见鲁哀公①，哀公曰：“鲁多儒士，少为先生方者②。”庄子曰：“鲁少儒③。”哀公曰：“举鲁国而儒服，何谓少乎？”庄子曰：“周闻之，儒者冠圜冠者④，知天时⑤；履句屦者知地形⑥，缓佩玦者事至而断⑦。君子有其道者，未必为其服也；为其服者，未必知其道也。公固以为不然，何不号于国中曰⑧：‘无此道而为此服者，其罪死！’”于是哀公号之五日，而鲁国无敢儒服者。独有一丈夫⑨，儒服而立乎公门。公即召而问以国事，千转万变而不穷。庄子曰：“以鲁国而儒者一人耳，可谓多乎？”

百里奚爵禄不入于心⑩，故饭牛而牛肥⑪，使秦穆公忘其贱，与之政也。有虞氏死生不入于心⑫，故足以动人。

宋元君将画图⑬，众史皆至⑭，受揖而立，舐笔和墨⑮，在外者凌半。有一史后至者，儃儃然不趋⑯，受揖不立，因之舍。公使人视之，则解衣般礴赢⑰。君曰：“可矣，是真画者也。”

［注释］

①鲁哀公：姬姓，名将，鲁定公之子，鲁国第二十六任君主，春秋末期人。庄子为战国中期人，相距一百多年，此为寓言。

②方：方术。

③少儒：儒士少。

④圜：同“圆”。

⑤天时：天道运行的规律。

⑥句：通“矩”，方形。屦(jù)，古代用葛麻制成的鞋子。

⑦缓：五色丝线织成的丝带。

⑧号：号令。

⑨丈夫：成年男子。

⑩百里奚：字子明，春秋时秦国大夫，原为虞国大夫，晋献公借道伐虢灭了虞国，俘获百里奚，用他做秦穆公夫人出嫁时陪嫁的奴隶送到秦国，百里奚逃到楚国，秦穆公用五张黑羊皮换回秦国，任命为大夫，著名的政治家、思想家。

⑪饭牛：喂牛，养牛。

⑫有虞氏：舜帝。

⑬宋元君：即宋元公，宋国的国君。

⑭众史：许多画家。

⑮舐(shì)笔：用舌尖润笔。

⑯儃(tǎn)儃：舒缓悠闲的样子。

⑰般礴臝：盘腿而坐。臝：同“裸”，光着身子。

［译文］

庄子拜见鲁哀公，鲁哀公说：“鲁国有许多儒士，很少有先生的道术。”庄子说：“鲁国儒士少。”鲁哀公说：“全鲁国的人都穿着儒服，怎么说少呢？”庄子说：“我听说，儒士带着圆帽子，知道天道运行的规律；穿着方形鞋子的人知道地理，佩带五种彩丝系着玉佩的人遇到事情善于决断。君子有自己的能力，未必穿着相应的服装；穿着某种衣服的人，未必具有相应的能力。你一定认为我说的不对，为何不在国内发布号令说：‘不懂儒者道理而穿儒服的人，处以死罪！’”于是，鲁哀公发出号令，五天后，鲁国没有人敢穿儒服。只有一个男子，穿着儒服立在鲁哀公的宫门外。鲁哀公召进男子，询问国家大事，提问千变万化，这个男子回答不尽。庄子说："整个鲁国只有一人是儒者，可以说多吗？"

百里奚不把爵禄放在心上，所以养牛而牛肥胖，使秦穆公忘记了他出身贫贱，把国家政事交给他。舜帝不把死生放在心上，所以他的事迹足以感动人。

宋元君请人画画，许多画家都来了，受命行礼站立，用舌尖润笔调墨，宫门外还有一半人。有一个画家后来，舒缓悠闲，缓缓走来，受命后也不站立，去了室内。宋元君派人看他，他解开衣服，盘腿而坐，光着身子作画。宋元君说："可以，这人是个真正的画家。"

［原文］

文王观于臧①，见一丈夫钓②，而其钓莫钓③。非持其钓有钓者也，常钓也。文王欲举而授之政④，而恐大臣父兄之弗安也，欲终而释之⑤，而不忍百姓之无天也⑥。于是旦而属之大夫曰⑦："昔者寡人梦见良人⑧，黑色而髯⑨，乘驳马而偏朱蹄⑩，号曰：'寓而政于臧丈人⑪，庶几乎民有瘳乎⑫！'"诸大夫蹴然曰⑬："先君王也⑭。"文王曰："然则卜之。"诸大夫曰："先君之命，王其无它，又何卜焉？"遂迎臧丈人而授之政。典法无更，偏令无出⑮。

三年，文王观于国，则列士坏植散群⑯，长官者不成德⑰，斔斛者不敢入于四竟⑱。列士坏植散群，则尚同也；长官者不成德，则同务也，斔斛者不敢入于四竟，则诸侯无二心也。文王于是焉以为大师，北面而问曰："政可以及天下乎？"臧丈人昧然而不应⑲，泛然而辞⑳，朝令而夜遁㉑，终身无闻。颜渊问于仲尼曰："文王其犹未邪？又何以梦为乎？"仲尼曰："默，汝无言！夫文王尽之也，而又何论刺焉㉒！彼直以循斯须也㉓。"

［注释］

①文王:周文王。臧:地名,在渭水边。

②钓:钓鱼。

③钓莫钓:既钓鱼,又无心钓鱼。

④举:选用。

⑤释:舍弃。

⑥天:荫庇。

⑦旦:早晨。属:集合。

⑧良人:好人,君子。

⑨髯:两腮的胡子。

⑩驳马:毛色斑驳的马。偏朱蹄:一边的蹄子是赤色。

⑪寓:托付。而:你。丈人:古代指老年人。

⑫庶几:差不多。瘳(chōu):病愈,意为百姓的问题得到解决了。

⑬蹴(cù)然:吃惊不安的样子。

⑭先君王:文王的父亲季历,面黑而两腮多须,喜欢乘杂色马。

⑮偏:通"篇"。

⑯列士:各种各样的士。坏植:毁坏培植的党羽。散群:散离朋党。

⑰不成德:不用心建立个人的功德。

⑱斔(yù):同"斞",古代计量单位,六斛四斗为斞。斛(hú):计量单位,十斗为斛。竟:通"境"。

⑲昧然:昏茫无知的样子。

⑳泛然:漫不经心的样子。

㉑遁:逃跑。

㉒论刺:议论。

㉓直:只是。斯须:片刻。

[译文]

周文王去臧地巡查,看到一个老人钓鱼,他既在钓鱼,又无心钓鱼,他不是拿着鱼钩钓鱼,只是拿着鱼竿钓鱼。周文王想选用他,并把国家政事交给他,而恐怕大臣和父兄反对。于是,早上起来后召集大夫说:

“昨晚我梦见一个好人，面目黑色，两腮长着胡子，乘着毛色斑驳的马，一边是红色的蹄子，他号令说：‘把你的政事交付给臧地的老人，差不多老百姓的问题就解决了！’”各位大夫惊恐地说：“你梦见的是先君王。”周文王说：“那么就占卜吧。”各位大夫说：“先君的命令，你不要怀疑，又何必占卜呢。”于是，周文王就迎来臧地老人，并把国家政事交给他。老人执政后，国家的典章和法律制度没有更改，没有发出什么政令。

三年后，周文王视察国家，看到各种士人培植的党羽毁坏了，朋党也离散了，做官的人不追求建立个人的功德，计量不同的量器不敢进入国境，诸侯也没有二心。周文王于是认为老人是大师，向北面站立问道：“政令可以达到天下吗？”臧地的老人昏茫无知似的不回答，漫不经心地辞掉官职，早上还在接受命令，晚上就逃走了，终身默默无闻。颜渊问孔子说：“周文王的威望还不大吗？又何必托梦而言呢？”孔子说：“闭嘴，你不要说话！周文王尽力而为了，你又何必议论他呢！他只是短时间地顺应罢了。”

［原文］

列御寇为伯昏无人射①，引之盈贯②，措杯水其肘上③，发之，適矢复沓④，方矢复寓。当是时，犹像人也⑤。伯昏无人曰：“是射之射，非不射之射也。尝与汝登高山，履危石⑥，临百仞之渊⑦，若能射乎？”于是无人遂登高山，履危石，临百仞之渊，背逡巡⑧，足二分垂在外，揖御寇而进之。御寇伏地，汗流至踵⑨。伯昏无人曰：“夫至人者，上窥青天，下潜黄泉，挥斥八极⑩，神气不变。今汝怵然有恂目之志⑪，尔于中也殆矣夫！”

［注释］

①列御寇：列子。伯昏无人：虚拟的人名。

②引：拉开弓弦。

③措：放。

④適矢：射箭。复沓：重叠，接连不断。

⑤象：木偶，泥塑人。

⑥履危石：登上危险的山岩。

⑦临：到，来。

⑧逡巡：后退。

⑨踵：脚跟。

⑩挥斥：意气奔放。八极：八方极远的地方。

⑪怵然：恐惧的样子。恂目：眨眼。

［译文］

列子为伯昏无人表演射箭，把弓弦拉满，放一杯水在胳膊上，箭射出去，又接连不断发射，，一支箭接着一支箭。当时，列子如同木偶，伯昏无人说："这是射箭的射法，不是无心射箭的射法。我尝试与你登上高山，站在高耸的山岩上，下临百仞深渊，你能射箭吗？"于是，伯昏无人登上高山，脚踩高耸的岩石，背朝后退步，脚悬挂在三分之二的地方，向列子行礼，请列子去那个地方表演。列子趴在地上，汗水流到脚后跟。伯昏无人说："至人向上窥视青天，向下探望黄泉，一起奔放八极，神气不变。现在你害怕眨眼的样子，你几乎不可能射中了。"。

［原文］

肩吾问于孙叔敖曰[①]："子三为令尹而不荣华[②]，三去之而无忧色。吾始也疑子[③]，今视子之鼻间栩栩然[④]，子之用心独奈何？"孙叔敖曰："吾何以过人哉！吾以其来不可却也[⑤]，其去不可止也。吾以为得失之非我也，而无忧色而已矣。我何以过人哉！且不知其在彼乎[⑥]？其在我乎？其在彼邪亡乎我[⑦]，在我邪亡乎彼。方将踌躇[⑧]，方将四顾，何暇至乎人贵人贱哉[⑨]！"

仲尼闻之曰："古之真人，知者不得说[⑩]，美人不得滥[⑪]，盗人不得劫，伏戏、黄帝不得友[12]。死生亦大矣，而无变乎己，况爵禄乎！若然者，其神经乎大山而无介[13]，入乎渊泉而不濡[14]，处卑细而不惫[15]，充满天地，既以与人己愈有[16]。”

［注释］

①肩吾：古代隐士。孙叔敖：名敖，字孙叔，楚郢都人（今纪南城）河南淮滨县人。担任楚国令尹时，施教导民，宽刑缓政，发展经济，政绩赫然，辅佐楚庄王成为春秋五霸之一。

②令尹：春秋时楚国设置的级别最高的官员，掌军政大权。

③疑子：怀疑孙叔敖的气度。

④栩栩然：轻松的样子。

⑤却：拒绝。

⑥其：爵禄。

⑦亡乎我：无关乎我。

⑧踌躇：从容自得。

⑨何暇：哪里有空闲。

⑩知者：智者。说：说服。

⑪滥：淫乱。

⑫伏戏：伏羲，传说中的帝王。

⑬介：障碍。

⑭濡：沾湿。

⑮卑细：卑下弱小。

⑯既以与人己愈有：意为尽力给予别人，自身更为富有。此句语出《老子》：“圣人不积，既以为人己愈有，既以与人己愈多。”既，尽。

［译文］

肩吾问孙叔敖说：“你三次担任令尹而不以为荣华富贵，三次辞去令尹面无忧色。我开始时怀疑你的气度，现在看你面色轻松自在的样子，你的心里是怎么考虑的呢?”孙叔敖说:“我哪里有什么过人之处!我认为爵禄来了不可拒绝,离去不可阻止。我认为得失不在于我,而没有忧色罢了。我哪里有什么过人之处?况且不知道爵禄在令尹官职上,还是在我身上?爵禄在令尹上就与我无关,在我身上与令尹无关。我正从容自得,正在四处看望,哪有有空闲考虑富贵和贫贱呢!”

孔子听了后说:“古代的真人,智者无法说服,美人不能淫乱,盗贼不能偷窃,伏羲和皇帝不能与他们交上朋友。死生也是大事啊,也不能改变自己,何况爵禄呢!如果这样的话,他们的精神经过大山没有阻碍,潜入深渊而不会沾湿,处于卑下弱小的地位不会疲惫,精神充满天地之间,尽力给予人而自己更加富有。”

[原文]

楚王与凡君坐①,少焉②,楚王左右曰“凡亡”者三③。凡君曰:“凡之亡也,不足以丧吾存。夫‘凡之亡不足以丧吾存’,则楚之存不足以存存④。由是观之,则凡未始亡而楚未始存也。”

[注释]

①凡君:凡国的国君。凡国,在今河南省辉县西南。

②少焉:少刻,一会儿。

③左右:侍从,指楚王的大臣。

④存存:使存在成为存在。

[译文]

楚王和凡国的国君坐在一起,一会儿,楚王的臣子多次说凡国灭亡的事。凡国国君说:“凡国灭亡了,不足以丧失我的存在。既然凡国灭亡不足以丧失我的存在,那么楚国的存在也不足以使你的存在成为存在。由此来看,那么凡国未必灭亡而楚国未必存在。”

第二十二　知北游

【题解】

什么是道?道在何处?如何得道?这是人们关心的问题,也是庄子关心的问题。庄子通过一系列寓言故事,从多个层次阐述了道的种种特性,指出道弥漫于万物之间,天地有大美,四时有明法,万物有成理,□然难言,却无所不在。庄子始终推崇人类原始蒙昧时期,主张顺从自然规律和人的天性认识世界,以证得大道。他赞赏古代的人能够顺应事物的变化处理事情,而内心保持不变,不为物动。

[原文]

知北游于玄水之上①,登隐弅之丘②,而适遭无为谓焉③。知谓无为谓曰:"予欲有问乎若④:何思何虑则知道⑤?何处何服则安道⑥?何从何道则得道?"三问而无为谓不答也。非不答,不知答也。知不得问,反于白水之南,登狐阕之上⑦,而睹狂屈焉⑧。知以之言也问乎狂屈。狂屈曰:"唉!予知之,将语若,中欲言而忘其所欲言⑨。"知不得问,反于帝宫,见黄帝而问焉⑩。黄帝曰:"无思无虑始知道,无处无服始安道,无从无道始得道。"

[注释]

①知:虚拟的人名。玄水:河流名。

②隐弅(fén):虚拟的地名。

③适：刚巧。遭：遇见，碰到。无为谓：虚拟的人名。

④若：你。

⑤知道：认识道。

⑥何从何服：如何依从如何致力。服，从事，致力。安：安心。

⑦狐阕：虚拟的山名。

⑧狂屈：虚拟人名。

⑨中：内心。

⑩黄帝：古代部落联盟首领，五帝之首，征服东夷、九黎族而统一华夏，播百谷草木，大力发展生产，始制衣冠、建舟车、制音律、创立医学，被尊为中华"人文初祖"。

［译文］

知向北游历于玄水上，登上隐弅山丘，恰巧遇到无为谓。知对无为谓说："我想问你：如何思虑才能认识道？如何相处如何做事才能安心道？如何依从如何致力才能得道？"问了三次，无为谓没有回答。不是无为谓不回答，而是不知道怎么回答。知不能解决问题，返回白水的南边，登上狐阕山，而看见了狂屈。知用前边的话求教狂屈。狂屈说："唉，我知道怎么回答，将告诉你，心中想说而忘记想说的话。"知还是没有解决问题，返回帝宫，见到黄帝求教。黄帝说："没有思索没有考虑才能懂得道，没有处所没有依从才能安于道，没有依靠没有方法才能得道。"

［原文］

知问黄帝曰："我与若知之，彼与彼不知也①，其孰是邪？"黄帝曰；"彼无为谓真是也，狂屈似之，我与汝终不近也。夫知者不言，言者不知，故圣人行不言之教②。道不可致③，德不可至。仁可为也，义可亏也④，礼相伪也⑤。故曰：'失道而后德，失德而后仁，失仁而后义，失义而后礼⑥。'礼者，道之华而乱之首也。故曰：'为道者日损⑦，损之又损，以至于无为。无为而无不为也。'今已为物也，欲复归根⑧，不亦难乎！其易也其唯大人乎！生也死之徒[9]，死也生之始，孰知其纪[10]！人之生，气之聚也。聚则为生，散则为死。若死生为徒，吾又何患！故万物一也[11]。是其所美者为神奇，其所恶者为臭腐[12]。臭腐化为神奇，神奇复化为臭腐。故曰：'通天下一气耳[13]。'圣人故贵一。"

知谓黄帝曰："吾问无为谓，无为谓不应我，非不应我，不知应我也；吾问狂屈，狂屈中欲告我而不我告[14]，非不我告，中欲告而忘之也；今予问乎若，若知之，奚故不近？"黄帝曰："彼其真是也，以其不知也；此其似之也，以其忘之也；予与若终不近也，以其知之也。"狂屈闻之，以黄帝为知言[15]。

［注释］

①彼与彼：指前边的无为谓与狂屈。

②不言之教：无言的教育。因为道可道，非常道，言语是无法真正表达的，只能依靠感悟。

③道不可致：道是不可以用语言得到的。郭庆藩道："道在自然，非可言致。"

④亏：减损。

⑤伪：虚伪。

⑥"失道而后德"这四句话，转引于老子《道德经》第三十八章。

⑦为道者日损：求道的人每天减损人欲、智巧、浮华的东西，从而达到朴拙，接近于道。王先谦道："华去而朴全，则虽为而非为也。"

⑧欲复归根：想要恢复根本。

⑨徒：同类。

⑩纪：开端，端绪。

⑪一：一致，同一。

⑫恶：厌恶。

⑬通：贯通。天下一气：天下万物都来源于气。

⑭不我告：不告诉我，此为倒装句。

⑮知言：有见识的言论。

［译文］

知问黄帝道："我与你认识这些，无为谓和狂屈还不认识，谁是正确的呢？"黄帝说："那个无为谓是最正确的，狂屈接近正确，我与你最终没有接近道。知者不言，言者不知，所以圣人推行不言之教。道不可用语言表达，德不可求。仁爱可以做到，正义可以损减，礼仪相互虚伪。所以说：'人们失去纯善的道，而后圣人教人以德；人心变迁失去了德行，而后圣人教人以仁；人们失去了仁义之心，而后圣人教人以义；人心不古失去了义，而后圣人教人以礼。'礼仪是道的华丽的装饰，也是祸乱之首。所以说：'追求天道天天减损，减损了又减损，以至于无所作为。无为而后才能无所不为。'我们生来就是物质，想要复归道的根本，不也是太难了吗！容易做到的唯独大人啊！生是死的同类，死是生的开始，谁知道它们的端绪呢！人的生命，是气的聚合。气聚合就形成生命，气离散就死亡。如果死生是一回事，我又有什么忧患的呢！所以万物是同一的。人们所赞美的是神奇，所厌恶的是臭腐。臭腐转化为神奇，神奇又化为臭腐。所以说：'贯通天下的就是一个气啊。'圣人因此看重同一。"

知对黄帝说："我问无为谓，无为谓不回答我，不是不回答我，是不知如何回答；我问狂屈，狂屈心里想告诉我，而没有告我，不是不告我，心里想告我而是忘记了；现在我问你，你知道这些，你为什么没有接近道呢？"黄帝说："那个无为谓是最正确的，因为他不知道；这个狂屈接近道，因为他忘记了如何表达；我与你最终没有接近道，因为我们知道这些。"狂屈听了这件事后，认为黄帝的话有见识。

［原文］

天地有大美而不言[①]，四时有明法而不议[②]，万物有成理而不说。圣人者，原天地之美而达万物之理[③]。是故至人无为，大圣不作，观于天地之谓也。今彼神明至精[④]，与彼百化[⑤]。物已死生方圆，莫知其根也[⑥]，扁然而万物[⑦]，自古以固存。六合为巨[⑧]，未离其内[⑨]；秋豪为小[⑩]，待之成体；天下莫不沉浮,终身不故[11];阴阳四时运行,各得其序;惛然若亡而存[12],油然不形而神[13];万物畜而不知[14],此之谓本根,可以观于天矣!

[注释]

①大美:自然界所体现的和谐对称与广漠神秘之美。

②明法:四季运行的规律。

③原:推究。

④彼:道。

⑤与:参与。百化:各种变化。

⑥根:根本。

⑦扁:通"遍",普遍。

⑧六合:上下和四方,泛指宇宙。

⑨其内:道内。

⑩秋豪:同"秋毫",意为秋天鸟兽身上新长的细毛,后用来比喻最细微的事物。郭庆藩道:"六合虽大,犹居至道之中,豪毛虽小,资道以成体质也。"

⑪终身不故:故,陈旧,意为万物不会固守陈旧,始终变化,往来不住,运之不停,不曾守旧。

⑫惛:同"昏",迷乱,糊涂。

⑬油然:自然而然的样子。

⑭畜:养育。

[译文]

天地有至大的美而不言,四季有显明的规律而不议论,万物有生长的道理而不说。圣人推究天地至大的美德,通达万物的道理。因此至人无为,大圣不做,观察天地的大道。现在天道神妙显明,至为精微,参与万物的变化。万物已然或死或生,或方或圆,不知道它们的根本,万物普遍地自古以来本来就存在。宇宙世界如此巨大,不会脱离大道;秋天的毫毛如此渺小,依赖大道生成;天下万物无不浮沉往来,运动不止,终身不会固守陈旧，总是在变化。阴阳变化，四季运行，各有秩序；大道昏暗蒙昧，若亡若存。自然而然的样子，没有形状，神妙无比。万物被大道养育而不知道，这就是万物的根本，可以用它观察自然的变化。

［原文］

啮缺问道乎被衣[1]，被衣曰："若正汝形[2]，一汝视[3]，天和将至[4]；摄汝居[5]，一汝度[6]，神将来舍[7]。德将为汝美，道将为汝居[8]。汝瞳焉如新生之犊[9]，而无求其故。"言未卒，啮缺睡寐。被衣大说[10]，行歌而去之[11]。曰："形若槁骸[12]，心若死灰，真其实知，不以故自持[13]。媒媒晦晦[14]，无心而不可与谋。彼何人哉！"

舜问乎丞曰[15]："道可得而有乎？"曰："汝身非汝有也，汝何得有夫道！"舜曰："吾身非吾有也，孰有之哉？"曰："是天地之委形也[16]；生非汝有，是天地之委和也；性命非汝有，是天地之委顺也；子孙非汝有，是天地之委蜕也[17]。故行不知所往，处不知所持，食不知所味，天地之强阳气也[18]，又胡可得而有邪！"

［注释］

①啮缺：虚拟的人名。

②若：你。正：端正。

③一：专一。

④天和：自然的和气。

⑤摄：整理，整顿。

⑥度：思虑。

⑦神：精神。

⑧居：居住。

⑨瞳焉：懵懵懂懂，瞪着眼看的样子。犊：小牛。

⑩说：通"悦"，喜悦。

⑪行歌：边走边唱。

⑫槁骸：枯干的骨头。

⑬故：常见。

⑭媒媒晦晦：昏昧不明的样子。

⑮丞：有道之人，舜的老师。

⑯委形：托付，给予。

⑰蜕：蜕变。

⑱强阳：强健的运动。

［译文］

啮缺向被衣问道，被衣说："你要端正你的身体，视力专注，自然的和气将会来到；整理你的居室，专一你的思虑，精神将会来居住。德性将为你美丽，大道将为你居留。你懵懵懂懂瞪着眼睛的样子如新生的牛犊，不去探求事物的缘故。"话没有说完，啮缺却入睡了。被衣大为喜悦，边走边唱离开了。他说："身体如枯骨，心如烧尽的灰烬，纯真朴实的智慧，不坚持常见。昏昧不明的样子，没有心智不能与他谋划。这是什么人啊！"

舜帝问丞说："道可以得到吗？"丞说："你的身体其实不是你拥有的，你从哪里得到道！"舜帝说："我身体不是我拥有的，哪是谁拥有的？"舜帝说："这是天地托付给你的形体；生命不是你拥有的，是天地托付你的和气；性命不是你拥有的，是天地托付你的顺气；子孙不是你拥有的，是天地托付你的蜕变之物。所以出行不知要去何处，居住不知持守何物，吃饭不知什么味道，天地强健的运动，又怎么可以得到并拥有呢！"

［原文］

孔子问于老聃曰："今日晏闲①，敢问至道。"老聃曰："汝齐戒②，疏瀹而心③，澡雪而精神④，剖击而知⑤。夫道，窅然难言哉⑥！将为汝言其崖略⑦：

夫昭昭生于冥冥[8]，有伦生于无形[9]，精神生于道，形本生于精[10]，而万物以形相生。故九窍者胎生[11]，八窍者卵生[12]。其来无迹，其往无崖，无门无房[13]，四达之皇皇也[14]。邀于此者，四肢彊，思虑恂达[15]，耳目聪明。其用心不劳，其应物无方，天不得不高，地不得不广，日月不得不行，万物不得不昌[16]，此其道与[17]！且夫博之不必知[18]，辩之不必慧，圣人以断之矣！若夫益之而不加益，损之而不加损者，圣人之所保也[19]。渊渊乎其若海[20]，巍巍乎其终则复始也[21]。运量万物而不匮[22]，则君子之道，彼其外与！万物皆往资焉而不匮[23]。此其道与！

中国有人焉[24]，非阴非阳，处于天地之间，直且为人[25]，将反于宗[26]。自本观之，生者，喑醷物也[27]。虽有寿夭，相去几何？须臾之说也。奚足以为尧、桀之是非！果蓏有理[28]，人伦虽难，所以相齿[29]。圣人遭之而不违，过之而不守[30]。调而应之，德也；偶而应之[31]，道也。帝之所兴，王之所起也。

人生天地之间，若白驹之过郤，忽然而已。注然勃然[32]，莫不出焉；油然漻然[33]，莫不入焉。已化而生，又化而死。生物哀之，人类悲之。解其天弢[34]，堕其天袠[35]。纷乎宛乎[36]，魂魄将往，乃身从之，乃大归乎！不形之形，形之不形，是人之所同知也，非将至之所务也[37]，此众人之所同论也。彼至则不论，论则不至；明见无值[38]，辩不若默；道不可闻，闻不若塞：此之谓大得。”

［注释］

①晏闲：安闲。

②齐：同“斋”，斋戒。

③疏瀹(yuè)：疏通，疏导。而：你。

④澡雪：以雪洗身，意为洗涤使干净，使内心变得高洁。

⑤掊(pōu)击：打击。知：同“智”。

⑥窅然：幽寂渺远的样子。

⑦崖略：大概，轮廓。

⑧昭昭:光明,引申为显著。冥冥:昏暗,幽暗之处。

⑨有伦:有形万物;伦,又作“形”。

⑩精:指精微之气。

⑪九窍:人与各种兽类,意为两眼、两耳、两鼻孔、口、前阴和肛门。胎生:动物的受精卵在雌性动物体内的子宫里发育成熟并生产的过程叫胎生。

⑫八窍:鸟类、爬虫类、大部分鱼类,意为肛门和尿道合为一体,因而少一窍,故称八窍。卵生:动物的受精卵在母体外独立发育的过程叫卵生。

⑬无门无房:没有固定的场所。

⑭四达之皇皇:四通八达,广大无际。

⑮恂(xún)达:畅通。

⑯昌:兴盛。

⑰与:同“欤”。

⑱博:博学。

⑲保:保持,持守。

⑳渊渊:深邃的样子。

㉑巍巍:高大的样子。

㉒匮:缺乏。

㉓资:供给,帮助。

㉔中国:最早指西周京畿地区,泛指黄河中下游的区域。

㉕直且:只是暂且。

㉖宗:宗本。

㉗喑醷(yīn yì):气聚结的样子。

㉘果蓏(luǒ):木实曰果,草实曰蓏,意为瓜果的总称。

㉙相齿:按照某种标准排序,如年龄官职等。

㉚过:过往。守:保守,持守。

㉛偶:无心。

㉜注然:水涌出的样子。勃然:兴起的样子。

㉝漻(liáo)然:盛大的样子。

㉞天弢(tāo):自然的弓袋。

㉟堕:通“隳”,毁坏。天袠:箭囊。

㊱纷乎:杂乱的样子。宛乎:散失的样子。

㊲务:谋求,追求。

㊳无值:不相遇;值,遇到。

[译文]

孔子问老子说:“今天安闲,请问什么是至道。”老子说:“你得斋戒,疏导你的内心,洗净你的精神,分析击破你的智巧。道幽寂深远,难以言说!我将为你描述它的大概:大凡显著的东西生长于幽暗之地,有形万物生长于无形之中,精神生长于道,形体生长于精微,而万物由形体相互生成。所以九窍生物由胚胎生成,八窍生物由卵生成。来的时候没有痕迹,去的时候没有边际,没有固定的居所,四通八达,广大无际。遵循这个规律,四肢强健,思维畅通,耳聪目明。他用心不劳累,应对外物没有固定的方法。天没有它不会高大,地没有它不会广远,日月没有它不能运行,万物没有它不能兴盛,这就是道啊。何况,博学的人不一定知道,善辩的人不一定有智慧,圣人是断决这些的!如果要增加而没有增加,减损而没有减损,这是圣人所持守的。深邃如同大海,高大终而复始。运载万物而不匮乏,那么君子之道怎么能外在于它呢!万物都前往凭借它而不匮乏。这就是道啊!

中原有一个这样的人,既不为阴,也不为阳,生活于天地之间,只是暂且为人,将返回人生的根本。从根本上观察,生物不过是气的聚合。即使有长寿夭折,相差又有多少?只不过是瞬间罢了。何足以辨认尧舜的是非!瓜果有自身的生长规律,人们的伦理即使难以区分,也可以用某种标准进行排列。圣人遇到这些不会违逆,过往之后不会保守。协调地应对它,这是德行;无心地应对它,是大道。帝王的兴盛,君王的产生,都必须依仗德行和天道。人们生活在天地之间,如同白马经过缝隙一样倏忽,忽然间就结束了。产生兴起,无不是出自道;自然盛大,无不归结于道。已经变化生长,又经过变化死亡。生物哀伤,人类悲痛。解开自然的弓袋,毁掉自然的箭囊,纷杂而散开,魂魄将前往,身体也随之而去,这是回到终极的大道。人类没有形体而具有了形体,有了形体而失去了形体,这是人们都知道的,不是将要认识大道的人所务求的,这是众人共同认定的。认识大道的人不议论,议论则没有达到大道;高明的见解不需要相遇,辩解不如沉默;大道不可闻知,闻知不如塞耳不听:这就是大道。"

［原文］

东郭子问于庄子曰①:"所谓道,恶乎在②?"庄子曰:"无所不在。"东郭子曰:"期而后可③。"庄子曰:"在蝼蚁④。"曰:"何其下邪?"曰:"在稊稗⑤。"曰:"何其愈下邪?"曰:"在瓦甓⑥。"曰:"何其愈甚邪?"曰:"在屎溺。"东郭子不应。庄子曰:"夫子之问也,固不及质⑦。正获之问于监市履狶也⑧,每下愈况⑨。汝唯莫必⑩,无乎逃物。至道若是,大言亦然。周遍咸三者⑪,异名同实,其指一也⑫。尝相与游乎无何有之宫⑬,同合而论,无所终穷乎⑭!尝相与无为乎,澹而静乎⑮,漠而清乎⑯,调而闲乎⑰。寥已吾志⑱,无往焉而不知其所至,去而来而不知其所止。吾已往来焉而不知其所终,彷徨乎冯闳⑲,大知入焉而不知其所穷⑳。物物者与物无际,而物有际者。所谓物际者也,不际之际,际之不际也。谓盈虚衰杀,彼为盈虚非盈虚,彼为衰杀非衰杀,彼为本末非本末,彼为积散非积散也。"

［注释］

①东郭子:人名,住在东郭的一个人。

②恶:疑问代词,哪,何。

③期:希望。

④蝼蚁:蝼蛄和蚂蚁。

⑤稊稗(tí bài):一种形似谷子的草。

⑥瓦甓(pì):砖瓦。

⑦固:本来。质:本质。

⑧正:管理集市的官员。获:人名。监市:屠夫。豨:猪。

⑨每下愈况:越靠近猪腿之下越能显出肥瘦,喻越是从低微的事物越能看清道;况,比喻,比拟。

⑩汝唯莫必:你不要限定在唯一的事物上谈论道;必,限定。

⑪周遍咸:郭庆藩道:"周悉普遍,咸皆有道。"

⑫指:同"旨",意义。

⑬无何有之宫:没有任何事物的地方,意为虚寂空无的大道境界。

⑭无所终穷:王先谦道:"游心于虚际,则见道之同合而无穷极也。"

⑮澹而静:恬淡而宁静。

⑯漠而清:广漠而清虚。

⑰调而闲:调和而安闲。

⑱廖:空虚。

⑲彷徨:犹豫不决。冯闳(féng hóng):宏大开旷。

⑳大知:大智慧的人。

[译文]

东郭子问庄子说:"所说的道,在哪里呢?"庄子说:"无所不在。"东郭子说:"希望你可以具体说说。"庄子说:"在蝼蛄蚂蚁中。"东郭子说:"这是多么卑下的事物啊?"庄子说:"在形似谷子的草中。"东郭子说:"为什么越卑下了?"庄子说:"砖瓦中。"东郭子说:"为什么越来越卑下了?"庄子说:"在屎尿中。"东郭子不回应了。庄子说:"你的提问,本来就没有提到本质的东西。管理市场的官员获问屠夫如何检验猪的肥瘦,越靠近猪腿下边越能看出猪的肥瘦。你不要限定在唯一的事物上谈论道,万物都无法脱离道。至道就是这样,大言也是这样。周悉、普遍、全部三个方面,名字不同,实质一样,它们的意义都是同一的。我与朋友曾经相互游历空无虚寂的大道的境域,从混同和合一方面来说,道是无穷无尽的！曾经相互处于无为的境界，恬淡而宁静，广漠而清虚，调和而悠闲。我的心志空虚寂寥，无所往而不知道到达了什么地方，离开又归来而不知在哪里休止。我已经来来往往而不知道最终走向哪里，犹豫徘徊啊，在宏大开旷的地方，不知道如何进入也不知道所要穷尽的地方。创造万物的道和万物没有界限，而万物之间是有界限的。所谓万物之间有界限，就是没有界限的界限，有界限也就是没有界限。所谓的充盈、空虚、衰败、消失，道使万物充盈空虚自身却没有充盈空虚，道使万物衰败消失而自身却没有衰败消失，道使万物有宗本和末端而自身却没有宗本和末端，道使万物有集聚分散而自身并没有集聚分散。”

［原文］

妸荷甘与神农同学于老龙吉①。神农隐几②，阖户昼瞑③。妸荷甘日中奓户而入④，曰："老龙死矣！"神农隐几拥杖而起⑤，曝然放杖而笑⑥，曰："天知予僻陋慢訑⑦，故弃予而死。已矣，夫子无所发予之狂言而死矣夫！"弇堈吊闻之⑧，曰："夫体道者，天下之君子所系焉。今于道，秋豪之端万分未得处一焉⑨，而犹知藏其狂言而死，又况夫体道者乎！视之无形，听之无声，于人之论者，谓之冥冥⑩，所以论道而非道也。"

［注释］

①妸(ē)荷甘、神农、老龙吉：虚拟的人名。

②隐：倚，靠。几：小或矮的桌子。

③阖：关闭。瞑：通"眠"，睡觉。

④奓(zhà)：打开。

⑤拥：抱。

⑥曝(bó)：象声词，手杖撞地的声音。

⑦慢：怠慢。訑(dàn)：同"诞"，放纵。

⑧弇堈(yǎn gāng)吊：虚拟的人名。

⑨秋毫：秋天鸟兽身上新长的细毛。豪，同“毫”。

⑩冥冥：高远幽寂。

［译文］

妸荷甘与神农同时向老龙吉学习。神农靠在桌子上，关闭门户睡觉。妸荷甘中午推开门户进来，说：“老龙死了！”神农靠着桌子抱着手杖起来，嚗地放下手杖大笑说：“先生知道我怪癖愚陋，怠慢放纵，所以舍下我死了。完了，先生没有留下启发我的至言就死了！”弇堈吊听了后，说：“体悟大道的人，天下的君子都依附他。现在他对于道，连秋毫末端的万分之一都没有得到，而还知道隐藏至言而死，又何况体会大道的人呢！观察没有形体，听闻没有声音，这是人们所谈论的道，可谓是高远幽寂，所以所谈论的道不是真正的大道。”

［原文］

于是泰清问乎无穷曰①：“子知道乎？”无穷曰：“吾不知。”又问乎无为，无为曰：“吾知道。”曰：“子之知道，亦有数乎②？”曰：“有。”曰：“其数若何？”无为曰：“吾知道之可以贵，可以贱，可以约③，可以散，此吾所以知道之数也。”泰清以之言也问乎无始，曰：“若是，则无穷之弗知与无为之知，孰是而孰非乎？”无始曰④：“不知深矣，知之浅矣；弗知内矣⑤，知之外矣⑥。”于是泰清中而叹曰：“弗知乃知乎，知乃不知乎！孰知不知之知？”无始曰：“道不可闻，闻而非也；道不可见，见而非也；道不可言，言而非也！知形形之不形乎⑦！道不当名。”无始曰：“有问道而应之者，不知道也；虽问道者，亦未闻道。道无问，问无应。无问问之，是问穷也；无应应之，是无内也。以无内待问穷，若是者，外不观乎宇宙，内不知乎太初⑧。是以不过乎昆仑⑨，不游乎太虚⑩。”

[注释]

①泰清、无穷:虚拟的人名,皆都包含对于道的理解和探究之意义。

②数:规律。

③约:约束,收敛。

④无始:虚拟的人名。

⑤内:内在,本质。

⑥外:外表,表象。

⑦形形:产生有形之物的东西。

⑧太初:天地未分之前的混沌状态。

⑨昆仑:高远的山。

⑩太虚:空寂玄奥的境域。

[译文]

于是,泰清问无穷说:“你知道道吗?”无穷说:“我不知道。”泰清又问无为,无为说:“我知道道。”泰清说:“你知道道,也有规律吗?”无为说:“有。”泰清说:“它有什么规律?”无为说:“我知道道可以尊贵,可以贫贱,可以约束,可以离散,这就是我所知道的道的规律。”泰清用这些话问无始说:“如果这样,那么无穷不知道道和无为知道道,谁对谁错呢?”无始说:“不知道道是深奥,知道道是浅陋;不知道道是认识道的内在本质,知道道使滞留于外在的形式。”于是泰清感叹说:“不知道就是知道道啊,知道道就是不知道道啊!谁知道不知道的智慧?”无始说:“道不可听闻,听到的道不是道;到不可以看见,见到的道不是道;道不可以言说,言说的道不是道!知道产生有形之物的东西不是有形之物吗!道是不应当命名的。”无始说:“有人问道而回答的,是不知道道;即使问道的那个人,也没有听说道。道是不能问的,问了也不能回答。不能问而问道,这种问是困窘的;不能回答而回答,这是不知道道的本质。用没有认识道的本质来对待困窘,如果是这样的话,对外没有观察宇宙的无穷奥秘，对内不知道认识天地未分之前的状态。因此不能超越高远的昆仑，也没有游历空寂玄奥的境域。

［原文］

光曜问乎无有曰[1]："夫子有乎？其无有乎？"光曜不得问，而孰视其状貌[2]：窅然空然[3]。终日视之而不见，听之而不闻，搏之而不得也。光曜曰："至矣，其孰能至此乎！予能有无矣，而未能无无也。及为无有矣，何从至此哉！"

大马之捶钩者[4]，年八十矣，而不失豪芒[5]。大马曰："子巧与！有道与？"曰："臣有守也。臣之年二十而好捶钩，于物无视也，非钩无察也。"是用之者假不用者也，以长得其用，而况乎无不用者乎！物孰不资焉！

［注释］

①光曜、无有：虚拟的人名。

②孰：通"熟"，仔细观察。

③窅（yǎo）然：幽深遥远的样子。空然：空虚无有的样子。

④大马：楚国的大司马。捶：锻造。钩：腰带。

⑤豪芒：极小的误差；豪，通"毫"；芒，草尖或细刺，都是细微的东西。意为专性凝虑，故无毫芒之差失。

［译文］

光曜问无有说："先生你是存在吗？还是不存在呢？"无有不说话，光曜得不到回答，光曜仔细观察无有的相貌：幽深遥远，空虚无有。整天看他而不见，听他而听不到，捕捉而得不到。光曜说："到了极致啊，谁能到达这样的境界！我能认识空无，不能认识空无的空无。等达到了无有之后，又如何到达这样的境界呢！"

楚国大司马家有个锻造腰带的人，年纪八十岁了，锻造腰带时没有任何误差。大司马说:"你的技术太巧妙了!有规律吗?"老人说:"我有持守的规律。我二十岁时喜欢锻造腰带,对于其他东西视而不见,不是腰带就不观察。"锻造腰带时凭借无用的道,以增长有用的技巧,而何况心无所用呢!万物无不依靠道存在!"

[原文]

冉求问于仲尼曰[①]:"未有天地可知邪?"仲尼曰:"可。古犹今也。"冉求失问而退[②]。明日复见,曰:"昔者吾问,'未有天地可知乎',夫子曰:'可,古犹今也。'昔日吾昭然[③],今日吾昧然。敢问何谓也?"仲尼曰:"昔之昭然也,神者先受之[④];今之昧然也,且又为不神者求邪!无古无今,无始无终。未有子孙而有子孙可乎?"冉求未对[⑤]。仲尼曰:"已矣[⑥],未应矣!不以生生死,不以死死生。死生有待邪[⑦]!皆有所一体。有先天地生者物邪?物物者非物[⑧],物出不得先物也,犹其有物也;犹其有物也无已!圣人之爱人也终无已者[⑨],亦乃取于是者也。"

[注释]

①冉求:字子有,通称"冉有",鲁国人,孔子弟子,多才多艺,尤擅长理财,曾担任季氏宰臣。因聚敛财富受到孔子批评,后在孔子的教导下向仁德靠拢,完善自己。仲尼:孔子。

②失问:无法提问。

③昭然:明白。

④神者:精神。受:接受,领会。

⑤未对:没有回答。

⑥已矣:算了。

⑦有待:有所依赖。

⑧物物:生成万物的东西。

⑨无已:没有止境。

［译文］

冉求问孔子说："没有天地之前的世界可知吗？"孔子说："可以。古代如同今天。"冉求无法提问，就退下来了。第二天，冉求又见孔子，说："先前我问'没有天地以前的世界可知吗'，先生说'可以。古代如同今天'。先前我明白，今天又糊涂了。请问为什么呢？"孔子说："先前你明白，是因为你用心神领悟；现在你糊涂，是因为没有用心神领悟啊！没有古代就没有今天，没有开始就没有终极。没有子孙而有子孙可能吗？"冉求没有回答。孔子说："算了，你不要回答！不要以生者看待死者，不要以死者看待生者。死和生是相互依赖的！都是存在于一个同一体。有先于天地的生物吗？生成万物的东西不是具体的物质，万物的产生不能先于生成的物质，还有其他的物质也是无穷的！圣人爱人是没有止境的，这也是取法于自然的天道。

［原文］

颜渊问乎仲尼曰①："回尝闻诸夫子曰：'无有所将②，无有所迎③。'回敢问其游。"仲尼曰："古之人外化而内不化④，今之人内化而外不化。与物化者，一不化者也⑤。安化安不化⑥，安与之相靡⑦，必与之莫多⑧。狶韦氏之囿⑨，黄帝之圃⑩，有虞氏之宫⑪，汤武之室⑫。君子之人，若儒墨者师，故以是非相齑也⑬，而况今之人乎！圣人处物不伤物。不伤物者，物亦不能伤也。唯无所伤者，为能与人相将迎。山林与，皋壤与⑭，使我欣欣然而乐与！乐未毕也，哀又继之。哀乐之来，吾不能御⑮，其去弗能止。悲夫，世人直为物逆旅耳⑯！夫知遇而不知所不遇，知能能而不能所不能⑰。无知不能者，固人之所不免也。夫务免乎人之所不免者⑱，岂不亦悲哉！至言去言，至为去为。齐知之所知，则浅矣！"

［注释］

①颜渊：名回，字子渊，春秋末期鲁国人，孔子弟子，深受孔子称许。颜渊勤奋好

学,不为生活艰苦所困,为后世知识分子楷模。

②将:送。

③迎:迎接。

④外化:随着外部物变化而变化。内不化:内心不因外物变化而变化,持守同一而恒久。

⑤一不化:内心持守同一不变。

⑥安:安然。

⑦靡:靡顺,顺应。

⑧必:必定。莫多:不要增益。

⑨狶韦氏:传说中的远古之帝。囿:古代帝王养动物的园林。

⑩圃:种植花草的园子。

⑪有虞氏:上古时代的部落名,虞舜为部落首领。

⑫汤武:商汤与周武王的并称。

⑬齑:意为攻击。

⑭皋壤:水边高地。

⑮御:控制,约束。

⑯逆旅:旅店。

⑰能能:能够做力所能及的事情。

⑱务:务必。

[译文]

颜渊问孔子说:"我曾经听先生说:'不要有所送,不要有所迎。'我请问如何运用。"孔子说:"古代的人随着外物的变化而变化,而内心恒一不变,现在的人内心持守不定,而对外物拘泥不化。随着外物变化而变化的人,内心恒一不变。安于变化和不变化,安于与外物相顺应,必定对外物无所增益。狶韦氏的园林,黄帝的园圃,虞舜的宫殿,商汤和武王的宫室,都是外物的形式而已。君子这样的人,如儒家和墨家之类,以是非互相攻击,而何况今天的人呢!圣人与外物交往而不伤害外物。不伤害外物，外物也不能伤害。唯有无所伤害，才能与人相互送应交往。山林啊，高地啊，使我喜悦而快乐啊！快乐未毕，哀伤又接着来了。哀乐的来临，我不能控制，它的离去我也不能控制。悲哀啊，世人只不过是外物来往的旅店！人们知道接触的事物而不知道没有接触的事物，知道能够做力所能及的事情而不能做力不所及的事情。不知道和不能做的事情，本来是人们不能避免的。务必避免人们所不能避免的，岂不是也太悲哀了吗！至言不需要言语，至为不用作为。达到智力所认识的道理，则是浅陋的。

杂篇

第二十三　庚桑楚

【题解】

真正的圣人，教化众人，众人还不知道如何被教化，与物同化，与自然合一，这才合乎抱一守生的思想，这也是至人的理想境界。万物成毁相随，有无相生，生死是同一的。至人无为而为，所谓至知不谋，至仁无亲，至信辟金。茫茫尘世，如何才能保护我们有限的生命个体呢？那就是："全汝形，抱汝生，无使汝思虑营营。"意思是保全你的形体，持守自己的本性，不要过于思虑。

［原文］

老聃之役[1]，有庚桑楚者[2]，偏得老聃之道，以北居畏垒之山[3]。其臣之画然知者去之[4]，其妾之挈然仁者远之[5]。拥肿之与居[6]，鞅掌之为使[7]。居三年，畏垒大壤[8]。畏垒之民相与言曰："庚桑子之始来，吾洒然异之[9]。今吾日计之而不足，岁计之而有余。庶几其圣人乎！子胡不相与尸而祝之[10]，社而稷之乎？"庚桑子闻之，南面而不释然。弟子异之。庚桑子曰："弟子何异于予？夫春气发而百草生，正得秋而万宝成。夫春与秋，岂无得而然哉？天道已行矣。吾闻至人，尸居环堵之室，而百姓猖狂，不知所如往。今以畏垒之细民[11]，而窃窃欲俎豆予于贤人之间[12]，我其杓人邪？吾是以不释于老聃之言。"

弟子曰："不然。夫寻常之沟，巨鱼无所还其体，而鲵鳅为之制；步仞之丘陵，巨兽无所隐其躯，而孽狐为之祥[13]。且夫尊贤授能，先善与利，自古尧、舜以然，而况畏垒之民乎！夫子亦听矣！”庚桑子曰：“小子来！夫函车之兽[14]，介而离山，则不免于罔罟之患[15]；吞舟之鱼，砀而失水，则蚁能苦之。故鸟兽不厌高，鱼鳖不厌深。夫全其形生之人，藏其身也，不厌深眇而已矣[16]！且夫二子者，又何足以称扬哉！是其于辩也，将妄凿垣墙而殖蓬蒿也，简发而栉，数米而炊，窃窃乎又何足以济世哉！举贤则民相轧，任知则民相盗。之数物者，不足以厚民。民之于利甚勤，子有杀父，臣有杀君；正昼为盗，日中穴阫。吾语女：大乱之本，必生于尧、舜之间，其末存乎千世之后。千世之后，其必有人与人相食者也。”

［注释］

①役：弟子。古代弟子从事洒扫应对的杂活，所以称为“役”。

②庚桑楚：人名，老聃弟子。

③畏垒：山名，或说在鲁，又说在梁州。

④画然：明察的样子。

⑤挈然：举的样子，引申为标榜。

⑥拥肿：糊涂无知。

⑦鞅掌：劳苦之人

⑧壤：通“穰”，丰收。

⑨洒然：吃惊的样子。异之：对他奇怪。

⑩尸而祝之：推举为神主并祭祀。

⑪细民：小民，百姓。

⑫俎豆：古代祭祀、宴飨时盛食物用的两种礼器，引申为祭祀和崇奉之意。

⑬蘖：通“孽”。

⑭函车之兽：口能吞车的野兽。

⑮罔罟（wǎng gǔ）：渔猎的网具。

⑯眇（miǎo）：高远。

［译文］

老聃的弟子里，有个叫庚桑楚的人，独自学得了老聃的道，向北走住在了畏垒之山。他的仆人中有明察智慧的人就被辞去，他的侍妾中有标榜仁爱的人就被疏远了。只有糊涂无知的人与他住在一起，劳苦淳朴的人作为役使。居住三年之后，畏垒山一带庄稼丰收了。那里的百姓说："庚桑楚刚来时，我们把他看作异类。现在我们以天来计算收入还不足，用一年来计算收入有余。他大概就是圣人了！我们为什么不相互把他作为神主来供奉呢？把他作为社稷之神来对待呢？"庚桑楚听说后，面南而坐，心里无法排解，他的弟子感到诧异。庚桑楚说："你们为什么对我感到诧异？春天阳气蒸发，百草生长，到了秋季万物成熟。春天和秋天，岂能没有依据就会这样呢？这是天道运行的结果。我听说至人，安静地居住在斗室之内，而百姓随心所欲，不知会走到何处。现在，畏垒之山的百姓想私下把我摆在贤人中间加以供奉礼拜，我怎么能成为世人的标准？我因此对于老聃对我的教导于心不安。"

弟子说："不对。平常的小水沟里，大鱼无法回转身体，可是，适合泥鳅生存；低矮的丘陵上，大兽无法隐藏躯体，可是狐狸得以栖身。况且，尊重贤人，敬授能人，以善良和利益为先，自从古代尧舜时期就是这样的，何况畏垒之山的百姓呢？你还是听从他们吧！"庚桑楚说："弟子们过来！口能吞车的巨兽，孤单地离开山林，就难免陷于捕猎网具的祸患；口能吞舟的大鱼，一旦飘荡离开水面，蚂蚁也能令它困扰痛苦，所以，鸟兽不厌高处，鱼鳖不厌深渊。保全身体和生命的人，隐藏自己并不讨厌深邃高远的地方罢了。况且，尧舜两个人，又何足称赞褒扬呢！他们对于世人的辨认，就如同凿开墙壁用来种植蓬蒿，挑着头发梳理，数着米粒做饭，用心经营又怎么能有益于世道呢！保举贤人就使得百姓之间互相倾轧，任用智者就使得百姓之间相互欺诈。这几件事情，不足以帮助百姓。百姓过于追求名利，有可能子会杀父，臣会杀君，白天盗窃，中午挖墙。我告诉你们，天下大乱的根本原因，必定产生于尧舜统治的时代，而遗留的祸患存在于千世之后。千世之后,必定有人吃人的社会。”

［原文］

南荣趎蹴然正坐曰[①]:“若趎之年者已长矣,将恶乎托业以及此言邪[②]?”庚桑子曰:“全汝形,抱汝生,无使汝思虑营营。若此三年,则可以及此言矣!”南荣趎曰:“目之与形,吾不知其异也,而盲者不能自见;耳之与形,吾不知其异也,而聋者不能自闻;心之与形,吾不知其异也,而狂者不能自得。形之与形亦辟矣[③],而物或间之邪?欲相求而不能相得。今谓趎曰:‘全汝形,抱汝生,勿使汝思虑营营。’趎勉闻道达耳矣!”庚桑子曰:“辞尽矣,奔蜂不能化藿蠋[④],越鸡不能伏鹄卵,鲁鸡固能矣!鸡之与鸡,其德非不同也,有能与不能者,其才固有巨小也。今吾才小,不足以化子,子胡不南见老子!”

南荣趎赢粮[⑤],七日七夜至老子所。老子曰:“子自楚之所来乎?”南荣趎曰:“唯。”老子曰:“子何与人偕来之众也?”南荣趎惧然顾其后。老子曰:“子不知吾所谓乎?”南荣趎俯而惭,仰而叹,曰:“今者吾忘吾答,因失吾问。”老子曰:“何谓也?”南荣趎曰:“不知乎?人谓我朱愚;知乎?反愁我躯[⑥]。不仁则害人,仁则反愁我身;不义则伤彼,义则反愁我己。我安逃此而可[⑦]?此三言者,趎之所患者,愿因楚而问之。”老子曰:“向吾见若眉睫之间[⑧],吾因以得汝矣,今汝又言而信之。若规规然若丧父母,揭竿而求诸海也[⑨],女亡人哉!惘惘乎,汝欲反汝情性而无由入,可怜哉!”

［注释］

①南荣趎(chú):庚桑楚的弟子,姓南荣名趎。蹴然:惊惭不安的样子。

②托业:凭借学业。

③辟:同“譬”。

④奔蜂:土蜂。藿蠋(zhú):豆藿中的青虫。

⑤赢粮:担着粮食。

⑥反:反而。

⑦安:怎么。

⑧若:你。

⑨揭竿:拿着竹竿。

[译文]

南荣趎惊惭不安地端正地坐着说:“像我这样年纪已经大了,将怎么凭借学业达到你说的目标呢?”庚桑楚说:“保全你的身体,坚守你的生命,不要使你的思虑劳碌不堪。这样用三年时间,就可以达到我说的话了!”南荣趎说:“眼睛的外形,我不知道有什么差异,但是盲人的眼睛看不见;耳朵的外形,我不知道有什么差异,但是,聋人的耳朵听不见;心的外形,我不知道有什么差异,但是疯子不能把持自己。形体之间是接近的,难道外物阻隔了它们吗?我想得找到答案却无能为力。现在你对我说‘保全你的身体,坚守你的生命,不要使你的思虑劳碌不堪’,我勉强听到这个道理罢了!”庚桑楚说:“我的话说尽了,小土蜂不能变为豆藿中的青虫,小鸡不能孵化天鹅蛋,大鸡就可以做到。鸡与鸡之间,天性并没有不同,却有能力之间的差距,它们的才能本来就有大小之分。现在我的才能小,不足以开导你,你为什么不去见见老子呢?”

南荣趎挑着粮食,走了七天七夜来到了老子的住所。老子说:“你是从庚桑楚那里来到吧?”南荣趎说:“是啊。”老子说:“你为什么与这么多人一起来呢?”南荣趎害怕地看着身后。老子说:“你不知道我所说的意思吗?”南荣趎低下头很惭愧,仰头叹息说:“我现在忘记了我要如何回答,因为我忘记了我的提问。”老子说:“这怎么说呢?”南荣趎说:“我没有智慧吗?人们说我愚昧。我有智慧吗?反而忧愁我的形体。没有仁心就会伤害他人,仁爱反而担忧我的身体;不讲道义就伤害他人,追求道义反而使我担心自己。我怎么才能解脱呢?这三句话是我所忧患的,希望通过庚桑楚向你请教。”老子说:“我刚才看到你的眉目之间的神态,我因此了解你了。现在通过你的言语得到了证实。你神色恍惚的样子好像失去了父母，如同拿着竹竿探求大海，你是个失去了自己的人啊！惘然迷失啊，你想回归你的本性却无所适从，可怜啊！”

［原文］

南荣趎请入就舍，召其所好①，去其所恶。十日自愁，复见老子。老子曰：“汝自洒濯，熟哉郁郁乎②！然而其中津津乎犹有恶也。夫外韄者不可繁而捉③，将内揵；内韄者不可缪而捉，将外揵④；外内韄者，道德不能持，而况放道而行者乎！”南荣趎曰：“里人有病，里人问之，病者能言其病，病者犹未病也。若趎之闻大道，譬犹饮药以加病也。趎愿闻卫生之经而已矣。”老子曰：“卫生之经，能抱一乎！能勿失乎！能无卜筮而知吉凶乎？能止乎？能已乎？能舍诸人而求诸己乎？能翛然乎⑤！能侗然乎⑥？能儿子乎？儿子终日嗥而嗌不嗄⑦，和之至也；终日握而手不掜⑧，共其德也；终日视而目不瞚⑨，偏不在外也。行不知所之，居不知所为，与物委蛇而同其波，是卫生之经已。”

南荣趎曰：“然则是至人之德已乎？”曰：“非也。是乃所谓冰解冻释者，能乎？夫至人者，相与交食乎地而交乐乎天，不以人物利害相撄⑩，不相与为怪，不相与为谋，不相与为事，翛然而往，侗然而来，是谓卫生之经已。”曰：“然则是至乎？”曰：“未也。吾固告汝曰：‘能儿子乎？’儿子动不知所为，行不知所之，身若槁木之枝而心若死灰。若是者，祸亦不至，福亦不来。祸福无有，恶有人灾也！”

［注释］

①召：通“昭”，发扬光大。

②熟哉郁郁乎：熟物之气蒸郁的样子。

③韄(huò)：束缚。

④揵(jiàn)：堵塞。

⑤翛(xiāo)然：毫无牵挂、自由自在的样子。

⑥侗然：通达的样子。

⑦嗌(ài)：咽喉窒塞。嗄(shà)：嗓音嘶哑。

⑧掜(yì)：弯曲，攥。

⑨瞚(shǔn)：古同“瞬”，眨眼。

⑩撄(yīng)接触，触犯

［译文］

南荣趎请求回到住所后，发扬自己的优点，抛弃自己的缺点。十天后他还是忧愁不安，又来见老子。老子说：“你自己改正错误，如同熟物散发出郁郁蒸腾之气！然而你的外表还是流露出一些缺点。受到外物的束缚，心绪繁杂无法把握自己，将会堵塞内心；内心受到束缚的人不可能在谬误中把握自己，将会堵塞对外沟通的渠道；内外都受到束缚的人，无法认识道德的意义，何况是初次学道的人呢？”南荣趎说：“乡里的人有病，乡里的人慰问，病人能够说出自己的病情，病人还不是病得厉害。如同我听说了大道，譬如喝了药却加重了病症。我但愿听你说说维护生命的方法。”老子说：“维护生命的方法，就是能够保持内外合一吗？能够不失去本性吗？能够不通过占卜就可以知道吉凶吗？能够当止则止吗？能够告别过去吗？能够放弃别人而追求本心吗？能够毫无牵挂、自由自在吗?能做一个婴儿吗?婴儿终日号哭而嗓音不嘶哑，那是内外的平和达到了极致；终日紧握双手而手指不弯曲，那是兼有自然的天性；终日睁着眼睛而不眨眼，那是因为内心不追逐外物啊。行动不知道所去的地方，居住不知道要做什么，与外物顺应而随波逐流，这是维护生命的方法。”

南荣趎说：“那么这是至人的德行吗？”老子说：“不是啊。这是像冰冻消融那样自然啊，你能做到吗？至人是这样的人，他与人们一同生活在大地上，却乐于寻找自然之道，不因为人们之间的利害关系干扰内心，不互相参与怪诞的事情，不相互图谋算计，不相互参与世俗之事，潇洒自在地去了，又通达自在地归来，这就是养生的方法啊。”南荣趎说：“这就是养生的极致吗？”老子说：“还不是。我本来就告你说：‘能够像婴儿那样吗？’婴儿行动不知道要做什么，行走不知道要去哪里，身体如同干枯的树枝而心灵如同燃烧后的灰烬。如果这样做的话，祸患不会降临，幸福不会来临。没有祸患和幸福，怎么会有人世间的灾难呢？”

［原文］

宇泰定者①，发乎天光。发乎天光者，人见其人，物见其物。人有修者，乃今有恒。有恒者，人舍之②，天助之。人之所舍，谓之天民；天之所助，谓之天子。

学者，学其所不能学也；行者，行其所不能行也；辩者，辩其所不能辩也。知止乎其所不能知，至矣！若有不即是者，天钧败之③。备物以将形④，藏不虞以生心⑤，敬中以达彼。若是而万恶至者，皆天也，而非人也，不足以滑成，不可内于灵台⑥。灵台者有持，而不知其所持而不可持者也。不见其诚己而发，每发而不当。业入而不舍⑦，每更为失。为不善乎显明之中者，人得而诛之；为不善乎幽间之中者，鬼得而诛之。明乎人，明乎鬼者，然后能独行。券内者⑧，行乎无名；券外者，志乎期费。行乎无名者，唯庸有光⑨；志乎期费者⑩，唯贾人也⑪。人见其跂⑫，犹之魁然。与物穷者，物入焉；与物且者，其身之不能容，焉能容人！不能容人者无亲，无亲者尽人。兵莫憯于志⑬，镆铘为下⑭；寇莫大于阴阳，无所逃于天地之间。非阴阳贼之⑮，心则使之也。

［注释］

①宇：眉宇，神色。

②舍：居住，引申为“依附”。

③天钧：天然均平之理，指自然规律。

④将形：养护形体。将，将养，养护。

⑤虞：预料。

⑥内：通“纳”，纳入。灵台：心灵。

⑦业：行为。

⑧券：通“契”，契合。

⑨庸：平庸，庸常。

⑩期费：穷尽费用。

⑪贾人：商人。

⑫跂(qǐ)：踮起脚跟。

⑬憯(cǎn)：锋利。

⑭镆铘：即莫邪，宝剑，春秋时期吴国莫邪善于铸剑，故称。

⑮贼：伤害。

［译文］

神色安定的人，散发出自然的光芒。散发出自然光芒的人，可以洞见人的本性，洞见事物的本质。人能够进行修养，才能保持永恒的本性。有永恒本性的人，人们依附他，上天帮助他。人们所依附的人，叫作天民；上天所帮助的人，叫作天子。

学者，就是要学习无法学到的知识；行者，就是要到达不能行走的地方；辩者，就是要分辨所不能分辨的道理。认识到停留于所不能认识的领域，这就达到了知识的极致。如果有人不这么做，那么自然规律就会使他败亡。顺应万物来养护自己的形体，隐藏无虑而养护心灵，恭敬地守候心灵而达到与外物沟通。如果这样做，还会遭遇人生的各种灾难，那么这是天意，而非人为的原因，不足以扰乱内在的修为，不足以放在心里。心灵要保持自己的操守，而不知道什么是操守，这是不可保持的。不能表现内心的真诚而却向外流露，那么每次的行为都是不恰当的。习惯形成的行为而不舍弃，每次都会造成更大的失误。在众目睽睽之下做坏事，人人都会讨伐；在幽暗的地方做坏事，鬼可以讨伐。认识到人和鬼的讨伐，然后能够独行于世。契合内心的人，行动不追求名声；契合外物的人，有志于穷尽物质费用。不追求名声的人，看似庸常却有着自然的光芒；追求消耗物质费用的人，只有商人这样做吧。人们看到他踮起脚尖，还自以为身形魁梧。穷尽并顺应外物的人，与外物融合深入；与外物阻隔的人，连自己都不能容纳，怎么能包容别人！不能包容的人没有亲人，没有亲人的人被人们所抛弃。兵器的锋利比不上人们的内心，莫邪等而下之；最大的伤害是阴阳变化的规律，人们无法逃于天地之间。并非是阴阳变化的规律伤害人们，而是他们的内心。

［原文］

道通①，其分也成也，其成也毁也。所恶乎分者②，其分也以备。所以恶乎备者，其有以备。故出而不反③，见其鬼。出而得，是谓得死。灭而有实，鬼之一也。以有形者象无形者而定矣。出无本④，入无窍，有实而无乎处，有长而无乎本剽⑤，有所出而无窍者有实。有实而无乎处者，宇也⑥；有长而无本剽者，宙也⑦。有乎生，有乎死；有乎出，有乎入。入出而无见其形，是谓天门。天门者，无有也，万物出乎无有。有不能以有为有，必出乎无有，而无有一无有。圣人藏乎是。

古之人，其知有所至矣。恶乎至？有以为未始有物者，至矣，尽矣，弗可以加矣！其次以为有物矣，将以生为丧也⑧，以死为反也，是以分已。其次曰始无有，既而有生，生俄而死⑨。以无有为有，以生为体，以死为尻⑩。孰知有无死生之一守者，吾与之为友。是三者虽异⑪，公族也。昭景也⑫，著戴也；甲氏也⑬，著封也，非一也。

［注释］

①通：通达，遍及。

②恶乎：怎么，如何。

③反：同“返”，返回。

④本：本源，根本。

⑤剽，本亦作“摽”，末。

⑥宇：四方上下，指整个空间世界。

⑦宙：往古来今谓之宙，指所有的时间。

⑧丧：丧失。

⑨俄而：俄顷，短时间。

⑩尻：屁股，尾椎。

⑪三者：三种观点，即认为天地之初未始有物、以为有物、始无而有的观点。

⑫昭景：即昭氏、景氏，楚公族未受姓，著其所戴之先人为姓氏。

⑬甲氏：楚国王族的姓氏。

［译文］

天道遍及万物，事物的分离意味着新事物的形成，新事物的形成必定会走向毁灭。事物是如何区分的？它们的分离是完备的。之所以完备的原因，在于事物本来就是完备的。因此，精神出游而不能返回的人，看见了鬼。向外出游而有所得，这叫作死亡。本性泯灭而具有实体，这与鬼是一个道理。用有形的东西比喻无形的东西，可以得到内心的安定。出现没有本源，进入没有窍门，有实体而没有处所，有成长而没有本末，有出现而没有窍门，这是实际存在的啊。有实际存在却没有处所的，为四方上下，叫作“宇”；有成长却没有始终的，为古往今来，叫作“宙”。存在着生命，存在着死亡；存在着出现，存在着消失。消失和出现都看不到形迹，叫作自然之门。自然之门，就是无有，天下万物都来自无有。有不能从有中产生有，必然产生于无有，而无有就是一切都没有。圣人寄托在无有之中洞察天道变化。

古代的人，智慧达到了极高的境界。什么样的境界呢？有人认为天地初始没有任何物质，这是极致的境界，最高的境界，无以复加了。其次有人认为存在物质，把产生看作是丧失，把死亡看作是返归，这就有了分别。再其次认为天地初始没有物质，后来产生了生命，产生不久就死亡了。他们把没有看作有，把生命看作躯体，把死亡看作尾椎。谁知道有和无、生和死是一体的，我将与他结为朋友。这三种观点虽然有差异，其实属于同一类别。楚国的昭、景两个家族，秉承了先人的姓氏；甲姓的家族，是通过封地而得到的姓氏，难道还不是一样的吗？

［原文］

有生，黬也[①]，披然曰移是[②]。尝言移是，非所言也。虽然，不可知者也。腊者之有膍胲[③]，可散而不可散也。观室者周于寝庙[④]，又适其偃焉[⑤]！为是举移是。请尝言移是：是以生为本，以知为师，因以乘是非[⑥]。果有名实，因以己为质，使人以为己节，因以死偿节。若然者，以用为知，以不用为愚；以彻为名，以穷为辱。移是，今之人也，是蜩与学鸠同于同也[⑦]。

蹍市人之足[⑧]，则辞以放骜[⑨]，兄则以妪[⑩]，大亲则已矣。故曰：至礼有不人，至义不物，至知不谋，至仁无亲，至信辟金。

彻志之勃[⑪]，解心之谬[⑫]，去德之累，达道之塞。贵富显严名利六者，勃志也；容动色理气意六者，谬心也；恶欲喜怒哀乐六者，累德也[⑬]；去就取与知能六者，塞道也。此四六者不荡胸中则正，正则静，静则明，明则虚，虚则无为而无不为也。

［注释］

①黬（yǎn）：黑斑，引申为缺点。

②披然：纷扰，蔓延。

③腊：古时岁终祭祀。膍胲（pí hǎi）：牛胃和牛蹄，腊祭之时，牲牢甚备，至于四肢五藏，并皆陈设。

④寝庙：东西厢为庙，无东西厢为寝。

⑤偃：同“厕”，厕所。

⑥乘：驾驭。

⑦蜩与学鸠：蜩与学鸠笑大鹏，二鸟同样无知。

⑧蹍(niǎn):踩,踏。市人:集市上不相识的人。

⑨放骜:放肆,失礼;骜,通“敖”。

⑩妪(yù):妪拊,抚恤。

⑪彻:毁。勃:乱。

⑫缪:系缚。

⑬累:拖累。

[译文]

生命存在缺点,在纷扰中改变着是非。我试着谈论如何改变,这是无法用言语表达的。即使这样阐述,还是不能明白。腊月的大祭有牛的脏体和四肢,祭祀完毕是可以分配的,祭祀时是不能分配的。参观者绕着寝庙行走,还得去厕所,这些是是非转化的事例。请让我更深入地谈论是非,把生存作为根本,把智慧作为老师,因此可以驾驭是非。如果有名和实的分别,就以自己作为主体,使别人符合自己的节操,并以死来捍卫节操。像这样的人,以使用为智慧,以不被使用为愚鲁;以洞彻为名誉,以穷困为羞辱。是非的改变,是现在的人们的作为,这是蝉和斑鸠讥笑大鹏那样,都是同样的浅薄。

在集市上踩了别人的脚,就要道歉表示失礼,踩了兄长的脚就要抚恤安慰,踩了父母的脚也就算了。因此说,最大的礼仪就是不讲究礼仪,最大的道义不可用物质来衡量,最大的智慧是不谋划,最大的仁爱是不分亲疏,最大的信用不可用金子作为凭借。

毁灭心志的混乱,解脱心灵的束缚,去除道德的拖累,解除大道的阻塞。尊贵、富裕、显赫、威严、名声、利益六类,扰乱了人们的心志;容颜、行为、美色、情理、心气、意志六类,束缚了人们的心灵;厌恶、欲望、欢喜、愤怒、哀伤、快乐六类,拖累了人们的德行;去除、俯就、掠取、给予、知识、能力六类,堵塞了自然的大道。这四种六类因素不在胸中激荡,就可以达到心正,心正就可以保持心静,心静就能澄明,澄明就会达到虚空的境界，内心虚空就是无所作为而无所不为啊。

［原文］

道者，德之钦也[①]；生者，德之光也；性者，生之质也。性之动谓之为，为之伪谓之失。知者，接也[②]；知者，谟也。知者之所不知，犹睨也[③]。动以不得已之谓德，动无非我之谓治，名相反而实相顺也。

羿工乎中微而拙乎使人无己誉[④]；圣人工乎天而拙乎人。夫工乎天而俍乎人者[⑤]，唯全人能之。唯虫能虫，唯虫能天。全人恶天，恶人之天，而况吾天乎人乎！一雀适羿，羿必得之，威也。以天下为之笼，则雀无所逃。是故汤以庖人笼伊尹[⑥]，秦穆公以五羊之皮笼百里奚[⑦]。是故非以其所好笼之而可得者，无有也。

介者拸画[⑧]，外非誉也。胥靡登高而不惧[⑨]，遗死生也。夫复謵不愧而忘人[⑩]，忘人，因以为天人矣！故敬之而不喜，侮之而不怒者，唯同乎天和者为然。出怒不怒，则怒出于不怒矣；出为无为，则为出于无为矣！欲静则平气，欲神则顺心。有为也欲当，则缘于不得已。不得已之类，圣人之道。

［注释］

①钦：钦佩，尊贵。

②接：接触。

③睨（nì）：斜着眼睛看，意为片面。

④羿：后羿，唐尧时代善于射箭的人。中微：射中微小的目标。

⑤俍（liáng）：擅长。

⑥伊尹：名伊，尹是官名，商初大臣。原为家奴，随有莘氏女陪嫁至商。后被汤委以国政，助汤攻灭夏桀。

⑦百里奚：春秋之际政治家、思想家，曾经为虞国大夫，虞国灭亡后流落楚国，秦穆公用五张羊皮把他换到秦国，辅佐秦穆公治理秦国，使秦国成为春秋五霸之一。

⑧介者：断足的人。拸(chǐ)画：违背规则；拸，去。

⑨胥靡(xū mí)：古代服刑的囚犯。

⑩謵(xí)：用语言威吓。

［译文］

天道，是德行的敬仰；生命，是德行的光芒；本性，是生命的本质。本性的行动，叫作为；行为的虚假，叫作过失。智慧，来自对事物的接触；智慧，还来自对于事物的谋略。智者所不知道的事物，如同斜视形成的偏见。行为处于不得已，叫作德行，行动不违背自己叫作治理，追求名声适得其反，注重实质就会顺利。

后羿擅长射中微小的目标，却拙于使人们不赞美自己；圣人擅长认识天道，却拙于认识人。擅长认识天道并且擅长认识人，只有全人才能做到。唯有虫能作为虫存在，唯有虫能够具备虫的天性。全人厌恶天性，厌恶人为的天性，而何况是人们心目中的天和人呢？一只麻雀飞过后羿的身旁，后羿必定能够射中它，这是后羿的威力。以天下作为鸟笼，那么麻雀将无处可逃。因此，商汤王用好的厨师笼络伊尹，秦穆公用五张羊皮笼络百里奚。因此，不是投其所好笼络人而能成功的人，是没有的。

失去脚的人不依规矩做事，因为不在乎身外的毁誉。服刑的囚犯登高而不恐惧，因为将生死置之度外。多次受到恐吓心无愧疚而忘记了世人的存在，忘记了世人，因此叫作天人。所以，不因敬仰而喜悦、不因侮辱而愤怒的人，唯有合乎于自然和谐的人才能做到这样。显现愤怒而内心没有愤怒，那么愤怒出自内心的平和；有所作为而不是有心作为，那么这样的作为出自无为！想要安静就要平顺气息，想要达到神妙的境界就要顺从内心的呼唤。有所作为一定要顺应内心，这就是由于不得已。不得已的情形，就是圣人之道。

第二十四　徐无鬼

【题解】

人性到底是善还是恶？这是个一直争论不休的问题，甚至不会有结果。无论善或者恶都可以举出许多例证。我们活在世上，不仅仅是做一个好人，而且要做一个有所作为并有智慧的人。天地悠悠，随着时间的流逝，人往往偏离了初衷。为什么呢？“皆囿于物也”。

[原文]

徐无鬼因女商见魏武侯①，武侯劳之曰②：“先生病矣③，苦于山林之劳，故乃肯见于寡人④。”徐无鬼曰：“我则劳于君，君有何劳于我？君将盈耆欲⑤，长好恶，则性命之情病矣；君将黜嗜欲⑥，掔好恶⑦，则耳目病矣。我将劳君，君有何劳于我！”武侯超然不对。少焉，徐无鬼曰：“尝语君吾相狗也⑧：下之质，执饱而止，是狸德也⑨；中之质，若视日；上之质，若亡其一。吾相狗又不若吾相马也。吾相马：直者中绳⑩，曲者中钩，方者中矩，圆者中规，是国马也，而未若天下马也。天下马有成材，若恤若失⑪，若丧其一。若是者，超轶绝尘⑫，不知其所。”武侯大悦而笑。

[注释]

①徐无鬼：人名，姓徐名无鬼，缗山人，魏国的隐士。因：凭借，通过。女(rǔ)商：姓女，名商，魏国大臣。魏武侯：魏国国君。

②劳：慰劳。

③病:疲惫,困惫。

④寡人:古代国君自称。

⑤盈:满足。

⑥黜(chù):减损,废除。

⑦掔:牵引,统领。

⑧相:查看,判断。

⑨狸:狸猫,山猫。

⑩中:合乎,符合。

⑪恤:忧思,形容马的姿态。失:同"佚",放荡,形容马的姿态。

⑫超轶:超越。

[译文]

徐无鬼通过女商拜见魏武侯,魏武侯慰劳他说:"你疲惫啊,对山林的劳作感到困苦,所以才肯来见我。"徐无鬼说:"我是来慰劳你的,你有什么可以慰劳我的?你将要满足你的嗜欲,增长你的好恶,那么你生命的实情就损害了;你如果减损你的嗜欲,统领你的好恶,那么你的耳目就困苦了。我要慰劳你,你有什么可以慰劳我的!"魏武侯怅然无法回答。一会儿,徐无鬼说:"我曾经告诉你察看狗的方法:下等狗的材质,吃饱了就行了,这是狸猫的德行;中等狗的材质,如同仰视太阳;上等狗的材质,好像忘记了自身。我察看狗不如察看马。我察看马,直的地方符合墨绳,弯曲的地方符合钩子,方正的地方符合矩形,圆的地方符合圆形,这样的马叫作国马。但国马还是不如天下马。天下马有成材,行走时有所忧思,怅然若失,如同忘记了自身。像这样的马,超然奔驰,身后留下尘埃,不知去了何处。"魏武侯听后大喜而笑了。

[原文]

徐无鬼出,女商曰:"先生独何以说吾君乎[①]?吾所以说吾君者,横说之则以《诗》《书》《礼》《乐》，从说之则以《金板》《六弢》[2]，奉事而大有功者不可为数，而吾君未尝启齿。今先生何以说吾君？使吾君说若此乎？”徐无鬼曰：“吾直告之吾相狗马耳。”女商曰：“若是乎？”曰：“子不闻夫越之流人乎[3]？去国数日[4]，见其所知而喜；去国旬月，见所尝见于国中者喜；及期年也[5]，见似人者而喜矣。不亦去人滋久、思人滋深乎？夫逃虚空者[6]，藜藋柱乎鼪鼬之径[7]，踉位其空[8]，闻人足音跫然而喜矣，又况乎昆弟亲戚之謦欬其侧者乎[9]！久矣夫，莫以真人之言声謦欬吾君之侧乎！”

[注释]

①说(yuè)：通“悦”，喜悦。

②从：通“纵”。《金板》《六弢》：古代兵书。

③越之流人：越国流放的人。

④去国：离开国家。

⑤期年：一周年。

⑥逃虚空：逃到空旷无人的地方。

⑦藜藋：(lí diào)杂草。鼪鼬(shēng yòu)：黄鼠狼。

⑧踉：踉跄。

⑨昆弟：兄弟。謦欬：咳嗽，意为言笑。欬，古同“咳”。

[译文]

徐无鬼谈话出来，女商问道：“你怎么使我的国君喜悦的呢？我所以取悦我的国君，横的方面谈论《诗》《书》《礼》《乐》等书，纵的方面谈论《金板》《六弢》等兵书。侍奉国君立下大功的人不可胜数，可是我的国君从未这样大笑。今天你用什么办法取悦我的国君，使他如此喜悦呢？”徐无鬼说：“我只告诉他察看狗和马的方法。”女商说：“是这样吗？”徐无鬼说：“你没有听说被越国流放的人吗？离开越国几天，看见所认识的朋友高兴；离开十天一月，看见曾经见过的人高兴；等到离开一年后，看见可能是自己的国家的人就高兴。这不是离开时间越久,思念就越深吗?那些逃到空旷之地的人,野草长满了黄鼠狼通过的路径,踉踉跄跄站立在杂草空隙中间,听到人的脚步声从空旷中传来就高兴起来,何况兄弟亲戚之间的言谈声在旁边响起呢?很久了,没有人在国君身旁说真话了!”

[原文]

徐无鬼见武侯,武侯曰:“先生居山林,食芧栗[1],厌葱韭[2],以宾寡人[3],久矣夫!今老邪?其欲干酒肉之味邪[4]?其寡人亦有社稷之福邪[5]?”徐无鬼曰:“无鬼生于贫贱,未尝敢饮食君之酒肉,将来劳君也。”君曰:“何哉!奚劳寡人?”曰:“劳君之神与形。”武侯曰:“何谓邪?”徐无鬼曰:“天地之养也一[6],登高不可以为长,居下不可以为短。君独为万乘之主,以苦一国之民,以养耳目鼻口,夫神者不自许也。夫神者,好和而恶奸。夫奸,病也[7],故劳之。唯君所病之,何也?”武侯曰:“欲见先生久矣!吾欲爱民而为义偃兵[8],其可乎?”徐无鬼曰:“不可。爱民,害民之始也;为义偃兵,造兵之本也。君自此为之,则殆不成[9]。凡成美,恶器也。君虽为仁义,几且伪哉!形固造形,成固有伐[10],变固外战。君亦必无盛鹤列于丽谯之间[11],无徒骥于锱坛之宫[12],无藏逆于得,无以巧胜人,无以谋胜人,无以战胜人。夫杀人之士民,兼人之土地,以养吾私与吾神者,其战不知孰善?胜之恶乎在?君若勿已矣!修胸中之诚以应天地之情而勿撄[13]。夫民死已脱矣,君将恶乎用夫偃兵哉!”

[注释]

①芧(xù)栗:橡实,橡子。

②厌:通“餍”,吃饱,满足。

③宾:通“摈”,摈弃。

④干:追求,求取。

⑤社稷:古代帝王、诸侯所祭的土神和谷神,借指国家。

⑥一：一样，同一。

⑦病：损害，祸害

⑧偃兵：停止战争。

⑨殆：大概，几乎。

⑩伐：夸耀。

⑪鹤列：军队如鹤排列。丽谯：高楼；谯，古代城门望楼。

⑫徒骥：步兵和骑兵。锱壇：宫名。

⑬撄：触犯，扰乱。

［译文］

徐无鬼拜见魏武侯，魏武侯说："你居住在山林，吃的是橡子，还有葱和韭菜，以此躲避我。时间久了，你今天老了吗？想求取酒肉的味道吗？抑或也可以为国家造福呢？"徐无鬼说："我生于贫贱之家，不曾敢享受你的酒肉，我是来慰劳你的。"魏武侯说："你说什么呢？怎么慰劳我呢？"徐无鬼说："我慰劳你的精神和身体。"魏武侯说："怎么说呢？"徐无鬼说："天地生养万物是同一的，登上高位不可以认为居长，居于下位不可以认为弱小。你独自作为万乘之国的国君，使全国的百姓劳苦，用来满足你的耳目口鼻的欲望，神人不会这么做。所谓神人，爱好和谐，厌恶奸邪。奸邪是祸害，所以我来慰劳你。你患了这种疾病，为什么呢？"魏武侯说："我早想见你！我爱惜百姓，为了道义停止战争，这样可以吗？"徐无鬼说："不可。爱戴百姓，就是残害百姓的开端；为道义停止战争，这是造成战争的根源。你从这些方面做，大概不会成功。大凡成就美好的名声，这其实是作恶的工具。你虽然实施仁义，几乎是虚伪的！追求仁义的形态，本来就会造成虚伪的形态，成功了必定自我夸耀，不成功就会对外用兵。你一定不要把军队像鹤群一样排列在城门的望楼之前，不要使你的步兵和骑兵列队于缁坛之宫，不要心怀忤逆贪求，不要用巧计取胜，不要用谋略取胜，不要用战争取胜。杀戮别国的兵士和百姓，兼并别国的土地，用来满足自己的私欲和精神，这样的战争不知是不是善的？胜利表现什么地方？你要停止战争！修正心中的真诚，用来顺应天地的情义，不要触犯天意。这样，百姓可以免除战死，你还用得上停止战争吗？”

［原文］

黄帝将见大隗乎具茨之山[①]，方明为御[②]，昌寓骖乘[③]，张若謵朋前马[④]，昆阍、滑稽后车[⑤]。至于襄城之野，七圣皆迷，无所问涂[⑥]。适遇牧马童子[⑦]，问涂焉，曰："若知具茨之山乎？"曰："然。""若知大隗之所存乎？"曰："然。"黄帝曰："异哉小童！非徒知具茨之山，又知大槐之所存。请问为天下。"小童曰："夫为天下者，亦若此而已矣，又奚事焉！予少而自游于六合之内[⑧]，予适有瞀病[⑨]，有长者教予曰：'若乘日之车而游于襄城之野。'今予病少痊，予又且复游于六合之外。夫为天下亦若此而已，予又奚事焉！"黄帝曰："夫为天下者，则诚非吾子之事，虽然，请问为天下。"小童辞。黄帝又问。小童曰："夫为天下者，亦奚以异乎牧马者哉！亦去其害马者而已矣。"黄帝再拜稽首[⑩]，称天师而退。

［注释］

①大隗(wěi)：虚拟的人名，喻大道。

②方明：虚设人名。御：驾车。

③昌寓：虚拟人名。骖乘：陪乘的人，古时乘车时尊者在左，御者在中，又一人在右，称车右或骖乘。

④张若、謵朋：虚拟人名。前马：在车前引导马。

⑤昆阍、滑稽：虚拟人名。后车：在后边押车。

⑥涂：同"途"，路途。

⑦适：刚巧。

⑧六合：上下和四方，泛指天地或宇宙。

⑨瞀(māo)病：眼花目眩的毛病。

⑩稽首：古代汉族跪拜礼，跪下并拱手至地，头也至地，为九拜中最隆重的一种。

［译文］

黄帝将要去具茨山拜见大隗，任用方明作为驾车，昌寓作陪乘人，张若和謵朋在车前引导马，昆阍和滑稽在后面押车。他们来到了襄城的野外，随行的七位圣人都迷路了，没有什么地方问路。刚巧遇到一个牧马的小孩，就向他问路，道："你知道具茨山怎么走呢？"小孩说："知道。"又问："你知道大隗在哪里吗？"小孩说："知道。"黄帝说："奇异的小孩！不但知道具茨山，还知道大隗在那里。请问如何治理天下。"小孩说："治理天下的方法，也如此而已，又何必多事呢！我小时候独自游历天下，适逢得了眼花目眩的毛病，有个老者告诉我：'你乘着光阴之车游历襄城的野外。'现在我的毛病稍微好了，我又游历天下之外。治理天下也如此而已，我又何必多事呢！"黄帝说："治理天下确实不是你的事情。即使这样，我还是请问你如何治理天下。"小孩推辞、黄帝又问，小孩说："治理天下的方法，与牧马有什么不同的呢！就是祛除危害马群的事情罢了。"黄帝再次向小孩拜谢并行大礼，称小孩是天师，而后退下。

［原文］

知士无思虑之变则不乐[①]，辩士无谈说之序则不乐，察士无凌谇之事则不乐[②]，皆囿于物者也。招世之士兴朝[③]，中民之士荣官，筋力之士矜难[④]，勇敢之士奋患，兵革之士乐战，枯槁之士宿名[⑤]，法律之士广治，礼教之士敬容，仁义之士贵际。农夫无草莱之事则不比[⑥]，商贾无市井之事则不比。庶人有旦暮之业则劝[⑦]，百工有器械之巧则壮。钱财不积则贪者忧，权势不尤则夸者悲，势物之徒乐变。遭时有所用[⑧]，不能无为也，此皆顺比于岁，不物于易者也。驰其形性，潜之万物，终身不反，悲夫！

[注释]

①知士:智谋之士。

②察士:善于洞察的人。凌谇(suì):凌辱,责骂,有苛求或分辨之意。

③招世之士:推荐忠良,招致人物之士。

④筋力之士:身体强壮有力的人。矜:矜持,自夸。

⑤枯槁之士:容貌枯槁的人,喻隐士。宿名:谋取名声。

⑥草莱之事:除草之事,指农事。比:和乐。

⑦旦暮:早晚。劝:劝勉。

⑧遭时:遭逢,遇到。

[译文]

智谋之人没有思考的变化就不快乐,善辩之人没有谈论的话题就不快乐,明察事物的人没有凌辱责骂的事情就不快乐,这都是局限于外物的人。招致人才的人振兴朝廷,中等的人只想着做官,强壮有力的人以纾解国家危难自夸,勇敢的人患难时奋勇向前,统领军队的人喜欢征战,隐士谋取名声,制定法律的人推广法治,宣扬礼仪的人容貌恭敬,推行仁义的人看重交往。农民没有耕作除草的事情就不会亲近,商人没有在集市交易的事情就不会接近。百姓有早晚的事情就互相劝勉,各种工匠懂得器械的技术就会壮大。不积累钱财,贪婪的人就忧虑;权势不大,自夸时就悲哀,追求外物的人喜欢变化。遇到时机有所作为,不能做到无为,这类人都是顺从时机做事,不能超然物外而懂得变易。放荡形体,性情奔驰,沉溺于万物之中,终身难返,悲哀啊!

[原文]

庄子曰:“射者非前期而中[①],谓之善射,天下皆羿也,可乎?”惠子曰:“可。”庄子曰:“天下非有公是也[②],而各是其所是,天下皆尧也,可乎?”惠子曰:“可。”

庄子曰："然则儒墨杨秉四[3]，与夫子为五，果孰是邪？或者若鲁遽者邪[4]？其弟子曰：'我得夫子之道矣！吾能冬爨鼎而夏造冰矣[5]！'鲁遽曰：'是直以阳召阳，以阴召阴，非吾所谓道也。吾示子乎吾道。'于是为之调瑟，废一于堂[6]，废一于室，鼓宫宫动，鼓角角动，音律同矣。夫或改调一弦，于五音无当也[7]，鼓之，二十五弦皆动，未始异于声，而音之君已！且若是者邪？"惠子曰："今夫儒墨杨秉，且方与我以辩，相拂以辞[8]，相镇以声，而未始吾非也，则奚若矣[9]？"庄子曰："齐人蹢子于宋者[10]，其命阍也不以完[11]；其求钘钟也以束缚[12]；其求唐子也而未始出域[13]；有遗类矣！夫楚人寄而蹢阍者，夜半于无人之时而与舟人斗，未始离于岑而足以造于怨也[14]。"

［注释］

①前期：提前瞄准目标。

②公是：共同认可的标准。

③儒墨杨秉：儒家、墨家、杨朱、公孙龙；秉：公孙龙，字子秉，战国时期名家离坚白派的代表人物。

④鲁遽：人名。

⑤爨(cuàn)：烧火做饭。

⑥废：放置。

⑦五音：古代汉族音律，音高顺序为：宫、商、角、徵(zhǐ)、羽五声音阶

⑧拂：拂逆，指责。

⑨奚若：何如，怎么样。

⑩蹢(zhí)：徘徊，引申为去。

⑪阍(hūn)：宫门，守门人。

⑫钘钟：长颈小钟。

⑬唐子：失亡之子，郭象注："唐，失也。失亡其子，而不能远索。"

⑭岑：崖岸。

[译文]

庄子说："射箭的人没有提前瞄准而射中目标，称作善于射箭，这样说，天下的人都是后羿了，可以说吗？"惠子说："可以。"庄子说："天下没有共同认可的是非标准，人们都按照自己的标准做事，天下都是尧帝，可以说吗？"惠子说："可以。"

庄子说："然而儒家、墨家、杨朱、公孙龙四家，加上你是五家，究竟谁正确呢？或者像鲁遽这样的人吗？他的弟子说：'我学到了夫子的道术，我可以冬天烧火做饭，夏天制作冰块！'鲁遽说：'这不过是用阳气招来阳气，用阴气招来阴气，不是我说的道。我来给你们示范我的道。'于是，鲁遽为他们调整琴瑟，把一件琴瑟放在一个屋内，另一件琴瑟放到别的屋子。他弹奏宫音时，屋内的琴瑟都发出宫音；弹奏角音时，屋内的琴瑟都发出角音，音律都是相同的。如果改调一个琴弦，五音不合，他再弹奏时二十五个琴弦都会颤动，不会出现声调上的差异，没有不遵从声调的！你能够像鲁遽这样做吗？"惠子说："现在儒家、墨家、杨朱、公孙龙，和我辩论，言辞互相违逆，声音互相压制，不认为自己错误，那怎么能像鲁遽弹琴呢？"庄子说："齐国有个人让儿子去了宋国，让他以残疾之身守候宫门，寻求长颈小钟却把钟包起来，寻找丢失的孩子却从不走出边境，你们各家与此类似！楚国有个寄居在外的人守着宫门，半夜时无人之时与船家打斗，未有离开崖岸，却足以造成怨仇。"

[原文]

庄子送葬，过惠子之墓，顾谓从者曰[①]："郢人垩慢其鼻端[②]，若蝇翼，使匠石斲之。匠石运斤成风[③]，听而斲之，尽垩而鼻不伤，郢人立不失容。宋元君闻之，召匠石曰：'尝试为寡人为之。'匠石曰：'臣则尝能斲之。虽然，臣之质死久矣[④]！'自夫子之死也，吾无以为质矣，吾无与言之矣！"

管仲有病[⑤]，桓公问之曰："仲父之病病矣，可不讳云，至于大病，则寡人恶乎属国而可[⑥]？"管仲曰："公谁欲与？"公曰："鲍叔牙[⑦]。"曰："不可。其为人洁廉,善士也;其于不己若者,不比之,又一闻人之过,终身不忘。使之治国,上且钩乎君,下且逆乎民。其得罪于君也,将弗久矣!”公曰:“然则孰可?”对曰:“勿已,则隰朋可[⑧]。其为人也,上忘而下畔[⑨],愧不若黄帝,而哀不己若者。以德分人谓之圣,以财分人谓之贤。以贤临人,未有得人者也;以贤下人,未有不得人者也。其于国有不闻也,其于家有不见也。勿已,则隰朋可。”

[注释]

①顾:回头看。

②郢:楚国的国都。垩(è):白灰。慢:又作“漫”,涂抹。

③运斤:挥动斧子。

④质:对质,对象。

⑤管仲:名夷吾,字仲,谥敬,春秋时期法家代表人物,齐国政治家。

⑥属:同“嘱”,嘱托。

⑦鲍叔牙:春秋时期齐国大夫,早年辅助公子小白(即后来的齐桓公)成为国君,并推荐管仲为相。

⑧隰朋:齐国大夫,著名政治家。

⑨上忘而下畔:此句当为“上忘而下不畔”,疑缺一“不”字。畔:通“叛”,背叛。

[译文]

庄子给人送葬,路过惠子的坟墓,回头对从者说:“楚国的国都郢地有个人,将白灰涂抹到鼻尖上,像蚊蝇的翅膀那么薄,让石姓匠人用斧子劈白灰。石姓匠人把斧子挥舞地像风一样快,闻声劈下,鼻尖上没有一点白灰,而鼻子没有受伤,那个人面不改色。宋国的国君听说后,把石姓匠人招进宫里说:‘你在我身上试一试。’石姓匠人说:‘我曾经能够这样做,虽然这样,但是,我劈斧子的对象已经死了好久了!’自从惠子死后,我没有谈话的对象了,我没有可以在一起谈话的人了!”

管仲生病后,齐桓公问他:“你的病很严重了,可以不避讳地说了,你大病不起，我把国家嘱托给谁可以呢？”管仲说：“你想嘱托给谁呢？”齐桓公说：“鲍叔牙。”管仲说：“不可。他为人高洁清廉，是个好人。他与不如自己的人不亲近，听到了别人的过失，终身不忘记。如果让他治理国家，对上掣肘君主，对下忤逆百姓。他得罪你，将不会长久了！”齐桓公说：“那么谁可以嘱托呢？”管仲说：“不得已，隰朋是可以嘱托的。他为人对上忘我，对下不背叛。他愧疚自己不如黄帝，哀怜别人不如己。把以道德帮助人叫作圣人，把财物分给人叫作贤人。以贤自居对待人，没有能得到人心的；用贤能礼貌对待人，没有不得人心的。他对于国家大事有所不闻，对于家事有所不插手。不得已的话，嘱托给隰朋是可以的。”

［原文］

吴王浮于江①，登乎狙之山②。众狙见之，恂然弃而走③，逃于深蓁。有一狙焉，委蛇攫搔④，见巧乎王。王射之，敏给搏捷矢⑤。王命相者趋射之，狙执死。王顾谓其友颜不疑曰：“之狙也，伐其巧，恃其便，以敖予⑥，以至此殛也⑦。戒之哉！嗟乎！无以汝色骄人哉！”颜不疑归而师董梧，以助其色⑧，去乐辞显⑨，三年而国人称之。

南伯子綦隐几而坐，仰天而嘘。颜成子入见曰：“夫子，物之尤也⑩。形固可使若槁骸，心固可使若死灰乎？”曰：“吾尝居山穴之中矣。当是时也，田禾一睹我⑪，而齐国之众三贺之。我必先之，彼故知之；我必卖之，彼故鬻之⑫。若我而不有之，彼恶得而知之？若我而不卖之，彼恶得而鬻之？嗟乎！我悲人之自丧者，吾又悲夫悲人者，吾又悲夫悲人之悲者，其后日远矣！”

［注释］

①浮：乘船。

②狙（jū）：古书里说的一种猴子。

③恂（xún）然：害怕的样子。

④委蛇(wēi yí):从容自得的样子。攫搔(jué zǎo):攀爬抓住。

⑤敏给:敏捷,快速。搏捷:接住。

⑥敖:通“傲”,傲慢。

⑦殛(jí):杀死。

⑧助:同“锄”,去除。

⑨去乐辞显:停止享乐,辞掉显贵。

⑩尤:特异,突出。

⑪田禾:齐太公的名字。

⑫鬻(yù):卖。

[译文]

吴国的国君在江上乘船,来到了猴山。猴群看到了他,害怕地跑走,逃到荆棘丛生的地方。有一只猴子,从容自在地攀爬抓物,在吴国国君面前显示技巧。吴国国君命人射箭,这只猴子敏捷地接住箭。吴国国君命令随从快步赶上前去射箭,猴子被射中死了。吴国国君对朋友颜不疑说:“这只猴子,夸耀它的技巧,依仗它的便捷,傲慢地对待我,以至于被杀死了。要诫勉啊!唉,不要用你的才色对待人!”颜不疑回去后,拜吴国的贤人董梧为师,去除辞色,停止享乐,辞掉显贵,三年后国家得到治理,受到人们的称颂。

南伯子綦靠着案几坐着,抬起头吐气。颜成子来看他说:“你是特异的人物。人的身体固然可以像枯干的骨骸,心也可以像灰烬那样吗?”南伯子綦说:“我曾经在山洞的出口居住,当时,齐太公一看见我,齐国的臣民就多次祝贺他。我必定有先见之明,他因此知道我;我必定出卖我的才名,所以他才传扬我的才名。如果我没有才名,他怎么会知道我呢?如果我不向他出卖,他怎么会传播我的才名呢?唉,我悲叹人们丧失了自我,又悲叹那些悲叹别人的人;我还悲叹那些悲叹别人的悲哀的人,从此以后我远离尘世了!”

[原文]

仲尼之楚[①]，楚王觞之[②]。孙叔敖执爵而立[③]。市南宜僚受酒而祭[④]，曰："古之人乎！于此言已。"曰："丘也闻不言之言矣，未之尝言，于此乎言之：市南宜僚弄丸而两家之难解[⑤]，孙叔敖甘寝秉羽而郢人投兵，丘愿有喙三尺[⑥]。"

彼之谓不道之道，此之谓不言之辩。故德总乎道之所一，而言休乎知之所不知，至矣。道之所一者，德不能同也。知之所不能知者，辩不能举也。名若儒墨而凶矣。故海不辞东流，大之至也。圣人并包天地，泽及天下，而不知其谁氏。是故生无爵，死无谥[⑦]，实不聚，名不立，此之谓大人。狗不以善吠为良，人不以善言为贤，而况为大乎！夫为大不足以为大，而况为德乎！夫大备矣，莫若天地。然奚求焉[⑧]，而大备矣！知大备者，无求，无失，无弃，不以物易己也。反己而不穷，循古而不摩[⑨]，大人之诚！

[注释]

①之：去，往。

②觞之：设酒宴招待他。

③孙叔敖：楚庄王的宰相，当时孔子未出生，庄子借此说故事。

④市南宜僚：楚国的勇士，擅长弹弓。

⑤弄丸：耍弄弹丸。两家之难解：楚国的白公胜派人邀请勇士市南宜僚，帮助他杀害令尹子西，遭到了拒绝。来人用剑胁迫市南宜僚就范，市南宜僚从容地耍弄手中的弹丸，不为所动，白公胜的计谋没有得逞。

⑥喙(huì)：鸟兽的嘴，特指人的嘴。

⑦谥：古代帝王或大官死后评给的称号。

⑧奚：胡，何。

⑨循古而不摩：顺古道而行，不需要修饰。

[译文]

孔子去了楚国，楚王设宴招待孔子喝酒。孙叔敖端着酒杯站立，市南宜僚把酒洒在地上祭祀，说："古代的人啊，在这种场合下要说话。"孔子说："我听说不言之言，我在此说说：市南宜僚面对威胁耍弄弹丸排解了两家的灾难，孙叔敖从容地躺在床上摇着扇子，击退了敌国的进攻，楚国停止了战争。我但愿多说一说这些事。"

这都是不用多说的道理，这叫作无言的辩解。所以德行，归根到底是合乎道的同一，而言语停止于知识所不能知道的地方，这就是极致了。道所说的同一的境界，德行不能达到。知识所不知道的事物，辩论无法列举。像儒家和墨家那样的名声，那就凶险了。所以大海不会拒绝东流的江河，因为大海广大无比。圣人包容天地，恩泽遍及天下，而人们不知道他的姓名。因此，圣人活着时没有爵位，死后没有封号，业绩不具备，声名不建立，这叫作大人。善叫的狗不是好狗，善辩的人不是贤人，何况建立大业的人呢？想建立大业难以建立大业，何况是德呢？广大而完备的事物，莫过于天地。然而天地追求什么呢？它却是最完备了！认识到最为完备的天地，不要贪求，不要丧失，不要遗弃，不要因为外物而改变了自己。返回到没有穷尽的内心，顺从古道修行，不要有什么修饰，这就是大人的诚心。

［原文］

子綦有八子，陈诸前[①]，召九方歅曰[②]："为我相吾子，孰为祥。"九方歅曰："梱也为祥[③]。"子綦瞿然喜曰[④]："奚若？"曰："梱也，将与国君同食以终其身。"子綦索然出涕曰："吾子何为以至于是极也？"九方歅曰："夫与国君同食，泽及三族，而况父母乎！今夫子闻之而泣，是御福也[⑤]。子则祥矣，父则不祥。"

子綦曰："歅，汝何足以识之，而梱祥邪？尽于酒肉，入于鼻口矣，而何足以知其所自来！吾未尝为牧而牂生于奥[⑥]，未尝好田而鹑生于宎[⑦]，若勿怪，何邪？吾所与吾子游者，游于天地，吾与之邀乐于天，吾与之邀食于地。吾不与之为事，不与之为谋，不与之为怪。吾与之乘天地之诚而不以物与之相撄[8],吾与之一委蛇而不与之为事所宜[9]。今也然有世俗之偿焉?凡有怪征者必有怪行。殆乎!非我与吾子之罪,几天与之也!吾是以泣也。”无几何,而使梱之于燕,盗得之于道,全而鬻之则难,不若刖之则易。于是乎刖而鬻之于齐[10],适当渠公之街[11],然身食肉而终。

[注释]

①陈:排列。

②九方歅(yīn):九方为姓氏,歅为名字。

③梱(kǔn):子綦的其中一个儿子。

④瞿(qú):惊喜的样子。

⑤御福:拒绝福气。

⑥牂(zāng):母羊。奥:屋子西南角。

⑦田:狩猎。宎(yāo):屋子东南角。

⑧撄(yīng):触犯,违逆。

⑨委蛇:随顺、顺应。

⑩刖(yuè):古代的一种酷刑,把脚砍掉。

⑪渠公:齐国封国的国君。

[译文]

子綦有八个儿子,他把他们叫到一起,请来了九方歅说:“你为我几个儿子相面,哪个最好。”九方歅说:“梱的面相最好。”子綦惊喜地说:“为什么呢?”九方歅说:“梱将和国君在一起吃饭,终其一生。”子綦伤心地哭着说:“我的儿子为什么到了这种地步呢?”九方歅说:“与国君一起吃饭的人,恩泽遍及三族,何况父母呢!现在你听了我的话哭泣,这是拒绝福气啊。儿子命好,父亲却不吉祥。”

子綦说:“九方歅,你为何这么认为梱为什么有福呢?享尽酒肉,满足于口鼻的需要,你怎么知道福运从何而来呢?我没有牧羊,母羊却在屋子的西南角生下羊羔；没有打猎，鹌鹑却在屋子的东南角生下小鸟。你不感到奇怪，为什么呢？我和儿子所追求的是遨游于天地，我与他们从自然中得到欢乐，从大地中求得粮食。我不与他们沉溺世俗之事，不与他们图谋算计，不与他们追求怪异。我与他们顺应天地的大道，不违逆外物，我与他们一同顺应自然，不与他们合谋做事。现在这种情况，莫非是世俗的报应？大凡有怪异的征兆必然有怪异的行为，危险啊！不是我和儿子的罪孽，这几乎是上天给予的！我因此哭泣啊。”没有多长时间，捆被派到了燕国，强盗在路上抓了他，完整地卖掉他很难，于是，砍掉了他的脚，卖到了齐国，正好被齐国封国的国君任命为大街之长，一生吃肉而终。

［原文］

啮缺遇许由①，曰：“子将奚之？”曰：“将逃尧。”曰：“奚谓邪？”曰：“夫尧，畜畜然仁②，吾恐其为天下笑。后世其人与人相食与③！夫民不难聚也，爱之则亲，利之则至，誉之则劝，致其所恶则散。爱利出乎仁义，捐仁义者寡④，利仁义者众。夫仁义之行，唯且无诚，且假乎禽贪者器。是以一人之断制利天下，譬之犹一覕也⑤。夫尧知贤人之利天下也，而不知其贼天下也⑥。夫唯外乎贤者知之矣。”

［注释］

①许由：尧时的贤人、隐士。

②畜畜然：勤勉的样子。仁：推行仁政。

③与：通“欤”，文言叹词。

④捐：抛弃，舍弃。

⑤覕：古同“瞥”，喻短暂。

⑥贼：贼害，伤害。

［译文］

啮缺遇见许由，说："你将要去哪里？"许由说："逃避尧。"啮缺说："为什么呢？"许由说："尧勤勉不止地推行仁政，我恐怕他被天下耻笑。后世将会出现人与人相食的现象。百姓不难聚集，爱护百姓就亲近，给予利益就追从，赞美就会勤勉，厌恶就会解散。爱护和利益出自仁义，舍弃仁义的人很少，以仁义牟利的人很多。仁义的推行，不仅没有诚意，而且成为禽兽一般贪婪的人的工具。因此，一个人的独断专制给天下带来利益，如同眼睛一瞥那样短暂。尧知道贤人有利于天下的治理，而不知道这是贼害天下。这只有超越贤能的人才能明白。

［原文］

有暖姝者[①]，有濡需者[②]，有卷娄者[③]。所谓暖姝者，学一先生之言，则暖暖姝姝而私自说也。自以为足矣，而未知未始有物也，是以谓暖姝者也。濡需者，豕虱是也，择疏鬣[④]，自以为广宫大囿。奎蹄曲隈[⑤]，乳间股脚，自以为安室利处。不知屠者之一旦鼓臂布草操烟火，而己与豕俱焦也。此以域进，此以域退，此其所谓濡需者也。卷娄者，舜也。羊肉不慕蚁，蚁慕羊肉，羊肉膻也。舜有膻行，百姓悦之，故三徙成都，至邓之虚而十有万家[⑥]。

尧闻舜之贤，举之童土之地[⑦]，曰："冀得其来之泽。"舜举乎童土之地，年齿长矣，聪明衰矣，而不得休归，所谓卷娄者也。是以神人恶众至，众至则不比，不比则不利也。故无所甚亲，无所甚疏，抱德炀和[⑧]，以顺天下，此谓真人。于蚁弃知，于鱼得计，于羊弃意。于目视目，以耳听耳，以心复心。若然者，其平也绳，其变也循[⑨]。古之真人，以天待人，不以人入天；古之真人，得之也生，失之也死；得之也死，失之也生。药也，其实堇也[⑩]，桔梗也，鸡廱也[⑪]，豕零也[⑫]，是时为帝者也，何可胜言！

［注释］

①暖姝:洋洋自得的人。

②濡需:苟且偷安的人。

③卷娄:拘挛,喻辛劳不止的人。

④疏鬣:疏长的鬃毛。

⑤奎蹄:猪蹄。曲隈(weī):弯曲隐蔽的地方。郭庆藩云:"曲隈,盖谓胯内。"《淮南·览冥训高注》:"隈,曲深处。"

⑥邓:地名。虚:通"墟",废墟,旧城。

⑦童土之地:草木不生的土地。

⑧炀和:温暖平和;炀:旺火。

⑨循:因循,顺从。

⑩堇(jīn):多年生草本植物,茎细弱,叶呈肾脏形,果实椭圆形,可入药,

⑪鸡痈:鸡头草,又名芡草。

⑫豕零:猪苓草

［译文］

有洋洋自得的人,有苟且偷安的人,有勤勉不止的人。所谓洋洋自得的人,学习一位先生的知识,就会变得柔和自得而私下里喜悦。自以为满足了,却不知道万物没有终始,这就是洋洋自得的人。苟且偷安的人,如同猪身上的虱子,选择疏长的鬃毛栖息,自以为处在宽广的宫殿和园囿。猪蹄弯曲隐秘的地方,乳间和屁股的地方,自以为是安居谋利的去处,却不知道屠夫一旦挥臂准备柴草燃起烟火,就与猪一样被烧焦了。依靠境遇前进,依靠境遇后退,这就是所谓苟且偷生的人。勤勉不止的人,就是舜啊。羊肉不爱慕蚂蚁,蚂蚁爱慕羊肉,因为羊肉散发着膻味。舜有膻味一般的行为,百姓喜欢他,所以三次迁徙都城,邓地的旧城就聚集了十万人家。

尧听说舜帝的贤能,推举舜治理不毛之地,说:"希望得到舜的恩泽。"舜治理不毛之地,年纪大了,聪明衰退了,却不能回家休息,这就是

勤勉不止的人。因此,神人厌恶人们归依,归依就不亲密,不亲密不会带来便利。所以没有所谓的亲近,没有所谓的疏远,持守德性,温暖平和,顺应天下,这叫作真人。如同蚂蚁抛弃愚知,鱼儿得意江湖,羊去掉膻味。用眼睛看见该看的,用耳朵听该听的,使心灵回复到本心。如果这样的话,内心如墨线一样平直,遵循万物的变化。古代的真人,用自然之道对待万物的变化,不以人事改变自然的本性。古代的真人,得到自然就生存,失去自然就死亡;得到外物就死亡,失去外物就生存。所谓的药材,那些乌头草、桔梗、鸡头草、猪苓草等,视时间变化,适时作为主药,怎么可以说得完呢?

［原文］

勾践也,以甲盾三千栖于会稽[①]。唯种也,能知亡之所以存[②],唯种也不知其身之所以愁。故曰:鸱目有所适[③],鹤胫有所节,解之也悲。故曰:风之过,河也有损焉;日之过,河也有损焉。请只风与日相与守河,而河以为未始其撄也,恃源而往者也。故水之守土也审[④],影之守人也审,物之守物也审。故目之于明也殆[⑤],耳之于聪也殆,心之于殉也殆[⑥],凡能其于府也殆[⑦],殆之成也不给改。祸之长也兹萃,其反也缘功,其果也待久。而人以为己宝,不亦悲乎!

故有亡国戮民无已,不知问是也。故足之于地也践,虽践,恃其所不蹍而后善博也[⑧];人之于知也少,虽少,恃其所不知而后知天之所谓也。知大一,知大阴[⑨],知大目,知大均,知大方,知大信,知大定,至矣!大一通之,大阴解之,大目视之,大均缘之[⑩],大方体之,大信稽之[⑪],大定持之。

［注释］

①勾践:姒姓,名勾践,春秋末年越国国君。前496年即位,曾败于吴国,被迫求和。返国后重用范蠡、文种,卧薪尝胆,使越国国力渐渐富强起来,大败吴国,成为春

秋时期最后一位霸主。会稽:今浙江绍兴一带。

②种:文种,一作子禽,春秋末期楚之郢(今湖北江陵附近)人,著名的谋略家,和范蠡一起,为勾践最终打败吴王夫差立下赫赫功劳。灭吴后,不听从范蠡劝告,为勾践所不容而被害。

③鸱(chī):鹞鹰。适:适宜。

④审:固定,安定。

⑤殆:危险。

⑥殉:贪婪。

⑦府:同"腑",脏腑,表示内心。

⑧蹍(niǎn):踩,踏。

⑨大阴:大地。

⑩大均:自然界的平衡。

⑪稽:稽核,稽考。

[译文]

勾践带领三千军队驻扎在会稽,只有文种能够认识越国如何取胜生存,只有文种不知道自己的生命所面临的忧愁。所以说鹞鹰的眼睛有所适宜看到的,仙鹤的腿修长美丽,一旦被截短就悲哀了。所以说,风吹过河水,河面就会减损;阳光经过河水,也会受到减损。倘若风与太阳一同守河,河水却认为不曾受到损害,它依仗的是源头不息的水流。所以,河水固定地守卫着土地,影子固定地跟着人,事物之间互相联系依存。所以眼睛过于明亮就危险了,耳朵听力太好就会面临危险,内心太贪婪就危险了,凡是从内心显示才能就危险了,一旦形成危险就来不及纠正了。灾祸萌生并且增多,返归自身却源于对于功名的追逐,其结果要等待许久。而人们却以为这些物质的追逐是人世间最宝贵的,不是可悲吗?

因此国家败亡,百姓遭殃,没有止息,不知从这些方面寻找原因。所以脚踩在大地上,虽然任意踩踏,但是依靠没有踩踏的地方而能善于到达遥远的地方;人对于知识认识得很少,虽然少,却能依仗认识的局限姓而后认识到自然的天性。知道上天,知道大地,知道远大的旷野,知道自然的均衡,知道世间大方,知道自然大信,知道伟大恒定,这就达到了极致!通达上天,解释大阴,认识万物,追求均衡,体会万物,查核大信,保持恒定。

[原文]

尽有天,循有照①,冥有枢②,始有彼。则其解之也似不解之者,其知之也似不知之也,不知而后知之。其问之也,不可以有崖③,而不可以无崖。頡滑有实④,古今不代,而不可以亏,则可不谓有大扬搉乎⑤!阖不亦问是已⑥,奚惑然为!以不惑解惑,复于不惑,是尚大不惑。

[注释]

①照:顺其自然,智自明照。

②冥:幽冥,深奥。枢:枢纽,关键。

③崖:崖岸,边际。

④頡滑(xié huá):错杂,混淆。

⑤搉(què):大概,大体。

⑥阖:通"盍"。为什么不,何不。

[译文]

尽量体察自然,遵循光明智慧,幽冥之中存在着枢纽,事物的起始存在彼此。那么,人为的解释好像并没有解释,所谓的知识更像是无知,不知才会得到知识。探问自然的知识,不会有边际,也不可能有边际。万物混沌杂乱,却存在实体,不可以替代,不可以减损,不可以说只有显扬的实体!为什么不探问混沌同一幽冥无涯的道呢?为什么如此困惑呢!用世俗的不惑解释困惑,又陷于不惑之中,这是大不惑啊。

第二十五 则阳

【题解】

话题是从则阳、夷节、王果三个人中间展开的。则阳代表了攀附权贵的人，夷节代表了行走于权贵之家的人，王果代表了身任要职的官员。人在社会和万物中驰骋，如何能够做到与社会和万物同游，又能跳出来回归自身，自由自在，庄子给人们确立了标准。

［原文］

则阳游于楚[①]，夷节言之于王[②]，王未之见。夷节归。彭阳见王果曰[③]：“夫子何不谭我于王[④]？”王果曰：“我不若公阅休[⑤]。”彭阳曰：“公阅休奚为者邪？”曰：“冬则擉鳖于江[⑥]，夏则休乎山樊[⑦]。有过而问者，曰：‘此予宅也。’夫夷节已不能，而况我乎！吾又不若夷节。夫夷节之为人也，无德而有知，不自许，以之神其交，固颠冥乎富贵之地[⑧]。非相助以德，相助消也。夫冻者假衣于春[⑨]，暍者反冬乎冷风[⑩]。夫楚王之为人也，形尊而严，其于罪也，无赦如虎。非夫佞人正德[⑪]，其孰能桡焉[⑫]。故圣人其穷也，使家人忘其贫；其达也，使王公忘爵禄而化卑；其于物也，与之为娱矣；其于人也，乐物之通而保己焉。故或不言而饮人以和，与人并立而使人化，父子之宜。彼其乎归居，而一闲其所施。其于人心者，若是其远也，故曰：‘待公阅休。’”

［注释］

①则阳：姓彭，名阳，字则阳，下文称彭阳。

②夷节：楚国的大臣。言：告诉。

③王果：楚国的大臣。

④谭：通"谈"，介绍。

⑤公阅休：楚国著名的隐士。王果是贤人，嫌彭阳贪婪，故盛称隐者公阅休，贬抑其进趋之心。

⑥擉(chuò)：戳，刺。

⑦山樊：山中的陋居；樊通"藩"。

⑧颠冥：颠倒迷惑。

⑨假：凭借。

⑩暍(yē)：炎热，中暑。

⑪佞人：巧言善辩的人。

⑫桡：弯曲，意为改变。

［译文］

则阳到楚国出游，夷节告诉了楚王，楚王没有接见则阳，夷节回去了。则阳拜见王果说："你为何不在楚王面前说说我？"王果说："我不如公阅休。"彭阳说："公阅休是做什么的呢？"王果说："公阅休冬天在江里刺鳖，夏天在山林里居住。有人路过问他，他说：'这是我的住宅。'夷节尚不能如此，何况我呢！我不如夷节。夷节的为人，没有德行而有智巧，不能要求自己，与人交往有神通，所以颠倒迷惑在富贵之地中。不能用品德帮助人，帮助人反而减消品德。受冻的人盼望春天，中暑的人反而期待冬天的冷风。楚王的为人，外表尊贵严肃，对于得罪他的人像对待老虎一样不宽恕。如果不是巧言善辩的人来端正他的德行，谁能改变他呢？所以圣人穷困的时候，使家人忘记了贫困；圣人发达时，使王公忘记爵禄变得谦卑；圣人对待万物，愉快地相处；对于人们，快乐地沟通并能保持天性。所以圣人有时不说话而能以中和的态度满足人，与人们相处并使人得到教化，父子各得其所。圣人回去隐居之后，一味地闲适无所作为。他与世人的心思，如此的遥远，所以说：‘还是等待公阅休吧。’”

［原文］

圣人达绸缪[1]，周尽一体矣[2]，而不知其然，性也。复命摇作而以天为师[3]，人则从而命之也。忧乎知而所行恒无几时[4]，其有止也，若之何？生而美者，人与之鉴[5]，不告则不知其美于人也。若知之，若不知之；若闻之，若不闻之，其可喜也终无已，人之好之亦无已，性也。圣人之爱人也，人与之名，不告则不知其爱人也。若知之，若不知之，若闻之，若不闻之，其爱人也终无已，人之安之亦无已，性也。

旧国旧都[6]，望之畅然[7]。虽使丘陵草木之缗[8]，入之者十九，犹之畅然，况见见闻闻者也，以十仞之台县众间者也[9]。冉相氏得其环中以随成[10]，与物无终无始，无几无时。日与物化者，一不化者也[11]。阖尝舍之[12]！夫师天而不得师天，与物皆殉[13]，其以为事也，若之何！夫圣人未始有天，未始有人，未始有始，未始有物，与世偕行而不替，所行之备而不洫[14]，其合之也，若之何？

汤得其司御门尹登恒为之傅之[15]，从师而不囿[16]，得其随成，为之司其名，之名嬴法，得其两见。仲尼之尽虑，为之傅之。容成氏曰[17]：“除日无岁，无内无外。”

［注释］

①达：通达。绸缪（móu）：缠缚，纠葛。

②周：普遍，全面。

③复命：返归天命。摇作：摇动作为，意为行动。

④知：智巧。

⑤鉴：镜子，此处用作动词。

⑥旧国旧都：用故乡和国家比喻人的本性。

⑦畅然:欢快的样子。

⑧草木之缗(mín):草木丛生,茫昧不分之意;缗,茫昧,混杂。

⑨县:通"悬"。

⑩冉相氏:远古神话传说中华夏族的帝王,继承黄帝之位,无为而治,国家兴盛。环中:环绕中空,喻大道。

⑪一不化者:内心合一不发生变化。

⑫阖:何。

⑬殉:通"逐",追逐。

⑭洫(xù):败坏。

⑮司御门尹:官名;登恒:人名。

⑯不囿:不受限制。

⑰容成氏:传说中的人物,黄帝大臣,发明历法。

[译文]

圣人通达人世间的纠葛,把世界普遍视为一个整体,而不知道其中的原因,这是事物的本性。复归于禀赋有所作为,以天性为师,人们跟随并把他们命名为圣人。担忧智巧的影响,行为恒常不会中断,有时停止能怎么样呢?天生美貌的人,人们给他们镜子才能知道美,不告诉就不知道他比别人美。好像知道,好像不知道;好像听闻,好像没有听闻,他的喜悦没有停止,别人的喜悦也没有停止,这都是自然的天性。圣人爱人,人们给他命名,人们不告诉圣人,他就不知道赢得人们的喜爱。好像知道,好像不知道;好像听闻,好像没有听闻,他爱人终究不会停止,人们安然接受他的爱也不会停止,这都是自然的天性。

对于祖国和故乡,看到时就非常欢快。即使丘陵上草木丛生混杂,掩藏了十分之九,心情还是那样欢快,何况可以亲自看见和听见呢?就像在十仞高台之上悬挂东西一样。冉相氏得到了天地的大道,随着万物成长,与万物无始无终,无时无刻。天天与外物变化,混一的天道是不变化的,何曾舍弃过大道呢?师法天道得不到师法天道的效果,与外物一起追逐，这样来做事，能怎么样呢！圣人的内心没有天，没有人，没有开始，没有外物，与大千世界一起运行而不废止，行动完备而不败坏，他与万物如此的契合，像这样又如何呢？

商汤得到了司御门尹登恒拜他为师，跟从他而不受到局限，得以随顺万物的成长，观察事物的名迹，对于名迹无心疏放，得以见到事物的两端。孔子尽心思虑，以万物自然为师。容成氏说："没有日子和岁月的限制，物我没有内外之别。"

［原文］

魏莹与田侯牟约[①]，田侯牟背之，魏莹怒，将使人刺之。犀首公孙衍闻而耻之[②]，曰："君为万乘之君也，而以匹夫从仇[③]。衍请受甲二十万[④]，为君攻之，虏其人民，系其牛马，使其君内热发于背，然后拔其国。忌也出走[⑤]，然后抶其背[⑥]，折其脊。"季子闻而耻之[⑦]，曰："筑十仞之城，城者既十仞矣，则又坏之，此胥靡之所苦也[⑧]。今兵不起七年矣，此王之基也。衍，乱人也，不可听也。"华子闻而丑之[⑨]，曰："善言伐齐者，乱人也；善言勿伐者，亦乱人也；谓'伐与不伐乱人也'者，又乱人也。"君曰："然则若何？"曰："君求其道而已矣。"

惠子闻之，而见戴晋人[⑩]。戴晋人曰："有所谓蜗者[⑪]，君知之乎？"曰："然。""有国于蜗之左角者，曰触氏；有国于蜗之右角者，曰蛮氏。时相与争地而战，伏尸数万[⑫]，逐北[⑬]，旬有五日而后反。"君曰："噫！其虚言与？"曰："臣请为君实之，君以意在四方上下有穷乎？"君曰："无穷。"曰："知游心于无穷，而反在通达之国，若存若亡乎？"君曰："然。"曰："通达之中有魏，于魏中有梁[⑭]，于梁中有王，王与蛮氏有辩乎[⑮]？"君曰："无辩。"客出而君惝然若有亡也[⑯]。

客出，惠子见。君曰："客，大人也，圣人不足以当之。"惠子曰："夫吹管也，犹有嗃也[⑰]；吹剑首者，吷而已矣[⑱]。尧、舜，人之所誉也。道尧、舜于戴晋人之前，譬犹一吷也。"

[注释]

①魏莹:魏惠王的名字。田侯牟:即齐威王。

②犀首:公孙衍,魏国人,战国时期著名政治家,纵横学派的代表人物之一。

③匹夫:男子。

④衍:公孙衍。甲:士兵。

⑤忌:田忌,齐国的将军。

⑥抶(chì):用鞭、杖或竹板之类的东西打。

⑦季子:魏国的大臣。

⑧胥靡:古代服劳役的奴隶或刑徒。

⑨华子:魏国的大臣。

⑩戴晋人:当时的贤人。

⑪蜗:蜗牛。

⑫伏尸:杀人致死。

⑬逐北:追赶失败的军队。

⑭梁:魏国的都城。

⑮辩:辩解。

⑯惝然:若有所失的样子。

⑰嗃(xiāo):吹竹管的声音。

⑱吷(xuè):象声词,短促的声音。

[译文]

魏惠王与田侯牟订立盟约,田侯牟违背了盟约,魏惠王大怒,计划派人刺杀田侯牟。魏国的大将公孙衍听说后认为羞耻,对魏惠王说:"你作为万乘之国的国君,却用普通男子的手段报仇。我请求带兵二十万,为你攻打他,俘虏他的百姓,带走他的牛马,使齐国的国君内火攻心发于脊背,然后占领他的国家。齐国的将军田忌望风而逃,然后用鞭子抽打田侯牟的脊背,折断他的脊梁骨。"魏国大臣季子听说后以此为耻,对魏惠王说:"建筑十仞高的城墙,建成十仞的城墙后,却又毁坏了,这是奴隶和刑徒所劳苦的事情。现在七年不打仗了，这是称王的根基。公孙衍是个祸乱国家的人，不可听他的。”魏国大臣华子听后责备说：“主张讨伐齐国的人是祸害之人，主张不要讨伐齐国的人也是祸害国家的人，说讨伐齐国和不讨伐齐国都是祸害国家的人，也是乱人。”魏惠王说：“那么怎么办呢？”华子说：“你追求天下的大道就行了。”

惠施听了后，就把当时的贤人戴晋人引见给魏惠王。戴晋人对魏惠王说：“有一种所谓的蜗牛，你知道吗？”魏惠王说：“知道。”戴晋人说：“有个国家处于蜗牛的左角，叫作触氏国；有个国家处于蜗牛的右角，叫作蛮氏国。时常为争夺土地打仗，杀死几万人，追逐失败的军队，十五天后才返回。”魏惠王说：“啊，这是虚构的故事吗？”戴晋人说：“我请为你证实，你认为四方上下有穷尽吗？”魏惠王说：“没有穷尽。”戴晋人说：“你知道心灵游历在无穷的地方，而返身于四通八达的国家，好像道若存若失吗？”魏惠王说：“对啊。”戴晋人说：“这个四通八达的地方有魏国，魏国中间有梁都，梁都中有君王，你与蛮氏有分别吗？”魏惠王说：“没有分别。”戴晋人离开王宫后，魏惠王若有所失。

戴晋人出去后，惠施拜见魏惠王。魏惠王说：“戴晋人是伟大的人，圣人不足以与他相提并论。”惠施说：“吹竹管的时候，还有好听的声音；吹剑的时候，只有很小的声音。尧帝和舜帝，是人们都赞誉的人。在戴晋人面前说尧帝和舜帝，就好像吹剑时的声音那么微弱。”

［原文］

孔子之楚[①]，舍于蚁丘之浆[②]。其邻有夫妻臣妾登极者[③]，子路曰：“是稯稯何为者邪[④]？”仲尼曰：“是圣人仆也[⑤]。是自埋于民，自藏于畔[⑥]，其声销，其志无穷，其口虽言，其心未尝言。方且与世违，而心不屑与之俱，是陆沉者也[⑦]，是其市南宜僚邪[⑧]！”子路请往召之，孔子曰：“已矣！彼知丘之著于己也，知丘之适楚也，以丘为必使楚王之召己也。彼且以丘为佞人也[⑨]。夫若然者，其于佞人也，羞闻其言，而况亲见其身乎？而何以为存⑩？”子路往视之，其室虚矣。

［注释］

①之：往，去。

②舍：止，住。蚁丘：山名。浆：卖浆的人家。

③登极：登上屋顶；极，指屋顶。

④稯稯(zōng zōng)：聚集。

⑤仆：仆人。

⑥畔：垄畔，意为田野。

⑦陆沉者：隐居的人。

⑧市南宜僚：楚国的勇士，姓熊，居于市南，因号曰“市南子”。楚国贵族白公胜谋划杀害令尹子西，遣使说服宜僚做刺客，宜僚玩弄着手中的弹丸，不为所动。白公胜不得宜僚，未能杀死令尹子西，计划破产，使白公胜和子西两家的灾难化解。

⑨佞人：善于巧言谄媚的人。

⑩而：汝，你。存：存问，问候。

［译文］

孔子到了楚国，住在卖浆的人家。卖浆人的邻居夫妻仆人登上房顶观望，子路说：“他们聚在一起干什么呢？”孔子说：“这些人是圣人的仆役，他们生活在民间，隐藏在田野，他们的声音消失了，志向无穷，即使嘴上说话，内心却不曾言语。他们与世俗违逆，心里不屑于与世俗一样，是沉没在大地上的隐士，这些人岂非是市南宜僚！”子路向孔子请求前去召见他们，孔子说：“算了吧！他们知道我了解他们，知道我到了楚国，认为我一定会让楚王召见他们。那些人以为我是巧言谄媚的人。如果这样的话，他们对巧言谄媚的人，羞于听到他说的话，何况亲自见到他呢？你怎么问候他们？”孔子说完话后，子路前去探望，他们的家里已经空无一人了。

［原文］

长梧封人问子牢曰[①]："君为政焉勿卤莽，治民焉勿灭裂[②]。昔予为禾[③]，耕而卤莽之，则其实亦卤莽而报予；芸而灭裂之[④]，其实亦灭裂而报予。予来年变齐[⑤]，深其耕而熟耰之[⑥]，其禾蘩以滋，予终年厌飧[⑦]。"庄子闻之曰："今人之治其形，理其心，多有似封人之所谓：遁其天，离其性[⑧]，灭其情，亡其神，以众为。故卤莽其性者，欲恶之孽为性，萑苇蒹葭始萌[⑨]，以扶吾形，寻擢吾性[⑩]，并溃漏发[⑪]，不择所出，漂疽疥痈[⑫]，内热溲膏是也[⑬]。"

［注释］

①长梧封人：即长悟子，长梧，地名；封人，守卫封疆之人。子牢：孔子弟子。

②灭裂：轻率。

③为禾：种庄稼。

④芸：通"耘"，除草。

⑤变：改变。齐：通"剂"，方法。

⑥熟耰：反复弄碎土块、平整土地。

⑦厌：满足。飧，用酒食招待客人。

⑧离：背离。

⑨萑(huan)苇：蒹长成后为萑，葭长成后为苇，指芦类植物。蒹是没有长穗的芦苇葭是初生的芦苇。意为人的俗念如同芦苇一样遮蔽心灵和天性。

⑩擢(zhuo)：拔。

⑪溃：皮肤溃烂。漏：皮肤流脓。

⑫漂：本作"瘭"，皮肤发炎化脓。痈：皮肤流脓。

⑬溲膏：膏状小便。

［译文］

长梧守卫边疆的人对子牢说："你处理政务不要鲁莽，治理百姓不要轻率。我从前种庄稼，耕作鲁莽对待庄稼，那么庄稼的果实也鲁莽地报复我;我除草时草率简单对待庄稼,庄稼的果实也草率简单报答我。我后来改变了耕种方法,深耕土地,反复弄碎土块,禾苗繁盛茁壮,我一年到头可以用酒食招待人。”庄子听了这件事说:“今天的人们对待自己的身体,整理自己的心灵,大多像长梧守卫边疆的人说的那样:逃避自己的天性,背离自己的本性,减损自己的性情,失去自己的精神,采取上述种种行为。所以鲁莽地对待自己的天性的人,欲望和恶念孽生成为性情,像芦苇初生和长穗那样萌发,以此对待自己的身体,废除自己的天性,引起皮肤溃烂流脓,从而不选择地流出,身体化脓长出疥疮,体热发虚,排出像脂膏一样的小便。

[原文]

柏矩学于老聃①,曰:“请之天下游②。”老聃曰:“已矣!天下犹是也。”又请之,老聃曰:“汝将何始?”曰:“始于齐。”至齐,见辜人焉③,推而强之④,解朝服而幕之⑤,号天而哭之,曰:“子乎!子乎!天下有大灾,子独先离之⑥。曰莫为盗,莫为杀人。荣辱立,然后睹所病,货财聚然后睹所争。今立人之所病,聚人之所争,穷困人之身,使无休时。欲无至此,得乎?古之君人者⑦,以得为在民,以失为在己;以正为在民,以枉为在己。故一形有失其形者,退而自责。今则不然,匿为物而愚不识⑧,大为难而罪不敢,重为任而罚不胜⑨,远其涂而诛不至⑩。民知力竭,则以伪继之⑪。日出多伪,士民安取不伪?夫力不足则伪,知不足则欺,财不足则盗。盗窃之行,于谁责而可乎?”

[注释]

①柏矩:姓柏,名矩,老子的学生。

②之:去,往。游:游历。

③辜人:受刑处死后在街上示众的人。

④强之:把尸体摆正:强,通“僵”。

⑤幕:用布覆盖。

⑥离:通“罹”,遭遇。

⑦君人者:统治百姓的人。

⑧愚:愚弄。不识:不能识别。

⑨不胜:不能胜任。

⑩涂:通“途”,路途。

⑪伪:虚伪,虚假。

[译文]

柏矩跟着老子学习,说:“我请求去天下游历。”老子说:“算了吧!天下像这里一个样子。”柏矩又请求,老子说:“你将从哪里开始游历?”柏矩说:“我从齐国游历。”柏矩来到齐国,见到了一个被处了死刑后示众的人,他把尸体摆正,解下自己的礼服盖住尸体,对着天号叫并痛哭,说:“你啊,你啊!天下有大灾,你先遭受了。人说不要做强盗,不要杀人。世间荣辱确立,然后看到了弊病;货物财富聚集起来,然后看到了纷争。现在树立人们所厌恶的病症,聚集人们所纷争的财富,使人们的身体穷困,没有休止。想不要发生这样的事情,可以吗?古代统治百姓的国君,把成功归之于百姓,把失误归之于自己;把正确归之于百姓,把错误归之于自己。所以一个人失去正确的行为,就反过来责备自己。现在则不是这样的,统治者把事物的真相隐藏起来,愚弄不识别真相的百姓;扩大艰难的程度,加罪胆小怕事的百姓;加重百姓的负担,处罚难以完成重负的百姓;加远了路途,却要诛杀不能到达的人们。百姓才智和力量用尽,就用虚假来继续。天天出现许多诈伪的事情,百姓怎么能不诈伪呢?力量不足就会出现诈伪,才智不足就会出现欺诈,财力不足就会出现盗贼。盗劫的行为,对谁责备才行呢?

[原文]

遽伯玉行年六十而六十化①，未尝不始于是之，而卒诎之以非也②。未知今之所谓是之非五十九非也。万物有乎生而莫见其根③，有乎出而莫见其门。人皆尊其知之所知，而莫知恃其知之所不知而后知④，可不谓大疑乎！已乎！已乎！且无所逃⑤。此所谓然与然乎！

仲尼问于太史大弢、伯尝骞、狶韦曰⑥："卫灵公饮酒湛乐⑦，不听国君之政；田猎毕弋⑧，不应诸侯之际，其所以为灵公者何邪？"大弢曰："是因是也。"伯常骞曰："夫灵公有妻三人，同滥而浴⑨。史鳅奉御而进所⑩，搏币而扶翼⑪。其慢若彼之甚也⑫，见贤人若此其肃也，是其所以为灵公也。"狶韦曰："夫灵公也死，卜葬于故墓不吉，卜葬于沙丘而吉。掘之数仞，得石椁焉，洗而视之，有铭焉，曰：'不冯其子，灵公夺而里之。'夫灵公之为灵也久矣！之二人何足以识之⑬？"

[注释]

①蘧(qú)伯王：蘧瑗，字伯玉，谥成子。春秋时期卫国大夫，封"先贤"，奉祀于孔庙东庑。行年：历年。

②卒：终了，最后。诎：同"黜"，废黜，否定。

③根：根本，本源。

④恃：依仗。凭借。

⑤无：无法。

⑥大史：官职名，春秋时期掌管起草文书，策命诸侯卿大夫，记载史事，编写史书，兼管国家典籍、天文历法、祭祀；大，通"太"。大弢、伯尝骞、狶韦：三个史官。

⑦卫灵公：姬姓，名元，卫国第二十八代国君，性格暴躁，但知人善任。

⑧田猎：打猎。毕：捕兽所用之网。弋：射鸟所用的系绳之箭。

⑨滥：浴盆。

⑩史鳅：名佗，字子鱼，春秋时卫国大夫，负责卫国对社稷神的祭祀。

⑪搏：接。币：帛。扶翼：搀扶。

⑫慢：傲慢。

⑬之：这。

［译文］

蘧伯玉活了六十岁，六十年中每年都有变化，未曾不是开始时肯定，终了废黜而加以否定。未必知道今天所谓对的，不是五十九岁时不对的。万物有生命，而没有看见本源，有出现找不到门径。人们都尊崇所认识的知识，而不知道依靠智力认识所不知道的知识，而后得到新的知识，可不是最大的疑惑吗！算了吧，算了吧！无法逃避这种状况，这就是所谓的正确吗？一定是正确的吗？

孔子问太史大弢、伯尝骞、狶韦说："卫灵公饮酒过于享乐，不处理国家的政务；喜欢打猎，捕捉和射击鸟兽，不参与诸侯事务，他死后为什么追封为卫灵公呢？"大弢说："就是因为他的这种行为。"伯常骞说："卫灵公有三位妻子，一起在一个大浴盆里洗澡。史鳅奉旨而来，卫灵公命人接过衣帛，并搀扶着接见史鳅，他是那么的傲慢，对待贤人又是那样敬慕，这是叫卫灵公的原因。"狶韦说："卫灵公死了后，占卜认为埋葬在原来的坟墓不吉利，埋葬在沙丘上吉利。挖掘墓地数仞时，发现了一个石头棺材，洗掉泥土后再看，上边有铭文说：'不依靠子孙，灵公得到它而后埋葬在这里。'看来灵公成为灵公已经很久了，这两个人怎么能认识到这些呢？"

［原文］

少知问于大公调曰[①]："何谓丘里之言[②]？"大公调曰："丘里者，合十姓百名而以为风俗也，合异以为同，散同以为异。今指马之百体而不得马[③]，而马系于前者，立其百体而谓之马也。是故丘山积卑而为高[④]，江河合水而为大，大人合并而为公。是以自外入者，有主而不执[⑤]；由中出者[⑥]，有正而不距[⑦]。四时殊气[⑧]，天不赐，故岁成；五官殊职，君不私[⑨]，故国治；文武大人不赐，故德备；万物殊理[⑩]，道不私，故无名。无名故无为,无为而无不为。时有终始,世有变化,祸福淳淳⑪,至有所拂者而有所宜,自殉殊面⑫。有所正者有所差,比于大泽⑬,百材皆度;观于大山,木石同坛⑭。此之谓丘里之言。”

少知曰:“然则谓之道,足乎?”大公调曰:“不然,今计物之数,不止于万,而期曰万物者,以数之多者号而读之也⑮。是故天地者,形之大者也;阴阳者,气之大者也;道者为之公。因其大而号以读之则可也,已有之矣,乃将得比哉!则若以斯辩,譬犹狗马,其不及远矣。”

[注释]

①少知、大公调:庄子虚拟的人名。智慧狭劣,谓之少知;道德广大,公正无私,复能调顺群物,故谓之大公调,假设二人,以论道理。

②丘里:古者十家为丘,二十家为里。

③马之百体:马的各种身体器官,如马的头尾腰脊,不是马,合之则是马。意为乡里的风俗,是不同的人共同形成的。

④卑:低下。

⑤主:主见。执:固执。

⑥中:内心。出者:表达的东西。

⑦正:正理。距:违背。

⑧殊气:气候不同。

⑨私:偏私。

⑩殊理:规律不同。

⑪淳淳:流动的样子,引申为变化。

⑫自殉殊面:殉,追逐;面,面向;意为追求不一样,方向不一样。

⑬比:同“譬”。

⑭坛:高台,意为山岭。

⑮号:命名。

［译文］

少知问大公调说："什么叫作丘里之言？"大公调说："丘里的意思，就是十个姓氏上百个人形成的风俗，不同的教化形成人们公认的风俗，同样的风俗体现在每个人身上。现在，马的身体的各个部分不能叫作马，马站在前边，马的身体各个部分组合成马。因此，山丘积累卑下成为高山，江河汇聚溪流称为大，大人物集聚了众人的智慧才得到了公认，因此，从外界吸收知识，有自己的主见而不固执；发自内心的言行，正确而不违逆。四季的气候不同，上天没有偏私，所以形成了一年四季的时序。各种官职具有不同的职责，国君没有偏私，所以国家得到了治理；国家的文武官员没有偏私，所以具备了道德；万物具有各自的规律，大道没有偏私，所以叫作无名。无名所以不为，无为才能无所不为。时序有始有终，世界发生变化，祸福运动转化，有违逆就有顺应，每个人的追求是不一样的。有正确就有偏差，比如巨大的山泽，各种材质都有功用；再观察大山，树木和石头同样聚合在山林里，这就是所谓的丘里之言。"

少知说："然而把它叫作道，可以吗？"大公调说："不可，现在计算万物的数量，不止于千万，而叫作万物的原因，是由于数量之多而这样命名称呼。因此，天地是大的形体，阴阳是大的气体，大道是万物共同具有的。因为大而命名称呼就可以了，已经有了这样的命名，还能用什么东西来比拟呢？如果要来辨别，就如同狗和马，它们相差远远不及啊。"

［原文］

少知曰："四方之内，六合之里，万物之所生恶起[①]？"大公调曰："阴阳相照相盖相治[②]，四时相代相生相杀。欲恶去就[③]，于是桥起[④]。雌雄片合[⑤]，于是庸有[⑥]。安危相易[⑥]，祸福相生，缓急相摩，聚散以成。此名实之可纪，精微之可志也[⑦]。随序之相理[⑧]，桥运之相使[⑨]，穷则反，终则始，此物之所有。言之所尽，知之所至，极物而已。睹道之人[⑩]，不随其所废[⑪]，不原其所起，此议之所止。"

少知曰："季真之莫为[12]，接子之或使[13]。二家之议，孰正于其情，孰偏于其理？"大公调曰："鸡鸣狗吠，是人之所知。虽有大知，不能以言读其所自化[14]，又不能以意其所将为[15]。斯而析之，精至于无伦[16]，大至于不可围[17]。或之使，莫之为，未免于物而终以为过。或使则实，莫为则虚。有名有实，是物之居；无名无实，在物之虚。可言可意，言而愈疏[18]。未生不可忌[19]，已死不可阻。死生非远也，理不可睹。或之使，莫之为，疑之所假。吾观之本，其往无穷；吾求之末，其来无止。无穷无止，言之无也，与物同理。或使莫为，言之本也，与物终始。道不可有，有不可无。道之为名，所假而行。或使莫为，在物一曲，夫胡为于大方[20]！言而足，则终日言而尽道；言而不足，则终日言而尽物。道，物之极，言默不足以载。非言非默，议有所极。"

［注释］

①恶：何，怎么。

②照：关照。盖：通"害"，割裂。

③恶：厌恶。

④桥：通"矫"。

⑤片：判，分。

⑥庸：平常。

⑦志：记录。

⑧序：寻求时序。

⑨使：作用。

⑩睹：观察。

⑪废：废弃，废止。

⑫季真：战国时稷下人，齐国的贤人。季真主张无为，认为万物都是自然的作为。

⑬接子：战国时齐国的学者，受到齐宣王田辟疆的赏识，与邹衍、驺奭、淳于髡、田骈齐名。或使：有什么东西在支配。接子主张有为，认为万物的产生是由某种东西支配的。

⑭读:解读,解释。

⑮意:猜想。

⑯精:细。伦:比。

⑰围:围量,度量。

⑱疏:疏远。

⑲忌:禁,禁止。意为突然而生,不可禁忌,忽然而死,有何阻碍,唯当随变而化,所在而安。

⑳方:大道。

［译文］

少知问道:"四方之中,六合之间,万物是怎样产生的?"大公调说:"阴阳二气互相照应,相互妨害,相互治理,四季相互代替,相互生成,相互消除。欲望、厌恶、分离、接近,于是不断兴起;雌雄的分开、交合,于是常常发生。安危相互变化,祸福相互生成,缓急相互交错,聚散相互形成。这些现象,名称和实际可做记录,精细微妙之处都有记载。寻求时序变化的道理,事物兴起相互作用的规律,穷尽就会返回,终结就是开始,这是万物共同具备的规律。言语所能表述的,知识所能认识的,都是针对事物而言的。观察大道的人,不寻求事物的消失,不探求事物的起源,这些是不议论的。"

少知问道:"季真主张莫为,接子主张或使。两家的议论,哪个符合事物的实情,谁违背事物的规律?"大公调说:"鸡鸣狗吠,这是人们都知道的。即使有大智慧的人,不能用语言解释自然界的造化,又不能猜度它们的行为。对此进行分析,其中的精微之处无与伦比,大到无法度量。或者主使,或者无为,这两种观点未免拘泥具体的物质,终究是一种过失。或使的观点太实际,莫为的观点太玄虚。有名有实,这是物质存在的方式;无名无实,这是物质的虚寂之处。可以言语,可以会意,越是言说越疏远了大道。没有产生的不可禁止,已经死去的无法阻挡。死生相聚不远，不可用道理解释。或者主使，或者无为，都是由于疑惑所假托的见解。我观察万物的本源，过往的无穷无尽；我寻求万物的终极，未来没有止境。没有穷尽，没有止境，言语是无法表达的，与万物是同样的道理。或使和莫为这两种观点，用言语表达事物的本质，是与万物一样没有终始的。大道无法用有描述，有无法用无描述。道的名称，是假借语言来描述的。或使和莫为，反映了事物的一个方面，怎么能够概括天地之间的大道！言语正确，那么终日说的都是道；言语不足，整天说的都是事物。道，是万物的极致，言语和沉默都无法表达。不言语，不沉默，这是议论的极致。

第二十六　外物

【题解】

人生在世，不要执着于外物，也不要执着于自己。外物没有一定的规定，是不一定能靠得住的，许多事并不会以人的意志为转移。万物各有所长，各有所短。虽有至知，万人谋之，终归失败。摒弃小智慧，追求大智慧；摒弃小善，而至于大善。庄子告诉我们，要认识无用之用，无用之用乃为大用。不要囿于感官的限制，不要过度追求虚名和荣誉，不要追求智谋巧计，这些都是人生之累，人生要超然外物而合于大道。

[原文]

外物不可必①，故龙逢诛②，比干戮③，箕子狂④，恶来死⑤，桀、纣亡⑥。人主莫不欲其臣之忠，而忠未必信，故伍员流于江⑦，苌弘死于蜀⑧，藏其血三年而化为碧。人亲莫不欲其子之孝，而孝未必爱，故孝己忧而曾参悲⑨。木与木相摩则然⑩，金与火相守则流，阴阳错行，则天地大絯，于是乎有雷有霆，水中有火，乃焚大槐。有甚忧两陷而无所逃⑪。螴蜳不得成⑫，心若县于天地之间，慰暋沈屯⑬，利害相摩，生火甚多，众人焚和⑭，月固不胜火⑮，于是乎有僓然而道尽⑯。

庄周家贫，故往贷粟于监河侯⑰。监河侯曰："诺。我将得邑金⑱，将贷子三百金，可乎？"庄周忿然作色曰："周昨来，有中道而呼者，周顾视车辙，中有鲋鱼焉⑲。周问之曰：'鲋鱼来，子何为者耶？'对曰：'我，东海之波臣也⑳。君岂有斗升之水而活我哉！'周曰：'诺，我且南游吴越之王，激西江之水而迎子,可乎?’鲋鱼忿然作色曰:‘吾失我常与,我无所处。吾得斗升之水然活耳。君乃言此,曾不如早索我于枯鱼之肆㉑。’”

［注释］

①不可必:没有必然的标准。

②龙逢:关龙逢,因为进谏忠言而被夏桀杀害。

③比干:殷纣王的叔父,执政四十多年,鼓励发展农牧业生产,提倡冶炼铸造,富国强兵。因忠谏而被挖心。

④箕子:名胥余,殷商末期人,纣王的叔父,官太师,史称“殷末三贤”之一。商纣王暴虐无道,箕子苦心谏阻,纣王不听。箕子心痛如割,索性割发装癫,遂隐而鼓琴以自悲,每日里弹唱“箕子操”曲以发泄心中悲愤。纣王遂将他囚禁起来,贬为奴隶。

⑤恶来:一作“恶来革”,商纣王的大臣,飞廉(又作蜚廉)之子,以勇力而闻名。武王伐纣之时,他被周武王处死。

⑥桀:夏桀,夏朝最后一位君主,是历史上有名的暴君,文武双全,荒淫无度,后被汤王放逐于南巢。纣:帝辛,商朝最后一位君主,残暴无道,诛杀忠良,商朝灭亡后自焚而死。

⑦伍员:名员,字子胥,楚国人,春秋末期吴国大夫、军事家。伍子胥之父伍奢和兄伍尚被楚平王杀害,伍子胥从楚国逃到吴国,成为吴王阖闾重臣,于公元前506年,带兵攻入楚都,报父兄之仇。后来,吴王夫差听信太宰伯嚭谗言,将他杀害。

⑧苌弘:又称苌宏,字叔,周景王、周敬王的大臣刘文公所属大夫,善于观测天象,推演历法,占卜吉凶。在晋卿内讧中,由于帮助了范氏,晋卿赵鞅为此声讨周朝,苌弘被周人杀死。传说死后三年,其心化为红玉,其血化为碧玉,故有“苌弘化碧”、“碧血丹心”之说,以喻忠诚正义。

⑨曾参:名参,字子舆,与其父曾点同师孔子,主张孝恕忠信,修齐治平,内省慎独,以孝为本,曾子在儒学发展史上占有重要的地位,是配享孔庙的四配之一。

⑩然:通“燃”,燃烧。

⑪两陷:陷于两种心境。

⑫螴蜳(chén dūn):怵惕不安的样子。

⑬慰:通“郁”。睯:通“闷”。沈:沉。屯:难。

⑭和：中和之气。

⑮月：喻内心清明宁静。

⑯僓然：颓败的样子。

⑰监河侯：魏文侯。

⑱邑金：邑城里百姓的赋税。

⑲鲋鱼：鲫鱼。

⑳波臣：波浪之臣。

㉑肆：店铺。

［译文］

外部事物不可能有一定的标准，所以关龙逢因进谏被杀害，比干因忠谏被害死，箕子假装疯狂，恶来被处死，夏桀、商纣王灭亡。君主没有不希望臣子忠心的，而忠心的臣子未必能够取得信任，所以伍子胥被赐死后尸体漂流江上，苌弘被屈死于蜀地，人们收藏他的血液三年后化为碧玉。做父母的没有不希望儿子孝顺的，而孝顺未必受到慈爱，所以孝子忧愁，曾参悲苦。木与木摩擦可以燃烧，金属被火冶炼就会融化，阴阳错乱运行，天地大为惊骇，于是有惊雷闪电，水中出现火，焚烧了大树。心中忧乐陷于两种心境无所逃避。心里怵惕不安而无所成功，心像悬于天地之间，郁闷沉溺，利害相互摩擦纠结，上火生气太多，众人焚烧了中和之气，清明宁静的心境不能战胜心火，于是内心颓败而天道尽失。

庄子家里贫穷，所以去魏文侯那里借粮食。魏文侯说："好。我将收到封邑的赋税，借给你三百金，可以吗？"庄子忿怒地变了脸色说："我昨天来，有人在路上叫我，回头看到车辙中有一条鲫鱼。我问道：'鲫鱼，你干什么呢？'鲫鱼说：'我，是东海波浪臣子。你有斗升的水使我活下来吗？'我说：'好，我暂且向南游说吴越的国王，请他们引来西江的水迎接你，可以吗？'鲫鱼忿怒地变了脸色说：'我失去了经常生活的水，我没有地方安身。我得到斗升的水就可以活命。你竟然这么说，还不如早点到干鱼店铺里找我吧。’”

［原文］

任公子为大钩巨缁①，五十犗以为饵②，蹲乎会稽③，投竿东海，旦旦而钓④，期年而不得鱼⑤。已而大鱼食之，牵巨钩，錎没而下⑥，骛扬而奋鬐⑦，白波若山，海水震荡，声侔鬼神⑧，惮赫千里⑨。任公子得若鱼，离而腊之⑩，自制河以东⑪，苍梧以北⑫，莫不厌若鱼者⑬。已而后世辁才讽说之徒⑭，皆惊而相告也。夫揭竿累⑮，趣灌渎⑯，守鲵鲋⑰，其于得大鱼难矣！饰小说以干县令⑱，其于大达亦远矣。是以未尝闻任氏之风俗，其不可与经于世亦远矣⑲！

［注释］

①任公子：任国的公子，缁：黑色绳子。

②犗(jiè)，健壮的牛。

③会稽：山名，在今浙江绍兴东南，相传夏禹大会诸侯于此，故名。

④旦旦：天天。

⑤期(jī)年：一周年。

⑥錎：通“陷”，陷没，沉没。

⑦骛(wù)：通“骛”，奔驰，疾驰。奋：鸟张开并振动翅膀，形容鱼游动的样子。

⑧侔(móu)：相当，等同。

⑨惮赫：畏惧震怒。

⑩离：割开。腊(xī)之：把鱼做成干肉。

⑪制河：今浙江。

⑫苍梧：今广西。

⑬厌：通“餍”，吃饱。

⑭辁才：学识和才能低下的人。讽说之徒：道听途说的人。

⑮揭：举。累：细绳

⑯趣(qū)：通“趋”。渎：水沟小渠。

⑰鲵鲋：泛指小鱼。

⑱小说：闲言碎语。干：求。县令：高悬的赏格。

⑲经于世：治理世界。

［译文］

任国的公子做了一个黑绳子的大鱼钩，用五十头健壮的牛做鱼饵，守候在会稽山上，把鱼钩投向东海，天天垂钓，一年没有钓到鱼。不久，大鱼吃到鱼饵，牵引着巨大的鱼钩，沉没在大海之下，急速奔驰，张开鱼鳍，白色的波涛如山一样，海水激荡不已，声音与鬼神等同，恐惧震怒声达千里。任公子得到鱼后，把鱼割开制作了腊肉，自浙江以东，苍梧以北，没有不吃到了这条鱼的。从此，后世那些学识才能卑下和道听途说的人，都惊奇而互相告知。举着竹竿细绳，跑到水沟小渠，钓个小鱼可以，要得到大鱼太难了！粉饰闲言碎语想求得高悬的赏格，这与通达大千世界也相差太远了。因此，不曾听说任公子故事的人，不可以谈论治理天下，这相差也太远了。

［原文］

儒以《诗》《礼》发冢①，大儒胪传曰②："东方作矣③，事之若何？"小儒曰："未解裙襦，口中有珠。《诗》固有之曰④：'青青之麦，生于陵陂⑤。生不布施，死何含珠为？'""接其鬓，压其颏，儒以金椎控其颐⑥，徐别其颊⑦，无伤口中珠。"

老莱子之弟子出薪⑧，遇仲尼，反以告，曰："有人于彼，修上而趋下⑨，末偻而后耳⑩，视若营四海⑪，不知其谁氏之子。"老莱子曰："是丘也，召而来。"仲尼至。曰："丘，去汝躬矜与汝容知⑫，斯为君子矣。"仲尼揖而退，蹙然改容而问曰⑬："业可得进乎？"老莱子曰："夫不忍一世之伤，而骜万世之患⑭。抑固窭邪⑮？亡其略弗及邪⑯？惠以欢为骜⑰，终身之丑，中民之行进焉耳⑱！相引以名，相结以隐。与其誉尧而非桀，不如两忘而闭其所誉。反无非伤也，动无非邪也[19]，圣人踌躇以兴事[20]，以每成功。奈何哉，其载焉终矜尔！”

［注释］

①发：挖掘。

②胪(lú)传：由上而下传话。

③东方作：东方的天空出现了曙光。

④固：本来。

⑤颊(huì)：下巴上的胡须，指下巴。

⑥控：敲击。

⑦别：分开。

⑧老莱子：楚国的贤人，民间传说中二十四孝人物之一，春秋晚期思想家，道教代表人物。出薪：打柴。

⑨修上而趋下：上身长，下身短；修，长；趋，短。

⑩末偻(lǚ)：脊背弯曲，意指驼背。后耳：耳朵靠后。

⑪视：目光。营：谋求。

⑫躬矜：矜持的行为。

⑬蹙然：局促不安的样子。

⑭骜：亦作“敖”，傲慢而轻视。

⑮窭(jù)：贫穷，穷困。

⑯亡其：转语，意为还是。

⑰惠：给人好处。

⑱中民：中等人，普通人。

⑲邪：错误。

⑳踌躇：研究，反复考虑。

［译文］

儒家用《诗》《礼》掘墓，大儒恭敬地传话说：“东方出现了曙光，事情怎么样呢？”小儒说：“没有解开衣服，口中有珍珠。《诗》中本来有句诗：‘青青的麦苗，生长在高高的山坡上。活着时不布施，死后为何含着珠子？”大儒说：“你按着他的头，压住嘴巴，用金椎敲击他的面颊，缓缓分开两颊，不要毁坏了嘴里的珍珠。”

老莱子的弟子出去打柴，遇到了孔子，回来后告他说：“有个人在那里，上身长，下身短，驼着背，耳朵靠后，目光仿佛要谋划四海，不知是哪里人。”老莱子说：“这是孔子，把他叫来。”孔子来了。老莱子说：“孔子，去掉你的矜持的行为和睿智的神态，这就可以成为君子了。”孔子作揖并后退几步，局促不安地变了脸色，问道：“我的事业可以进步吗？”老莱子说：“不能忍受一世的伤害，傲慢而轻视万世的祸患。抑或你是本来穷困呢？还是谋略达不到呢？给人好处以结欢心而内心倨傲，始终是丑陋的，这是中等人的行为啊！相互用名声引荐，用隐私勾结。与其赞誉尧帝，非议夏桀，不如忘记两人而停止毁誉。违反事理无不损伤，行动无不错误，圣人反复考虑兴盛事业，所以每次都成功。为什么呢，你执意完成事业最终还是那么矜持。

[原文]

宋元君夜半而梦人被发窥阿门[①]，曰：“予自宰路之渊[②]，予为清江使河伯之所[③]，渔者余且得予[④]。”元君觉，使人占之[⑤]，曰：“此神龟也。”君曰：“渔者有余且乎？”左右曰：“有。”君曰：“令余且会朝[⑥]。”明日，余且朝。君曰：“渔何得？”对曰：“且之网得白龟焉，其圆五尺。”君曰：“献若之龟。”龟至，君再欲杀之，再欲活之。心疑，卜之。曰：“杀龟以卜吉。”乃刳龟[⑦]，七十二钻而无遗筴[⑧]。仲尼曰：“神龟能见梦于元君，而不能避余且之网；知能七十二钻而无遗筴，不能避刳肠之患。如是则知有所困，神有所不及也。虽有至知，万人谋之。鱼不畏网而畏鹈鹕[⑨]。去小知而大知明，去善而自善矣。婴儿生，无石师而能言[⑩]，与能言者处也。”

[注释]

①宋元君:名佐,平公之子,宋国国君。被(pī):通"披"。阿门:偏门。

②宰路:渊名,龟居之。

③使:使者。河伯:黄河水神。

④渔者:打渔的人。余且:人名。得:获得,意为捕捉。

⑤占:解梦。

⑥会朝:朝见。

⑦刳(kū):从中间破开再挖空。

⑧钻:钻开龟甲占卜,古人占卜的一种方法。遗筴:失误;筴,同"策"。

⑨鹈鹕(tí hú):一种水鸟,体长可达二米,翼大,嘴长,尖端弯曲,善于游泳和捕鱼。

⑩石师:通"硕",意为大师。

[译文]

宋元君半夜里梦见一个人披头散发窥探偏门,说:"我从宰路的深渊来,我作为清江的使者到河神那里,捕鱼人余且捕获了我。"宋元君梦醒后,让人解梦,说:"这是神龟。"宋元君说:"有个叫余且的捕鱼人吗?"侍奉的臣子说:"有。"宋元君说:"让余且到朝廷见我。"第二天,余且来到了朝廷。宋元君说:"捕到了什么?"余且说:"我捕到了一只白龟,五尺大小。"宋元君说:"把你的龟献出来。"余且把龟送到朝廷,宋元君想杀了龟,又想养活它。心里犹豫,让人占卜,卜辞说:"杀掉白龟大吉。"就令人剖开龟,用龟甲占卜多次没有不灵验的。孔子说:"神龟能给宋元君托梦,却不能避开余且的渔网;智力达到了多次占卜没有失误,却不能避开剖杀的祸患。如此看来,智力有所困惑,神灵也有不及的地方。虽然有至高的智力,万人算计。鱼不怕渔网而害怕鹈鹕。去掉小的智巧,就会明白大智慧,去掉善良自然就善良了。婴儿出生后,没有大师教育就能说话,这是由于和会说话的人待在一起。"

［原文］

惠子谓庄子曰[①]:“子言无用[②]。”庄子曰:“知无用而始可与言用矣[③]。夫地非不广且大也,人之所用容足耳,然则厕足而垫之[④],致黄泉,人尚有用乎?”惠子曰:“无用。”庄子曰:“然则无用之为用也亦明矣。”

庄子曰:“人有能游[⑤],且得不游乎!人而不能游,且得游乎!夫流遁之志[⑥],决绝之行[⑦],噫,其非至知厚德之任与[⑧]!覆坠而不反[⑨],火驰而不顾[⑩]。虽相与为君臣,时也。易世而无以相贱[⑪]。故曰:至人不留行焉[⑫]。夫尊古而卑今,学者之流也。且以狶韦氏之流观今之世[⑬],夫孰能不波[⑭]!唯至人乃能游于世而不僻[⑮],顺人而不失己。彼教不学,承意不彼。

［注释］

①惠子:惠施,宋人,庄子好友,著名哲学家,名家代表人物。

②子:你。

③始:才。

④厕:同“侧”,旁边。垫:下,掘、到。意为天地广大无用者多,然而把立足之地以外的地方,全部挖掘到黄泉,那么有用者还有用吗?

⑤游:游心,意为心中畅想。

⑥流遁之志:流荡遁世的志向。

⑦决绝之行:坚定果决的行为。

⑧至知厚德:至高的智慧,深厚的德行。任:责任。

⑨覆坠:倾覆沉溺。反:通“返”。

⑩火驰:像烈火燃烧一样奔驰。顾:回头看。

⑪易世:世道变化。相贱:相互看不起。

⑫不留行:不停留自己的行为,意为不滞留,随遇而安,顺势而为。

⑬狶韦氏:传说中的古帝王。

⑭波:波浪,意为内心波动。

⑮僻:偏僻,怪癖。

［译文］

惠子对庄子说："你的学说没用。"庄子说："知道无用才可以说有用。地不是不广大，人们所用的只是容足之地，然而把脚旁边的地都挖了，到了黄泉，大地对人还有用吗？"惠子说："无用。"庄子说："那么你就明白了无用之用。"

庄子说："人如果能游心，哪有不自在的呢！人不能游心，怎么能够自在呢？流荡遁世的志向，坚定果决的行为，啊，它不是具有至知厚德的人所拥有的！倾覆沉溺于世俗不知返回，像烈火一样奔驰而不回头。即使相互间为君为臣，也是时势而已。世道变化而不互相看不起。所以说：至人不会滞留而顺势而为。尊崇古代而卑视今天，这是那些书呆子的观点。况且狶韦氏之类的人观察当今之世，谁能内心不波动，唯有至人才能遨游于世界而不怪癖，顺从人们而不失去自己。那些教育不必学习，知道教义不必拘泥。"

［原文］

"目彻为明①，耳彻为聪，鼻彻为颤②，口彻为甘，心彻为知，知彻为德。凡道不欲壅③，壅则哽④，哽而不止则跈⑤，跈则众害生。物之有知者恃息⑥。其不殷⑦，非天之罪。天之穿之⑧，日夜无降⑨，人则顾塞其窦⑩。胞有重阆⑪，心有天游⑫。室无空虚，则妇姑勃谿⑬；心无天游，则六凿相攘⑭。大林丘山之善于人也，亦神者不胜。德溢乎名⑮，名溢乎暴⑯，谋稽乎誸⑰，知出乎争，柴生乎守⑱，官事果乎众宜⑲。春雨日时，草木怒生，铫鎒于是乎始修⑳，草木之倒植者过半，而不知其然。"

［注释］

①彻：通达，明白。

②颤（shān）：通"膻"，膻味，借指嗅觉。

③壅：壅滞，壅蔽。

④哽：阻塞。

⑤跈(jiàn)：同"践"，践踏。

⑥息：依靠气息。

⑦殷：盛，大。

⑧穿：贯穿。

⑨降：止息，意为自然之理贯通万物，日夜没有止息。

⑩窦：孔，洞，意为人体的感觉器官。

⑪胞：胞衣，意为腹腔。重：数量多。阆：空旷。

⑫天游：游心自然。

⑬妇姑：媳妇和婆婆。勃豀(xī)：争吵。

⑭六凿：六窍。相攘：相互争执。

⑮溢：水溢出来，意为过分在乎名声。

⑯暴：显露。

⑰谋：计谋。稽：考核，稽查。諔：急迫。

⑱柴(zhai)：阻塞。

⑲宜：适宜，适合。

⑳铫鎒(yáo nòu)：锄田的农具。

［译文］

目光通达为明，耳朵通达为聪，鼻子通达为膻，口通达为甘，心通达为智，智慧通达为德。凡是天道不能阻塞，阻塞就会梗阻，梗阻不止就会被局限，局限就会产生种种危害。有知觉的物种依靠呼吸。气息不盛大，不是自然的过错。自然贯穿万物，日夜不会停息，人们却回头堵塞了感觉器官。腹腔有大量的空旷地方，心灵遨游于自然。屋子没有空间，那么媳妇婆婆就会争吵；心灵不遨游于自然，那么六窍相互争执。茂密的森林和山岭善于接纳游人，也是因为人们心灵舒畅。

德行过分由于追求名声，追求名声显露自己，计谋过于急迫，智巧出自纷争，阻塞出自保守，官府事务取决于人们的拥戴。春雨按时降临，草木欣欣向荣，于是开始修理锄田的农具，草木生长过半，却不知道为何如此。

［原文］

静然可以补病①，眦媙可以休老②，宁可以止遽③。虽然，若是，劳者之务也④，非佚者之所未尝过而问焉⑤；圣人之所以駴天下⑥，神人未尝过而问焉⑦；贤人所以駴世，圣人未尝过而问焉；君子所以駴国，贤人未尝过而问焉；小人所以合时，君子未尝过而问焉。

演门有亲死者⑧，以善毁爵为官师⑨，其党人毁而死者半。尧与许由天下，许由逃之⑩；汤与务光⑪，务光怒之；纪他闻之⑫，帅弟子而踆于窾水⑬，诸侯吊之。三年，申徒狄因以踣河⑭。

筌者所以在鱼⑮，得鱼而忘筌；蹄者所以在兔⑯，得兔而忘蹄；言者所以在意，得意而忘言。吾安得夫忘言之人而与之言哉⑰！

［注释］

①静然：安静。

②眦（zì）：眼角。媙（miè）：按摩。

③宁：安宁。止：制止。遽：惊惧。

④务：务必，必须。

⑤佚：通“逸”，闲逸。

⑥駴（hài）：通“骇”，惊骇，意为惊动天下。

⑦过：访问。问：慰问。

⑧演门：宋国城门名。

⑨善：孝心。毁：悲伤而形貌哀毁。爵：加爵。官师：官职名。

⑩许由：尧时代的贤人，尧想传位于许由，许由认为这是对他的一种羞辱，便逃到颍水河洗耳。

⑪务光：古代隐士，相传商汤王让位给他，他不肯接受，负石沉水而死。

⑫纪他：古代贤人，他听说商汤王让位于务光后，带领弟于隐居于窾水。

⑬踆(cūn):通“蹲”,意为隐居。帅:同“率”,率领。窾(kuǎn)水:水名。

⑭申徒狄:战国时人。

⑮荃:捕鱼的竹器。

⑯蹄:捕捉兔子的网。

⑰安:哪里。

[译文]

安静可以治病,按摩眼睛可以防止衰老,宁静制止惊惧。虽然如此,像这样的话,劳碌的人还是要做,闲逸的人不曾前去慰问;圣人之所以惊动天下,神人是不会过问的;贤人惊动世界,圣人是不会过问的;君子惊动国家,贤人是不会过问的;小人顺应时势,君子是不会过问的。

宋国城门旁有个死了亲人的人,因为悲伤哀毁而加爵为官师,他的乡人哀毁而死的人超过半数。尧帝把天下让给许由,许由逃走了;商汤王把天下让给务光,务光很生气;纪他听说这件事后,率领弟子去窾水隐居了,诸侯去慰问。三年后,申徒狄学习他们投河而死了。

荃是用来捕鱼的,得到鱼后就忘记了荃;蹄是用来捕兔子的,得到兔子就忘记了蹄;说话在于表达心意,得到心意就忘记了言语。我哪里才能得到忘言之人和他交谈呢?

第二十七　寓言

【题解】

几千年前的庄子，处在战国时期，诸侯争霸，天下不宁。他为什么在纷乱的烽火年代，能够摒弃天下的嘈杂，独居静室，仰观天文，俯察地理，体察民瘼，纵论天下？那是源于他的本心、禀赋、执著，那是源于他对天下纷乱的担忧，对于百姓命运的关注，更是源于对于社会和自然规律的洞察和研究。他绝对不是一个超然出世的道家，而是一个胸怀天下兼济民生的仁人志士。

［原文］

寓言十九[①]，重言十七[②]，卮言日出[③]，和以天倪[④]。寓言十九，藉外论之[⑤]。亲父不为其子媒[⑥]，亲父誉之，不若非其父者也。非吾罪也，人之罪也。与己同则应，不与己同则反[⑦]。同于己为是之，异于己为非之。重言十七，所以已言也，是为耆艾[⑧]。年先矣[⑨]，而无经纬本末以期年耆者[⑩]，是非先也。人而无以先人，无人道也。人而无人道，是之谓陈人[⑪]。卮言日出，和以天倪，因以曼衍[⑫]，所以穷年[⑬]。

不言则齐[⑭]，齐与言不齐，言与齐不齐也，故曰无言。言无言，终身言，未尝不言[⑮]；终身不言，未尝言。有自也而可[⑯]，有自也而不可；有自也而然[⑰]，有自也而不然。恶乎然[⑱]？然于然。恶乎不然？不然于不然。恶乎可？可于可。恶乎不可？不可于不可。物固有所然，物固有所可。无物不然，无物不可。非卮言日出，和以天倪，孰得其久！万物皆种也，以不同形相禅[19]，始卒若环[20]，莫得其伦[21]，是谓天均。天均者，天倪也。

[注释]

①寓言：寄托的言论。十九：十分之九。

②重言：重要的言论，一说长老的言论。十七：十分之七。

③卮言：自然随意的语言。日出：天天出现。

④天倪：自然的分际。

⑤藉外：借助外在的事物。

⑥媒：媒人，用作动词，意为做媒人。

⑦反：反对。

⑧耆：六十五岁以上的人；艾：五十岁以上的人，意为老人。

⑨年先：年龄占先，指老人。

⑩经纬：规划治理。期：期望。

⑪陈人：衰朽的人。

⑫曼衍：发展变化。

⑬穷年：穷尽天年。

⑭不言则齐：不言而道存，与事物的本性齐一；齐，齐一，等同。

⑮未尝不言："不"是衍文，意为未曾言语。

⑯自：自见。

⑰自：由，原由。

⑱恶乎：何所。

⑲禅：更替。

⑳始卒：始终。

㉑伦：条理，规律。

[译文]

寄托的言论十分之九，引用长老的言论占了十分之七，自然随意的言论天天出现,中和自然的分际。寄托的言论十分之九,借助别人的言论来论述。父亲不为儿子做媒,父亲赞美儿子,不如别人赞美好。这不是父亲的过失,是人们猜疑的结果。与自己志趣相同就顺应,不与自己相同就反对。同意自己就认为对,不同意自己就非议。长老的言论十分之七,之所以这么说,因为是年长者。年龄大,而没有治理国家能力和认识事物本末,符合长者的身份,不算长者。人没有先见之明,是缺乏做人之道的。缺乏做人之道,就是腐朽的人。自然的言论天天讲,合乎自然的分际,依照推衍变化,所以穷尽自然的年龄。不言而道存,与事物的本性齐一,齐一与言论是不同的,所以说要无言。所谓的无言,就是终身言论,未曾不是在言论;终身不言论,未曾不是在言论。有自己的主见可以,有自己的主见也无不可;有自己的主见对,有自己的主见不对。什么是对?对的来自对。什么是不对,不对的来自不对。什么是肯定?肯定来自肯定;什么是不肯定,不肯定来自不肯定。万物本来有对的一面,万物本来有肯定的一面。万物没有不是对的,没有不是肯定的。不是天天讲述自然的言论,合乎自然的分际,谁能长久呢!万物都有种类,因为存在的方式不同相互更替,始终像环环相扣,不能得到它们的规律,这就是自然的均平。自然的均平,就是自然的分际。

[原文]

庄子谓惠子曰[①]:"孔子行年六十而六十化[②]。始时所是[③],卒而非之[④]。未知今之所谓是之非五十九年非也。"惠子曰:"孔子勤志服知也[⑤]。"庄子曰:"孔子谢之矣,而其未之尝言[⑥]。孔子云:'夫受才乎大本[⑦],复灵以生[⑧]。'鸣而当律[⑨],言而当法。利义陈乎前[⑩],而好恶是非直服人之口而已矣[⑪]。使人乃以心服而不敢蘁立[⑫],定天下之定。已乎,已乎!吾且不得及彼乎!"

曾子再仕而心再化[⑬],曰:"吾及亲仕[⑭],三釜而心乐[⑮];后仕,三千钟而不洎[⑯],吾心悲。"弟子问于仲尼曰:"若参者,可谓无所县其罪乎[17]?”曰:“既已县矣,夫无所县者,可以有哀乎?彼视三釜、三千钟,如观雀蚊虻相过乎前也。”

［注释］

①惠子:姓惠,名施,战国中期宋国商丘(今河南商丘)人,名家学派的主要代表人物,庄子的好友。

②行年:年龄。六十化:六十年中每年都有变化。

③始:开始。

④卒:终了。

⑤勤志:勤勉励志。服:致力。

⑥而:你。

⑦大本:大道。

⑧复灵:恢复灵性。

⑨当:合乎。律:音律。

⑩陈:陈列。

⑪直:只。

⑫蘁(wù):违逆,违背。

⑬曾子:名参,字子舆,春秋末年鲁国南武城人(山东嘉祥县),孔子的弟子,与其父曾点同师孔子,是儒家学派的重要代表人物。

⑭及亲:趁父母亲在世。仕:做官。

⑮釜:古代计量单位,合六斗四升。意为虽然俸禄少,但可以侍奉父母心里也高兴。

⑯钟:十釜为一钟。洎:到,及。

⑰悬:悬念,挂念。

［译文］

庄子对惠子说:“孔子六十岁每年都有变化。开始肯定,终了否定。他不知道今天认为对的就是五十九岁时认为错的。”惠子说:“孔子勤勉励志致力知识。”庄子说：“孔子衰落了，你不必议论。孔子说：‘人的才能受之于大道，恢复灵性而生存。’发出声音合乎音律，说话合乎法度。把利益和道义陈列在面前，而好恶是非只服从于口中的言论罢了。使人们心里佩服而不敢违逆，确定天下的定则。罢了，罢了！我暂且赶不上他！”

曾子再次做官而心里再次变化，说：“我双亲在世时做官，三釜的俸禄心里也高兴；后来做官三千钟的俸禄而不能赶上侍奉双亲，我心里也悲伤。”弟子问孔子说：“像曾参这样的人，可以说无所谓挂念俸禄的罪过吗？”孔子说：“既然已经挂念了，如果没有挂念，他会哀伤吗？他看待三釜、三千钟，如同看待雀蚁蚊虻经过身前一样。”

［原文］

颜成子游谓东郭子綦曰①：“自吾闻子之言，一年而野②，二年而从③，三年而通④，四年而物⑤，五年而来⑥，六年而鬼入⑦，七年而天成⑧，八年而不知死、不知生，九年而大妙⑨。生有为，死也，劝公⑩。以其死也，有自也，而生阳也⑪，无自也。而果然乎⑫？恶乎其所适⑬，恶乎其所不适？天有历数⑭，地有人据⑮，吾恶乎求之？莫知其所终，若之何其无命也？莫知其所始，若之何其有命也？有以相应也，若之何其无鬼邪？无以相应也，若之何其有鬼邪？”

［注释］

①颜成子游、东郭子綦：虚拟的人名。

②野：粗野。

③从：顺从。

④通：通达。

⑤物：同化于物。

⑥来：自得。

⑦鬼入：神会外物。

⑧天成：合乎自然。

⑨大妙：大道的玄妙。

⑩劝：劝勉。

⑪阳：阳气。

⑫而：你。

⑬恶乎：何所。适：适宜。

⑭历数：历法，观测天象以推算年时节候的方法。

⑮人据：人们生存的依据。

［译文］

颜成子游对东郭子綦说："自从我听了你说的道理，一年粗野，二年顺从，三年通达，四年同化于物，五年有心得，六年神会外物，七年合乎自然，八年不知死生，九年而认识大道的玄妙。人生应当有为，然后走向死亡，劝勉人们公正。人的死亡，是自然的，而生命来源于阳气。你果然这样认识生命吗？哪里更为适宜呢，哪里不适宜呢？天有历法，地有人们生存的依据，我从哪里寻求呢？不知道它的终了，怎么能说没有命运呢？不知道它的开始，怎么能知道有命运的安排呢？肯定有对应的物质存在，怎么知道没有鬼呢？没有对应的物质存在，怎么知道有鬼呢？

［原文］

众罔两问于景曰[①]："若向也俯而今也仰[②]，向也括撮而今也被发[③]，向也坐而今也起，向也行而今也止，何也？"景曰："搜搜也[④]，奚稍问也！予有而不知所以。予，蜩甲也[⑤]，蛇蜕也，似之而非也。火与日，吾屯也[⑥]；阴与夜，吾代也。彼，吾所以有待邪，而况乎以无有待者乎！彼来则我与之来，彼往则我与之往，彼强阳则我与之强阳[⑦]。强阳者，又何以有问乎！"

［注释］

①罔两：影外微阴。景：通“影”。

②若：你。向：先前。俯：低头。仰：抬头。

③括：束发。被，通“披”。

④搜搜：无心运动的样子。

⑤蜩甲：蝉脱壳时蜕下的皮。

⑥屯：聚合。

⑦强阳：往来运动。

［译文］

众影子微阴问影子说：“你先前低头，而今抬头；先前束发，而今披发；先前坐下，而今起立；先前行走，而今止步，为什么呢？”影子说：“我无心运动，何必问呢！我这样做不知为什么。我如蝉壳，如蛇蜕皮，像它们又不像它们。火光与日光，是我的聚合；阴暗与黑夜，是我的替代。有形的物体使我有所依赖，而何况没有依赖的事物呢？有形的物体来了我就存在，它离开我与它同去，它运动不止我也运动不止。运动不止的事物，有什么可以问的呢！”

［原文］

阳子居南之沛[①]，老聃西游于秦[②]。邀于郊[③]，至于梁而遇老子。老子中道仰天而叹曰：“始以汝为可教，今不可也。”阳子居不答。至舍，进盥漱巾栉[④]，脱屦户外[⑤]，膝行而前，曰：“向者弟子欲请夫子，夫子行不闲[⑥]，是以不敢；今闲矣，请问其过。”老子曰：“而睢睢盱盱[⑦]，而谁与居！大白若辱，盛德若不足。”阳子居蹴然变容曰[⑧]：“敬闻命矣！”其往也，舍者迎将[⑨]，其家公执席[⑩]，妻执巾栉[⑪]，舍者避席，炀者避灶[⑫]。其反也，舍者与之争席矣！

［注释］

①阳子居：阳朱，字子居，战国初期著名的哲学家。之：往。沛：彭城，今徐州。

②老聃：老子。

③邀：遇。

④盥(guàn)漱：洗漱。巾栉：擦脸梳头。

⑤屦(jù)：葛麻做的鞋子。

⑥行不闲：旅途中没有空闲。

⑦睢睢(suī)盱盱(xū)：庄矜傲慢、目空一切的样子。

⑧蹴(cù)然：吃惊不安的样子。

⑨舍者：旅店的人。迎将：迎送。

⑩家公：旅店男主人。

⑪妻：旅店女主人。

⑫炀：烤火。

［译文］

阳子居向南到了沛地，老子正好向西在秦国游历。阳子居估计在郊野会遇到老子。他到了梁地遇到了老子。老子仰天长叹说："开始我以为你可以教导，现在认为不可。"阳子居没有回答。阳子居到了旅店，进去洗漱，擦脸梳头，把麻鞋脱了放到门外，跪着行走到老子面前说："先前弟子想请教先生，先生旅途没有空闲，因此不敢；现在闲下来了，请问我有什么过错？"老子说："你庄矜傲慢目空一切，谁会与你在一起呢！至白的东西好像有污，至德好像不足。"阳子居吃惊不安地改变了脸色说："我恭敬地听你教诲！"他来旅店时，旅店的人送应，店里的男主人亲自安排座席，女主人给他拿着毛巾梳子，旅店的客人让出席位，烤火的人让给火炉。等他返回时，旅店的人和他争席而坐了！

第二十八 让王

【题解】

尧舜时代，是一个什么样的社会?让古代许多知识分子向往不已，也是今人津津乐道的话题。尧以天下让许由，许由不接受。舜以天下让子州支父，又让善卷，同样遭到了拒绝。比之于古人，今人是多么不一样啊。原因在于古人把治理天下看作是劳累，今人贪图的是权利和私欲。古代的高人隐士。不屑于做天子之臣、诸侯之友，视天下和荣华富贵如无物。即使穷无分文，蓬门荜户，捉襟见肘，也自在快乐。原因在于他们善于养生，持守心志，把道作为人生的目标，矢志不移。

［原文］

尧以天下让许由，许由不受。又让于子州支父①，子州支父曰:“以我为天子，犹之可也。虽然，我适有幽忧之病②，方且治之，未暇治天下也③。”夫天下至重也，而不以害其生，又况他物乎！唯无以天下为者，可以托天下也。舜让天下于子州支伯④，子州支伯曰:“予适有幽忧之病，方且治之，未暇治天下也。”故天下大器也⑤，而不以易生⑥。此有道者之所以异乎俗者也。舜以天下让善卷⑦，善卷曰:“余立于宇宙之中，冬日衣皮毛，夏日衣葛絺⑧。春耕种，形足以劳动;秋收敛，身足以休食。日出而作，日入而息，逍遥于天地之间，而心意自得。吾何以天下为哉！悲夫，子之不知余也。”遂不受。于是去而入深山，莫知其处。舜以天下让其友石户之农[9]。石户之农曰："捲捲乎[10]，后之为人，葆力之士也[11]。"以舜之德为未至也。于是夫负妻戴[12]，携子以入于海，终身不反也。

［注释］

①子州支父：传说中尧时的隐士，姓子，名州，字支父。

②幽忧之病：幽深顽固的病。

③暇：空闲。

④子州支伯：与之州支父是同一个人。

⑤大器：贵重的器物。

⑥易：替换。

⑦善卷：又名单卷相，传为尧舜时隐士，辞帝不授，归隐枉山（今湖南常德），德播天下。

⑧葛絺：精细的葛布；葛，多年生草本植物，茎可编篮做绳，纤维可织布，

⑨石户之农：石户的一个农人；石户，地名。

⑩捲捲：用力的样子。

⑪葆力：葆，通"保"，意为保持勤劳。

⑫夫负妻戴：丈夫背着东西，妻子顶着东西。

［译文］

尧帝把天下让给许由，许由不接受。尧帝又让给子州支父，子州支父说："让我做天子，还是可以的。虽然这样，我适逢有幽深顽固的疾病，正在治病，没有空闲治理天下。"统治天下是最为重要的事情，不因为天下伤害自己的生命，何况其他事物呢！唯有无意于治理天下的人，才可以托付天下。舜帝把天下让给子州支伯，子州支伯说："我适逢有幽深顽固的疾病，正在治病，没有空闲治理天下。"所以天下虽是最贵重的器物，而不以天下替换生命。这是有道之人之所以不同于世俗的原因。舜帝把天下让给善卷，善卷说："我站立在宇宙之中，冬天穿着皮衣，夏天穿着精细的葛布。春天耕种粮食，身体足以劳动；秋天收获，身体足以享用食

物和休息。太阳出来劳作，太阳下山休息，逍遥自在地生活在天地之间，而心情怡然自得。我何必治理天下呢！可悲啊，你不了解我啊。”于是善卷不接受舜帝的请求。舜帝把天下让给石户的一个农民朋友，石户农民说：“你为人很尽力，是个保持勤劳的人。”他认为舜帝的德行还没有达到极致。于是他背着东西，妻子头顶物品，带着孩子逃到海上，终身没有返回。

［原文］

大王亶父居邠[①]，狄人攻之[②]。事之以皮帛而不受[③]，事之以犬马而不受，事之以珠玉而不受。狄人之所求者土地也。大王亶父曰：“与人之兄居而杀其弟，与人之父居而杀其子，吾不忍也。子皆勉居矣[④]！为吾臣与为狄人臣奚以异[⑤]。且吾闻之，不以所用养害所养。”因杖筴而去之[⑥]。民相连而从之，遂成国于岐山之下[⑦]。夫大王亶父可谓能尊生矣。能尊生者，虽贵富不以养伤身，虽贫贱不以利累形。今世之人居高官尊爵者，皆重失之[⑧]。见利轻亡其身，岂不惑哉[⑨]！

［注释］

①大(tài)王亶(dàn)父：周文王祖父，周王朝的奠基人，周武王姬发建立周朝时，追谥他为“周太王”。邠(bīn)：古地名，在今陕西省彬县。

②狄人：古代华夏人对北方少数民族的统称，即北狄。《礼记·王制》道：“东曰夷，西曰戎，南曰蛮，北曰狄。”

③事：侍奉，供奉。

④勉居：勉力居住。

⑤奚以异：有什么不同。

⑥筴：鞭子。

⑦岐山：位于陕西省西部，炎帝生息、周室肇基之地，周文化的发祥地。

⑧重：重视。

⑨惑：困惑。

［译文］

大王亶父居住在邠地，狄人攻击他。他供奉给狄人兽皮和布帛而不接受，供奉给狗和马也不接受，供奉给珠宝也不接受。狄人想要土地。大王亶父说："与人家的哥哥住在一起而杀掉弟弟，与人家的父亲住在一起而杀掉儿子，我不忍心。你们勉强住在这里吧！做我的臣民和做狄人的臣民有什么不同。况且我听说，不以所养生的土地残害所养育的人们。"大王亶父说完话就拄着拐杖挥着鞭子离开了邠地。百姓接连不断地跟着他走了，于是在岐山之下建立了国家。大王亶父可以说是能够尊重生命的人。能够尊重生命的人，即使富贵也不会用奉养的东西伤害身体，即使贫贱，也不会因为利益拖累身体。现在世人身居高官显爵，十分重视，担忧失去它们。看到利益轻易失去身体，岂不是太糊涂了！

［原文］

越人三世弑其君①，王子搜患之②，逃乎丹穴③，而越国无君。求王子搜而不得，从之丹穴。王子搜不肯出，越人熏之以艾④，乘以王舆。王子搜援绥登车⑤，仰天而呼曰："君乎，君乎，独不可以舍我乎！"王子搜非恶为君也，恶为君之患也。若王子搜者，可谓不以国伤生矣！此固越人之所欲得为君也。

韩魏相与争侵地⑥，子华子见昭僖侯⑦，昭僖侯有忧色。子华子曰："今使天下书铭于君之前⑧，书之言曰：'左手攫之则右手废⑨，右手攫之则左手废。然而攫之者必有天下。'君能攫之乎？"昭僖侯曰："寡人不攫也⑩。"子华子曰："甚善！自是观之，两臂重于天下也。身亦重于两臂。韩之轻于天下亦远矣！今之所争者，其轻于韩又远。君固愁身伤生以忧戚不得也。"僖侯曰："善哉！教寡人者众矣，未尝得闻此言也。"子华子可谓知轻重矣！

［注释］

①越人三世弑其君：战国时期，越王翳的弟弟豫谋夺王位，连续谋害翳的三个儿子。豫又鼓动越王除掉太子诸咎，越王未听。诸咎担心自己被害，率领军队赶走了豫，杀死越王翳。越国人又杀死太子诸咎，越国陷入内乱。越国大夫寺区平定内乱，拥立无余为越王。无余又被杀掉，立无颛为国君。无颛前三世都被杀。

②王子搜：指无颛。患：担心。

③丹穴：山洞名，南山洞。

④熏之以艾：点燃艾草薰洞，迫使王子搜出来。

⑤援：拉，执。绥：登车时手挽的绳索。

⑥韩魏：韩国和魏国。

⑦子华子：魏国贤人，重视养生，主张"以智养生""存诚操养""动以养生""六欲皆得其宜"等观点，至今仍有重大意义。昭僖侯：韩国的国君，有说为王子。

⑧铭：写在器物上用以警示的文字。

⑨攫：抓取，拿起。

⑩寡人：即寡德之人，意为在道德方面做得不足的人，是古代君主、诸侯对自己的谦称。

［译文］

越国人连续杀掉他们的三代国君，王子搜担忧这些，逃到了南山洞，因而越国没有了国君。越国人找不到王子搜，就来到了南山洞。王子搜不肯出来，越国人点燃艾草把他薰出山洞，让他乘上国王的专车。王子搜拉着登车的绳索，仰天呼叫："国君啊，国君啊，唯独不能舍弃我吗！"王子搜不是厌恶国君，而是厌恶国君的祸患。像王子搜这样的人，可以说不以国君之位伤害自己！这本来就是越国人想要得到的国君。

韩国与魏国争夺土地，子华子会见昭僖侯，昭僖侯面有忧色。子华子说："今天让天下人在你面前写下铭书，铭书上写：'左手抓取它废掉右手，右手抓取它废掉左手。然而抓取它的必定得到天下。'你能抓取它吗？"昭僖侯说："我不能抓取。"子华子说："很好！由此来看，两臂比天下重要。身体更比两臂重要。韩国远远轻于天下！今天所争夺的东西，又远远轻于韩国。你何必忧愁伤害身体而担忧得不到土地呢？"昭僖侯说："好啊！许多人教导我，却未曾听到这样的箴言。"子华子可以说知道孰轻孰重。

［原文］

鲁君闻颜阖得道之人也[①]，使人以币先焉[②]。颜阖守陋闾[③]，苴布之衣[④]，而自饭牛[⑤]。鲁君之使者至，颜阖自对之[⑥]。使者曰："此颜阖之家与？"颜阖对曰："此阖之家也。"使者致币。颜阖对曰："恐听者谬而遗使者罪[⑦]，不若审之[⑧]。"使者还，反审之，复来求之，则不得已！故若颜阖者，真恶富贵也。

故曰：道之真以治身，其绪余以为国家[⑨]，其土苴以治天下[⑩]。由此观之，帝王之功，圣人之余事也，非所以完身养生也。今世俗之君子，多危身弃生以殉物[⑪]，岂不悲哉！凡圣人之动作也，必察其所以之与其所以为。今且有人于此，以随侯之珠，弹千仞之雀，世必笑之。是何也？则其所用者重而所要者轻也。夫生者岂特随侯之重哉[⑫]？

［注释］

①鲁君：鲁哀公，一说为鲁定公。颜阖：鲁国的隐士。

②币：币帛，又泛指车马皮帛玉器等礼物。先：先行。

③陋闾：陋巷；闾，原指里巷的大门，后泛指巷。

④苴布：粗麻布。

⑤饭：喂养。

⑥对：应对，接待。

⑦谬：错误。遗：遗留，带来。

⑧审:审核。

⑨绪余:蚕抽丝后留在蚕茧上的残丝,意为事物残余或主体之外所剩余者。

⑩土苴:渣滓,糟粕。

⑪危身:危害身体。弃生:舍弃生命。

⑫随侯之珠:传说中随侯所得的宝珠。《韩非子》记载:"和氏之璧,不饰以五采;隋侯之珠,不饰以银黄,其质其美,物不足以饰。"

[译文]

鲁国国君听说颜阖是得道之人,先派人带上币帛去慰问。颜阖住在陋巷,穿着粗麻布衣服,正在喂牛。鲁国国君的使者来了,颜阖接待。使者说:"这是颜阖的家吗?"颜阖说:"这是我的家。"使者送上币帛。颜阖说:"我恐怕你听错了而引起误会,不如审核一下。"使者回去,反复审核,再次来求颜阖,却找不到人了!所以说颜阖这个人,是真正厌恶富贵的人。

所以说:道的本质在于修身,它的残余用来为了国家,它的渣滓用来治理天下。由此看来,帝王的功业,是圣人业余的事情,不是用来保全身体和养生的。今天世俗的君子,大多危害身体,舍弃生命,为外物献身,岂不可悲吗!大凡圣人的行为,一定要审察所以追求的和所以做的事情。现在有人在这里,用随侯的宝珠弹击千仞高的麻雀,世人必定笑话。这是什么原因呢?这是因为所使用的物品贵重而所要的东西轻贱。生命岂仅仅是随侯的宝珠那么贵重吗?

[原文]

子列子穷[①],容貌有饥色。客有言之于郑子阳者[②],曰:"列御寇,盖有道之士也,居君之国而穷,君无乃为不好士乎?"郑子阳即令官遗之粟[③]。子列子见使者,再拜而辞。使者去,子列子入,其妻望之而拊心曰[④]:"妾闻为有道者之妻子,皆得佚乐[⑤]。今有饥色,君过而遗先生食[⑥],先生不受，岂不命邪？”子列子笑，谓之曰：“君非知我也，以人之言而遗我粟；至其罪我也，又且以人之言，此吾所以不受也。”其卒，民果作难而杀子阳。

［注释］

①子列子：郑国圃田（今中国河南省郑州市）人，著有《列子》，道家学派的杰出代表人物。穷：穷困。

②子阳：人名，郑国的宰相。

③遗：给予，馈赠。

④拊心：拍着胸口。

⑤佚乐：悠闲安乐。

⑥过：慰问。

［译文］

列子穷困，脸上有饥饿的颜色。有人对郑国宰相子阳说：“列子是一位有道之人，居住在你的国家而穷困，你莫非不喜爱贤人吗？”郑子阳随即让官员赠送列子粮食。列子会见了使者，再次拜谢并辞掉了粮食。使者离开后，列子走进家里，他的妻子看见列子，拍着胸口生气地说：“我听说有道之人的妻子，都可以得到悠闲安乐。今天你面带饥色，宰相慰问并赠送先生粮食，先生却不接受，岂不是命该如此吗？”列子笑了，对她说：“你不了解我啊，因为听了别人的话而赠送我粮食；到了给我治罪时，又会听别人的话给我治罪，这是我不能接受的。”后来，百姓果然发难杀死了子阳。

［原文］

楚昭王失国①，屠羊说走而从于昭王②。昭王反国，将赏从者，及屠羊说。屠羊说曰：“大王失国，说失屠羊。大王反国，说已反屠羊。臣之爵禄已复矣，又何赏之有？”王曰：“强之③。”屠羊说曰：“大王失国，非臣之罪，故不敢伏其诛；大王反国，非臣之功，故不敢当其赏[4]。”王曰：“见之。”屠羊说曰：“楚国之法，必有重赏大功而后得见。今臣之知不足以存国，而勇不足以死寇。吴军入郢[5]，说畏难而避寇，非故随大王也。今大王欲废法毁约而见说[6]，此非臣之所以闻于天下也。”王谓司马子綦曰[7]：“屠羊说居处卑贱而陈义甚高[8]，子綦为我延之以三旌之位[9]。”屠羊说曰：“夫三旌之位，吾知其贵于屠羊之肆也[10]；万钟之禄[11]，吾知其富于屠羊之利也。然岂可以贪爵禄而使吾君有妄施之名乎？说不敢当，愿复反吾屠羊之肆。”遂不受也[12]。

［注释］

①楚昭王：名壬，又名珍，楚平王之子，春秋时期楚国国君，吴国攻打楚国，楚昭王逃亡。

②屠羊说：名说，宰杀羊的屠夫。

③强：强行。

④当：接受。

⑤郢：楚国的都城，在今湖北省江陵县附近。

⑥见说：接见屠羊说。

⑦司马子綦：楚国的大夫。

⑧陈：述说。

⑨三旌之位：公、侯、伯三公的爵位。

⑩肆：店铺。

⑪万钟之禄：优厚的俸禄；钟，计量单位，春秋时以十釜为一钟。

⑫遂：于是。

［译文］

楚昭王丧失了国家，屠羊说跟随他逃亡。楚庄王返回国家后，将要赏赐随从，等到赏赐屠羊说时，屠羊说说：“大王失去了国家，我失去了屠宰羊的生意。大王返回国家，我已经回来屠宰羊。我的爵禄已经恢复了，又有什么赏赐呢?”楚庄王说:“强行赏给他。”屠羊说说:“大王失去了国家,不是我的罪过,所以我不敢接受死刑;大王返回国内,不是我的功劳,所以我不敢接受赏赐。”楚昭王说:“我见见他。”屠羊说说:“楚国的法律规定,得到重赏并建立大功的人才能受到接见。现在我的能力不足以保存国家,勇气不足以杀死贼寇。吴军攻入都城郢地,我畏惧灾难而逃避贼寇,不是故意要跟随大王。现在大王废除法令和规定而接见我,这不是我所以希望闻名天下的方法。”楚庄王对司马子綦说:“屠羊说出身卑贱而陈述道理很高深,你为我延请他做三旌之位的官。”屠羊说说:“三旌之位,我知道它比屠宰羊的店铺贵重;万钟俸禄,我知道比宰杀羊的利润富有。然而我岂能贪恋爵禄,而使我们的国君留下胡乱赏赐的名声呢?我愧不敢当,愿意重新返回屠宰羊的店铺。”于是,屠羊说没有接受楚昭王的赏赐。

[原文]

原宪居鲁①,环堵之室②,茨以生草③,蓬户不完④,桑以为枢而瓮牖⑤,二室褐以为塞⑥,上漏下湿,匡坐而弦⑦。子贡乘大马⑧,中绀而表素⑨,轩车不容巷⑩,往见原宪。原宪华冠縰履⑪,杖藜而应门⑫。子贡曰:“嘻!先生何病?”原宪应之曰:“宪闻之,无财谓之贫,学而不能行谓之病。今宪贫也,非病也。”子贡逡巡而有愧色⑬。原宪笑曰:“夫希世而行⑭,比周而友⑮,学以为人,教以为己,仁义之慝⑯,舆马之饰,宪不忍为也。”

曾子居卫⑰,緼袍无表⑱,颜色肿哙⑲,手足胼胝⑳,三日不举火,十年不制衣。正冠而缨绝㉑,捉衿而肘见㉒,纳履而踵决㉓。曳縰而歌《商颂》㉔,声满天地,若出金石。天子不得臣,诸侯不得友。故养志者忘形,养形者忘利,致道者忘心矣。

[注释]

①原宪:名思,字宪,孔子弟子,孔门七十二贤之一。

②环堵:一丈见方;堵,一丈为堵。

③茨(cí):用茅或苇覆盖房子。

④蓬户:用蓬草编织的门。

⑤桑以为枢:用桑条做门轴。瓮牖:用破瓮盖子做窗户。

⑥褐:粗布。

⑦匡坐:端正地坐着。

⑧子贡:复姓端木,名赐,字子贡,孔子的得意门生,孔门十哲之一,利口巧辞,善于经商,曾任鲁国、卫国之相。孔子曾称其为"瑚琏之器"。

⑨中绀:里边穿着红青色的衣服;绀,红青色。表素:外面穿白色衣服。

⑩不容巷:车子进不了巷子。

⑪华:通"桦"。縰履:无后跟的鞋。

⑫杖藜:拄着手杖行走;藜,野生植物,茎坚韧,可为杖。应门:在门口迎接。

⑬逡巡:有所顾虑而徘徊不前。

⑭希世:追随世俗。

⑮比周:结党营私。

⑯慝(tè):奸邪,邪恶。

⑰曾子:名参,字子舆,春秋末年鲁国人,孔子弟子,与其父曾点同师孔子,是儒家学派的重要代表人物。卫:卫国。

⑱缊袍:以乱麻和旧棉絮做成的袍子。无表:没有外套。

⑲肿哙(kuài):皮肤虚肿。

⑳胼胝(piān zhī):手上和脚上磨下的老茧。

㉑缨绝:帽带断了。

㉒衿:古代服装下连到前襟的衣领

㉓纳屦:穿着用麻葛制成的鞋。

㉔商颂:商朝时期的颂歌。

[译文]

原宪住在鲁国,家里一丈见方,房顶上盖着茅草,用蓬草做门而不完整,用桑条做门轴,用瓮盖做窗户,两个居室塞着粗布,屋顶漏雨,地上潮湿,他端正坐在家里弹琴唱歌。子贡乘着高头大马,里边穿着青红色的衣服,外边穿着雪白的外套,高大的车子进不了巷子,走过去见原宪。原宪戴着桦树皮做的帽子,穿着没有后跟的鞋,拄着藜木做的手杖,在门口迎接他。子贡说:"啊!先生有什么病?"原宪回答说:"我听人说,没有钱财叫作贫穷,学习而不能践行叫作病。现在我贫穷,不是病了。"子贡听后顾虑而徘徊不前,面带愧色。原宪笑着说:"跟随世俗而行动,结党营私而交友,学习为了别人的欣赏,教人为了自己扬名,以仁义行奸恶之实,把车马装饰得那样豪华,我不忍心这么做。"

曾子住在卫国,穿着破袍子,没有外套,脸色虚肿,手足都长了老茧,三日没有烧火做饭,十年没有穿过新衣服。他整理帽子时把帽带子弄断了,提起衣领胳膊肘露了出来,穿着麻葛做成的鞋子,脚后跟裂开。他拖着鞋子唱着商颂的歌,声音充满天地,如同出自金石。天子不能让他做臣子,诸侯难以与他交上朋友。所以培养心志的人往往忘记外在的形体,养身的人忘记了利禄,追求道的人忘记了心机。

[原文]

孔子谓颜回曰①:"回,来!家贫居卑②,胡不仕乎③?"颜回对曰:"不愿仕。回有郭外之田五十亩④,足以给飦粥⑤;郭内之田十亩,足以为丝麻;鼓琴足以自娱;所学夫子之道者足以自乐也。回不愿仕。"孔子愀然变容⑥,曰:"善哉,回之意!丘闻之:'知足者,不以利自累也;审自得者,失之而不惧;行修于内者,无位而不怍⑦。'丘诵之久矣,今于回而后见之,是丘之得也。"

中山公子牟谓瞻子曰⑧:"身在江海之上,心居乎魏阙之下⑨,奈何?"瞻子曰:"重生,重生则利轻。"中山公子牟曰:"虽知之,未能自胜也⑩。"瞻子曰:"不能自胜则从⑪,神无恶乎⑫!不能自胜而强不从者,此之谓重伤。重伤之人,无寿类矣!"魏牟,万乘之公子也,其隐岩穴也,难为于布衣之士⑬,虽未至乎道,可谓有其意矣!

［注释］

①颜回:字子渊,春秋末期鲁国人。十四岁拜孔子为师,终生师事之,是孔子最得意的门生。

②居卑:地位卑下。

③胡:为什么。不仕:不做官。

④郭:外城。

⑤飦(zhān)粥:稠粥。飦,同“饘”。

⑥愀然:神色严肃的样子。

⑦怍:惭愧。

⑧中山公子牟:姓魏,名牟,战国时魏国人,因封于中山,叫中山公子牟。早年曾与公孙龙交好,亡国后改宗庄子。瞻子:魏国的贤人。

⑨魏阙:宫殿高大的门庭,即朝廷。

⑩自胜:战胜自己。

⑪从:顺从。

⑫神无恶:精神上不要厌恶。

⑬布衣之士:平民百姓。

［译文］

孔子对颜回说:“颜回,过来!你家里贫困地位卑下,为什么不做官呢?”颜回回答说:“不愿意做官。我在城外有五十亩田,足以每天喝到稠粥;城内有十亩田,足以穿上丝麻做的衣服;弹琴足以带来娱乐;学习先生的做人之道足以拥有快乐。我不愿意做官。”孔子严肃地变了脸色说:“好啊,颜回的心意!我听人说:‘知足的人,不以利禄拖累自己;自得其乐的人,失去外物而不忧惧;内心修行的人,没有地位不惭愧。’我诵读这句话好久了,今天在颜回的身上看见了,这是我的心得。”

中山公子魏弁对瞻子说:“我身处江湖之上,心里居住在宫殿之中。怎么办呢?”瞻子说:“重视生命,重视生命就会轻视利禄。”中山公子说:“虽然知道这个道理,可是战胜不了自己。”瞻子说:“不能战胜自己就顺其自然，精神上能不厌恶吗！不能战胜自己而勉强不从的人，这叫作重伤。重伤的人，不是长寿的人！”魏牟是国君的公子，他隐居在山岩的洞穴里边，比起平民百姓更加艰难，即使没有达到道的要求，可以说有道的心意了！

［原文］

孔子穷于陈蔡之间①，七日不火食②，藜羹不糁③，颜色甚惫，而弦歌于室。颜回择菜，子路、子贡相与言曰④：“夫子再逐于鲁，削迹于卫，伐树于宋，穷于商周，围于陈蔡。杀夫子者无罪，藉夫子者无禁⑤。弦歌鼓琴，未尝绝音⑥，君子之无耻也若此乎？”颜回无以应，入告孔子。孔子推琴，喟然而叹曰⑦：“由与赐，细人也⑧。召而来，吾语之。”子路、子贡入。子路曰：“如此者，可谓穷矣！”孔子曰：“是何言也！君子通于道之谓通，穷于道之谓穷。今丘抱仁义之道以遭乱世之患⑨，其何穷之为？故内省而不穷于道⑩，临难而不失其德。天寒既至，霜雪既降，吾是以知松柏之茂也⑪。陈蔡之隘⑫，于丘其幸乎。”孔子削然反琴而弦歌⑬，子路扢然执干而舞⑭。子贡曰：“吾不知天之高也，地之下也。”古之得道者，穷亦乐，通亦乐，所乐非穷通也。道德于此，则穷通为寒暑风雨之序矣。故许由娱于颍阳⑮，而共伯得乎共首⑯。

［注释］

①穷：围困。

②火食：烧火做饭。

③藜羹：用藜菜作的汤；藜，灰条菜。糁（sǎn）：米粒。

④子路：名仲由，为人伉直，擅长政事，喜好勇力，跟随孔子周游列国，“孔门十哲”之一。子贡：复姓端木，名赐，字子贡，利口巧辞，办事通达，善于经商，曾任鲁国、卫国之相。孔子曾称其为“瑚琏之器”。

⑤藉（jí）：欺凌，凌辱。无禁：没人禁止。

⑥绝音:断绝音乐。

⑦喟然:形容叹气的样子。

⑧细人:见识浅薄的人。

⑨抱:怀藏。

⑩内省:内心省察自己。

⑪茂:茂盛。

⑫隘:困窘。

⑬削然:安静的样子。

⑭扢(xì)然:喜悦的样子。干:盾牌。

⑮颍阳:颍水的北岸,为许由隐居的地方。

⑯共伯:共伯和,名和,共国国君。西周周厉王因国人暴动被驱逐,诸侯拥戴共伯和为天子,共伯和遂摄王政,行天子事十四年,史称"共和行政"。后归政于周宣王,退回共首山。

[译文]

孔子在陈国和蔡国被围困,七天没有烧火做饭,喝的野菜汤没有一点米粒,脸色很疲惫,在屋里弹琴唱歌。颜回择菜,子路和子贡在一起说:"先生再次被鲁国放逐,在卫国时足迹被铲平,在宋国讲课时的树被砍伐,在商周陷于穷困,在陈国和蔡国被围困,企图杀害先生的人没有罪,凌辱先生没有人禁止。先生唱歌弹琴,不曾断绝音乐,君子像这样无耻吗?"颜回没有回应,入内告诉孔子。孔子推开琴,叹气地说:"子路和子贡,见识浅薄的人。叫他们进来,我说他们。"子路和子贡进到屋内。子路说:"像现在这样,可以说是穷困啊!"孔子说:"这是什么话!君子通达大道叫作通达,穷于大道叫作穷困。今天我怀藏仁义之道,遭遇乱世的祸患,为何能说是穷困呢?所以,我反省自己而不停止求索大道,面临危难没有失去品德。寒冬将要到来,霜露已经降临,我因此知道松柏是如此茂盛。陈国和蔡国的困窘,对于我来说是幸运啊。"孔子安静地返回去继续弹琴唱歌,子路喜悦地拿着盾牌舞蹈。子贡说:"我不知道天的高大,地的卑下。"古代得道的人,穷困时快乐,通达时也快乐,所以快乐的原因不是穷困和通达。如此懂得道德,那么穷困和通达只是寒暑风雨的次序罢了。所以许由隐居在颍水的北面如此欢愉,而共伯和在共首山如此得意。

[原文]

舜以天下让其友北人无择①,北人无择曰:"异哉,后之为人也②,居于畎亩之中③,而游尧之门。不若是而已,又欲以其辱行漫我④。吾羞见之。"因自投清泠之渊⑤。

汤将伐桀,因卞随而谋⑥,卞随曰:"非吾事也。"汤曰:"孰可?"曰:"吾不知也。"汤又因瞀光而谋⑦,瞀光曰:"非吾事也。"汤曰:"孰可?"曰:"吾不知也。"汤曰:"伊尹何如⑧?"曰:"强力忍垢⑨,吾不知其他也。"汤遂与伊尹谋伐桀,克之⑩。以让卞随,卞随辞曰:"后之伐桀也谋乎我,必以我为贼也;胜桀而让我,必以我为贪也。吾生乎乱世,而无道之人再来漫我以其辱行,吾不忍数闻也!"乃自投椆水而死⑪。汤又让瞀光,曰:"知者谋之,武者遂之,仁者居之,古之道也。吾子胡不立乎?"瞀光辞曰:"废上⑫,非义也;杀民,非仁也;人犯其难,我享其利,非廉也。吾闻之曰:'非其义也,不受其禄;无道之世,不践其土。'况尊我乎!吾不忍久见也。"乃负石而自沉于庐水⑬。

[注释]

①北人无择:北方人,名无择。

②后:古代指君主。

③畎(quǎn)亩:指田间;畎,田地中间的沟。

④漫:玷污。

⑤清泠:渊名。

⑥卞随:夏代的隐者。

⑦瞀光：即务光，古代隐士，汤伐桀前，曾请务光出谋划策，务光拒绝。商汤想让位给务光，务光觉得羞耻，负石而自沉于庐水。

⑧伊尹：伊姓，名挚，为商朝立下汗马功劳，他任丞相，治理天下，整顿吏治，洞察民情，使商朝经济繁荣，国力强盛。

⑨忍垢：忍受屈辱。

⑩克：战胜，攻下。

⑪椆水：古水名，在今河南颍川。

⑫废上：废黜主上，即商汤流放夏桀。

⑬庐水：水名。

［译文］

舜帝把天下让给朋友北方人无择，无择说："奇怪啊，君主这样的人，本来在历山的田间生活，却要游历在尧帝的门下。不仅如此罢了，又要用羞辱的行为玷污我。我羞于见你。"无择说完话后，投入清泠渊自杀了。

商汤将要讨伐夏桀，找到卞随谋划，卞随说："这不是我的分内事。"商汤说："谁可以胜任？"卞随说："我不知道。"商汤又找到瞀光谋划，瞀光说："这不是我的分内事。"商汤说："谁可以胜任？"瞀光说："我不知道。"商汤说："伊尹怎么样？"瞀光说："他毅力坚强，忍受屈辱，我不知道别的了。"商汤于是和伊尹谋划讨伐夏桀，取得了胜利。商汤要把天下让给卞随，卞随推辞说："君主讨伐夏桀时与我谋划，必定认为我是贼寇；战胜了夏桀而让位给我，必定认为我贪婪。我生于乱世之中，而无道的人再来玷污并侮辱我的行为，我不忍心多次听到这些！"卞随说完话就投椆水自杀了。商汤又要让天下给瞀光，并说："有智慧的人谋划，有武力的人成功，仁人居于王位，这是自古以来的道理。我的先生为什么不立为王呢？"瞀光推辞说："废黜主上，是不义；杀害百姓，是不仁；别人冒着艰难，我享受利益，是不廉。我听人说：'不合乎道义的，不接受俸禄；

无道之世，不踏进他的国土。'何况奉我为君主呢！我不忍心长久看见你。"瞀光说完话，背着石头沉入庐水了。

［原文］

昔周之兴①，有士二人处于孤竹②，曰伯夷、叔齐。二人相谓曰："吾闻西方有人，似有道者，试往观焉。"至于岐阳③，武王闻之④，使叔旦往见之⑤。与盟曰："加富二等⑥，就官一列⑦。"血牲而埋之⑧。

二人相视而笑，曰："嘻，异哉！此非吾所谓道也。昔者神农之有天下也，时祀尽敬而不祈喜⑨；其于人也，忠信尽治而无求焉。乐与政为政，乐与治为治。不以人之坏自成也⑩，不以人之卑自高也，不以遭时自利也。今周见殷之乱而遽为政⑪，上谋而下行货⑫，阻兵而保威⑬，割牲而盟以为信，扬行以说众⑭，杀伐以要利。是推乱以易暴也⑮。吾闻古之士，遭治世不避其任，遇乱世不为苟存。今天下闇⑯，周德衰，其并乎周以涂吾身也，不如避之，以絜吾行⑰。"二子北至于首阳之山，遂饿而死焉。若伯夷、叔齐者，其于富贵也，苟可得已，则必不赖。高节戾行，独乐其志，不事于世。此二士之节也。

［注释］

①昔：从前。周：周朝。

②孤竹：商代一个小国家。

③岐阳：岐山的南边。

④武王：姬姓，名发，周文王姬昌与太姒的嫡次子，其正妻为邑姜。姬发于公元前1046年消灭商朝，建立了西周王朝，为周朝开国君主，在位15年。

⑤叔旦：周公旦，为周武王的弟弟。

⑥加富：增加俸禄。

⑦就官一列：担任一品官职。

⑧血牲：盟誓时，用牲畜的血涂抹到盟约上。

⑨时祀：按照季节祭祀。

⑩以:因为。

⑪殷:商朝。遽:立刻。

⑫行货:用财物收买人心。

⑬阻兵:凭借武力;阻,凭借。

⑭扬行:宣扬德行。说:同“悦”,取悦。

⑮易暴:替代暴力。

⑯闇:同“暗”,黑暗。

⑰絜:同“洁”。

[译文]

从前周朝兴起时,有两个贤人住在孤竹国,叫作伯夷和叔齐。两人商量说:“我听说西方有个人,好像得到了道,试着去看看。”他们来到了岐山的南边,周武王听说了,派周公旦去会见。周公旦与二人盟誓说:“给父们增加二等俸禄,担任一品官职。”于是,他们用牲畜的血涂抹在盟约上并埋在地下。

两人相视而笑,说:“啊,奇怪啊!这不是我们所说的道。从前神农治理天下时,按时祭祀,恭敬而不欣喜;他对待人,以忠信为本,尽力治理,无所要求。乐于从政的人就让他从政,乐意治理的人就让他治理。不因为别人衰败而成就自己,不因为别人卑下显示自己高贵,不因为遇到时机而自私自利。现在周朝看见商朝混乱而立刻要夺取政权,在上进行谋划而对下用财物收买,依仗兵力而保持自己的威望,杀害牲畜而用盟约取信,宣扬自己的德行而取悦众人,拼杀攻伐而追求利益。这是推动混乱而替代暴力。我听说古代的贤人,遇到治世不逃避责任,遇到乱世不苟且生存。现在天下黑暗,周朝德行衰败,与其与周朝并存而玷污我的身体,不如逃避,保持我们高洁的德行。”二人说完话后,就向北来到了首阳山,于是饿死在那里。像伯夷、叔齐这样的人,对于富贵,如果能苟且得到,一定不会获取。高尚的节操,乖戾的行为,唯独乐于自己的志向,不苟且生活在世上。这就是二位贤人的节操。

第二十九　盗跖

【题解】

庄子的视野是宽广的，上及苍穹，下及众生。他写诸侯、写儒者、写志士、写五帝，现在又写了强盗。庄子借盗跖等人之口，从另一个角度指出了人类文明确立的过程中，战争、制度、文化等对于人性的异化和危害，国君、隐士、忠臣、义士的行为，并不值得效仿。人生于天地之间，要懂得养生护身，不要贪图功名利禄而害人害己。庄子不像一般文人那样清高，孤芳自赏，高谈阔论，他是一个仙风道骨的道人，也是一个极其入世的儒者，还是一个关注现实的思想家，关心民生，关心天下的事情。

［原文］

孔子与柳下季为友①，柳下季之弟名曰盗跖。盗跖从卒九千人②，横行天下，侵暴诸侯③；穴室枢户④，驱人牛马，取人妇女；贪得忘亲，不顾父母兄弟，不祭先祖。所过之邑，大国守城，小国入保⑤，万民苦之。孔子谓柳下季曰："夫为人父者，必能诏其子⑥；为人兄者，必能教其弟。若父不能诏其子，兄不能教其弟，则无贵父子兄弟之亲矣。今先生，世之才士也，弟为盗跖，为天下害，而弗能教也，丘窃为先生羞之⑦。丘请为先生往说之。"柳下季曰："先生言为人父者必能诏其子，为人兄者必能教其弟，若子不听父之诏，弟不受兄之教，虽今先生之辩，将奈之何哉？且跖之为人也，心如涌泉⑧，意如飘风⑨，强足以距敌，辩足以饰非。顺其心则喜，逆其心则怒，易辱人以言。先生必无往。"孔子不听，颜回为御，子贡为右，往见盗跖。

[注释]

①柳下季:姓展,名获,字子禽(一字季),谥号惠,后人尊称其为柳下惠,鲁国的大夫。盗跖(zhí):姓展,名跖,柳下惠之弟,春秋时期鲁国人,大盗,古人称之盗跖。

②从卒:跟随的部卒。

③侵暴:侵略凌辱。

④穴:凿穿。枢:旧式门的转轴或承轴臼,用作动词,意为撞门而入。

⑤保:通“堡”。

⑥诏:告诫,教导。

⑦窃:私下。

⑧涌泉:涌动的泉水。

⑨飘风:旋风,暴风。

[译文]

孔子和柳下季是朋友,柳下季的弟弟名叫盗跖。盗跖随从的部卒有九千人,横行天下,侵略欺凌诸侯,凿穿房屋,撞开门户,赶走人家的牛马,掠取人家的妇女。贪得无厌,忘记亲人,不顾父母兄弟,不祭祀先祖。他所经过的城邑,大国守卫城池,小国守卫城堡,万民苦不堪言。孔子对柳下季说:“做父亲的,一定要教育孩子;做兄长的,一定要教育弟弟。如果父亲不能教育孩子,兄长不能教育弟弟,那么就是不重视父子兄弟之间的亲情了。现在先生是世间的才子,弟弟盗跖,是天下的祸害,你不能教育他,我私下为你感到羞耻。我请求为你去劝说他。”柳下季说:“先生说当父亲的一定要教育好儿子,当兄长的一定能教育好弟弟,如果儿子不听父亲的教育,弟弟不接受兄长的教育,即使像先生这样的辨才,将能对他怎么样呢?况且盗跖的为人,心思如涌动的泉水,意志如旋风,力量足以抗拒敌人,辩论足以掩饰是非。顺从他的心思就喜悦,违逆他的心思就愤怒,轻易用言语侮辱人。先生一定不要去。”孔子不听,让颜回驾着车，子贡坐在右侧，去见盗跖。

［原文］

盗跖乃方休卒徒大山之阳①，脍人肝而餔之②。孔子下车而前，见谒者曰③："鲁人孔丘，闻将军高义，敬再拜谒者。"谒者入通。盗跖闻之大怒，目如明星，发上指冠④，曰："此夫鲁国之巧伪人孔丘非邪？为我告之：尔作言造语，妄称文、武，冠枝木之冠⑤，带死牛之胁⑥，多辞缪说⑦，不耕而食，不织而衣，摇唇鼓舌，擅生是非，以迷天下之主，使天下学士不反其本⑧，妄作孝弟，而侥幸于封侯富贵者也。子之罪大极重，疾走归⑨！不然，我将以子肝益昼餔之膳。"孔子复通曰："丘得幸于季，愿望履幕下。"谒者复通。盗跖曰："使来前！"孔子趋而进，避席反走⑩，再拜盗跖。盗跖大怒，两展其足，案剑瞋目⑪，声如乳虎，曰："丘来前！若所言顺吾意则生，逆吾心则死。"

［注释］

①大山：泰山。

②脍：细切的肉。餔(bū)：食，吃。

③谒者：传达命令的人。

④指冠：顶起帽子。

⑤冠：名词动用，戴帽子。枝木之冠：帽子的装饰华丽，饰品如树枝一样多。

⑥胁：从腋下到肋骨尽处的部分，指皮带。

⑦缪说：荒谬的学说；缪，通"谬"。

⑧反：通"返"。本：根本。

⑨疾：快，迅速。

⑩避：离开。反走：退着走，表示恭敬。

⑪瞋(chēn)目：睁大眼睛瞪人。

［译文］

盗跖正在泰山的南面休整，把人肝切细吃。孔子下车来到面前，看见传达命令的人说："鲁国人孔子，听说将军有高尚的道义，恭敬地再次拜见。"传达命令的人进去通报。盗跖听说后大怒，眼睛如明星一样亮，怒发冲冠，说："这就是鲁国巧辩虚伪的孔子吗？替我告诉他：你制造言论，虚妄地称赞文王和武王，戴着华丽装饰如树枝繁多的帽子，腰里系着死牛的皮带，言辞大多是荒谬的说教，不耕而食，不织而衣，摇唇鼓舌，擅自制造是非，以迷惑天下的君主，使天下的学士不返回到人生的根本，妄想制作孝悌伦理，而侥幸得到封侯和富贵。你的罪行极大极重，快点走开回去！不然的话，我将用你的肝增加白天的膳食。"孔子又再次让人通报说："我有幸认识柳下季，希望到你的帐幕下谈话。"传达命令的人又进去通报。盗跖说："让他来吧！"孔子快步进去，离开席位退着往后走，再次拜见盗跖。盗跖大怒，伸展两脚，手按宝剑，瞪着眼睛，声音如母虎，说："孔子上前来，如果你所说的话顺从我的心意你就活着，违逆我的心意你就死亡。"

［原文］

孔子曰："丘闻之，凡天下有三德：生而长大，美好无双，少长贵贱见而皆说之[①]，此上德也；知维天地[②]，能辩诸物，此中德也；勇悍果敢，聚众率兵，此下德也。凡人有此一德者，足以南面称孤矣[③]。今将军兼此三者，身长八尺二寸，面目有光，唇如激丹[④]，齿如齐贝[⑤]，音中黄钟[⑥]，而名曰盗跖，丘窃为将军耻不取焉。将军有意听臣，臣请南使吴越[⑦]，北使齐鲁，东使宋卫，西使晋楚，使为将军造大城数百里，立数十万户之邑，尊将军为诸侯，与天下更始[⑧]，罢兵休卒，收养昆弟[⑨]，共祭先祖。此圣人才士之行，而天下之愿也。"

［注释］

①说：通“悦”。

②维：包罗。

③南面称孤：朝南坐着，自称孤家，指统治一方，称帝称王；孤：皇帝、王侯的谦称。

④激丹：鲜红的丹砂；激：鲜明。

⑤齐贝：整齐的珠贝。

⑥中：符合。黄钟：古之打击乐器，多为庙堂所用，又指乐律十二律中的第一律。

⑦使：出使。

⑧更始：重新开始。

⑨昆弟：兄弟。

［译文］

孔子说：“我听说，大凡天下有三种德行：身材长得高大，长相美好无双，老幼贵贱见了都喜欢，这是上德；知识包罗天地，能够认识各种事物，这是中德；勇猛强悍，决断果敢，聚众带兵，这是下德。大凡有其中的一种德行，足以坐在南面称王称帝。”现在将军兼有三种德行，身长八尺二寸，面庞光亮，唇如鲜红的丹砂，牙齿如整齐的朱贝，我请求往南出使吴国和越国，往北出使齐鲁，往东出使宋国和卫国，往西出使晋国和楚国，为将军建造数百里的大城，建立数十万户的食邑，尊奉你为诸侯，与天下重新开始，停止战争，休养军队，收养兄弟，共同祭祀先祖。这是圣人才子的行为，也是天下对于你的愿望。”

［原文］

盗跖大怒曰：“丘来前！夫可规以利而可谏以言者①，皆愚陋恒民之谓耳②。今长大美好，人见而悦之者，此吾父母之遗德也。丘虽不吾誉，吾独不自知邪？且吾闻之，好面誉人者，亦好背而毁之③。今丘告我以大城众民，是欲规我以利而恒民畜我也[4]，安可久长也！

“城之大者，莫大乎天下矣。尧、舜有天下，子孙无置锥之地[5]；汤、武立为天子，而后世绝灭。非以其利大故邪？且吾闻之，古者禽兽多而人少，于是民皆巢居以避之[6]。昼拾橡栗，暮栖木上，故命之曰‘有巢氏之民’[7]。古者民不知衣服，夏多积薪，冬则炀之[8]，故命之曰‘知生之民’。神农之世，卧则居居[9]，起则于于[10]。民知其母，不知其父，与麋鹿共处，耕而食，织而衣，无有相害之心。此至德之隆也[11]。然而黄帝不能致德，与蚩尤战于涿鹿之野[12]，流血百里。尧、舜作，立群臣，汤放其主，武王杀纣。自是以后，以强陵弱，以众暴寡。汤、武以来[13]，皆乱人之徒也。

“今子修文、武之道，掌天下之辩，以教后世。缝衣浅带[14]，矫言伪行，以迷惑天下之主，而欲求富贵焉。盗莫大于子，天下何故不谓子为盗丘，而乃谓我为盗跖？子以甘辞说子路而使从之[15]。使子路去其危冠[16]，解其长剑，而受教于子。天下皆曰‘孔丘能止暴禁非’，其卒之也，子路欲杀卫君而事不成，身菹于卫东门之上[17]，是子教之不至也。子自谓才士圣人邪，则再逐于鲁，削迹于卫，穷于齐，围于陈蔡，不容身于天下。子教子路菹。此患，上无以为身，下无以为人，子之道岂足贵邪？

“世之所高，莫若黄帝。黄帝尚不能全德，而战涿鹿之野，流血百里。尧不慈，舜不孝，禹偏枯[18]，汤放其主[19]，武王伐纣，文王拘羑里[20]。此六子者，世之所高也。孰论之，皆以利惑其真而强反其情性[21]，其行乃甚可羞也。世之所谓贤士：伯夷、叔齐[22]。伯夷、叔齐辞孤竹之君，而饿死首阳之山，骨肉不葬。鲍焦饰行非世[23]，抱木而死。申徒狄谏而不听[24]，负石自投于河，为鱼鳖所食。介子推至忠也[25]，自割其股以食文公[26]。文公后背之，子推怒而去，抱木而燔死[27]。尾生与女子期于梁下[28]，女子不来，水至不去，抱梁柱而死。此六子者，无异于磔犬流豕[29]、操瓢而乞者[30]，皆离名轻死[31]，不念本养寿命也。士之所谓忠臣者，莫若王子比干、伍子胥。子胥沉江，比干剖心。此二子者，世谓忠臣也，然卒为天下笑。自上观之，至于子胥、比干，皆不足贵也。

“丘之所以说我者，若告我以鬼事，则我不能知也；若告我以人事者，不过此矣，皆吾所闻知也。今吾告子以人之情：目欲视色，耳欲听声，口欲察味，志气欲盈。人上寿百岁，中寿八十，下寿六十，除病瘦死丧忧患，其中开口而笑者，一月之中不过四五日而已矣。天与地无穷，人死者有时。操有时之具，而托于无穷之间，忽然无异骐骥之驰过隙也。不能说其志意、养其寿命者，皆非通道也。丘之所言，皆吾之所弃也。亟去走归，无复言之！子之道狂狂汲汲㉜，诈巧虚伪事也，非可以全真也，奚足论哉㉝！

［注释］

①规：规谏，相劝。

②恒民：一本作顺民，常人。

③毁：诋毁，诽谤。

④恒：长久。畜：养育。

⑤置锥之地：立锥之地，比喻很小的封地。

⑥巢居：上古时期人类于树上筑巢居住。

⑦有巢氏：位远古时代部落首领，居住在古黄河下游一带。

⑧炀：烤火取暖。

⑨居居：安静的样子。

⑩于于：自得的样子。

⑪隆：盛大。

⑫蚩尤：上古时代九黎族首领，骁勇善战，被奉为战神，约在5000多年以前，九黎部落与炎黄部落发生了涿鹿之战，蚩尤战死，其部众部分融入了炎黄部族。涿鹿：地名。故城在今河北省涿鹿县南。

⑬汤、武：商代汤王，周代武王。

⑭缝衣：宽袖子；缝，宽大，向秀注曰：“儒服宽而长大。”浅带：大带子；浅，大。

⑮甘辞：甜蜜的言语。

⑯危冠：高帽子；危，高。

⑰菹(zū)：古代一种酷刑，把人剁成肉酱

⑱偏枯：半身不遂的病。

⑲放：流放。

⑳羑(yǒu)里：古地名，在今河南省安阳市汤阴县北羑里城遗址，为商纣王幽禁周文王的地方。

㉑真：本真。反：违背，违反。

㉒伯夷、叔齐：商末孤竹君的两个儿子，其父遗命要立季子叔齐为继承人，叔齐让位给伯夷，伯夷不受，叔齐也不愿继位，先后都逃往周国。周武王伐纣，二人扣马谏阻，商朝灭亡后，二人吃周粟，采薇而食，饿死于首阳山。

㉓鲍焦：周朝初期的隐士，因不满时政，廉洁自守，遁入山林，抱树而死。

㉔申徒狄：商汤王想把王位让给他，他认为污辱了自己的名节，不听朋友的劝说，抱起一块石头投河自杀了。

㉕介子推：春秋时期晋国人，太子申生被骊姬陷害致死，公子夷吾和重耳畏惧逃亡，重耳随行贤士多人，饥饿难忍，介子推"割股奉君"。重耳回国继位，介子推因无赏赐而隐居介山，重耳命人搜山被烧死。

㉖食：拿东西给人吃。文公：晋文公，姬姓，名重耳，在位期间任用狐偃、先轸、赵衰等人实行通商宽农、明贤良、赏功劳等政策，使晋国国力大增，成为春秋五霸中第二位霸主。

㉗燔(fán)：焚烧。

㉘尾生：春秋时期人，与一女子约定在桥下相会，久候女子不到，水涨，乃抱桥柱而死，后用尾生抱柱一词比喻坚守信约。

㉙磔犬：被杀死的狗；磔，古代祭祀时分裂牲畜肢体。流豕：漂浮在河水里的死猪；豕，猪。郭庆藩道："言此六人，不合玄道，矫情饰行，苟异俗中，用此声名，传之后世。亦何异乎张磔死狗，流在水中，贫病之人，操瓢乞告！此闲人物，不许见闻，六子之行，事同于此，皆为重名轻死，不念归本养生，寿尽天命者也。"

㉚操瓢：拿着瓢行乞。

㉛离：通"罹"，意为追求名声而遭遇不幸。

㉜狂狂：迷失本性。汲汲：急切求取。

㉝奚足：何足以。

［译文］

盗跖大怒说："孔子上前来！可以用利益规劝和可以用言语进谏的人，都是愚昧浅陋的常人的说教。我身体高大美好，人们见了喜悦，这是我父母遗传的禀赋。你虽然不赞美，我唯独不知道吗？况且我听说，喜欢当面赞美的人，也喜欢背后诋毁人。现在告诉我可以拥有高大城池和众多百姓，这是希望用利益规劝我，而使百姓长久养育我，怎么能长久呢！

"城池大的，没有比天下更大了。尧帝和舜帝拥有天下，子孙却没有立锥之地；商汤王和周武王被立为天子，而后代绝灭。这不是利益太大的缘故吗？况且我听说，古代禽兽多人少，于是百姓都生活在树上躲避禽兽。白天捡拾橡子和栗子，晚上休息在树上，所以叫'有巢氏之民'。古代的人不知道做衣服，夏天积累许多木材，冬天烧火取暖，所以叫'知生之民'。神农所处的时代，人们睡时安安静静，起床后自得满足。人们知道母亲是谁，不知道自己的生父，与麋鹿生活在一起，耕作吃饭，织布穿衣，没有相互贼害的心意。这是道德隆盛的时代。然而，黄帝不具备这种德行，与蚩尤大战于涿鹿的郊野，血流百里。尧帝和舜帝做天子后，设立群臣，商汤王流放了他的君主，周武王杀害了商纣王。从此以后，以强大欺凌弱小，以众人残暴少寡。商汤王和周武王以来，都是祸乱百姓的人。

"现在你修习周文王和周武王的治国之道，掌握天下的舆论，用来教化后世。身穿宽袖长带，言论虚假，行为虚伪，用以迷惑天下的君主，而希望求得富贵。没有比你更大的强盗，天下人为什么不叫你'盗丘'而说我是盗跖呢？你用甜蜜的言语劝说子路跟从你，使子路戴上高帽子，解下长剑，而接受你的教育。天下人都说'孔子能制止暴乱禁止做坏事'，到了后来，子路想行刺卫国国君而失败了，在卫国的东城门上身体被剁成肉酱，这是你教导的不对。你自称才子圣人，却两次被鲁国放逐，在卫国你的足迹被人消除，在齐国遭受穷困，在陈国和蔡国被围困，在天下无法容身。你教导子路身体被剁成肉酱。这种祸患，上无法保全身体，下无法做人，你的道术岂能看重呢？

“世上所推崇的,没有人超过黄帝。黄帝尚且不能保全自己的德行,而在涿鹿的郊野上大战,流血百里。尧帝不慈爱,舜帝不孝顺,夏禹半身瘫痪,商汤王放逐了他的君主,武王讨伐商纣王,周文王被囚禁在羑里。这六个人,是世人所推崇的人。认真来说,都是以利益迷惑了本真而极大地违背了自己的本性,他们的行为是很羞耻的。世上所说的贤人是伯夷和叔齐。伯夷、叔齐辞让孤竹国的国君地位,而饿死在首阳山,尸体得不到埋葬。鲍焦粉饰行为,非议时世,遁入山林后抱树而死。申徒狄不听从朋友的规谏,抱着石头跳河自杀了,成为鱼鳖的食物。介子推至为忠心,割下大腿上的肉让晋文公吃。晋文公后来背弃了介子推,介子推一怒之下离开了晋文公,抱树被烧死了。尾生与一位女子在桥梁下约会,女子失信不来,大水冲来,尾生抱着桥梁的柱子淹死了。这六个人,无异于被杀死的狗和飘在河流上的死猪、拿着瓢讨吃的人,都是重视名节看轻死亡,不挂念本真保养寿命的人。世上所说的忠臣,没有像王子比干、伍子胥这样的人。伍子胥被害死沉到江里,比干因为劝谏被挖心。这两个人,是世上所说的忠臣,然而最后被天下人耻笑。从上述来看,伍子胥、比干都是不足以推崇的。

“你所以说服我的,如果告我有关鬼的事情,那么我不知道;如果告我人间的事情,不过这些,都是我听到和知道的。现在我告诉你人的性情:眼睛想看美色,耳朵想听声音,嘴巴想品尝味道,心志要得到满足。人的高寿是百岁,中寿是八十岁,下寿是六十岁,除过生病死亡、忧愁祸患,中间能够开口而笑的日子,一个月不过四五天而已。天与地没有穷尽,人的死亡是有时间的。持有限的生命,而寄托于无穷的宇宙世界,倏忽如宝马飞驰过缝隙一样。不能使心志和心情喜悦的,都不是通向大道的东西。你所说的话语,都是我要抛弃的。马上离开这里回去吧,不要再说了!你的道理,迷失本性急于求取,都是欺诈智巧虚伪的事情,不能保全本真,何足以谈论呢!”

［原文］

孔子再拜趋走，出门上车，执辔三失[①]，目芒然无见[②]，色若死灰，据轼低头[③]，不能出气。归到鲁东门外，适遇柳下季[④]。柳下季曰："今者阙然[⑤]，数日不见，车马有行色，得微往见跖邪[⑥]？"孔子仰天而叹曰："然！"柳下季曰："跖得无逆汝意若前乎？"孔子曰："然。丘所谓无病而自灸也。疾走料虎头[⑦]，编虎须，几不免虎口哉！"

［注释］

①辔：驾驭牲口的绳索。

②芒：通"茫"。

③轼：车厢前面用作扶手的横木。

④适：刚巧。

⑤阙然：若有所失的样子。

⑥得微：莫非；微，无。

⑦料：通"撩"，撩逗。

［译文］

孔子再次拜别后快步离开了，出门上了车，三次握不住马缰绳，目光茫然无光，面如死灰，依靠在车前横木上低着头，出不上气。他来到了鲁国的东门外，刚巧遇到柳下季。柳下季说："今天你若有所失，几天不见，你好像赶路的样子，莫非去见盗跖了？"孔子仰天而叹说："对啊。"柳下季说："盗跖是否像我以前说的违逆了你的心意呢？"孔子说："对。我是所说的无病而自己针灸的人。疾跑着撩逗虎头，编织虎须，几乎不免于虎口啊！"

［原文］

子张问于满苟得曰[①]："盍不为行[②]？无行则不信，不信则不任，不任则不利。故观之名,计之利,而义真是也[3]。若弃名利,反之于心[4],则夫士之为行,不可一日不为乎!”满苟得曰:“无耻者富,多信者显[5]。夫名利之大者,几在无耻而信[6]。故观之名,计之利,而信真是也。若弃名利,反之于心,则夫士之为行,抱其天乎[7]!”子张曰:“昔者桀、纣贵为天子,富有天下。今谓臧聚曰[8]:‘汝行如桀、纣。’则有怍色[9],有不服之心者,小人所贱也。仲尼、墨翟,穷为匹夫,今谓宰相曰:‘子行如仲尼、墨翟[10]。’则变容易色,称不足者,士诚贵也。故势为天子,未必贵也;穷为匹夫,未必贱也。贵贱之分,在行之美恶。”满苟得曰:“小盗者拘,大盗者为诸侯。诸侯之门,义士存焉。昔者桓公小白杀兄入嫂[11],而管仲为臣[12];田成子常杀君窃国[13],而孔子受币[14]。论则贱之,行则下之,则是言行之情悖战于胸中也,不亦拂乎!故《书》曰:‘孰恶孰美,成者为首,不成者为尾。’”

[注释]

①子张:复姓颛孙,名师,字子张,春秋末年陈国人,孔子弟子。为人勇武,清流不俗。满苟得:虚拟的人名。

②盍:何不。为行:修养德行。任:任用。

③真:根本。

④反:同“返”。

⑤显:显达。

⑥几:将近,几乎。

⑦抱:通“保”,保持,持守。

⑧臧:盗窃。

⑨怍色:变了脸色。

⑩墨翟:春秋末期战国初期宋国人,主张“兼爱”、“非攻”、“尚贤”、“尚同”,创立了以几何学、物理学、光学为体系的一整套科学理论,墨家学派的创始人。

⑪桓公小白:齐桓公,名“小白”,与公子纠争位成功,即国君位。齐桓公任管仲为相,推行改革,实行军政合一、兵民合一的制度,齐国逐渐强盛。他打出“尊王攘夷”的旗号,九合诸侯,北击山戎,南伐楚国,成为春秋五霸之首,受到周天子赏赐。晚年昏

庸,管仲去世后,任用易牙、竖刁等小人,最终在内乱中饿死。

⑫管仲:名夷吾,字仲,任齐国宰相,大兴改革,富国强兵,是春秋时期法家代表人物,政治家、军事家。

⑬田成子常:即陈恒,春秋时齐国的大臣,杀死简公,拥立齐平公,任相国,尽杀公族中的强者,扩大封邑,从此齐国由陈氏专权。

⑭孔子受币:孔子接受陈恒钱币,此事只见庄子记载,他书未载。据《论语》记载,陈恒弑齐简公,孔子沐浴请讨,而无受。

［译文］

子张问满苟得说:"为什么不修养德行?没有德行就不被信任,不信任就不会任用,不任用就没有利禄。所以观察名声,计较利禄,而且做到道义,这才是根本。如果抛弃名利,返归内心,那么士大夫修养德行,不可一天不作为。"满苟得说:"无耻的人富有,经常守信的人显达。名利大的人,几乎都是无耻而守信的人。所以观察名声,计较利益,而且守信,这才是根本。如果抛弃名利,返归内心,那么士人要修养德行,持守自然的禀赋!"子张说:"从前夏桀和商纣王贵为天子,富有天下。今天说那些盗贼:'你们的行为如同夏桀、商纣王。'他们就变了脸色,有不服气的心理,小人也看不起夏桀和商纣王。孔子、墨翟,穷困并为普通人,现在对宰相说:'你的德行如同孔子和墨翟。'他们就会变了脸色,自称还有不足之处,士大夫确实推崇孔子、墨翟。所以权势如天子,未必尊贵;穷困如匹夫,未必轻贱。贵贱的分别,在行为的美恶。"满苟得说:"小偷被拘捕,大盗做诸侯。诸侯的门内保存了道义。从前齐桓公小白杀死了兄长,娶嫂子为妻,而管仲却做他的臣子;田成子常杀死了国君,窃取了国家政权,而孔子接受他的钱币。言语上卑视的事,行为上很卑贱,那么言行的实情在内心里冲突,不也是违逆本心吗!所以《书》说:'谁恶谁好,成功者居首,不成功者居下。'"

[原文]

子张曰："子不为行，即将疏戚无伦[1]，贵贱无义[2]，长幼无序。五纪六位[3]，将何以为别乎[4]？"满苟得曰："尧杀长子，舜流母弟[5]，疏戚有伦乎？汤放桀，武王杀纣，贵贱有义乎？王季为適[6]，周公杀兄[7]，长幼有序乎？儒者伪辞[8]，墨子兼爱，五纪六位，将有别乎？且子正为名，我正为利。名利之实，不顺于理，不监于道。吾日与子讼于无约[9]，曰：'小人殉财[10]，君子殉名，其所以变其情、易其性则异矣，乃至于弃其所为而殉其所不为，则一也。'故曰：无为小人，反殉而天；无为君子，从天之理。若枉若直[11]，相而天极[12]。面观四方，与时消息[13]。若是若非，执而圆机[14]。独成而意，与道徘徊。无转而行，无成而义，将失而所为。无赴而富，无殉而成，将弃而天。比干剖心，子胥抉眼[15]，忠之祸也；直躬证父[16]，尾生溺死，信之患也；鲍子立干[17]，申子不自理[18]，廉之害也；孔子不见母[19]，匡子不见父[20]，义之失也。此上世之所传、下世之所语，以为士者。正其言，必其行，故服其殃、离其患也。"

[注释]

①疏戚：疏远和亲近的人。无伦：没有伦理。

②义：标准。

③五纪：君臣、父子、夫妇、兄弟、朋友。六位：指诸父、兄弟、族人、诸舅、师长、朋友。

④别：区别。

⑤流：流放。母弟：即舜帝的弟弟象。

⑥王季为適：周太王传位给了王季，王季的两个哥哥泰伯、仲雍逃到了吴国；適通"嫡"，长子。

⑦周公杀兄：周公的哥哥管蔡叛乱，周公把他杀了。

⑧伪辞：虚假的言辞。

⑨讼：争辩是非。无约：虚拟的人名。

⑩殉：为某种信念或东西牺牲性命。

⑪枉:弯曲。

⑫而:你。天极:自然规则。

⑬消息:变化。

⑭圆机:圆融的天机。

⑮子胥抉眼:伍子胥自杀时说,把我的眼睛挖出来挂在吴国城墙的东门上,我要亲眼看到越国灭亡吴国。抉:挖出。

⑯直躬:有个叫直躬的人,父亲偷了羊,他做证明。《论语·子路》:“吾党有直躬者,其父攘羊,而子证之。”

⑰鲍子:鲍焦,周朝时期的隐士,因不满时政,廉洁自守,遁入山林,抱树而死。

⑱申子:名申生,晋献公与夫人齐姜所生之子,立为太子。齐姜死后,晋献公立骊姬为夫人,生下儿子奚齐。骊姬为使其子奚齐成为继承人,诋毁太子申生,申生在新城曲沃自缢而死。

⑲孔子不见母:孔子四处游说,未能为母亲送终。

⑳匡子不见父:匡子,即匡章,责备父亲被赶出家门,终身不见父亲。《孟子·离娄》载:孟子曰:“夫章子,子父责善而不相遇也。为得罪于父,不得近,出妻屏子,终身不养焉。”

[译文]

子张说:“你不修养德行,将会面对亲近和疏远的人没有伦理,尊贵和卑贱没有准则,长幼没有秩序。五纪六位,将怎么区别呢?”满苟得说:“尧帝杀害了长子,舜帝流放了弟弟,亲疏之间有伦理吗?商汤流放了夏桀,武王杀害了纣王,尊贵和卑贱有标准码?王季代替嫡子,周公杀害哥哥,长幼有秩序吗?儒者虚伪的言辞,墨子的兼相爱,五纪六位有区别吗?况且你正在求名,我正在求利。名利的实质,不顺从于理,不明于大道。我改日与你在无约面前争辩是非,说:‘小人为财而死,君子为名而死,他们之所以改变实情、变化本性的方式不同,乃至于抛弃自己所做的而为不应当做的献身,本质是一样的。’所以说:不要做小人,要反过来追求自然;不要做君子,要顺从自然的道理。或者弯曲或者正直,要遵从自然的道理。眼观四方,与时势一同变化。或者是或者非,执掌你的圆融的天机。独自成就你的意志,与大道一同进退,不要专一你的行为,不要成就你的道义,这将失去你的追求。不要追逐你的富贵,不要殉身你的成功,这将会舍弃你的天性。比干劝谏而被挖心,伍子胥自杀时让人挖出眼睛,这是忠心带来的祸患;直躬指证父亲偷羊,尾生守信而死,这是信义的祸患;鲍焦抱树而死,申生自缢而死,这是廉直带来的祸患;孔子在外游说没有为母亲送终,匡章终身不见父亲,这是道义的失误。这些都是上世流传、下世所言的道理,以此作为士人。匡正言论,坚定行为,所以遭到灾殃、受到祸患啊。”

[原文]

无足问于知和曰[①]:“人卒未有不兴名就利者[②]。彼富则人归之,归则下之[③],下则贵之。夫见下贵者[④],所以长生安体乐意之道也。今子独无意焉[⑤],知不足邪?意知而力不能行邪[⑥]?故推正不忘邪[⑦]?”知和曰:“今夫此人,以为与己同时而生,同乡而处者,以为夫绝俗过世之士焉[⑧]。是专无主正[⑨],所以览古今之时、是非之分也。与俗化世,去至重[⑩],弃至尊,以为其所为也。此其所以论长生安体乐意之道,不亦远乎!惨怛之疾[⑪],恬愉之安,不监于体[⑫];怵惕之恐[⑬],欣欢之喜,不监于心。知为为而不知所以为。是以贵为天子,富有天下,而不免于患也。”

[注释]

①无足、知和:虚拟的人名。

②人卒:人们,人众。兴名:喜欢名声。就利:追求利益。

③下:卑下。

④见:被。

⑤独:岂,难道。

⑥意:通“抑”,抑或。

⑦故：本来。忘：通“妄”。

⑧绝俗：超越世俗。

⑨专：专一。主：主张。

⑩去：去掉。

⑪惨怛（dá）：悲痛忧伤。

⑫监：察。

⑬怵惕：戒惧警惕。

［译文］

无足问知和说：“人们没有不喜欢名声追求利益的。人富有了就有人归从，归从后就变得卑下，卑下就使他尊贵。人们卑下就显出尊贵的人，这是长寿安身快乐的方法。现在你唯独没有这种心意，是智慧不足呢？抑或是能力不能施行呢？还是本来推行正道而不虚妄呢？”知和说：“现在有一种人，认为和自己生活在同一个时代，在同一个乡里相处，认为只有自己是超越世俗超越世道的人。这其实是专一而没有主张的人，所以观察古今时代、是非的分际。与世俗变化，去掉至为重要的东西，舍弃尊贵的东西，而做他要做的。这样阐述长寿安身快乐的方法，不也是太远了吗！悲痛忧伤的疾病，恬静愉悦的安逸，不察于身体；戒惧警惕的恐慌，欢欣的喜悦，不察于心。知道做什么而不知道为什么做。因此贵为天子，富有天下，也不能避免祸患。”

［原文］

无足曰：“夫富之于人，无所不利。穷美究埶[①]，至人之所不得逮[②]，贤人之所不能及。侠人之勇力而以为威强[③]，秉人之知谋以为明察[④]，因人之德以为贤良[⑤]，非享国而严若君父[⑥]。且夫声色滋味权势之于人[⑦]，心不待学而乐之，体不待象而安之[⑧]。夫欲恶避就，固不待师[⑨]，此人之性也。天下虽非我，孰能辞之！”知和曰：“知者之为，故动以百姓[⑩]，不违其度[11]，是以足而不争，无以为故不求。不足故求之，争四处而不自以为贪；有余故辞之[12]，弃天下而不自以为廉。廉贪之实，非以迫外也，反监之度[13]。势为天子，而不以贵骄人；富有天下，而不以财戏人[14]。计其患，虑其反，以为害于性，故辞而不受也，非以要名誉也[15]。尧、舜为帝而雍[16]，非仁天下也，不以美害生；善卷、许由得帝而不受[17]，非虚辞让也，不以事害己。此皆就其利、辞其害，而天下称贤焉，则可以有之，彼非以兴名誉也。"

［注释］

①穷：穷尽。究：追求。埶：通"势"。

②逮：达到。

③侠：通"挟"，挟持。

④秉：持，拿。

⑤因：因袭。

⑥享国：掌握国家政权。君父：国君。

⑦且夫：况且。

⑧象：模仿。安：安适。

⑨固：本来。师：老师。

⑩动：行动。

⑪度：限度。

⑫有余：有多余。

⑬反监：反过来察看。

⑭戏：戏弄。

⑮要：索取。

⑯雍：和谐。

⑰善卷：单父人（今山东菏泽单县），传为尧舜时隐士，辞帝不授，德播天下，成为中国道德文化的渊源。

［译文］

无足说："富有对于人来说，是无所不利的。穷尽美好，追求势力，至人不能达到，贤人不能赶得上。挟持勇力而威风强大，持守别人的智谋用以明察是非，因袭别人的德行而做贤良，没有掌握国家政权而尊严如同国君。况且声色美味和权势对于人来说，心里不用学习而喜欢，身体不用模仿而安适。欲望、厌恶、避害、趋利，本来就不用依靠老师，这是人的本性。天下人虽然非议我，谁能够推辞这些呢？"知和说："智者的行为，行动依从百姓，不违反限度，因此满足而不纷争，没有原因所以不索求。不满足所以就索求，四处纷争而不认为贪婪；有多余所以推辞，舍弃天下而自己不认为廉洁。廉洁贪婪的实质，不是外物的强迫，返回来监察法度。权势如天子，而不以尊贵对人骄横；富有天下，而不用财物戏弄人。计算它们的祸患，考虑反面因素，认为危害了人的本性，所以拒绝而不接受，不是用来索取名声的。尧帝和舜帝称帝而天下和谐，不是用仁政教化天下，不用美好残害生命；善卷、许由可以得到帝位而不接受，不是虚伪的辞让，而是不因为国事危害自己。这都是追求利益、避开危害，天下称颂的贤人，虽然拥有了贤明的名声，他们并非追求名誉啊。"

［原文］

无足曰："必持其名，苦体绝甘[①]，约养以持生[②]，则亦久病长厄而不死者也[③]。"知和曰："平为福[④]，有余为害者，物莫不然，而财其甚者也。今富人，耳营钟鼓管籥之声[⑤]，口嗛于刍豢醪醴之味[⑥]，以感其意[⑦]，遗忘其业，可谓乱矣；侅溺于冯气[⑧]，若负重行而上阪[⑨]，可谓苦矣；贪财而取慰[⑩]，贪权而取竭，静居则溺，体泽则冯[⑪]，可谓疾矣；为欲富就利，故满若堵耳而不知避[⑫]，且冯而不舍，可谓辱矣；财积而无用，服膺而不舍[⑬]，满心戚醮[⑭]，求益而不止，可谓忧矣；内则疑劫请之贼，外则畏寇盗之害，内周楼疏[⑮]，外不敢独行，可谓畏矣。此六者，天下之至害也，皆遗忘而不知察。及其患至，求尽性竭财，单以反一日之无故，而不可得也。故观之名则不见,求之利则不得。缭意体而争此⑯,不亦惑乎!"

[注释]

①绝甘:断绝美味。

②约养:节俭养身。

③厄:困苦。

④平:均平。

⑤管籥(yùe):两种乐器名。

⑥嗛(qiè):满足,快意。刍豢:指牛羊猪狗等牲畜,泛指肉类食品。醪醴:醪酒,甜酒。

⑦感:感受。

⑧侅(gāi):东西在喉间卡住。冯气:气胀。

⑨阪:山腰小道。

⑩慰:通"蔚",病。

⑪泽:肥。冯:盛,意为盛气凌人。

⑫堵:墙。

⑬服膺:放在心上。

⑭戚醮:烦恼。

⑮楼疏:楼窗。王先谦:"重楼内匝,疏窗外通,谓设备守具。"

⑯缭意:心意缭乱。

[译文]

无足说:"必定要持有名声,劳苦身体,断绝美味,节俭养身,维持生命,那么也如同久病困苦而不死的人。"知和说:"均平是福,有余为害,万物莫不是这样,而财富尤其是这样。现在的富人,耳朵听着钟鼓管乐的声音,口中满足着牛羊猪狗和美酒的味道,用来感受心里的快意,却遗忘了他们的事业,可以说迷乱啊。沉溺在盛气之中,如背着重物上山坡,可以说痛苦;贪婪财物而带来病患,贪婪权力而竭尽其力,静居时沉溺其中，身体肥壮盛气凌人，可以说病了；为了追求财富和礼仪，所以财富堆满了墙而不知道停止，还要贪婪不止，可以说是耻辱；积累财富无用，放在心上不舍弃，满心都是烦恼，追求增加不停止，可以说忧患；在家怀疑盗贼偷盗，在外害怕盗寇谋害，对内周密加固楼窗，在外不敢独自行走，可以说太畏惧了。这六个方面，是天下最大的祸害，人们都遗忘了而不知道省察。等到祸患来时，尽力谋划竭尽财力，单单过一天平安日子，都不能得到了。所以观察名声则看不见，追求利益则得不到。身心缭乱争取这些，不也是太困惑吗！”

第三十　说剑

【题解】

从历史上看，一旦统治者沉溺于个人的享受和作乐之中，就会玩物丧志，败坏社会风气，从而陷于不理性的生活状态中，把一个人的意志作为大多数人的意志，狂热追求，乐此不疲。作为一国之君，个人的兴趣喜好不仅和社会风气有关，而且往往与国家的兴亡有关。庄子告诫执政者不要沉溺于个人的不良爱好中，劳民伤财，残害性命，而要具有政治家的胸怀和远大的抱负，把心思放在国家的长治久安之中。

[原文]

昔赵文王喜剑①，剑士夹门而客三千余人②，日夜相击于前，死伤者岁百余人。好之不厌。如是三年，国衰，诸侯谋之。太子悝患之③，募左右曰④："孰能说王之意止剑士者，赐之千金。"左右曰："庄子当能。"太子乃使人以千金奉庄子⑤。庄子弗受，与使者俱往见太子，曰："太子何以教周⑥，赐周千金？"太子曰："闻夫子明圣，谨奉千金，以币从者⑦。夫子弗受，悝尚何敢言。"庄子曰："闻太子所欲用周者，欲绝王之喜好也。使臣上说大王⑧，而逆王意⑨，下不当太子⑩，则身刑而死，周尚安所事金乎⑪？使臣上说大王，下当太子，赵国何求而不得也！"太子曰："然。吾王所见，唯剑士也。"庄子曰："喏。周善为剑。"太子曰："然吾王所见剑士，皆蓬头，突鬓⑫，垂冠⑬，曼胡之缨⑭，短后之衣，瞋目而语难⑮，王乃悦之。今夫子必儒服而见王，事必大逆。"庄子曰："请治剑服[16]。"

治剑服三日，乃见太子。太子乃与见王。王脱白刃待之[17]。庄子入殿门不趋，见王不拜。王曰："子欲何以教寡人，使太子先。"曰："臣闻大王喜剑，故以剑见王。"王曰："子之剑何能禁制？"曰："臣之剑十步一人，千里不留行。"王大悦之，曰："天下无敌矣。"庄子曰："夫为剑者，示之以虚[18]，开之以利，后之以发[19]，先之以至。愿得试之。"王曰："夫子休，就舍待命，令设戏[20]，请夫子。"

［注释］

①赵文王：名何，东周战国时期赵国君主，在位时有蔺相如、廉颇、平原君、赵奢等文武大臣，政治清明，武力强大。

②夹门而客：客居宫门左右。

③悝(kuī)：赵太子名悝。

④募：招募。

⑤奉：送给。

⑥教：让，令。

⑦以币从者：把钱币送给随从。

⑧说：劝说，说服。

⑨逆：违逆。

⑩不当：不合太子的心愿。

⑪尚：还。事：享用。

⑫突鬓：鬓毛突起。

⑬垂：通"倕"，重。

⑭曼胡：粗大。缨：帽带子。

⑮瞋：睁大眼睛瞪人。

⑯治：制作。

⑰脱：拔。白刃：雪白的宝剑。

⑱虚：虚假。

⑲发:发动。

⑳设戏:比试剑术的活动。

[译文]

从前,赵王喜欢剑术,剑士三千人住在宫门左右,日夜在前边比试剑法,每年死伤一百余人。赵王喜欢不厌。这样过了三年,国力衰落,诸侯图谋赵国。太子悝很担心,招募左右的人说:“谁能够劝说赵王停止招募剑士,赏赐千金。”左右的人说:“庄子应当能行。”太子悝就派人把千金送给庄子。庄子不接受,与来人一起去见太子悝说:“太子有什么事让我做,赏赐千金?”太子悝说:“听说你圣明,恭敬送给千金,以招待你的随从。你不接受,我怎么敢说话?”庄子说:“听说太子之所以请我,希望杜绝赵王的爱好。我向上劝说赵王,而违逆了赵王的心意,向下又不合你的愿望,那么就会遭受刑罚而死,我还能安然享受千金吗?让我向上劝说赵王,向下符合太子的心愿,赵国有什么求而不得呢!”太子悝说:“对,我们的赵王所接见的唯有剑士。”庄子说:“好。我善于舞剑。”太子悝说:“然而,赵王所接见的剑士,都是蓬头垢面,鬓毛突起,戴着重冠,帽带粗长,穿着短衣服,睁大眼睛,互相发难,赵王才高兴。现在你一定要穿着儒服见赵王,事情必然大不顺利。”庄子说:“请给我制作剑服。”

制作剑服三天后,庄子才见太子。太子悝与庄子见赵王,赵王拔出宝剑等候。庄子进入宫殿后不快走,见了赵王不行礼。赵王说:“你用什么教导我?让太子告给我呢?”庄子说:“我听说赵王喜欢剑术,所以用剑术拜见赵王。”赵王说:“你的剑有什么克制的绝招?”庄子说:“我的剑十步杀一人,千里无人可挡。”赵王大为喜悦,说:“天下无敌啊。”庄子说:“善于用剑的人,示人虚假的空档,制造机会,从而后发制人,先击中对方。我愿意试一试。”赵王说:“你休息休息,在馆舍里等候命令,我让设立比剑的活动,请你到时来。”

［原文］

王乃校剑士七日①，死伤者六十余人，得五六人，使奉剑于殿下，乃召庄子。王曰："今日试使士敦剑②。"庄子曰："望之久矣③！"王曰："夫子所御杖④，长短何如？"曰："臣之所奉皆可。然臣有三剑，唯王所用⑤。请先言而后试。"王曰："愿闻三剑。"曰："有天子剑，有诸侯剑，有庶人剑。"王曰："天子之剑何如？"曰："天子之剑，以燕谿石城为锋⑥，齐岱为锷⑦，晋魏为脊⑧，周宋为镡⑨，韩魏为夹⑩，包以四夷⑪，裹以四时，绕以渤海，带以常山⑫，制以五行⑬，论以刑德，开以阴阳，持以春夏，行以秋冬。此剑直之无前，举之无上，案之无下⑭，运之无旁。上决浮云⑮，下绝地纪⑯。此剑一用，匡诸侯⑰，天下服矣。此天子之剑也。"

文王芒然自失⑱，曰："诸侯之剑何如？"曰："诸侯之剑，以知勇士为锋，以清廉士为锷，以贤良士为脊，以忠圣士为镡，以豪桀士为夹⑲。此剑直之亦无前，举之亦无上，案之亦无下，运之亦无旁。上法圆天，以顺三光⑳；下法方地，以顺四时；中和民意，以安四乡。此剑一用，如雷霆之震也，四封之内，无不宾服而听从君命者矣㉑。此诸侯之剑也。"

王曰："庶人之剑何如㉒？"曰："庶人之剑，蓬头，突鬓，垂冠，曼胡之缨，短后之衣，瞋目而语难，相击于前，上斩颈领㉓，下决肝肺。此庶人之剑，无异于斗鸡，一旦命已绝矣，无所用于国事。今大王有天子之位而好庶人之剑，臣窃为大王薄之㉔。"王乃牵而上殿，宰人上食，王三环之。庄子曰："大王安坐定气，剑事已毕奏矣！"于是文王不出宫三月，剑士皆服毙其处也㉕。

［注释］

①校：较量。

②敦剑：比试剑术。

③望：期望，盼望。

④御杖：使用的剑。杖，剑。

⑤唯:独,只。

⑥燕谿,在燕国。石城,塞外山名。锋:剑端。

⑦齐岱:齐国的泰山。锷:剑刃。

⑧晋卫:晋国和卫国。脊:剑背。

⑨周宋:周朝和宋国。镡:剑柄和剑身连接处的两旁突出部分,亦称剑口、剑环。

⑩韩魏:韩国和魏国。夹:通"铗",剑柄。

⑪四夷:东夷、南蛮、北狄和西戎的合称。

⑫常山:恒山。

⑬五行:阴阳演变中的五种物质形态,指金、木、水、火、土,这五种物质构成世界万物。

⑭案:同"按"。

⑮决:断裂。

⑯绝:切断。地纪:维系大地的绳子,借指大地。

⑰匡:纠正,匡正。

⑱芒然:茫然;芒,通"茫"。

⑲豪桀:豪杰;桀,同"杰"。

⑳三光:日、月、星辰。

㉑宾服:服从。

㉒庶人:平民。

㉓颈领:脖子。

㉔薄:轻视,鄙薄。

㉕服毙:自杀。服,通"伏"。

[译文]

赵王让剑士比试了七天,死伤有六十多人,选出五六人,让他们拿着剑在大殿下候命,赵王把庄子叫来。赵王说:"现在你与剑士比剑。"庄子说:"我期待很久了!"赵王说:"先生使用的是什么剑,长短怎么样?"庄子说:"我使用什么剑都行。然而我有三把剑,只有君王可以使用。请让我先说完再比试。”赵王说:“我愿意听你说的三把剑。”庄子说:“有天子剑,有诸侯剑,有平民剑。”赵王说:“天子剑怎么样?”庄子说:“天子剑,用燕溪、石城作剑端,用齐国、泰山做剑刃,用晋国、魏国做剑背,用周朝、宋国作剑口,用韩国、魏国作剑柄,用边疆四夷做包装,用四季为包裹,用渤海缠绕,用恒山为带,用五行制约,用刑罚和德行论述,用阴阳开锋,用春夏持守,用秋冬行使。这把剑斩杀无前,举世无上双,按低无下,挥舞无旁。向上决裂浮云,向下断裂大地。这把剑一旦使用,匡正诸侯,天下归服。这是天子剑。”

赵王茫然自失,说:“诸侯之剑怎么样?”庄子说:“诸侯之剑,用智慧和勇敢作剑端,用清正廉洁之人作剑刃,用贤能优良之人作剑背,用忠心之人作剑口,用豪杰作剑柄。这把剑也直杀无前,举世无双,按低无下,挥舞无旁。向上取法圆天,顺应三光;向下取法方地,以顺应四季;在中合乎民意,安抚四方。这把剑一旦出鞘,如同雷霆震动,四方之内,没有不服从而听候君侯的命令。这是诸侯剑。”

赵王说:“平民的剑怎么样?”庄子说:“平民之剑,蓬头垢面,戴着重冠,帽带粗长,穿着短衣,睁大眼睛互相发难,在人们面前决斗,向上砍断脖子,向下裂开肝肺。这是平民之剑,无异于斗鸡,一旦生命死亡,对国家大事没有用处。现在大王有天子的位置,而喜欢使用平民之剑,我私下鄙薄大王这种行为。”赵王于是牵着庄子的手走上大殿,厨师送上上等食物,赵王绕着酒席走了三圈。庄子说:“赵王安定坐下,平和心气,剑术的事情已经奏告完毕。”于是赵王三个月不出宫殿,剑士都在住所自杀了。

第三十一　渔父

【题解】

这是一篇孔子和渔父的故事，标题是渔父，实际上说的是孔子，可以说是专门探讨孔子思想的一篇文章。孔子弟子向渔父阐述孔子的思想和行为。孔子推崇忠信，身行仁义，制定礼乐，确立人伦，教化人民，为天下人谋利益。可是渔父认为，孔子是不在其位而谋其政，难免危及自身。渔父指出，人生有八病四患。如果能改正这些缺点，才能立身处世，并进一步告诫孔子，法天贵地，慎守其真，从而达于至道。

［原文］

孔子游乎缁帷之林①，休坐乎杏坛之上②。弟子读书，孔子弦歌鼓琴。奏曲未半，有渔父者③，下船而来，须眉交白④，被发揄袂⑤，行原以上⑥，距陆而止⑦，左手据膝，右手持颐以听⑧。曲终而招子贡、子路二人俱对⑨。客指孔子曰："彼何为者也？"子路对曰："鲁之君子也。"客问其族。子路对曰："族孔氏。"客曰："孔氏者何治也⑩？"子路未应，子贡对曰："孔氏者，性服忠信⑪，身行仁义，饰礼乐⑫，选人伦⑬。上以忠于世主，下以化于齐民⑭，将以利天下。此孔氏之所以治也。"又问曰："有土之君与⑮？"子贡曰："非也。""侯王之佐与⑯？"子贡曰："非也。"客乃笑而还行，言曰："仁则仁矣，恐不免其身⑰。苦心劳形，以危其真。呜呼！远哉，其分于道也⑱。"

［注释］

①缁帷之林：树林的名字。

②杏坛：鲁东门外杏林里的土台。

③渔父：捕鱼的老人。

④交白：都白了；交，都。

⑤揄：拉，引。袂：衣袖，袖口。

⑥行原：行走在平原上；《尔雅·释地》道："广平曰原，高平曰陆。"

⑦距：到，到达。

⑧持颐：托着面颊。

⑨子贡：复姓端木，字子贡，春秋末年卫国人，利口巧辞，善于经商，孔子的得意门生，孔门十哲之一，孔子曾称其为"瑚琏之器"。子路：名仲由，字子路，为人伉直，好勇力，以政事见称，跟随孔子周游列国，"孔门十哲"之一。

⑩治：从事。

⑪服：致力。

⑫饰：修饰。

⑬选人伦：制定人与人之间的道德规范；选：通"撰"，制定。

⑭化：教化。齐民：平民。

⑮有土之君：拥有土地的君主，即国君。

⑯佐：辅佐。

⑰不免其身：不能避免身体的祸患。

⑱分：离开。

［译文］

孔子游历缁帷的树林，在杏林的土台上休息。弟子们在一旁读书，孔子唱歌弹琴。歌曲没有唱到一半，有个捕鱼的老人，下船后走来，胡须和眉毛都白了，披着头发提着衣袖，行走在水边的平原上，到了陆地停下来，左手倚着膝盖，右手托着面颊倾听。歌曲终了，渔父向子贡和子路招手，与二人谈话。渔父指着孔子说："他是什么人？"子路说："鲁国的君子。”渔父问姓氏,子路说:“姓孔,致力忠信,践行仁义,修饰礼乐,制定人与人之间的道德规范。对上忠于当今的君主,对下教化百姓,他将会为天下人谋利益。这就是孔子所从事的事业。”渔父又问:“他是有领土的君主吗?”子贡说:“不是。”渔父问:“是诸侯的辅佐之臣吗?”子贡说:“不是。”渔父笑着走了,说:“他仁义是仁义啊,恐怕不能避免自身的灾祸。用心良苦,身体劳累,而违背了本性。哎呀!太远了,他离开了大道。”

［原文］

子贡还,报孔子。孔子推琴而起,曰:“其圣人与①!”乃下求之,至于泽畔。方将杖拏而引其船②,顾见孔子③,还向而立④。孔子反走⑤,再拜而进。客曰:“子将何求?”孔子曰:“曩者先生有绪言而去⑥,丘不肖⑦,未知所谓,窃待于下风⑧,幸闻咳唾之音⑨,以卒相丘也⑩。”客曰:“嘻!甚矣,子之好学也!”孔子再拜而起,曰:“丘少而修学,以至于今,六十九岁矣,无所得闻至教,敢不虚心!”

［注释］

①与:同“欤”。

②拏:同“桡”,船桨。引:拉。

③顾:回头看。

④还:回到远处。乡:通“向”。

⑤反走:退着走路,表示恭敬。

⑥曩(nǎng):以往,先前。绪言:发而未尽的言论。

⑦不肖:不才,不贤。

⑧窃:私下。下风:风所吹向的那一方,表示处于下位,为自谦之词。。

⑨咳唾:咳嗽吐唾液,引申为他人的言语、诗文等。

⑩相:辅助,帮助。

［译文］

子贡回来，告给孔子。孔子推开琴站起来说："他是圣人啊！"于是走下杏坛寻找渔父，来到了河岸边。渔父正拿着船桨引开船，回头看见孔子，转身向着孔子而立。孔子退着向后走，又再次拜见向前走。渔父说："你有什么要求？"孔子说："先前先生话没有说完就离开了，我不才，不知你说的是什么意思，我处在下风的位置，有幸听你的言论，以帮助我。"渔父说："啊！过奖了，你是好学的人！"孔子再次叩拜站起来说："我少年时就学习，到了今天，六十九岁了，没有听到最好的教诲，岂敢不虚心！"

［原文］

客曰："同类相从，同声相应，固天之理也[①]。吾请释吾之所有而经子之所以[②]。子之所以者，人事也。天子诸侯大夫庶人，此四者自正，治之美也；四者离位而乱莫大焉。官治其职[③]，人忧其事，乃无所陵[④]。故田荒室露，衣食不足，征赋不属[⑤]，妻妾不和，长少无序，庶人之忧也；能不胜任[⑥]，官事不治，行不清白[⑦]，群下荒怠，功美不有，爵禄不持，大夫之忧也；廷无忠臣[⑧]，国家昏乱，工技不巧，贡职不美，春秋后伦[⑨]，不顺天子，诸侯之忧也；阴阳不和，寒暑不时，以伤庶物[⑩]，诸侯暴乱，擅相攘伐[⑪]，以残民人，礼乐不节，财用穷匮[⑫]，人伦不饬[⑬]，百姓淫乱，天下有司之忧也[⑭]。今子既上无君侯有司之势，而下无大臣职事之官，而擅饰礼乐[⑮]，选人伦，以化齐民，不泰多事乎[⑯]？且人有八疵[⑰]，事有四患[⑱]，不可不察也。非其事而事之，谓之摠[⑲]；莫之顾而进之，谓之佞；希意道言[⑳]，谓之谄；不择是非而言，谓之谀[㉑]；好言人之恶，谓之谗；析交离亲[㉒]，谓之贼；称誉诈伪以败恶人，谓之慝[㉓]；不择善否，两容颊适[㉔]，偷拔其所欲[㉕]，谓之险。此八疵者，外以乱人，内以伤身，君子不友，明君不臣。所谓四患者：好经大事[㉖]，变更易常，以挂功名[㉗]，谓之叨[㉘]；专知擅事，侵人自用，谓之贪；见过不更[㉙]，闻谏愈甚，谓之很[㉚]；人同于己则可，不同于己，虽善不善,谓之矜[31],此四患也。能去八疵,无行四患,而始可教已。”

[注释]

①固:本来。

②释:解释。经:分析,阐释。

③治:致力。

④陵:通“凌”,乱。

⑤属:及,意为不能按时收到赋税。

⑥能:能力。

⑦清白:品行纯洁,没有污点。

⑧廷:朝廷。

⑨后伦:落后朋伦。

⑩庶物:各种事物。

⑪擅:擅自。

⑫穷匮:穷困匮乏。

⑬饬:整齐,整顿。

⑭有司:官吏,古代设官分职,各有专司。

⑮饰:修饰。

⑯泰:通“太”。

⑰八疵:八种毛病。

⑱患:祸患。

⑲摠:同“总”。

⑳希:观望,后作“睎”。

㉑谀:谄媚,奉承。

㉒析交:挑拨朋友。离亲:离散亲人。

㉓慝(tè):奸邪,邪恶。

㉔两容颊适:两种面容适合别人。

㉕拔:助长。

㉖经:经办。

㉗挂:悬挂,引申为谋求。

㉘叨:古同"饕",贪。

㉙更:改正。

㉚很:违逆。

㉛矜(jīn):自夸。

［译文］

渔父说:"同类相互跟从,同声相互回应,本来是自然的道理。我愿意告诉你我知道的而分析你所说的。你所说的都是人事。天子诸侯大夫众人,这四者匡正自己,这是治理的极致;四者脱离本位而会有莫大的祸乱。官员致力职责,人们考虑自己的事情,那么就不会凌乱,所以田园荒芜,房屋破漏,衣食不足,赋税不收,妻妾不合,长幼无序,这是众人的忧虑;能力不能胜任,官员的事务不处理,行为不清白,下属荒废懈怠,功名没有,爵禄不继,这是大夫的忧虑;朝廷没有忠臣,国家混乱,工匠不精巧,贡品不好,春秋朝觐落后朋伦,不顺从天子,这是诸侯的忧虑;阴阳不和,寒暑不按时,伤害各种事物,诸侯发生暴乱,擅自互相攻击,残害人民,礼乐没有节制,财物穷尽匮乏,人伦不整顿,百姓淫乱,这是天下官员的忧虑。现在你对上既没有诸侯官员的权势,对下也没有大臣职分的官职,而擅自修饰礼乐,制定人伦规范,用以教化百姓,不是太多事了吗?况且人有八种毛病,事情有四种祸患,不可不明察。不是自己分内的事情却去做,叫作包揽;没有人理睬还要进言,叫作巧辩;观望别人的心意而说话,叫作谄媚;不辨别是非就讲话,叫作谄谀;喜欢说人的坏话,叫作谗言;挑拨朋友离散亲人,叫作贼害;称赞虚伪而败坏别人,叫作奸邪;不辨别善恶,两种面貌迎合人,偷偷助长别人的欲望,叫作险恶。这八种毛病,对外扰乱人,对内伤害身体,君子不会和他交友,明君不会任用他做臣子。所谓四种祸患:喜欢经营大事,改变常理,谋取功名,叫作贪婪;自以为是,独断专行,侵害别人,利于自己,叫作贪心;有错不改，听到谏言变本加厉，叫作违逆；别人与自己相同就认可，不与自己相同，即使对的也否定，叫作自夸，这是四种祸患。能够祛除八种毛病，不行四种祸患，而后可以教导。”

[原文]

孔子愀然而叹[①]，再拜而起，曰：“丘再逐于鲁，削迹于卫，伐树于宋，围于陈蔡。丘不知所失，而离此四谤者[②]，何也？”客凄然变容曰[③]：“甚矣，子之难悟也[④]！人有畏影恶迹而去之走者[⑤]，举足愈数而迹愈多[⑥]，走愈疾而影不离身，自以为尚迟[⑦]，疾走不休，绝力而死[⑧]。不知处阴以休影[⑨]，处静以息迹，愚亦甚矣！子审仁义之间，察同异之际，观动静之变，适受与之度[⑩]，理好恶之情，和喜怒之节，而几于不免矣[⑪]。谨修而身，慎守其真，还以物与人，则无所累矣。今不修之身而求之人，不亦外乎！”

[注释]

①愀(qiǎo)然：神色不愉快的样子。

②离：同“罹”，遭受。谤：诽谤，羞辱。

③凄然：凄凉悲伤的样子。

④悟：醒悟。

⑤去：离开，摆脱。走：跑。

⑥数：多次，频繁。

⑦迟：缓，慢。

⑧绝力：用尽力气。

⑨休影：休止影子。

⑩适，适合，切合。

⑪免：免除。

[译文]

孔子神色不愉快而感叹，再次行拜礼站起来说：“我在鲁国再次被放逐，在卫国足迹被人铲除，在宋国讲学时树被人砍伐，在陈国和蔡国被人围困。我不知道犯了什么错，而遭到这四次羞辱，为什么呢？”渔父凄凉悲伤改变了脸色说：“过分啊，你真是难以醒悟！有人畏惧影子厌恶足迹，想脱离它们而奔跑，跑得越多而足迹就越多，跑得越快而影子却不开身体，自己还认为跑得慢，快速奔跑不止，用尽力气死了。他不知道停留在阴凉的地方可以休止影子，处在安静的地方可以消除足迹，太愚昧了！你审视仁义的道理，洞察同异的分际，观察动静的变化，切合接受的限度，梳理好恶的实情，调和喜怒的节度，而几乎不能避免祸患。你应当修养身体，谨慎持守本性，使物与人回归自身，就不会被拖累了。现在你不修炼自身而奢求他人，不也太外在了吗！”

［原文］

孔子愀然曰：“请问何谓真[1]？”客曰：“真者，精诚之至也。不精不诚，不能动人。故强哭者[2]，虽悲不哀；强怒者，虽严不威；强亲者，虽笑不和[3]。真悲无声而哀，真怒未发而威，真亲未笑而和。真在内者，神动于外，是所以贵真也。其用于人理也，事亲则慈孝[4]，事君则忠贞，饮酒则欢乐，处丧则悲哀。忠贞以功为主，饮酒以乐为主，处丧以哀为主，事亲以适为主[5]。功成之美，无一其迹矣[6]；事亲以适，不论所以矣；饮酒以乐，不选其具矣；处丧以哀，无问其礼矣。礼者，世俗之所为也；真者，所以受于天也，自然不可易也[7]。故圣人法天贵真，不拘于俗[8]，愚者反此。不能法天而恤于人[9]，不知贵真，禄禄而受变于俗[10]，故不足。惜哉，子之蚤湛于人伪而晚闻大道也[11]！”

孔子又再拜而起曰：“今者丘得遇也，若天幸然。先生不羞而比之服役而身教之[12]。敢问舍所在，请因受业而卒学大道[13]。”客曰：“吾闻之，可与往者，与之至于妙道；不可与往者，不知其道。慎勿与之，身乃无咎[14]。子勉之，吾去子矣，吾去子矣！”乃刺船而去[15]，延缘苇间[16]。

[注释]

①真:本真,本性。

②强:勉强。

③和:和悦。

④事:服侍。

⑤适:安适。

⑥无:通"毋"。一:一定,限定。

⑦易:改变。

⑧拘:拘泥。

⑨恤:体恤。

⑩禄禄:平凡的样子。

⑪蚤:同"早"。湛:通"耽",沉溺,入迷。

⑫比:比拟,比作。服役:弟子。

⑬因:因袭,跟随。受业:跟随老师学习。

⑭咎:过失,罪过。

⑮刺船:撑船。

⑯延:缓缓。缘:顺着。

[译文]

孔子神色严肃地说:"请问什么是本真?"渔父说:"本真,就是专一诚恳。不专一不诚恳,不能感动人。所以勉强哭泣的人,虽然悲伤却不哀痛;勉强发怒的人,虽然严厉却不威严;勉强亲密的人,虽然笑却不和悦。真正的悲哀没有声音也感到哀痛,真正的忿怒不发作也威严,真正的亲热不笑也和悦。本真源于内心,神情表现在外表,这就是看重本真的道理。它表现在人伦之中,服侍双亲必须慈爱孝顺,服侍君主必须忠贞,饮酒就快乐,处理丧事就悲哀。忠贞以功名为主,饮酒以快乐为主,处理丧事以悲哀为主,服侍双亲以安适为主。功名成就之美,不必要限定一种途径;服侍双亲要安适,不讲究什么方法;饮酒为了快乐,不要选择器具;处理丧事要悲哀,不要讲究礼仪。礼仪,是世俗的做法;本真,是接受自然,自然是不可改变的。所以圣人取法自然看重本真,不拘泥于世俗。愚昧的人与此相反。不能取法自然而体恤人,不知道重视本真,平平凡凡而被世俗改变,所以不知满足。可惜啊,你早早沉溺于虚伪的人事,而迟迟听到大道!”

孔子再次行拜礼站起来说:“今天我得以遇到你,像是上天赐予的幸运。先生不以羞辱而把我看做你的弟子教导我。请问你住在哪里,请让我跟随你学习而最后得到大道。”渔父说:“我听说,可以一同前行的人,与他一起追求美妙的大道;不可以一起追求的人,不懂得大道。你小心行事不要跟随我,自身就没有过失了。你勉励自己,我离开你了,我离开你了!”渔父说完后,就划船离开了,船缓缓地沿着芦苇行进。

[原文]

颜渊还车,子路授绥①,孔子不顾,待水波定,不闻拏音而后敢乘②。子路旁车而问曰③:“由得为役久矣④,未尝见夫子遇人如此其威也⑤。万乘之主,千乘之君,见夫子未尝不分庭伉礼⑥,夫子犹有倨傲之容⑦。今渔父杖拏逆立⑧,而夫子曲要磬折⑨,言拜而应⑩,得无太甚乎⑪!门人皆怪夫子矣,渔人何以得此乎?”孔子伏轼而叹⑫,曰:“甚矣,由之难化也!湛于礼仪有间矣⑬,而朴鄙之心至今未去⑭。进,吾语汝:夫遇长不敬,失礼也;见贤不尊,不仁也。彼非至人,不能下人⑮。下人不精⑯,不得其真,故长伤身。惜哉!不仁之于人也,祸莫大焉,而由独擅之⑰。且道者,万物之所由也。庶物失之者死,得之者生。为事逆之则败,顺之则成。故道之所在,圣人尊之。今渔父之于道,可谓有矣,吾敢不敬乎!”

[注释]

①绥:车辕上的拉绳。

②拏音:桨声。

③旁:通“傍”,靠。

④为役久矣:当弟子久了。

⑤遇人:对待人。威:敬畏。

⑥分庭:古代接待客人的礼节,主人在门口迎宾,客人从大庭西侧沿台阶升堂,主人从庭东沿台阶升堂,入门和升堂时皆行礼作揖。伉礼:升堂后客人让座,主人也让座,宾主互相行拜礼。

⑦倨傲:高傲自大。

⑧杖挐:拄着船桨。逆立:背对而立。

⑨曲要:弯腰;要,通“腰”。磬折:像乐器磬一样弯曲;磬,古代打击兵器,形状像曲尺,用玉、石制成,可悬挂。

⑩言拜而应:行礼后才回话。

⑪得无:恐怕,莫不是。

⑫伏:靠。轼:车前用的扶手。

⑬湛:通“耽”,沉溺。

⑭朴鄙:质朴粗鄙。

⑮下人:谦下待人。

⑯精:专一。

⑰擅:独揽,占有。

[译文]

颜渊掉转车子,子路拉着缰绳,孔子不看,等待水波平静了,听不到桨声后才敢乘车。子路靠着车子问道:“我当先生弟子久了,未尝看见先生待人这么敬畏的。万乘国君,千乘君王,看见先生没有不分庭抗礼的,先生还有傲慢的表情。今天渔父拄着船桨背对你而立,而先生弯腰如同磬一样,行礼后才回话,莫不是太过分了!弟子都怪先生啊,渔父为何让你如此恭敬呢?”孔子靠着车前的扶手叹息说:“过分啊,子路难以教化!你沉溺礼仪有时间了,而质朴粗鄙的心思还没有去掉。来,我告诉你:遇到长辈不尊敬,是失礼的;遇到贤人不尊敬,是不仁道的;如果他不是至人，就不会谦卑待人。待人不专一，不能达到真实，所以长时间伤害身体。可惜啊，对人不仁爱，没有比这更大的祸患了，而你唯独都占有了。况且，道是万物产生的缘由。万物失去道就会死亡，得到道就会就会生存。做事违逆道就会失败，顺从道就会成功。所以道的存在，圣人尊敬。今天渔父对于道，可以说拥有了，我岂敢对他不恭敬呢！”

第三十二　列御寇

【题解】

庄子的这一篇文章，实际上是谈人生修养的。他启发我们面对纷纭复杂的物质世界，面对人性中的智巧和劣根性，如何坚守人生的节操，不与尘世同流合污，修身养性，超然物外，做一个道德高尚的人。庄子指出，巧者操劳，智者忧患，庸者无求，饱食遨游，天道对于人的惩罚就是泯灭本性。圣人和凡人的区别就是安其所安，不安其所不安。天道有常，人心险绝，庄子提出观人"九征"之法，辨别贤与不肖，又提出穷有"八极"，达有"三必"，教导人们克服人性弱点，通达人生。

［原文］

列御寇之齐[①]，中道而反[②]，遇伯昏瞀人[③]。伯昏瞀人曰："奚方而反？"曰："吾惊焉[④]。"曰："恶乎惊[⑤]？"曰："吾尝食于十浆而五浆先馈[⑥]。"伯昏瞀人曰："若是则汝何为惊已？"曰："夫内诚不解，形谍成光[⑦]，以外镇人心，使人轻乎贵老，而齍其所患[⑧]。夫浆人特为食羹之货，无多余之赢[⑨]，其为利也薄，其为权也轻，而犹若是，而况于万乘之主乎！身劳于国而知尽于事。彼将任我以事，而效我以功。吾是以惊。"伯昏瞀人曰："善哉观乎！汝处己[⑩]，人将保汝矣[⑪]！"无几何而往，则户外之屦满矣[⑫]。

伯昏瞀人北面而立，敦杖[⑬]，蹙之乎颐[⑭]。立有间[⑮]，不言而出。宾者以告列子，列子提屦，跣而走[⑯]，暨乎门[⑰]，曰："先生既来，曾不发药乎[⑱]？"曰："已矣，吾固告汝曰：人将保汝。果保汝矣！非汝能使人保汝，而汝不能使人无保汝也，而焉用之感豫出异也[19]！必且有感，摇而本性，又无谓也。与汝游者，又莫汝告也。彼所小言，尽人毒也[20]。莫觉莫悟，何相孰也，巧者劳而知者忧，无能者无所求，饱食而敖游[21]，汎若不系之舟[22]，虚而敖游者也[23]。”

[注释]

①列御寇：列子，道家代表人物，其学说本于黄帝老子，归同于老、庄。创立了先秦哲学贵虚学派。之：到，往。

②中道：半路。

③伯昏瞀(mào)人：楚国的隐士。

④惊：惊讶。

⑤恶乎：为什么。

⑥浆：米汤。馈：赠送。

⑦谍：同“泄”，流露。

⑧整(jī)：通“赍”，招致。

⑨赢：赢利。

⑩处己：安处己身。

⑪保：依附。

⑫屦：用麻葛制成的鞋。

⑬敦：竖立。

⑭蹙：迫近，靠近。

⑮间：一会儿。

⑯跣：光着脚。

⑰暨，及，到。乎：于。

⑱发药：发表言论，古人称赠言为药石之言。

⑲豫：通“愉”，愉快。出异：出众。

⑳人毒：害人的毒药。

㉑敖：通“遨”，出游，闲游。

㉒汎：同“泛”。

㉓虚：虚无。

［译文］

列御寇去齐国，半路上就返回来了，遇到了伯昏瞀人。伯昏瞀人说：“为何刚去了就返回来了？”列御寇说：“我很惊异。”伯昏瞀人说：“为什么惊异？”列御寇说：“我曾经去了十个饭店，就有五家赠送我米汤。”伯昏瞀人说：“如果这样，你为何惊异呢？”列御寇说：“内心的机巧没有解决，在外表上流露出光芒，用外在的东西镇服人心，使人轻视权贵和老人，从而招致祸患。卖米汤的人只是从事饭汤生意，没有多余的赢利，他们的利润很少，权力很轻，都还这样做，何况万乘之君呢！身体为国家操劳，能力尽于职事。他们将任用我职务，让我建立功业。我因此惊异。”伯昏瞀人说：“说得好啊！你安处己身，人们将会依附你的！”

伯昏瞀人没有多长时间又去见列御寇，他的屋外摆满了鞋子。伯昏瞀人面朝北站立，竖起拐杖，靠近面颊。立了一会儿，没有说话就出去了。客人告诉列御寇，列御寇提着鞋子，光着脚飞跑，到了门口，说：“先生既然来了，不发表药石之言吗？”伯昏瞀人说：“算了，我本来告诉你，人们将要依附你，果然依附了你！并非你能让人们依附你，而是你不能不使人依附你，而你何必感觉愉快显得出众呢！如果一定感动，就会动摇你的本性，这是没有意义的事情。与你在一起交游的人，又不会告诉你。他们的小人之言，都是毒药啊。不觉醒，不感悟，有什么互相帮助，智巧的人劳累，智慧的人忧虑，无能的人无所要求，吃饱了饭的人闲散地遨游，如同没有系绳子的船，内心空虚遨游在无际的精神世界。”

［原文］

郑人缓也[①]，呻吟裘氏之地[②]。祇三年而缓为儒[③]。河润九里[④]，泽及三族[⑤]，使其弟墨[⑥]。儒墨相与辩，其父助翟。十年而缓自杀。其父梦之曰：

“使而子为墨者，予也，阖胡尝视其良[7]？既为秋柏之实矣。”夫造物者之报人也，不报其人而报其人之天[8]，彼故使彼[9]。夫人以己为有以异于人，以贱其亲[10]。齐人之井饮者相捽也[11]。故曰：今之世皆缓也自是。有德者以不知也，而况有道者乎！古者谓之遁天之刑[12]。圣人安其所安，不安其所不安；众人安其所不安，不安其所安。

［注释］

①缓：人名。

②呻吟：读书声。裘氏：郑国的地名。

③祇：只。

④河润九里：像河水一样润泽方圆九里的百姓。

⑤泽：恩泽。三族：父族、母族、妻族。

⑥墨：墨家。

⑦阖胡：何不。良：一作“埌”，坟冢。

⑧天：禀性，意为造物主按照人的性格报应人。

⑨彼故使彼：他是什么样的性格，就让他变成什么样的人；彼，指缓的弟弟。

⑩贱：轻视。

⑪捽(zuó)：抓着头发打。

⑫遁天之刑：违背自然所受到的刑罚。

［译文］

郑国有个人叫缓，在裘氏的地方读书。到了三年后成为儒者。他像河水一样润泽着方圆九里的百姓，恩泽遍及三族，他让弟弟学习墨家思想。儒家与墨家互相辩难，他的父亲支持墨家。十年后缓自杀了。他父亲梦见他说：“让你儿子成为墨家弟子的是我，何不去看看他的坟冢？上边的秋柏已经结出果实了。”造物主报应人，不报应这个人，而报应他的秉性，他是什么样的秉性，就让他成为什么样的人。他以为自己不同于普通人，轻视自己的父亲。如同齐国人认为自己掘了井，与挑水的人在井边抓着头发打架。所以说：现在的世人都像缓一样自以为是。有德的人认为这是不智慧的，何况有道之人呢！这是古人说的自然的惩罚。圣人安然处于自己安定的地方，不会处于不安定的地方。常人安定地处在不安定的地方，不处于安定的地方。

［原文］

庄子曰："知道易，勿言难。知而不言，所以之天也①；知而言之，所以之人也。古之人，天而不人。朱泙漫学屠龙于支离益，单千金之家②，三年技成而无所用其巧。圣人以必不必③，故无兵④；众人以不必必之，故多兵。顺于兵⑤，故行有求。兵，恃之则亡。小夫之知⑥，不离苞苴竿牍⑦，敝精神乎蹇浅⑧，而欲兼济道物⑨，太一形虚。若是者，迷惑于宇宙，形累不知太初⑩。彼至人者，归精神乎无始⑪，而甘冥乎无何有之乡⑫。水流乎无形，发泄乎太清⑬。悲哉乎！汝为知在毫毛，而不知大宁⑭。"

宋人有曹商者，为宋王使秦。其往也，得车数乘。王说之⑮，益车百乘⑯。反于宋，见庄子，曰："夫处穷闾阨巷⑰，困窘织屦，槁项黄馘者⑱，商之所短也；一悟万乘之主，而从车百乘者，商之所长也。"庄子曰："秦王有病召医。破痈溃痤者得车一乘⑲，舐痔者得车五乘⑳，所治愈下，得车愈多。子岂治其痔邪？何得车之多也？子行矣！"

［注释］

①之天：合乎自然；之，到达，引申为合乎。

②单：通"殚"，用尽。家，家产。

③必：必然，一定。

④兵：战争，纷争。

⑤顺：依从。

⑥小夫：凡人。

⑦苞苴:包装鱼肉等用的草袋。竿牍:竹筒为书,指书信。意为拿着礼物带着书信,去探访人。

⑧敝:疲惫,困乏。蹇浅:鄙陋浅薄。

⑨济:成就。

⑩太初:天地未分之前的混沌元气。

⑪无始:万物蒙昧无生的时代。

⑫冥:通“瞑”,眠。无何有之乡:空无所有而逍遥自得的境界。

⑬太清:自然。

⑭大宁:无为而极安宁的境界。

⑮说:通“悦”。

⑯益:增加。

⑰穷闾:贫穷的里巷。阨巷:狭窄的巷子。阨,通“隘”,窄,小。

⑱槁项:脖子干枯。黄馘(guó):面色发黄。

⑲痈:皮肤化浓性炎症

⑳舐(shì):舔。痔:痔疮。

[译文]

庄子说:“知道道容易,不说道难。知而不言,所以合乎自然;知而言之,所以合乎人为。古代的人,顺从自然而拒绝人为。朱泙漫向支离益学习屠龙的技术,用尽了千金的家财,三年后学成而没有地方可用。圣人认为必然也是不必然,所以没有纷争;众人认为不必然也是必然,所以纷争很多。依从纷争,所以对行为有要求。纷争,依靠它就会失去。凡人的见识,带着礼物拿着书信,使精神疲劳浅陋,而想要成就大道万物,使形体空虚达到道的境界。像这样的人,在宇宙中迷惑,形体劳累,不知道天地之初的本源。那些至人,精神回归到没有开始的状态,而酣睡在空无一物逍遥自在的境界。水流无形,发源于自然。悲哀啊!你把心智放在小事上,不知道有无为而极安宁的世界。”

宋国有个人叫曹商,为宋王出使秦国。他去时,有几辆车子。秦王喜欢他,增加了一百辆车子。曹商返回到宋国,去见庄子,说:“生活在穷困狭窄的巷子,困窘织鞋,脖子干枯,面色发黄,这是我的短处;一旦拜见万乘国王,跟从的车子有一百辆,这是我的长处。”庄子说:“秦王生病叫来医生。破除溃烂的脓包和痤疮的人得到一辆车子,舔舐痔疮的人得到五辆车子,医治的病越卑下,得到的车辆越多。你是医治痔疮的人吗?为什么得到这么多车子?你走吧!”

[原文]

鲁哀公问于颜阖曰①:“吾以仲尼为贞干②,国其有瘳乎③?”曰:“殆哉圾乎④!仲尼方且饰羽而画⑤,从事华辞⑥。以支为旨⑦,忍性以视民,而不知不信。受乎心,宰乎神⑧,夫何足以上民⑨!彼宜女与予颐与⑩?误而可矣!今使民离实学伪⑪,非所以视民也。为后世虑,不若休之。难治也!”施于人而不忘,非天布也,商贾不齿⑫。虽以事齿之,神者弗齿。为外刑者,金与木也⑬;为内刑者,动与过也⑭。宵人之离外刑者⑮,金木讯之;离内刑者,阴阳食之。夫免乎外内之刑者,唯真人能之。

孔子曰:“凡人心险于山川,难于知天。天犹有春秋冬夏旦暮之期,人者厚貌深情。故有貌愿而益⑯,有长若不肖,有顺懁而达⑰,有坚而缦⑱,有缓而釬⑲。故其就义若渴者,其去义若热。故君子远使之而观其忠,近使之而观其敬,烦使之而观其能,卒然问焉而观其知,急与之期而观其信,委之以财而观其仁⑳,告之以危而观其节,醉之以酒而观其则,杂之以处而观其色。九征至㉑,不肖人得矣㉒。”

[注释]

①鲁哀公:名将,鲁定公之子,春秋时期鲁国的国君君主。颜阖:鲁国的贤人。

②贞干:古代筑墙的工具,意为国家重臣;贞,通“桢”,筑墙时用的木柱;干,筑墙时两侧的木板。

③瘳(chōu):病愈,引申为治理。

④圾:通"岌",危险。

⑤饰羽而画:修饰羽毛,意为失其本质。

⑥华辞:言辞华丽。

⑦支:枝条,枝节。

⑧宰:主宰。

⑨上民:治理百姓。

⑩宜:适宜。颐:颐养,意为养生。

⑪离实:脱离实情。学伪:学习虚伪。

⑫不齿:不愿意提到,表示极端鄙视。

⑬金与木:金属与木制的刑具。

⑭动与过:妄动和过分。

⑮宵人:小人;宵,通"小"。离:通"罹",遭受。

⑯益:通"溢",骄傲自满。

⑰懁(xuān):性情乖戾。

⑱缦:同"慢",缓慢。

⑲釬(hàn):通"悍",强劲,急暴。

⑳委:委托。

㉑九征:九种验证。

㉒不肖人:不成材的人。

[译文]

鲁哀公问颜阖说:"我把孔子作为国家重臣,国家可以治理好吗?"颜阖说:"危险啊!孔子装饰造作,说话辞藻华丽。把枝节作为主干,压抑人性来对待百姓,而不明白不诚信。接受心智,主宰精神,不足以治理百姓!他适宜与你和我养生吗?误国还是可以的!现在百姓脱离实情,学习虚伪,不是在治理百姓。为后代考虑,不如停止他的行为。国家难以治理啊!"施恩于人而不忘记,不是自然的布施,连商人都是鄙视的。即使在具体事情上谈论,精神是不屑谈论的。体外的刑罚,有金属和木制的刑具;体内的刑罚,有妄动和过分。小人遭到体外的刑罚,用金属和木制刑具审讯;遭到体内的刑罚,阴阳蚕食内心。能够免除体外和体内的刑罚的人,只有真人能够达到。

孔子说:"大凡人心比山川险恶,比认识自然困难。自然还有春夏秋冬早晚的日期,人面貌厚重,人情深藏。所以有人外表老实内心骄傲,有人貌似长者其实愚昧,有人顺从乖戾而内心通达,有人举止坚定而内心缓慢,有人性格缓慢而内心急暴。所以追求道义如饥渴的人,舍弃道义如同躲开热汤。所以君子让人到远处做事而观察忠心,就近使用而观察恭敬之心,频繁使用而观察能力,突然提问而观察知识,约定紧急日期而观察信用,委托钱财而观察仁德,告诉危难而观察气节,让他喝醉而观察原则,男女杂处而观察纯洁。通过九种验证,就会发现不成材的人。"

[原文]

正考父一命而伛①,再命而偻②,三命而俯,循墙而走③,孰敢不轨④!如而夫者⑤,一命而吕钜⑥,再命而于车上儛⑦,三命而名诸父⑧。孰协唐许⑨?贼莫大乎德有心而心有睫⑩,及其有睫也而内视,内视而败矣!凶德有五⑪,中德为首。何谓中德?中德也者,有以自好也,而吡其所不为者也⑫。穷有八极,达有三必,形有六府⑬。美、髯、长、大、壮、丽、勇、敢,八者俱过人也,因以是穷。缘循⑭、偃佒⑮、困畏,不若人三者俱通达。知慧外通,勇动多怨,仁义多责。达生之情者傀⑯,达于知者肖,达大命者随,达小命者遭。

[注释]

①正考父:春秋时期宋国大夫,孔子的七世祖,曾经被任命为士、大夫、卿等官职,曾辅佐宋戴公、宋武公、宋宣公,地位很高,行为十分检点。在家庙的鼎上铸下铭训:"一命而偻,再命而伛,三命而俯。循墙而走,亦莫余敢侮。饘于是,粥于是,以糊余口。"一命,任命为士。伛(yǔ):驼背。

②偻(lǒu):脊背弯曲。

③循:顺着,沿着。意为沿着墙走,表示谦卑。郭庆藩道:“敬容极恭,卑退若此。”

④轨:规矩。法度。

⑤而夫:你们这种人。

⑥吕钜:脊梁骨大,意为腰挺得直,骄傲的样子;吕,同“膂”,脊梁骨;钜,同“巨”,大。

⑦儛:同“舞”,手舞足蹈,表示得意的样子。

⑧名:名字,用作动词,指直呼名字。诸父:伯父、叔父。

⑨孰协唐许:谁能同于唐尧和许由;协:同;唐,唐尧;许,许由。

⑩德有心:德行怀有私心。心有睫:心被蒙蔽,意为心中有睫毛,遮住了心,。

⑪凶德:违背仁德的恶行。

⑫吡(pǐ):诋毁,斥责。

⑬形:通“刑”。

⑭缘循:因循。

⑮偃佒:俯仰,意为向人俯仰,卑下的样子;偃,倒下;佒,古同“仰”。

⑯傀(kuǐ):伟岸,伟大。

[译文]

正考父第一次任命为士时像个驼背,第二次被人们为大夫时见人弯着脊背,第三次被任用为卿时,见人顺着墙根走路,谁敢不守法度?像你们这种人,第一次任命后就挺着脊梁,二次任命就在车上手舞足蹈,三次任命就直呼伯父和叔父的名字。谁能等同于唐尧和许由呢?贼害没有比德行上有私心和心被遮蔽了,及其心中有了遮蔽而会内视,内视就会局限于主观,局限于主观就会衰败!违背仁德的恶行有五种,以中德为首。什么是中德?即自以为是,诋毁认为不对的人。穷困有八个极端,通达有三个必要条件,刑罚有六种。美貌、长须,身长、高大、健壮、美丽、勇猛、果敢,八方面都超过常人,以此为荣就会穷困。做事因循,俯仰随人,畏惧困难,三方面超过人就会通达。智巧通于外物,勇猛动辄多怨,仁义多被责难。通达生命实情的人伟大，通达智巧的人狭小，通达天命的人随顺，通达小事的人遭受磨难。

［原文］

人有见宋王者，锡车十乘[①]。以其十乘骄稚庄子[②]。庄子曰："河上有家贫恃纬萧而食者[③]，其子没于渊，得千金之珠。其父谓其子曰：'取石来锻之[④]！夫千金之珠，必在九重之渊而骊龙颔下[⑤]。子能得珠者，必遭其睡也[⑥]。使骊龙而寤[⑦]，子尚奚微之有哉[⑧]！'今宋国之深，非直九重之渊也[⑨]；宋王之猛，非直骊龙也。子能得车者，必遭其睡也；使宋王而寤，子为齑粉夫[⑩]。"

［注释］

①锡：赏赐。

②稚：骄傲。

③纬：编织。萧：芦苇。

④锻：锤击。

⑤骊龙：黑龙；骊，纯黑色的马，形容龙的颜色。颔：下巴。

⑥遭：遇到。

⑦寤：睡醒。

⑧奚微：什么。

⑨直：只，仅仅。

⑩齑粉：粉末，碎屑。宋国之深：宋国危机的深重。

［译文］

有人拜见宋王，宋王赏赐给十辆车子。他用十辆车子在庄子面前骄傲夸耀。庄子说："河边有个人家里贫穷，依靠编织芦苇来谋生，他的儿子跳进深渊，得到了价值千金的宝珠。他的父亲对儿子说：'拿石头锤坏它，千金之珠，必定藏在九重深渊里的黑龙的下巴上。你能得到宝珠，必定遇到黑龙睡觉时。假如黑龙醒来，你还能得到一点什么！'今天宋国谋算之深，不仅仅是九重深渊；宋王的凶猛，不仅仅是黑龙可比。你能得到他的车子，必定在他糊涂时；假如宋王醒来，你将变作粉末了。"

［原文］

或聘于庄子①，庄子应其使曰："子见夫牺牛乎②？衣以文绣，食以刍叔③。及其牵而入于太庙④，虽欲为孤犊⑤，其可得乎！"

庄子将死，弟子欲厚葬之，庄子曰："吾以天地为棺椁，以日月为连璧⑥，星辰为珠玑，万物为赍送⑦。吾葬具岂不备邪？何以加此！"弟子曰："吾恐乌鸢之食夫子也。"庄子曰："在上为乌鸢食，在下为蝼蚁食，夺彼与此，何其偏也⑧。"以不平平⑨，其平也不平；以不征征⑩，其征也不征。明者唯为之使⑪，神者征之⑫。夫明之不胜神也久矣，而愚者恃其所见入于人，其功外也，不亦悲乎！

［注释］

①或：有人。楚威王听说庄子贤能，派人带着重礼聘请庄子做官，庄子拒绝了。

②牺牛：古代称做祭品用的纯色牛。

③刍：青草。叔：大豆。

④太庙：古代皇帝的宗庙。

⑤孤犊：孤单的牛犊。

⑥连璧：并连的两块璧玉。

⑦赍送：殉葬品。

⑧偏：偏心。

⑨平：公平。

⑩征：感应。

⑪明：明智。

⑫神：精神。

［译文］

楚王派人聘请庄子当官，庄子回答使者说："你看见祭祀的纯色牛吗？披着文饰锦绣，吃着青草和豆子。等它被牵到宗庙时，想做一个孤单的牛，还可能吗！"

庄子快死了，弟子们想厚葬他，庄子说："我用天地作为棺材，用日月作为并连的玉璧，星辰作为珠玑，万物作为殉葬品。我的葬品不是全备吗？何必这样呢？"弟子说："我们恐怕乌鸦和老鹰吃掉你。"庄子说："在天上让乌鸦老鹰吃，在地上让蝼蚁为食，从乌鸦老鹰那里抢夺来给蝼蚁吃，多么偏心啊。"用不公平追求公平，公平也是不公平；用没有感应验证感应，感应也是不感应。明智的人唯有被外物役使，精神可以验证。聪明没有取胜心神已经很久了。而愚昧的人依仗偏见与人交往，这是道外的功夫，不也太悲哀了吗？

第三十三　天下

【题解】

这是庄子总结全书的一篇文章。开篇纵论天下学术，指出了大道存在于各种学说之中，法度表现在仁义礼智之中。根据对于大道和法度的领悟程度，指出了天人、神人、至人的各自特征。从庄子的一番议论中，可以看到庄子对于各家学说的学习和重视，也体现了庄子兼容并蓄的治学精神。由此我们明白了，正是好学不倦和博采众长的态度，使他成为道家学说的宗师。

[原文]

天下之治方术者多矣①，皆以其有为不可加矣②。古之所谓道术者，果恶乎在？曰："无乎不在。"曰："神何由降③？明何由出④？""圣有所生，王有所成，皆原于一⑤。"不离于宗⑥，谓之天人；不离于精⑦，谓之神人；不离于真，谓之至人。以天为宗，以德为本，以道为门，兆于变化⑧，谓之圣人；以仁为恩，以义为理，以礼为行，以乐为和，薰然慈仁⑨，谓之君子；以法为分⑩，以名为表⑪，以参为验⑫，以稽为决⑬，其数一二三四是也，百官以此相齿⑭；以事为常，以衣食为主，蕃息畜藏⑮，老弱孤寡为意，皆有以养，民之理也。古之人其备乎。配神明⑯，醇天地⑰，育万物，和天下，泽及百姓，明于本数⑱，系于末度⑲，六通四辟⑳，小大精粗，其运无乎不在。其明而在数度者㉑，旧法、世传之史尚多有之，其在于《诗》《书》《礼》《乐》

者，邹鲁之士[22]、搢绅先生多能明之[23]。《诗》以道志，《书》以道事，《礼》以道行，《乐》以道和，《易》以道阴阳，《春秋》以道名分。其数散于天下而设于中国者[24]，百家之学时或而称道之。

[注释]

①方术：学术。

②为：认为。加：增加。

③神：神妙。郭庆藩道："神者，妙物之名。"

④明：明智。

⑤一：自然，大道。

⑥宗：宗本，指道。

⑦精：精一，指道。

⑧兆：预兆，预示。

⑨薰然：和顺的样子。

⑩法：法则。分：本分。

⑪名：名号。表：表率。

⑫参：操作。验：验证。

⑬稽：核查。决：决定。

⑭齿：排序。

⑮蕃息：繁殖生息。蓄藏：积蓄储藏。

⑯配：配合。

⑰醇：通"准"，意为以天地为准。

⑱本数：根本原则。

⑲末度：法度末节。

⑳六通：上下四方通达。四辟：春夏秋冬四时通畅。辟：法度。

㉑数度：本数法度。

㉒邹鲁：邹国、鲁国的并称。

㉓搢绅：插笏于绅，指代官员。绅，古代官员围于腰际的大带子。

㉔数：大概。中国：黄河中下游区域。

［译文］

天下从事学术研究的人很多，都认为自己的认识不可复加。古代所谓的道术，究竟何在呢？回答说："无处不在。"又问："神妙从何降临？明智从何出现？"回答说："圣人有形成的原因；帝王有成功的关键，都源自大道。"不脱离大道，叫作天人；不脱离精一，叫作神人；不脱离本真，叫作至人。以自然为宗本，以德行为根本，以大道为门径，预示事物的变化，叫作圣人；以仁义恩泽百姓，以道义作为条理，以礼仪作为行动，以音乐调和心态，和顺慈爱，叫作君子；以法度作为职分，以名号作为表率，用操作加以验证，用核查作为决定，可以排列一二三四的次序，百官根据这些而排序；以事业为常态，以衣食为主，繁衍生息，储蓄收藏，老弱孤寡，都得到奉养，这是常理。古代人是完备的。配合神明，以天地为准则，养育万物，调和天下，泽及百姓，明白治理天下的根本原则，依赖法度末节，上下四方通达，四季运行顺畅，事物的大小精粗，运行时大道无所不在。明显表现在法度方面，旧的法度、世代历史传流下来还很多，存在于《诗》《书》《礼》《乐》等书，邹国和鲁国的读书人、官员先生大多能够明白。《诗》用来表达心志，《书》用来记载史事，《礼》用来规定德行，《乐》用来调和内心，《易》用来研究阴阳，《春秋》用来规定名分。它们的规则分散于天下，施行于中国，百家学说经常称赞这些典籍。

［原文］

天下大乱，贤圣不明，道德不一[①]。天下多得一察焉以自好[②]。譬如耳目鼻口，皆有所明[③]，不能相通。犹百家众技也，皆有所长，时有所用。虽然，不该不遍[④]，一曲之士也[⑤]。判天地之美[⑥]，析万物之理，察古人之全。寡能备于天地之美[⑦]，称神明之容[⑧]。是故内圣外王之道[⑨]，闇而不明[⑩]，郁而不发[⑪]，天下之人各为其所欲焉以自为方。悲夫！百家往而不反[⑫]，必不合矣！后世之学者，不幸不见天地之纯，古人之大体。道术将为天下裂[⑬]。

[注释]

①一:一致,相同。

②一察:片面之见。

③明:功用。

④该:通"赅",完备。

⑤一曲之士:偏于一端的人。

⑥判:区别,分辨。

⑦寡:少。

⑧称:适合。

⑨内圣外王:内心具有圣人的才德,对外施行王道。

⑩闇:同"暗"。

⑪郁:郁积。

⑫反:通"返"。

⑬裂:分裂。

[译文]

后来,天下大乱,圣贤不分明,道德不统一。天下人大多得到片面之见而自以为是。譬如耳目口鼻,都有各自的功用,不能够通用。如同百家各种技艺,都有所长,时时有各自的用处。虽然不完备不周全,都是偏于一端的人。区别天下的大美,分析万物的道理,离散古人的全德。很少有人具备天地的大美,适合神明的大道。因此具有内圣外王的道理,晦暗不明,郁积不发,天下人各自坚持自己的学说而囿于一己之见。可悲啊!百家一味坚持己见,不知返归本心,必定不合大道!后世的学者,不幸的是,看不见天地的纯粹,古人的全貌。道术将天下人割裂。

[原文]

不侈于后世[①],不靡于万物[②],不晖于数度[③],以绳墨自矫[④],而备世之急。古之道术有在于是者[⑤],墨翟、禽滑离闻其风而说之[⑥]。为之大过[⑦],已之大循[8]。作为《非乐》[9],命之曰《节用》[10]。生不歌,死无服。墨子泛爱兼利而非斗[11],其道不怒。又好学而博,不异[12],不与先王同,毁古之礼乐。黄帝有《咸池》,尧有《大章》,舜有《大韶》,禹有《大夏》,汤有《大濩》,文王有《辟雍》之乐,武王、周公作《武》。古之丧礼,贵贱有仪[13],上下有等。天子棺椁七重[14],诸侯五重,大夫三重,士再重。今墨子独生不歌,死无服,桐棺三寸而无椁,以为法式。以此教人,恐不爱人;以此自行,固不爱己。未败墨子道[15]。虽然歌而非歌,哭而非哭,乐而非乐,是果类乎?其生也勤,其死也薄,其道大觳[16]。使人忧,使人悲,其行难为也。恐其不可以为圣人之道,反天下之心。天下不堪。墨子虽能独任[17],奈天下何!离于天下,其去王也远矣!

[注释]

①侈:奢侈。

②靡:浪费。

③晖:日月周围的光圈,引申为迷惑。数度:法度。

④绳墨:木匠取正的墨绳,意为规则。自矫:纠正自己。

⑤道术:学术。

⑥墨翟:春秋末期宋国人,墨家学派的创始人,主张"兼爱"、"非攻"、"尚贤"、"尚同"、"节用"等观点,创立了以几何学、物理学、光学为体系的一整套科学理论。禽滑厘:墨子的得意弟子。风:风气。说:通"悦"。

⑦大:同"太"。过:过分。

⑧循:顺着。

⑨非乐:《墨子》中的一篇。墨子认为凡事应该利国利民,百姓生存艰难,制造乐器浪费钱财,音乐还使人耽于荒淫,必须禁止音乐。

⑩节用:《墨子》中的一篇。墨子反对"无用之费",指出:"古者圣王制为节用之法,曰:'凡天下群百工,轮车鞼匏,陶冶梓匠,使各从事其所能,曰:凡足以奉给民用,则止。'"

⑪泛爱兼利:兼爱和互利。墨子《兼爱》:"今天下之君子,忠实欲天下之富而恶其

贫,欲天下之治而恶其乱,当兼相爱,交相利。此圣王之法,天下之治道也,不可不务为也。”

⑫不异:指墨子的尚同思想。

⑬仪:仪式。

⑭重:层。

⑮败:败坏,坏。不堪:不能忍受。

⑯觳(hú):苛刻。

⑰独:唯独。

[译文]

不主张世人奢侈,不浪费万物,不受法度迷惑,用规矩纠正自己,应对世事的急需。古代的道术注重这方面的是墨子和禽滑离,听到这种风气就喜欢。施行时太过分,有些事情过于节俭。墨子著《非乐》,又著《节用》。活着时不唱歌,死后不穿丧服。墨子主张泛爱和兼利,反对战争,他的学说平和不怒。他好学博览,具有尚同思想,不与先王的制度相同,毁弃古代的礼乐。黄帝时有《咸池》,尧帝时有《大章》,舜帝时有《大韶》,夏禹时有《大夏》,商汤王时有《大濩》,周文王时有《辟雍》,周武王、周公时有《武》。古代的丧礼,贵贱有各自的礼仪,上下分等级。天子的棺椁有七层,诸侯五层,大夫三层,读书人两层。现在墨子唯独主张活着不唱歌,死后不穿丧服,桐木棺材厚度三寸,没有外椁,作为固定的法式。用墨子的学说来教导人,恐怕不是爱人;用来做事,所以不是爱己。当然,不必败坏墨子的学说。即使这样,唱歌不让唱歌,哭泣不让哭泣,快乐时不让快乐,这果然合乎人情吗?人活着时勤劳,死后薄葬,墨子的学说太苛刻了。让人忧愁,让人悲伤,这种学说难以做到。恐怕不能是圣人之道,违反了天下的人心,让天下人难以忍受。墨子虽然能够独自做到,对天下能怎么样呢!脱离天下人,离开王道就远了。

［原文］

墨子称道曰："昔禹之湮洪水[①]，决江河而通四夷九州也[②]。名川三百，支川三千，小者无数。禹亲自操橐耜[③]，而九杂天下之川[④]。腓无胈[⑤]，胫无毛[⑥]，沐甚雨[⑦]，栉疾风，置万国[⑧]。禹，大圣也，而形劳天下也如此。"使后世之墨者，多以裘褐为衣[⑨]，以跂蹻为服[⑩]，日夜不休，以自苦为极，曰："不能如此，非禹之道也，不足谓墨。"相里勤之弟子[⑪]，五侯之徒[⑫]，南方之墨者若获、已齿、邓陵子之属[⑬]，俱诵《墨经》，而倍谲不同[⑭]，相谓别墨。以坚白同异之辩相訾[⑮]，以觭偶不仵之辞相应[⑯]，以巨子为圣人[⑰]。皆愿为之尸[⑱]，冀得为其后世[⑲]，至今不决。墨翟、禽滑离之意则是，其行则非也。将使后世之墨者，必自苦以腓无胈，胫无毛，相进而已矣。乱之上也，治之下也。虽然，墨子真天下之好也，将求之不得也，虽枯槁不舍也，才士也夫！

［注释］

①湮：堵塞.

②四夷：古代对四方少数民族的统称。《礼记·王制》："东曰夷、西曰戎、南曰蛮、北曰狄。"九州：古代把中国分为九州，后泛指天下。《书·禹贡》载九州为："冀、衮、青、徐、扬、荆、豫、梁、雍。"

③操：拿。橐(tuó)：装土的农具。耜(sì)：挖土的农具。

④九：本作"鸠"，聚，汇合。杂：交合。

⑤腓：胫骨后的肉，俗称腿肚子。胈(bá)：肌肉。

⑥胫：小腿。

⑦甚雨：暴雨。

⑧置万国：安定了万国。

⑨裘：兽皮衣服。褐：粗布衣服。

⑩跂(qí)：通"屐"，木鞋。蹻：草鞋。

⑪相里勤：墨家弟子。

⑫五侯：墨家弟子。

⑬若获、已齿、邓陵子:墨家弟子。

⑭倍:通“背”,背离。谲(jué):怪异。

⑮訾(zǐ):诋毁。

⑯觭(jī):通“奇”,单数。偶:双数。仵(wǔ):等同。应:应对。

⑰巨子:墨家学说的代表人物。

⑱尸:神主,宗主。

⑲冀:希望。

[译文]

墨子宣扬说:“从前夏禹为了堵塞洪水,疏导长江和黄河,连通四夷九州。大河有三百条,支流有三千条,小河无数。夏禹亲自拿着装土和挖土的工具,带人疏导天下的河流。以至于腿上没有肌肉,小腿上没有汗毛,冒着暴雨,顶着大风,安定了万国。夏禹,是大圣人,身体如此为天下劳累。”这使得后代墨家,大多用兽皮和粗布做衣服,穿着木屐和草鞋,日夜不休息,以劳苦自己为标准,说:“不能这样,不是夏禹的道统,不足以称为墨家。”相里勤的弟子,五侯的徒弟,南方的墨家若获、已齿、邓陵子等人,都诵读《墨经》,而背离怪异各不相同,互相指责对方不是墨家。用坚白同异的观点互相诋毁,用奇数和偶数的不同互相回应,把巨子奉为圣人,都愿意奉巨子为宗主,希望得以做他的继承人,至今没有定论。墨翟、禽滑离的学说是对的,他们的行为则是不对的。将会使后代的墨家,必定劳苦自己,大腿无肉,小腿无毛,互相竞争罢了。扰乱天下为上,治理天下为下。即使这样,墨子为了治理好天下,不能达到追求的目标,虽然身体枯槁也不放弃,这是有才能的人啊!

[原文]

不累于俗①,不饰于物②,不苟于人,不忮于众③,愿天下之安宁以活民命。人我之养,毕足而止④,以此白心⑤。古之道术有在于是者,宋钘、尹文闻其风而悦之[6]。作为华山之冠以自表[7]，接万物以别宥为始[8]。语心之容[9]，命之曰："心之行。"以聏合欢[10]，以调海内。请欲置之以为主。见侮不辱，救民之斗，禁攻寝兵[11]，救世之战。以此周行天下，上说下教[12]。虽天下不取，强聒而不舍者也[13]。故曰：上下见厌而强见也。虽然，其为人太多，其自为太少，曰："请欲固置五升之饭足矣[14]。"先生恐不得饱，弟子虽饥，不忘天下，日夜不休。曰："我必得活哉！"图傲乎救世之士哉[15]！曰："君子不为苛察[16]，不以身假物。"以为无益于天下者，明之不如已也。以禁攻寝兵为外，以情欲寡浅为内。其小大精粗，其行适至是而止。

［注释］

①累：拖累。

②饰：修饰。

③忮(zhì)：违逆，刚愎。

④足：满足。

⑤白心：表白。

⑥宋钘：宋荣子，宋国宋城(今河南商丘睢阳区)人。宋尹学派创始人，曾游稷下，继承老子思想，提倡"接万物以别宥为始"，主张"崇俭"、"非斗"，提出"情欲寡"、"见侮不辱"学说，反对诸侯间的兼并战争。尹文：齐国人，与宋钘、彭蒙、田骈同时，都是当时有名的学者，同学于公孙龙。以道家为主，广收并纳各派学说，战国时代的宋尹学派的前驱。

⑦华山之冠：如华山那样上下均平的帽子。表：表白。

⑧宥：通"囿"，局限。

⑨容：容纳，包容。

⑩聏(ér)：调和。停止战争。

⑪寝兵：停止战争。

⑫上：君主。下：臣民。

⑬聒：声音吵闹，使人厌烦。

⑭固：通"姑"，姑且。

⑮图：大。

⑯苛察：苛刻挑剔。

[译文]

不被世俗所累，不用外物装饰，不对人苟且，不违逆众人，希望天下安宁保全百姓的生命。别人和我的奉养，知足就行了，用这些表白自己的心愿。古代道术研究这方面内容的，宋钘、尹文听到这种思想而喜爱它。他们制作像华山一样上下一致的帽子，用以表白自己，接触万物以祛除局限为开端。他们谈论内心的包容，叫作“心的行为”。调和与人同欢，调和四海之内的纷争。请把它作为治理社会的主张。被欺侮不认为是侮辱，拯救百姓的争斗，禁止攻打，停止兵戈，平息世间的战争。以此走遍天下，对君主劝说，对臣民教导。虽然天下许多人不取法，他们强求鼓吹而不舍弃。所以说：君主和臣民都厌恶，他们强求发表见解。虽然这样，他们为人做得多，为自己做得少，说：“请给我五升饭就够了。”先生恐怕不能吃饱，弟子虽然饥饿，还是不忘关心天下，日夜不休止。他们说：“我们必须活着啊！”伟大骄傲的救世之人啊！他们说：“君子不要对别人过于苛刻，不要让身心被外物控制。”认为无益天下的事情，揭示它不如禁止它。对外禁止攻打，停止战争，对内减少情欲。这种学说的小大精粗，叙述到了这里就罢了。

[原文]

公而不党[①]，易而无私[②]，决然无主[③]，趣物而不两[④]，不顾于虑，不谋于知[⑤]，于物无择[⑥]，与之俱往。古之道术有在于是者，彭蒙、田骈、慎到[⑦]，闻其风而悦之。齐万物以为首，曰：“天能覆之而不能载之，地能载之而不能覆之，大道能包之而不能辩之。”知万物皆有所可，有所不可。故曰：“选则不遍[⑧]，教则不至，道则无遗者矣。”是故慎到弃知去己[⑨]，而缘不得已。泠汰于物[⑩]，以为道理。曰：“知不知，将薄知而后邻伤之者也[⑪]。”謑髁无任[12]，而笑天下之尚贤也；纵脱无行[13]，而非天下之大圣；椎拍輐断[14]，与物宛转；舍是与非，苟可以免。不师知虑[15]，不知前后，魏然而已矣[16]。推而后行，曳而后往。若飘风之还[17]，若羽之旋，若磨石之隧[18]，全而无非，动静无过，未尝有罪。是何故？夫无知之物，无建己之患[19]，无用知之累，动静不离于理，是以终身无誉。故曰："至于若无知之物而已，无用贤圣，夫块不失道[20]。"

豪桀相与笑之曰："慎到之道，非生人之行，而至死人之理，适得怪焉[21]。"田骈亦然，学于彭蒙，得不教焉。彭蒙之师曰："古之道人，至于莫之是、莫之非而已矣。其风窢然[22]，恶可而言。"常反人，不见观，而不免于魭断[23]。其所谓道非道，而所言之韪不免于非[24]。彭蒙、田骈、慎到不知道。虽然，概乎皆尝有闻者也。

［注释］

①公：公正。

②私：偏私。

③决然：水自然流动的样子。无主：不存己见。

④趣：通"趋"。不两：专一。

⑤知：智巧。

⑥于物无择：对外物不加选择，意为顺从自然的发展。

⑦彭蒙：战国时期齐国人，黄老道家哲学家。曾游学稷下，是田骈的老师。是稷下学宫中最有影响的学者之一。田骈：战国时齐国人，曾讲学稷下，雄于辩才，是稷下学宫中最有影响的学者之一，代表作品有《田子》。慎到：战国时期赵国邯郸（今属河北省）人，长期在稷下讲学，专攻"黄老之术"，著有《十二论》。

⑧选则不遍：有所选择，就不可能周全；遍，遍及，周全。

⑨去已：祛除自己的成见。

⑩泠（líng）汰：听从放任。

⑪薄：鄙薄。伤：损毁。

⑫謑髁（xǐ kē）：不定的样子，意为随物顺情。

⑬纵脱:放任洒脱。无行:没有德行。

⑭椎:古代刑具。王先谦:"凡物稍未合,以椎重拍之,无不合矣。"輐(wàn)断:没有棱角。

⑮师:师从,依照。

⑯魏:通"巍",屹立的样子。

⑰飘风:旋风。

⑱隧:转动。

⑲建己:树立自己。

⑳块:土块。

㉑怪:怪异。

㉒窢(huò)然:风迅疾的样子。

㉓魭:同"輐"。

㉔韪:是,对。

[译文]

公正而不结党,平易而无私心,顺从而无己见,随顺万物而专一,没有顾虑,不谋划智巧,对外物不加选择,与事物一同变化。古代道术研究这方面内容的,有彭蒙、田骈、慎到等人,听到这种议论而喜欢。把齐同万物作为主要观念,说:"天能覆盖万物不能承载万物,地能承载万物不能覆盖万物,大道能包容万物而人们无法辨别大道。"明白万物都有可能,有不可能。所以说:"有所选择,就不能周全,有所教导就有遗漏,大道就不会有遗漏了。"因此慎到抛弃知识祛除己见,顺着不得已的自然去做。听从放任外物的变化,作为大道的根据。他说:"知道就是不知道,将要轻视知识而后毁弃它了。"随物顺情,没有专任,而嘲笑天下推崇贤人;放任不羁,不修德行,而非议天下的大圣人;施行刑法,与万物婉转和顺;舍弃是非,苟且免于拖累。不依照知识和思虑,不知前后,魏然屹立于世界罢了。推动而后前行,拉动而后同往。像旋风一样盘桓,像羽毛一样旋转,像磨石一样转动,周全而没有是非,动静而没有过失,不曾有什么罪过。这什么原因呢？没有无知的事物，没有树立自己的忧患，没有使用智巧的拖累，动静都不会违背道理，因此终身没有毁誉。所以说："达到像没有知觉的事物罢了，不必任用圣贤，土块都不会失去大道。"

豪杰互相讥笑说："慎道之道，不是人生所施行的，而是死人的道理，让人觉得怪异。"田骈也是这样的，在彭蒙那里学习，得到了不言之教。彭蒙的老师说："古代的得道之人，达到了不说是、不说非罢了。他们的教导像风一样迅速经过，有什么可说的呢？"经常违背常人，不被人们关注，而不免于没有棱角。他们所说的道不是道，而所说的正确难免是不正确的。彭蒙、田骈、慎到不知道道的本质，虽然这样，他们的学说大略都曾经听说过。

［原文］

以本为精①，以物为粗②，以有积为不足，澹然独与神明居③。古之道术有在于是者，关尹、老聃闻其风而悦之④。建之以常、无、有，主之以太一⑤。以濡弱谦下为表⑥，以空虚不毁万物为实⑦。关尹曰："在己无居⑧，形物自著⑨。其动若水，其静若镜，其应若响⑩。芴乎若亡⑪，寂乎若清。同焉者和，得焉者失。未尝先人而常随人。"老聃曰："知其雄，守其雌，为天下谿⑫；知其白，守其辱，为天下谷。"人皆取先，己独取后。曰："受天下之垢⑬。"人皆取实，己独取虚。"无藏也故有余。"岿然而有余⑭。其行身也，徐而不费⑮。无为也而笑巧⑯。人皆求福，己独曲全。曰："苟免于咎⑰。"以深为根，以约为纪⑱。曰："坚则毁矣，锐则挫矣。"常宽容于物，不削于人⑲，可谓至极。关尹、老聃乎，古之博大真人哉！

［注释］

①本：根本，本源。

②粗：粗劣。

③澹然：淡泊的样子。

④关尹:名喜,曾为关令,与老子同时。老子《道德经》五千言,系应其请而撰著。

⑤大一:宇宙万物的本原、本体。

⑥濡弱:柔弱,懦弱。

⑦毁:损害。

⑧居:停留,局限。

⑨著:显著,彰显。

⑩响:回声。

⑪芴乎:恍惚。亡:无。

⑫谿:沟壑。

⑬垢:通"诟",侮辱。

⑭岿然:高大独立的样子。

⑮徐:徐缓。费:费劲。

⑯巧:智巧。

⑰咎:过失。

⑱纪:纲纪

⑲削:侵削。

[译文]

认为根本是精微的,把物质看作粗劣的,把积蓄看作不足,心态淡泊与神明住在一起。古代研究这方面内容的人,关尹、老子听到这种风气而喜悦。建立恒常、无、有的学说,主张太一的观点。以柔弱谦下作为表现,以空虚不损害万物作为内容。关尹说:"自己不要局限,事物自然彰显。他们行动如水,静止如镜子,反应如回声。神情恍惚如同无物,空寂如同清虚。同一就和谐,得到就失去。不曾与人争先,时常随同人。"老子说:"知道雄强,持守雌弱,做天下的沟壑;知道光明,持守玷污,做天下的山谷。"人人都要争先,唯独自己居后。说:"接受天下的侮辱。"人人争实物,唯独自己取空虚。"没有储藏所以多余"。他们立身做事,徐缓而不费劲。无所作为,嘲笑智巧。人人都祈求幸福,唯独自己委曲求全。他们说:“苟且避免过失。”他们以玄妙为根本,以俭约为纲纪。说:“坚硬就会毁灭,锐利就会挫败。”常常宽容万物,不侵削别人。可以说达到了极高的境界。关尹、老子,是古代博大的真人啊!

[原文]

芴漠无形[1],变化无常,死与?生与?天地并与?神明往与?芒乎何之[2]?忽乎何适[3]?万物毕罗[4],莫足以归。古之道术有在于是者,庄周闻其风而悦之。以谬悠之说[5],荒唐之言[6],无端崖之辞[7],时恣纵而傥[8],不以觭见之也[9]。于天下为沈浊[10],不可与庄语[11]。以卮言为曼衍[12],以重言为真[13],以寓言为广。独与天地精神往来,而不敖倪于万物[14]。不谴是非[15],以与世俗处。其书虽瑰玮[16],而连犿无伤也[17]。其辞虽参差[18],而諔诡可观[19]。彼其充实,不可以已。上与造物者游,而下与外死生、无终始者为友。其于本也,弘大而辟[20],深闳而肆[21];其于宗也,可谓稠适而上遂矣[22]。虽然,其应于化而解于物也,其理不竭,其来不蜕,芒乎昧乎,未之尽者。

[注释]

①芴漠:恍惚广漠。芴,恍惚。

②芒:通“茫”,茫然。

③忽:渺茫。适,往,到。

④毕罗:全部包罗。

⑤谬悠:荒诞无稽。

⑥荒唐:广大而不着边际,引申为夸大不实,荒谬无理。

⑦端崖:边际。汉代马融《广成颂》:“天地虹洞,固无端涯。”

⑧恣纵:放任。傥:洒脱,不拘束。

⑨觭(jī):牛角一俯一仰。

⑩沈浊:沉迷混浊。

⑪庄:庄重,正经。

⑫卮言:自然随意的言论。曼衍:连绵不绝。

⑬重言：借重别人的言论。真：真言。

⑭敖倪：侧目斜视，意为骄矜。

⑮谴：责备。

⑯瑰玮：瑰丽奇伟。

⑰连犿（fān）：婉转，随和。

⑱参差：长短、高低不齐的样子，形容变化多端。

⑲諔（chù）诡：奇异，变幻。

⑳辟：开阔，宽广。

㉑深闳：深远宏大。肆：放纵。

㉒稠适：调适；稠，通"调"。

［译文］

恍惚广漠没有形迹，变化没有常规，死啊？生啊？与天地同存吗？茫然要去哪里？渺茫要去何处？万物全部包罗，不足以归纳。古代的道术包括这方面内容，庄子听到这种学风而喜悦。他以荒诞无稽的学说，荒谬无理的言辞，时时放任而不拘束，不俯仰于任何人的见解。他认为天下沉迷混浊，不可采用正经的言论。用自然随意的言论，议论连绵不绝，借重名人的言论作为真言，用寄托的言论加以推广。独自与天地精神往来，而不傲慢地对待万物。不责备是非，与世俗同处。他的著作瑰丽奇伟，婉转随和，不妨害万物。他言辞变化多端，变幻可观。他的思想充实，没有止境。上与造物主同游，下与超脱死生、不分始终的人为友。他对于本真的阐述，宏大而开阔，深邃而放纵；他对于宗本的阐释，可谓调适而上达天道。虽然如此，他应对变化，解释万物，道理无尽，没有踪迹，茫然蒙昧，言之无尽。

［原文］

惠施多方，其书五车，其道舛驳①，其言也不中②。历物之意③，曰："至大无外，谓之大一；至小无内④，谓之小一。无厚不可积也⑤，其大千里。天与地卑，山与泽平。日方中方睨[6]，物方生方死。大同而与小同异[7]，此之谓'小同异'；万物毕同毕异[8]，此之谓'大同异'。南方无穷而有穷[9]。今日适越而昔来[10]。连环可解也[11]。我知天之中央，燕之北、越之南是也。泛爱万物，天地一体也。"惠施以此为大，观于天下而晓辩者[12]，天下之辩者相与乐之[13]。卵有毛[14]。鸡三足[15]。郢有天下[16]。犬可以为羊[17]。马有卵[18]。丁子有尾[19]。火不热。山出口[20]。轮不蹍地[21]。目不见[22]。指不至[23]，至不绝[24]。龟长于蛇[25]。矩不方[26]，规不可以为圆[27]。凿不围枘[28]。飞鸟之景未尝动也[29]。镞矢之疾[30]，而有不行、不止之时。狗非犬[31]。黄马骊牛三[32]。白狗黑[33]。孤驹未尝有母[34]。一尺之捶[35]，日取其半，万世不竭。辩者以此与惠施相应，终身无穷。

［注释］

①惠施：战国中期宋国商丘（今河南商丘）人，名家思想的开山鼻祖和主要代表人物，庄子的至交好友。舛（chuǎn）驳：错误杂乱。

②中：符合。

③历物：历述事物。

④无内：没有内容，形容无限小。

⑤无厚：无有厚度。积：累积。

⑥睨：眼睛斜视，喻太阳偏斜。

⑦大同：事物大体相同。小同：小部分相同。

⑧毕同：全部相同。毕异：全部不同。

⑨南方无穷而有穷：方向指向无限，然而就某一个方位来说具有确定性，也是有穷尽的；穷，穷尽。

⑩适：到，往。昔来：昔日已来过了。

⑪连环：一环套一环。

⑫观于天下：观照天下。晓辩：晓喻辩驳。

⑬乐：喜欢。

⑭卵有毛：蛋里有毛。意为小鸡有毛，说明蛋里有毛的因素。司马云："胎卵之生，

必有毛羽。”

⑮鸡三足：鸡有三只脚。《公孙龙子·通变论》道：“谓鸡足一，数足二，二而一故三。”

⑯郢有天下：郢地包含了天下。王先谦道：“九州之内，于宇宙之中未万中之一分也。故举天下者，以喻尽而名大夫非大。若各指其所有而言其未足，虽郢方千里，亦可有天下也。”郢：楚国的都城。

⑰犬可以为羊：犬可以叫作羊。意为犬和羊只是名称而已，指代不同是人为造成的。

⑱马有卵：马虽然是胎生的，其实也是来自卵细胞，可以说是生于卵。

⑲丁子：蛤蟆。

⑳山出口：山本无名，山名出自人口。

㉑轮不蹍(niǎn)地：踩，压。该句意为车轮不是一直压在地上，通过部分与地接触才能行驶；蹍：踩，压。

㉒目不见：眼睛有看不见的东西。

㉓指：名称。不至：达不到。

㉔至不绝：达到也不能穷尽物质。

㉕龟长于蛇：辩证地看，龟比蛇长。

㉖矩不方：从绝对来说，矩尺不一定是方的。

㉗规：圆规。

㉘凿：器物上的孔，是容纳枘(榫头)的。枘(ruì)：榫头，用以插入凿眼，使两部分连接起来。

㉙景：影子。

㉚镞矢：箭头。疾：疾速。

㉛狗非犬：狗不是犬；大者曰犬，小者曰狗，

㉜黄马骊牛三：黄马骊牛为二，相加为三。

㉝白狗黑：白狗相对于黑狗而言。

㉞孤驹未尝有母：孤单的马驹没有母亲。因为孤单，所以在一定时间是没有母亲的。

㉟棰(chuí)：木杖。

［译文］

惠施学问渊博，他的书有五车之多，他的学说舛误驳杂，他的言论不符合道。他历述事物的道理，说：“大到极点没有边缘，叫作大一；小到极点没有内容，叫作小一。没有厚度不能积累，扩大到千里之外。天与地是一样低，山与泽一样平。太阳到了正中就偏斜，万物正在生正在死。大体相同而与小体相同是不同的，叫作小同异；万物全部相同全部不同，叫作大同异。南方没有穷尽，也有穷尽。今天去越国，昔日已经去了。连环是可以解开的。我知道天下的中央，燕国的北部、越国的南部都是中央。泛爱万物，天地本质上都是一个整体。”惠施把这些观点看作大道理，观照天下而对人们晓喻和辩驳，天下的辩士乐于与他辩论。蛋里有毛的因素。鸡有三只脚。楚国的都城郢地包含了天下。犬可以叫作羊。马有蛋的内容。蛤蟆有尾巴。火不是热的。山名出自人口。车轮不是全部着地。眼睛有看不到的东西。名称达不到事物的本质，达到也不能穷尽。龟比蛇长。矩尺不是绝对的方形，圆规不是绝对的圆。凿子不能全部与榫头合适。飞鸟的影子不曾移动。箭头疾速，包含不行进、不停止的方面。狗不是犬。黄马和骊牛合而为三。白狗相对于黑狗而言。孤单的马驹不曾有母亲。一尺长的木杖，每天截取一半，万世取之不尽。辩士用这些观点和惠施辩论，一辈子也说不尽。

［原文］

桓团、公孙龙辩者之徒①，饰人之心②，易人之意③，能胜人之口，不能服人之心，辩者之囿也④。惠施日以其知与人之辩，特与天下之辩者为怪⑤，此其柢也⑥。然惠施之口谈，自以为最贤，曰：“天地其壮乎⑦！施存雄而无术⑧。”南方有倚人焉⑨，曰黄缭⑩，问天地所以不坠不陷，风雨雷霆之故。惠施不辞而应⑪，不虑而对，遍为万物说。说而不休，多而无已，犹以为寡，益之以怪⑫，以反人为实⑬，而欲以胜人为名，是以与众不适也。弱于德，强于物，其涂隩矣⑭。由天地之道观惠施之能，其犹一蚊一虻之劳者也,其于物也何庸⑮!夫充一尚可⑯,曰愈贵,道几矣!惠施不能以此自宁,散于万物而不厌⑰,卒以善辩为名。惜乎,惠施之才!骀荡而不得⑱,逐万物而不反,是穷响以声⑲,形与影竞走也,悲夫!

[注释]

①桓团:春秋战国时人,名家代表人物,与公孙龙、邓析、惠施齐名,以辩论闻名于世。

②饰:掩饰,蒙蔽。

③易:改变。

④囿:局限。

⑤特:只,特地。为怪:作怪。

⑥柢:根本。

⑦壮:大,强盛。

⑧雄:雄辩。

⑨倚人:倚,通"奇",奇异的人。

⑩黄缭:楚国的贤人。

⑪辞:辞让。

⑫益:增加。

⑬反人:违反人的常情。

⑭涂:同"途"。隩:通"奥"。

⑮庸:通"用"。

⑯一:一家之言。

⑰几:危险。

⑱骀(dài)荡:使人舒畅。

⑲穷响以声:用声音追逐回声。

[译文]

桓团、公孙龙都是善辩一类的人,遮蔽人的心灵,改变人的思想,能战胜别人的口，不能说服人心，这是辩士的局限。惠施每天用自己的见识与人辩论，特地与天下的辩士作对，这是他的根本。惠施谈论时，自以为自己贤能，说："天地是多么广大强盛啊！"惠施心存雄辩而无没有道术。南方有个怪人，叫作黄缭，问天地为什么不沉陷，风雨雷霆是什么原因。惠施不辞让而回应，不考虑而应对，遍及万物的道理。说个不停，多而不止，还以为少，增加怪诞的言论，违反人们的常理作为事实，而希望战胜人而扬名，因此无法和众人相处。他轻视道德修养，强于追逐外物，他的道路深奥不通。从天地的规律观察惠施的才能，他如同一只蚊子和一只牛虻那样操劳，他对于事物的认识有什么作用！他的学说算一家之言还可以，如果太重视就危险了。惠施不能以此安宁处世，分散追逐万物而不厌倦，最终以善辩而成名。可惜啊，惠施的才华！不能使人舒畅，追逐万物不知返回，这是用声音追赶回声，身体和影子赛跑，可悲啊！

图书在版编目（CIP）数据

庄子详解 / 宁志荣注译. -- 太原：三晋出版社，
2019.1
ISBN 978-7-5457-1860-7

Ⅰ.①庄… Ⅱ.①宁… Ⅲ.①道家②《庄子》-注译
③《庄子》-译文 Ⅳ.①B223.5

中国版本图书馆CIP数据核字(2019)第051619号

庄子详解

注 译 者： 宁志荣
责任编辑： 张继红
责任印刷： 李佳音

出 版 者： 山西出版传媒集团·三晋出版社（原山西古籍出版社）
地　　址： 太原市建设南路21号
邮　　编： 030012
电　　话： 0351-4922268（发行中心）
0351-4956036（总编室）
0351-4922203（印制部）
网　　址： http://www.sjcbs.cn

经 销 者： 新华书店
承 印 者： 山西基因包装印刷科技股份有限公司

开　　本： 720mm × 1020mm　1/16
印　　张： 30.5
字　　数： 450千字
版　　次： 2019年3月 第1版
印　　次： 2019年3月 第1次印刷
书　　号： ISBN 978-7-5457-1860-7
定　　价： 90.00 元